"十二五"普通高等教育本科国家级规划教材

普通高等教育"十一五"国家级规划教材
"十二五"普通高等教育本科省级规划教材
省级精品教材

高等学校经济与管理类专业共同课标准教材

（第七版）

电子商务概论

INTRODUCTION OF E-BUSINESS

姜明　李洪心　主编

东北财经大学出版社　大连
Dongbei University of Finance & Economics Press

图书在版编目（CIP）数据

电子商务概论 / 姜明，李洪心主编 . —7 版 . —大连 ：东北财经大学出版
社，2024.8. —（高等学校经济与管理类专业共同课标准教材）. —ISBN 978-
7-5654-5390-8

Ⅰ . F713.36

中国国家版本馆 CIP 数据核字第 2024PA8505 号

东北财经大学出版社出版

（大连市黑石礁尖山街217号　邮政编码　116025）

网　　址：http://www.dufep.cn

读者信箱：dufep@dufe.edu.cn

大连图腾彩色印刷有限公司印刷　东北财经大学出版社发行

幅面尺寸：185mm×260mm　　　字数：407千字　　　印张：20

2024 年 8 月第 7 版　　　　　　　　　　2024 年 8 月第 1 次印刷

责任编辑：石真珍　孙晓梅　　　　　　　责任校对：刘贤恩

封面设计：张智波　　　　　　　　　　　版式设计：原　皓

定价：56.00元

第七版前言

在新时代的浪潮中，信息技术以前所未有的速度蓬勃发展，深刻改变着我们生活的方方面面。其中，电子商务作为数字经济的核心组成部分，正以惊人的力量重塑着商业世界的格局。党的二十大报告明确指出，要加快建设数字中国，加快发展数字经济，促进数字经济和实体经济深度融合。这一重要指示犹如一盏明灯，照亮了电子商务前进的道路，使其在推动经济发展、创新商业模式、提升人民生活质量等方面发挥着日益重要的作用。

电子商务已经不再是一个陌生的概念，它早已融入我们的日常生活。从便捷的网络购物到高效的在线服务，从创新的数字营销到智能的供应链管理，电子商务的触角无所不在。它打破了时间和空间的限制，让消费者能够随时随地获取所需的商品和服务，也为企业提供了更广阔的市场空间和更多的发展机遇。然而，电子商务的迅速发展也带来了一系列新的挑战和问题，如数据安全与隐私保护、网络欺诈、物流配送的优化、法律法规的完善等，这些都需要我们深入思考和研究，以推动电子商务的健康、可持续发展。

➤ 写作目的

编写本书的初衷，是为了满足广大读者学习电子商务领域基本知识的迫切需求。在数字化时代，无论是准备投身电子商务行业的创业者和从业者，还是对电子商务感兴趣的学者和学生，都需要一本全面、权威、深入浅出的教材来引领他们走进这个充满活力和创新的领域。

我们希望通过这本书帮助读者建立起对电子商务的全面认知体系，使他们能够清晰地理解电子商务的基本概念、原理和发展脉络，掌握电子商务所涉及的关键技术和业务流程。同时，培养读者的创新思维和实践能力，让他们在面对实际问题时，能够运用所学知识提出有效的解决方案。

此外，我们也希望本书成为促进学术交流和产业发展的桥梁，通过对电子商务前沿理论和实践案例的研究与分享，激发读者的思考和探索精神，推动电子商务领域学术研究不断深入，为企业和相关机构在制定电子商务战略、优化业务模式、提升竞争力等方面提供有益的参考和借鉴，促进电子商务产业的繁荣发展。

➤ 主要内容

本书涵盖了电子商务的多个重要方面，旨在为读者呈现一份全面而深入的电子商务知识图谱。

在电子商务概述部分，我们深入探讨了电子商务的概念，清晰界定了电子商务的范畴和特点；追溯了电子商务的起源与发展历程，让读者了解其演变的轨迹和推动因素；通过分析电子商务的特点，如全球化、数字化、个性化等，揭示了其与传统商务的显著区别。

在电子商务类型与模式部分，我们详细介绍了各种常见的电子商务分类，包括 B2B、B2C、C2C 等，并深入剖析了它们的运作机制和适用场景；探讨了基于 EDI 的国际电子商贸，展示其在跨国贸易中的重要作用；分析了企业间的电子商务模式，揭示了企业如何通过电子商务实现供应链的优化和协同创新。

在电子商务网络技术部分，我们阐述了电子商务所依赖的网络技术基础，包括网络协议、服务器架构等；探讨了电子商务的网络环境，包括网络带宽、稳定性等因素对业务的影响；介绍了计算机网络与电子商务系统的融合，展示了如何通过技术实现高效的业务运作。

对于电子商务的安全问题，我们全面梳理了安全控制的要求，包括数据保护、身份认证等；介绍了防火墙技术，以及它如何有效阻挡外部攻击；阐述了数据加密技术，保障数据的保密性和完整性；探讨了电子商务的认证技术，确保交易双方的真实身份；研究了安全技术协议，为网络通信提供可靠保障。

网络营销部分涵盖网络营销的概念和策略，如搜索引擎优化、社交媒体营销等。我们介绍了电子商务网站建设的要点，包括用户体验设计、界面布局等；分析了网络营销模式，如内容营销、口碑营销等；探讨了中国网络营销的新特点，以适应本土市场需求。

在电子支付与网络银行部分，我们讲解了电子商务中的支付方式和流程；介绍了电子货币的类型和应用；探讨了第三方支付与网络银行的发展和服务模式；研究了互联网金融的创新模式和风险。

在电子商务物流部分，我们概述了电子商务物流的概念和特点；探讨了电子商务物流的发展趋势和挑战；介绍了物流外包业务的原理和优势；提供了电子商务物流解决方案，以提高配送效率和服务质量。

在电子商务中的数据处理技术部分，我们介绍了数据仓库的构建和应用，阐述了数据挖掘技术的方法和价值，探讨了商业智能在决策支持中的作用，研究了大数据在电子商务中的应用和挑战。

在电子商务的供应链管理部分，我们阐述了电子商务供应链管理的基础理论和方法，分析了供应链管理与 E-SCM 的关系和整合，探讨了供应链管理的类型和特点，研究了信息技术对供应链管理的支持和创新。

在移动商务与移动支付部分，我们介绍了移动商务的概念和应用场景，探讨了移动支付的技术和安全问题。

在电子商务的法律问题部分，我们梳理了电子商务法的基本框架和原则；介绍了电子商务立法的国内外现状；分析了电子商务交易过程中的法律问题，如合同纠纷、消费者权益保护等；探讨了网络市场秩序的法规问题，如反垄断、反不正当竞争等；研究了电子商务其他相关法律问题，如知识产权保护、税收政策等。

在电子商务的新发展部分，我们探讨了跨境电子商务的机遇和挑战，研究了农村电子商务的发展模式和政策支持，介绍了跨境电商平台典型案例，以汲取成功经验和教训。

我们希望通过本书为读者开启一扇通向电子商务精彩世界的大门，让大家在这个充满无限可能的领域中探索、成长、创新。

> **相关信息**

此次修订由姜明教授设计全书的修订方案，并承担第1章至第7章内容的修改和重撰工作；李洪心教授负责修订第8章至第12章的内容。姜明教授对全书进行了审读与统稿。

本书是一流本科课程主讲教材，参与课程建设的主讲教师王谢宁、王晓晶、盖印、吕成戍等为本书的再版提出了修改意见，宋肖肖老师和研究生唐维东、刘鑫强等参与了部分书稿的修订与整理工作，在此对他们一并表示感谢。

在本书的写作与修订过程中，我们参阅了国内外大量著述，包括书籍和网上资料，在此谨向其作者和提供者表示由衷的感谢。对于书中的不当之处，也恳请专家与读者指正。

姜　明

2024年7月于东北财经大学

其他版次前言

第一版前言

> 开篇的话

　　在动手撰写2000年版的《电子商务概论》时，笔者正在给"信息管理与信息系统"专业的高年级本科生开设电子商务课程。经过几年的教学实践，加上自2002年至2003年在加拿大的渥太华大学留学期间对国外电子商务学科发展和高校电子商务教育的观察与研究，特别是虑及近年来电子商务理论与实践的飞速发展和我国在电子商务教育方面的迅速普及，笔者一直有重写此书并将其作为电子商务专业基础教科书的想法。无奈此领域发展很快，日新月异，每每在讲课时补充大量新的内容，而新书却迟迟未能定稿。鉴于不同层次电子商务专业教师授课和学生学习的需要，在约稿合同的催促下，遂将这几年的教学研究和科研实践的结果总结出来，目的是提供一个介绍电子商务的整体思路，以加强电子商务专业的基础教学。可以说，本书仍然是一个过渡性的成果，笔者希望与读者一起，共同繁荣和发展对这一领域的研究。

> 写作目的

　　电子商务作为一种全球性的具有战略意义的贸易手段，不仅为企业提供了无限的商机，而且引起了传统贸易手段的变革，导致了对未来商业环境的冲击，使商品流通业面临着一场经营管理思想和管理手段的变革。它对社会的生产、管理，以及人们生活的影响会远远超过商务本身。如今，各类新的专门技术、应用系统、企业管理方案出现不久，便很快在电子商务中获得广泛应用。因此，很多信息技术人员、金融贸易工作者、众多的Inemet用户，以及相关领域的在校教师和学生，均迫切希望了解电子商务知识、掌握与其相关的计算机和网络技术以及电子商务的实现方法。

　　目前，我国十分缺乏电子商务的专业人员。电子商务要求从业人员必须懂得如何管理电子商务站点，必须知道如何将传统的商务过程转变为电子的商务过程。那些不懂得创建和管理电子商务站点的商务从业者和只知道创建 Web 站点而不精通商务业务的人都不能成为电子商务专业人员。因此，加强信息知识的直传，促进观念的转变，深入开展电子商务的教育，提高从业人员的电子商务理论知识水平和操作技能，使电子商务的从业人员不仅在自己的工作范围内，而且从整体上了解电子商务，是本书写作的主要目的之一。

　　电子商务管理是一门崭新的学科，又是一项跨学科领域的研究，其研究方法和对象都处于不断发展变化中。我国电子商务的教学和对专业人才的培养工作虽然已经走过了一段路程，但教学计划仍在不断调整，培养方案也有待于完善，电子商务的教学难免有的侧重于技术方面，使懂经济和搞贸易的人望而却步；而有的仍以商务教学和传统的营销理论为主，跟不上电子商务现实的发展。在电子商务专业课程内容不断调整的情况下加强电子商务专业基础课的教学变得尤其重要，这也是本书写作的初衷：提供一本电子商务专业学生的专业基础教科书和非电子商务专业学生学习、了解电子商务知识的基准教材。

> **主要内容**

本书从电子商务的概念出发，深入浅出地讨论了电子商务的全过程，涉及计算机技术、网络技术、数据库技术、企业管理、商务管理、金融管理、营销分析等多个领域中较为深入的知识，并力求从实际应用的角度将这些复杂的知识以简明的方式告诉读者。同时，让读者明白，在从事各类经营和商务活动时，不要忽视网络环境和电子商务系统的作用；在做任何经营决策时，不要忽视技术支持的作用；在制定企业营销和发展战略时，要注意到时代和环境已经发生了变化，要根据信息化社会的营销环境和技术特点来制定自己的营销策略。

为了帮助读者更好地理解本书所阐述的观点和内容，本书在各章节后列出了参考网站的网址以及复习思考题，利于读者总结归纳所学知识，读者也可以实际上网访问一些著名的商务站点，进行电子商务的网上观摩与实践操作。

> **相关信息**

本书由李洪心总体设计，编写人员均为电子商务的教学研究或实际工作者。各章的分工为：李洪心，第1，2，3，4，5，6，9，10，11章；马刚，第7，8，12章；杨兴凯，第13，14章。最后由李洪心汇总统稿。

在本书的编写过程中，借鉴了国内外大量的出版物和网上资料，作者在最后的参考文献中统一列出，在此，谨向各位学者表示由衷的敬意和感谢。另外，感谢李扬在图片处理过程中给予的支持。

本书适于作为各类管理人员（特别是各类企业中的经营管理人员）以及电子商务的从业人员作为电子商务研究和实践的参考用书；可以用作高等院校相关专业各层次的学生开设此门课程的教材；也可以作为个人 Internet 用户的自学用书。读者不需要很多的计算机知识和技术背景，就能读懂此书，了解这方面的内容，因地制宜地开展多样和高效的电子商务。

本书的学科跨度大，加之电子商务领域的内容更新、发展太快，而市场需求形势又要求尽快推出本书，故文稿虽经多次修改，书中仍难免有问题或疏漏，不当之处，望专家和读者指出，以利于今后的提高和完善。

李洪心

2004 年 9 月

目　录

第 *1* 章
电子商务概述

学习目标

知识目标

- 理解电子商务的基本概念及在现代经济中的重要性。
- 掌握电子商务的起源、发展过程及对社会经济的影响。
- 识别并解释电子商务的不同类型和模式。
- 了解电子商务的技术基础，包括网络技术、数据处理技术等。
- 认识电子商务与传统商务的关系及区别。

能力目标

- 能够综合电子商务的基本概念、起源和发展过程，描述其在现代经济中的全貌及对企业和社会经济的影响。
- 学会结合电子商务的不同类型和模式，分析其对企业经营模式的创新和转型，以及这些变化如何促进社会公平和共同富裕。
- 能够评估电子商务在经济全球化背景下对国家经济发展的战略性作用，并识别和应对电子商务活动中的国际法律和安全挑战。
- 培养使用电子商务工具和平台的能力，同时理解这些工具在促进国家经济发展和增强国家竞争力中的作用。
- 提高信息素养，能够辨识电子商务中的安全风险和法律问题，并理解遵守电子商务法律法规对于维护社会秩序和促进公平正义的重要性。

价值塑造目标

- 强化对电子商务在国家经济发展中的战略地位的认识。
- 培养爱国情怀，了解中国电子商务的发展成就和国际地位。
- 树立正确的价值观，认识到电子商务在促进社会公平和共同富裕中的作用。
- 增强法治意识，理解电子商务活动中法律法规的重要性。
- 培育创新精神，鼓励在电子商务领域进行创新实践，服务社会。

电子商务已成为21世纪社会与经济发展的核心，也是网络应用的发展方向。这一趋势既已成为IT业界的共识，也引起了亿万互联网用户对电子商务的关注，因为它不仅改变了人们的消费方式，还带来了一场技术革命与社会变革，其影响范围远远超过了商务本身，对社会的生产、管理，人们的生活、就业，政府职能、法律制度以及教育文化都产生了巨大的影响。本章以电子商务的概念为起点，继而介绍电子商务的发展、电子商务与互联网的关系，以及电子商务对社会经济产生的影响。

1.1　电子商务的概念

微课 1-1

电子商务的
概念

电子商务是网络技术、电子技术、数据处理技术在商贸领域中应用的产物，是当代高新技术手段与商贸实务、营销策略相结合的结果。电子化和网络化环境彻底改变了传统商业实务操作赖以生存的基础，形成了对传统营销策略和市场理念的巨大冲击和挑战。互联网改变了社会的信息化进程，成为人们传递信息和从事商务活动的主要载体。本节在介绍电子商务定义的同时，也从狭义和广义的角度介绍电子商务的基本组成与全貌，并简要地介绍电子商务赖以生存和发展的基本环境和基础设施。

1.1.1　什么是电子商务

由于信息技术与网络技术的发展与应用，商务活动的内容发生了质的变化。电子商务作为网络经济时代商务往来的主要交易模式，成为信息经济发展的动力和新的经济增长点。它在促进贸易增长的同时，也以全新的理念和方式给传统经济管理模式带来前所未有的挑战。各国政府纷纷制定电子商务发展规划；IT厂商纷纷推出各自的电子商务解决方案；银行业推出网上银行；商家开办网上商场。那么，究竟什么是电子商务？

1）电子商务的定义

电子商务是指在互联网上进行商务活动。“商务”解决做什么的问题，而“电子”则解决怎么做的问题。电子商务的主要功能包括网上广告、订货、付款、客户服务和货物递交等售前、售中和售后服务，以及市场调查分析、财务核算及生产安排等多项利用互联网开发的商业活动。

从宏观角度讲，电子商务是计算机网络的第二次革命，是通过电子手段建立一个新的经济秩序，它不仅涉及电子技术和商业交易本身，而且涉及诸如金融、税务、教育等社会其他层面。从微观角度讲，电子商务是指各种具有商业活动能力的实体（生产企业、商贸企业、金融机构、政府机构、个人消费者等）利用网络和先进的数字化传媒技术进行的各项商业贸易活动。

　　1997年10月，欧洲经济委员会在比利时首都布鲁塞尔举办的全球信息社会标准大会上，明确提出了一个关于电子商务的比较严密、完整的定义："电子商务是各参与方之间以电子方式而不是以物理交换或直接物理接触方式完成任何形式的业务交易。"这里的"电子方式"包括电子数据交换（EDI）、电子支付手段、电子订货系统、电子邮件、传真、网络、电子公告、图像处理、智能卡等。一次完整的商业贸易过程是复杂的，包括了解商情、询价、报价，发送订单、应答订单，发送和接收送货通知、取货凭证，支付汇兑等，还有涉及行政过程的认证等行为，涉及资金流、物流、信息流。严格说来，只有上述所有贸易过程都实现了无纸化，即全部是非人工介入，只使用各种电子工具完成，才能称之为一次完整的电子商务过程。

　　对电子商务概念的理解还应该从"现代信息技术"和"商务"两个方面来考虑：一方面，"电子商务"概念所包括的"现代信息技术"应涵盖各种以电子技术为基础的通信方式；另一方面，对"商务"一词应作广义解释——包括不论是契约性还是非契约性的一切商务性质的关系所引起的种种事项。将"现代信息技术"看作一个子集，"商务"看作另一个子集，电子商务所覆盖的范围应当是这两个子集的交集，即"电子商务"标题之下可能广泛涉及的互联网、内部网和电子数据交换在贸易方面的各种用途，如图1-1所示。

图1-1　电子商务是"现代信息技术"和"商务"两个子集的交集

2）E概念的来源及应用

　　自进入21世纪以来，人们对电子商务的认识逐渐扩展到E概念的高度，人们认识到电子商务实际上就是电子信息技术同商务应用的结合。电子信息技术不但可以与狭义的商务活动结合，还可以与医疗、教育、卫生、军事、政府等有关的应用领域结合，从而形成有关领域的E概念。

　　E概念意味着网络与信息技术向各领域的全面渗透。

　　（1）电子信息技术与教育结合，孵化出电子教务和远程教育。

　　（2）电子信息技术与医疗结合，产生电子医务与远程医疗。

　　（3）电子信息技术与政务结合，产生电子政务。

　　（4）电子信息技术与军务联系，孵化出电子军务和远程指挥。

　　（5）电子信息技术与企业组织形式结合，形成虚拟企业。

　　（6）电子信息技术与金融结合，产生在线银行。

　　（7）电子信息技术与图书馆结合，形成电子图书馆。

　　2012年国内"互联网+"理念的提出，是E概念在我国电子商务经济发展中进一步的实践表现。"互联网+"是传统行业与互联网技术的深度融合，也是电子商务发展的必然趋势。

3）电子商务与信息经济

从最初的电话、电报到电子邮件以及 EDI，都可以说是电子商务的某种形式，发展到今天，人们提出了包括通过网络来实现从原材料的查询、采购，产品的展示、订购，到产品的发运、储存以及电子支付等一系列贸易活动在内的完整电子商务的概念。

当电子中介作为一种工具被引入生产、交换和消费中时，人们从事贸易的顺序并没有改变，还是要有交易前、交易中和交易后几个阶段，但在这几个阶段中人们进行联系和交流的工具变了，比如以前用纸质单证，现在改用电子单证。这种生产工具的改变必定会引起生产方式的变化，而这种生产方式的变化必将形成新的经济秩序。在这个过程中，有的行业会兴起、有的行业会没落，有的商业形式会产生、有的商业形式会消失，这就是为什么我们称电子商务是一场由技术革命推动的社会经济革命。

仅从交换这个范围来看，电子手段是通过改变中介机构用以提供货币中介服务的工具而改变其工作方式的，从而使它们产生了新的业务，甚至出现了新的中介机构。这个阶段的一个重要特点就是信息流处于一个极为重要的地位，它站在一个更高的角度对商品流通的全过程进行控制。所以我们认为，电子商务与现代社会逐步兴起的信息经济是密不可分的。

1.1.2　狭义的电子商务

狭义的电子商务（E-Commerce）也称电子交易，主要是指利用 Web 提供的通信手段在网上进行的交易活动，包括通过互联网买卖产品和提供服务。产品可以是实体化的，如汽车、电视，也可以是数字化的，如新闻、录像、软件等基于比特的产品。此外，还可以提供各类服务，如安排旅游、远程教育等。总之，电子商务并不仅仅局限于在线买卖，它将从生产到消费的各个方面影响进行商务活动的方式。除了网上购物，电子商务还大大改变了产品的定制、分配和交换的手段。而对于顾客而言，查找和购买产品乃至享受服务的方式也大为改进。图 1-2 显示了 E-Commerce 的基本框架结构。

1）E-Commerce 的基本业务流程

在图 1-2 中，①到⑨分别表示：

① 商城将从国内厂商处获取的商品照片、价格、介绍、送货条件等资料，传送到商城主页里进行展示、宣传。

② 商城通过广告、公关活动（大部分在网上进行）促销商品。

③ 消费者在线选购商品，发出订单，并在线支付货款。

④ 银行确认消费者付款后，通知商城。

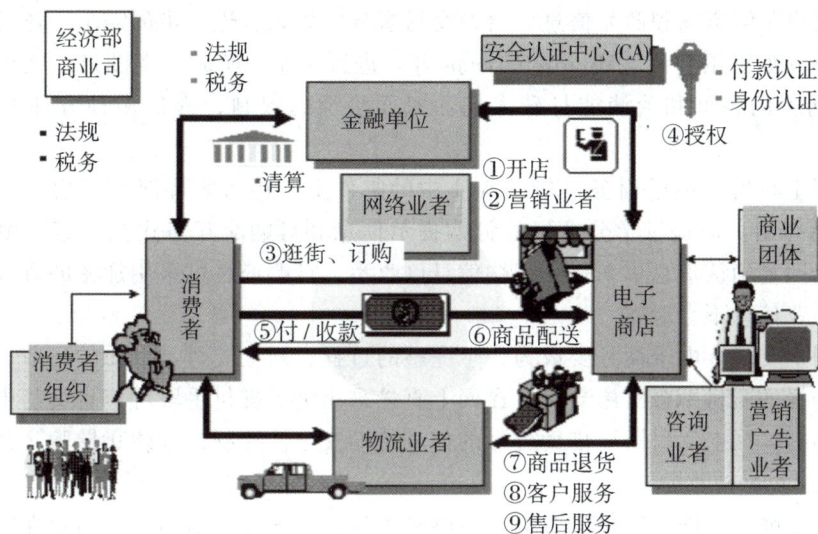

图1-2 E-Commerce的基本框架结构

⑤ 商城通知国内厂商送货，同时将货款付给国内厂商。

⑥ 国内厂商责成物流业者送货。

⑦⑧⑨是商家为客户提供的退货等服务。

2）电子商务企业的基本特征

上面这个具体的电子商务实例集中反映出电子商务企业的一些基本特征：

（1）商城是虚拟的，无实体店面和售货员，也无实际商品。

（2）充分利用网络技术。商品的展示、宣传、挑选、咨询、谈判、结算均在网上进行。

（3）包含三个基本系统：商品信息系统（产品数据库）、资金结算系统、商品配送系统。

3）电子商务的功能

从前文对电子商务的描述可以看出，电子商务可提供网上交易和管理等全过程的服务，因此它具有广告宣传、咨询洽谈、网上订购、网上支付、电子账户、服务传递、意见征询、交易管理等各项功能。

（1）广告宣传。电子商务可凭借企业的Web服务器在互联网上发布各类商业信息。客户可利用网上的检索工具迅速地找到所需的商品信息，而商家可通过网上主页（HomePage）和电子邮件（E-mail）在全球范围内做广告宣传。与各类传统的广告相比，网上的广告成本最为低廉，给顾客的信息量最为丰富。

（2）咨询洽谈。电子商务可借助非实时的电子邮件、社交媒体平台和实时的即时通讯工具来让用户了解市场和商品信息、洽谈交易事务。如果有进一步的需求，还可以使用视频会议工具（如腾讯会议、Microsoft Teams 等）进行交流，实时共享图形、文档和其他协作信息。网上的咨询和洽谈能打破人们面对面洽谈的限制，提供多种方便的异地交谈形式。

（3）网上订购。电子商务可借助 Web 中的邮件交互传送实现网上订购。网上订购通常是在产品介绍页面提供十分友好的订购提示信息和订购交互格式框，客户填完订购单后，系统会回复确认信息单来保证订购信息已收悉。订购信息可采用加密的方式，使客户和商家的商业信息不会泄露。

（4）网上支付。电子商务要成为一个完整的过程，网上支付是重要的环节。客户可以采用商家选择的支付平台实施支付。在网上直接采用电子支付手段可节省交易中很多人员的开销。同时，网上支付需要借助可靠的信息传输安全性控制，以防止欺骗、窃听、冒用等非法行为。

（5）电子账户。网上支付需要电子金融来支持，即银行或信用卡公司及保险公司等金融机构要为金融服务提供网上操作功能，而电子账户管理是其基本的组成部分。信用卡卡号或银行账号都是电子账户的标志，其可信度须借助必要的技术措施来保证。数字凭证、数字签名和加密等手段的应用可以保证电子账户操作的安全性。

（6）服务传递。客户付款后，商家应将其订购的货物尽快交到他们的手中。由于有些货物在本地，有些货物在异地，需要通过网络进行物流的调配。最适合在网上直接传递的货物是信息产品，如软件、电子读物、信息服务等，它们能直接从电子仓库发到用户端。

（7）意见征询。电子商务能使企业十分方便地采用网页上的"选择""填空"等格式文件来收集客户对销售服务的反馈意见，从而使企业的市场运营形成一个封闭的回路。客户的反馈意见不仅有助于提高企业售后服务的水平，还能使企业获得改进产品、发现市场的商业机会。

（8）交易管理。整个交易的管理涉及人、财、物多个方面，包括企业和企业、企业和客户及企业内部等各方面的协调和管理。因此，交易管理是涉及商务活动全过程的管理。电子商务能提供一个良好的交易管理的网络环境及多种多样的应用服务系统，这些系统反过来又能保障电子商务获得更广泛的应用。

1.1.3　广义的电子商务

广义的电子商务（E-Business）是包括电子交易在内的利用 Web 进行的全部商务活动，如市场分析、客户联系、物资调配等，这些商务活动不仅包括企业内部的商务活动，如生产、管理、财务等，还包括企业之间的商务活动。广义的电子商务不仅是硬件和软件的结合，还是使买家、卖家、厂家和合作伙伴在 Internet（互联网）、Intranet（企业内部网、局域网）和 Extranet（企业外部网、外联网）上利用互联网技术与现有的系统结合起来开展商贸业务的综合系统。

1）企业电子商务系统结构

有人把广义的电子商务系统称为企业电子商务系统。这个电子商务系统是以实体企业的基本职能和业务模块为背景构造和运行的。

企业的基本职能和业务模块的组成大同小异，都是以某种形式组织生产制造或提供增值服务，向供应商采购生产原料或获得其他公司的服务项目，和客户保持联系，进行商品交易和财务管理，对内部的资源进行统筹和调配，收集经营实践经验，制定企业发展战略。图1-3所显示的企业电子商务系统结构与基础环境，把各类企业的共性和个性以及企业赖以生存的生态环境有机地合为一体。

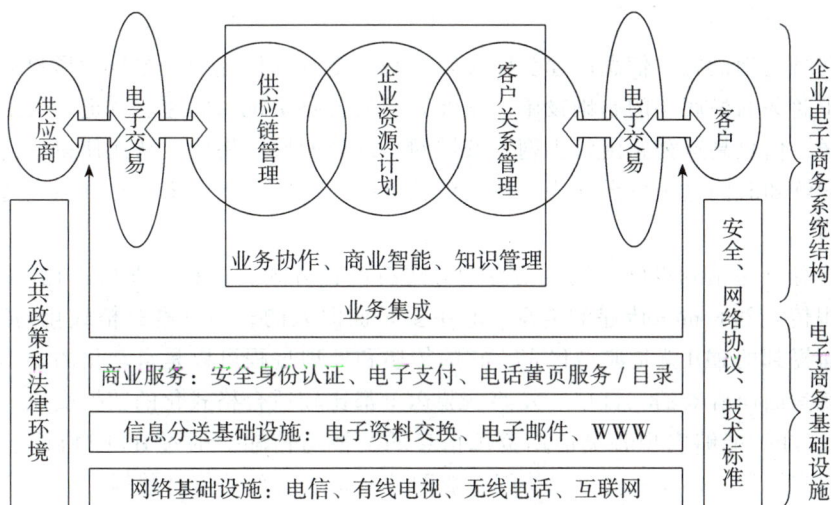

图1-3　企业电子商务系统结构与基础环境

图1-3可以分为两部分，一部分是广义的电子商务系统的内容，另一部分是企业电子商务系统的生态环境，即电子商务系统的基础设施。

2）企业电子商务系统的内容

企业电子商务系统是指企业商务活动的各方面，包括供应商、客户、银行等金融机构、信息公司以及政府等，利用计算机网络技术全面实现在线交易电子化的全部过程，该系统由多个子系统组成，包括企业前端客户关系管理（CRM）系统、企业交易流程中的供应链管理（SCM）系统、企业后台的资源计划（ERP）系统、企业的门户电子交易（EC）等子系统。企业电子商务系统以客户为中心，基于供应链管理，组成虚拟企业。所有操作均可以网络为平台进行，实现企业电子商务系统和企业电子商务市场及外部电子商务市场的自动化数据连接。企业资源计划系统是整个系统的基础，该系统的建立和完善有助于解决好内部管理和信息畅通的问题。在此基础上企业的电子商务系统才能顺利扩展到供应链管理系统和客户关系管理系统，直到扩展为真正意义上的企业电子商务系统。这样的电子商务系统，使供应商、生产商、分销商、客户通过供应链紧密集成，实现物料不间断的流动，使实现零库存成为可能，进而在很大程度上提高企业的效率。

1.1.4　电子商务系统的基础设施

无论是狭义的电子商务系统还是广义的电子商务系统，它们所需要的基础设施都是一样的，如图1-3的下半部分所示。

1）电子商务系统基础设施的内容

电子商务系统的基础设施包括网络基础设施、信息分送基础设施和商业服务三个主要部分。

（1）网络基础设施。信息高速公路实际上是网络基础设施的一个较为形象的说法，它是实现电子商务的最底层的基础设施。正像我们的公路系统由国道、省道、县道和乡道共同组成一样，信息高速公路由骨干网、城域网、局域网层层搭建，从而使得任何一台联网的计算机能够随时同这个世界连为一体。信息可能通过电话线传播，也可能通过无线电波的方式传递。

（2）信息分送基础设施。网上信息的分送有两种方式：一种是非格式化的数据交流，比如我们用传真和E-mail传递的消息，它主要是面向人的；另一种是格式化的数据交流，像我们前面提到的EDI就是典型代表，它的传递和处理过程可以是自动化的，不需要人的干涉，也就是面向机器的，订单、发票、装运单都比较适合格式化的数据交流。超文本传输协议（HTTP）能够实现各类应用资源信息的交换与传输。通过HTTP协议，用户使用统一的资源定位器（URL）就可以访问企业网站或企业内部的信息数据。

（3）商业服务。为了方便贸易而提供的通用的商业服务，是所有的企业、个人做贸易时都会用到的服务，所以我们也将它们称为基础设施，主要包括安全、认证、电子支付和目录服务等。对于电子商务系统来说，网上的业务需要确保安全和提供认证，以便在有争议的时候能够提供适当的证据。商业服务的关键是安全的电子支付。买卖双方进行一笔网上交易时，买方发出一笔电子付款（以电子信用卡、电子支票或电子现金的形式）并随之发出一个付款通知给卖方，卖方通过中介机构对这笔付款进行认证并接收，同时发出货物，买方确认收货以后这笔交易才算完成。为了保证网上支付的安全，必须保证交易是保密的、真实的、完整的和不可抵赖的，目前的做法是用交易各方的电子证书（即电子身份证明）来提供终端的安全保障。

2）电子商务系统的支撑环境

另外，为了保证企业电子商务系统的正常运行，还需要两个支柱：一个是公共政策法规和法律环境；另一个是安全、网络协议和技术标准。

（1）公共政策法规和法律环境。国际上，人们对于信息领域的立法工作十分重视。美国政府在《全球电子商务政策框架》中针对法律方面做了专门的论述；俄罗斯、德国、英国等国家也先后颁布了多项有关法规；1996年联合国国际贸易法委员会第85次全体大会通过了《电子商务示范法》。中国在信息化立法与个人隐私保护领域展现出坚定步伐。在"十四五"规划的驱动下，国家政务信息化提速，数字政府建设成为核心，政务信息资源整合与智能化服务升级并举。中国的电子商务法律体系日渐成熟，《中华人民共和国电子商务法》（以下简称《电子商务法》）与《中华人民共和国个人信息保护法》（以下简称《个人信息保护法》）双剑合璧，构筑健康电商生态，严控个人信息滥用。《中华人民共和国民法典》（以下简称《民法典》）强化隐私权保护，明确界定隐私边界，对不公价格策略施以重拳。在跨国交易中，中国主动参与国际规则塑造，在WTO及区域协定中倡导公平透明的电商环境，跨文化法律协调与国际执法合作机制日益完善，为全球化背景下的国内主体权益保驾护航。中国正全方位构建适应数字经济的法制框架，彰显大国责任与智慧。另外，提到政策法规，就得考虑各国的不同体制和国情，因为在电子商务要求全球贸易一体化的大环境下，通过互联网进行电子商务的跨国界交易会自然地发生，用户能很容易地通过网络购买外国产品，这时就会不可避免地出现不同文化背景的冲突。此外，各国的道德规范和法律体系不同，也要求加强国际合作研究以便协调互联网络贸易所带来的新问题。

（2）安全、网络协议和技术标准。技术标准定义了用户接口、传输协议、信息发布标准、安全协议等技术细节。就整个网络环境来说，标准对于保证兼容性和通用性而言是十分重要的。正如有的国家推行左行制、有的国家推行右行制会给交通运输带来一些不便，不同国家110伏和220伏的电器标准会给电器使用带来麻烦一样，在电子商务中也遇到了类似的问题。许多厂商、机构意识到了标准的重要性，联合起来开发统一的标准，一些像VISA和MasterCard这样的国际组织已经同国际著名的IT公司和商业界合作制定出用于电子商务安全交易的多种技术和协议。中国银联与国内外的IT公司和技术提供商合作，制定了多种支付标准和协议，如 QuickPass（闪付）、银联云闪付（UnionPay Cloud QuickPass），以及移动支付标准等，这些标准都强调了交易过程中的安全性。

1.2 电子商务的起源与发展

事实上，电子商务已非新生事物，虽然它热起来只是最近十几年的事，但早在20世纪70年代末，企业间采用电子数据交换和电子资金传送作为企业间电子商务应用的系统雏形就已经出现了，当使用自助付款机或信用卡时，就可以以电子形式进行商务活动。多年来，许多金融、制造、航空等领域的大公司已经建立了和客户间的电子通信，并用电子化手段处理其内外业务。这种方式加快了供方和需方的信息交流和处理速度，有助于实现最优化管理，并且能提高服务质量。

然而，电子数据交换和自助付款机是工作于封闭系统中的，它们使用传统的通信媒介，并严格限制使用者。早期的解决方式都是建立在大量功能单一的专用软硬件设施的基础上的，因此使用价格十分昂贵，只有大型企业才能承担得起。此外，早期网络技术的局限性也限制了其应用范围的扩大和应用水平的提高。

20世纪90年代，互联网的出现把信息技术和网络技术的应用推向了一个新的高潮，网络化已经由一个高新技术的产物演变成一个社会化进程，社会的网络化引起了当代经营过程的很多变化。有了网络之后，人们获取信息的能力大大增强，而且经营范围不再受地域的约束和局限，企业就有可能把经营的触角延伸到世界的各个角落，这就是经济的全球化。全球化必然要求物资能够在世界各地自由流动，所以说经济的全球化在客观上会要求贸易的自由化。社会的网络化、经济的全球化和贸易的自由化已经演变成人类社会发展的三大进程。20世纪末，这三大进程开始合一，导致了电子商务系统的诞生。可以说，现代的电子商务起源于信息系统的形成以及互联网技术的飞速发展。

近20年来，随着移动互联网的普及，电子商务进入了全新的发展阶段，移动设备成为日常购物不可或缺的工具，随时随地的消费体验成为常态。社交媒体的融入，让电子商务与社交娱乐紧密结合，形成了独特的社交电商模式，品牌与消费者之间的互动变得更为直接和频繁。大数据和人工智能技术的应用，为电子商务带来了前所未有的个性化体验，商家能够精准洞察消费者需求，提供定制化服务。跨境电商的兴起打破了地理界线，全球商品触手可及，促进了贸易自由化和经济全球化。支付系统的创新，如数字钱包和加密货币的出现，简化了交易流程，提升了支付的安全性与便捷性。同时，物流科技的进步，自动化仓储和智能配送的出现，极大提高了物流效率和顾客满意度。随着电子商务规模的扩大，各国政府加强了法律法规建设，保障了市场秩序和消费者权益。在可持续发展的大背景下，绿色包装和企业社会责任成为行业新趋势，反映了消费者对环保的日益重视。虚拟现实和增强现实技术的融入，更是开创了沉浸式的购物体验，让线上购物变得生动有趣。电子商务的未来，无疑将是一个融合技术创新、社会责任、个性化服务和全球贸易的多元化生态，继续引领着全球经济和社会的发展方向。

1.2.1　信息系统的发展与应用

信息系统是随着计算机的产生和发展而逐步形成和发展起来的。1946年，人类就发明了第一台电子计算机，当时受技术条件所限，计算机只能做数值处理，它的应用也局限在军事上和科学运算上。20世纪60年代初，数据处理技术的出现使计算机进入管理领域，可以说从那时开始到现在，计算机有95%以上都用于处理管理领域中各种各样的问题。

1）管理信息系统

管理领域是一个涉及范围很宽的领域，面对不同的问题，管理信息系统（MIS）在长期的发展过程中出现了多个分支：

（1）生产加工型企业中的管理信息系统，也可以把它叫作计算机辅助生产系统或者计算机辅助管理系统。

（2）生产计划和制造活动中的管理信息系统。它最早出现于20世纪70年代中后期，当时的生产企业大量采用物料需求系统（MRP）；80年代中期，物料需求系统渐渐不能满足生产计划和制造活动的需求，由此生产资源规划（MRPⅡ）系统问世；在此基础上，90年代中后期又形成了企业资源计划（ERP）系统。

（3）财务领域的管理信息系统，也就是通常所说的会计电算化系统或会计信息系统。

（4）在商务领域尤其是商品零售业中，人们大量使用POS系统，这个系统就相当于条码装置、信用卡的刷卡机、商业网点中的前后台。

（5）在金融领域，从20世纪70年代开始，银行中的管理信息系统应用比较有代表性的是ATM系统，也就是自动柜员机系统，以及信用卡系统等。

以上这些系统可以说是管理信息系统在管理领域中应用的分支。从20世纪60年代开始至今，各类管理信息系统逐渐发展成一个庞大的"家族"。与此同时，计算机也大量应用在对生产加工过程的控制中。

2）计算机集成制造系统

20世纪60年代，人们开始研究用电子技术去控制车床或者设备的方法，并把这种技术叫数控机床技术。70年代中期，柔性加工系统（FMS）出现，这种技术实际上就是把原来的数控机床技术和生产指挥技术结合起来，通过只改变数字指令而不改变传统工业布局和工业设计的方式，来改变整个生产过程，用老的生产设备、生产流水线，生产出完全不同的产品。柔性加工系统的出现极大地促进了信息技术在生产制造领域的应用。到了80年代，计算机不但可以处理数据，而且可以画图，为帮助人们进行机械绘图和机械设计，一个新的分支——计算机辅助设计（CAD）系统问世。人们可以利用计算机的绘图能力进行辅助工业设计，比如进行机械零件的设计，设计好了以后，把图纸打印出来，再由人按照图纸去加工。紧接着出现的计算机辅助制造（CAM）系统，使人们可以直接利用计算机按照CAD设计出来的图纸进行加工制造。在80年代末期，人们把计算机在工程领域中的加工处理技术与管理信息系统的生产指挥技术结合起来，形成了计算机集成制造系统（CIMS），这个系统把这两大领域的技术集成起来，形成一整套利用信息技术来指挥、加工和组织生产全过程的体系。

3）商业智能系统

20世纪80年代初，微处理器的出现催生了微型计算机也就是PC机。PC机和以PC机为基础的局域网络的出现导致计算机价格大幅度下降，使得计算机、局域网以及信息处理技术大举进入企业办公领域，用于提高企业办公效率。这就是人们在谈论信息系统发展时经常提到的一个分支——办公自动化（OA）系统。

同时，信息处理技术在另外一个领域有了突破，这个突破主要体现在知识处理和智能处理上。知识处理系统和智能处理系统的出现，使计算机不但可以处理定量的问题，而且能够处理定性的问题，信息系统和信息技术由此进入了管理领域的更高层次，这就是从20世纪80年代开始发展的决策支持系统（DSS）。如今，计算机已经广泛应用于各种层次的企业决策支持系统和政府辅助决策支持系统中，并且基于数据仓库、数据挖掘和在线分析处理技术的商业智能（BI）系统在企业电子商务的进程中发挥越来越重要的作用。

4）电子商务系统

电子数据交换（EDI）技术是信息系统的另外一个应用。早在20世纪60年代，美国的军方和运输部门就开始用电报的报文来传递各种各样的商务单证。后来人们发现，自然语言在书写中的随意性经常导致贸易纠纷。为了规范这种利用电子手段来传递各种商务单证的行为，从70年代末开始，美国和欧洲一些国家陆续推出了各自的EDI标准，从而促进了贸易单证和贸易手续的信息化进程。

到了20世纪90年代，互联网技术的应用和发展进程对企业信息系统的建设和应用发挥了很大的促进作用，其中最有代表性的发展分支就是电子商务系统。电子商务的出现极大地扩展了传统的信息技术和信息系统应用的范围，把信息系统的应用功能从传统的只能处理管理的问题扩展到还能处理商务经营问题，这是电子商务形成和发展的关键。

短短20年间，电子商务从最初的在线展示和销售，迅速进化为集交易、支付、物流、营销、数据分析、客户服务于一体的综合性平台。随着消费者对个性化和即时服务需求的增长，电子商务系统开始运用大数据分析和机器学习算法，为用户提供定制化推荐，优化库存管理，预测市场趋势。移动互联网的崛起，使得手机和平板电脑成为购物的主要终端，催生了移动支付、O2O（线上到线下）服务，以及社交电商等多种新型商业模式。电子商务系统经历了从单一功能向多功能、从PC端向移动端、从国内市场向全球市场的转变，其背后是信息技术的持续创新和消费者行为的深刻变迁，电子商务已经成为推动全球经济一体化和数字化转型的重要力量。

1.2.2 互联网及其发展

电子商务的形成和发展在很大程度上依赖于互联网络技术的发展。

1）互联网络的形成

互联网（Internet）的前身是1969年美国国防部所属的一个发展研究机构为了应对冷战而建立的一套网络和信息系统，名为阿帕网（ARPANET），其目的是解决战时在军事上如何抗打击，以及在现有资源被破坏时如何提供必要的信息资料迅速地组织和恢复美国的经济和生产的问题。1986年，在预计冷战即将结束的情况下，美国国家自然科学基金委员会出面，把美国的军方代表、各大学的代表和企业代表召集到一起，以ARPANET为基础，研究出一种叫作TCP/IP的技术，并利用这种技术，把美国的所有计算机网络连成一片。这个系统最初被称作国家科学基金网（NSFNET），经过各方努力，1987年被正式定名为Internet。互联网投入商用后，最初只是应用于美国的大学、研究机构、政府机关和一些大的公司，20世纪90年代以后在全球迅速普及和发展。今天，几乎每一间办公室，或者说每一个房间，都已经被互联网牢牢地连为一体。

2）互联网络的用户及用途

（1）网络大众化。互联网已经不再像开始时那样是一种学术网络，只限于特定的人群使用，现今的互联网早已变成大众网络，越来越多的人被覆盖其中，人们也越来越离不开互联网。

（2）应用发展。当前数字经济飞速发展，互联网在商务交易、文娱旅游等多个领域中的应用不断深化，更好满足人民日益增长的美好生活需要。互联网应用主要涵盖四个方向：一是基础应用类，包括即时通信、搜索引擎、线上办公等；二是商务交易类，包括网络支付、网络购物、网上外卖、在线旅行预订等；三是网络娱乐类，包括网络视频、网络直播、网络音乐、网络文学等；四是公共服务类，包括网约车、互联网医疗等。

（3）中国互联网的用户基础。2012年后，全球互联网进入中速增长期，近几年更是快速增长。全球范围内的统计资料显示，截至2023年6月30日，全球网民数量已达47.6亿，创下历史新高，大约60%的人口在使用互联网。中国互联网络信息中心（CNNIC）的调查（如图1-4所示）表明，截至2024年6月，我国网民规模经历10多年的快速增长后，互联网普及率已达78.0%，网民规模近11亿人（10.9967亿人）。

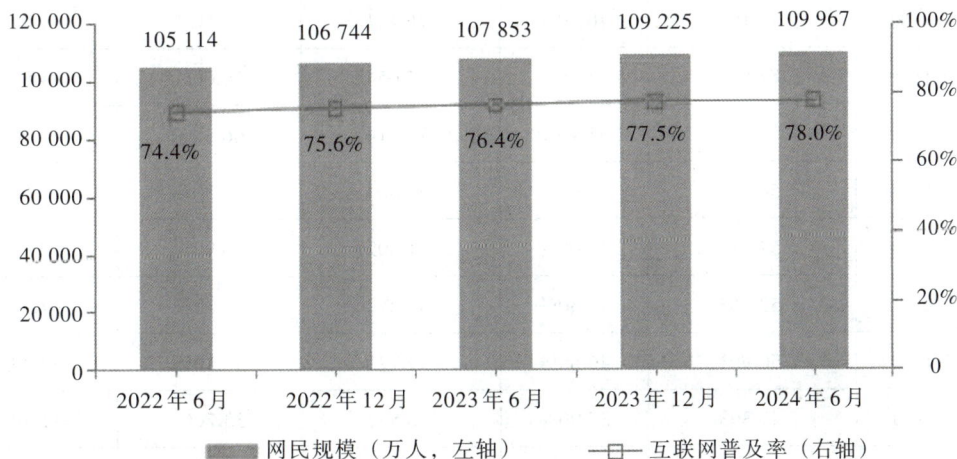

图1-4　截至2024年6月中国互联网用户规模与普及率

数据来源：CNNIC。

如今，移动互联网的发展成为带动网民增长的首要因素。截至2024年6月，我国手机网民规模达10.96亿。网民中使用手机上网的人群的占比由2015年的90.1%提升至

99.7%，网民手机上网比例在高基数基础上进一步攀升。

（4）中国网络应用现状。表1-1列出了2023年12月和2024年6月各类互联网应用用户规模和网民使用率。我国各类互联网应用不断深化，用户规模持续增长。其中，2024年6月即时通信、网络支付、网络音乐和网上外卖的用户规模较2023年12月分别增长1 824万人、1 498万人、1 450万人和850万人，增长率分别为1.7%、1.6%、2.0%和1.6%。

表1-1　　　　　　　　　　　中国网络应用使用率

应用	2023年12月		2024年6月		增长率
	网民规模（万人）	网民使用率	网民规模（万人）	网民使用率	
即时通信	105 963	97.00%	107 787	98.00%	1.70%
网络视频	106 671	97.70%	106 796	97.10%	0.10%
短视频	105 330	96.40%	105 037	95.50%	−0.30%
网络支付	95 386	87.30%	96 885	88.10%	1.60%
网络购物	91 496	83.80%	90 460	82.30%	−1.10%
搜索引擎	82 670	75.70%	82 440	75.00%	−0.30%
网络新闻	77 191	70.70%	76 441	69.50%	−1.00%
网络直播	81 566	74.70%	77 654	70.60%	−4.80%
网络音乐	71 464	65.40%	72 914	66.30%	2.00%
网上外卖	54 454	49.90%	55 304	50.30%	1.60%
网络文学	52 017	47.60%	51 602	46.90%	−0.80%
网约车	52 765	48.30%	50 270	45.70%	−4.70%
在线旅行预订	50 901	46.60%	49 721	45.20%	−2.30%
互联网医疗	41 393	37.90%	36 532	33.20%	−11.70%
网络音频	33 189	30.40%	31 976	29.10%	−3.70%

数据来源：CNNIC。

3）互联网络贸易

1991年，美国政府宣布互联网向社会公众开放，允许用户在网上开发商业应用系统。

1993年，万维网（World Wide Web，缩写为WWW，一种具有处理数据图文声像超文本对象能力的网络技术）在互联网上出现，它使互联网具备了支持多媒体应用的功能。1995年，互联网上的商业业务信息量首次超过了科教业务信息量，这标志着互联网的爆炸性发展，也是电子商务大规模起步的标志。从此以后，互联网络贸易和网络经济市场在全球范围内快速增长。

图1-5显示了2015—2022年中国网络经济市场的营收规模及增长率。2017年中国网络经济营收规模达到了34 095.4亿元，同比增速达到39.3%。这是网络经济增速在经历了2016年的明显趋缓后的首次回升。之后，网络经济营收规模的增速伴随着经济环境的逐步调整与各领域商业模式的逐渐成熟，开始步入稳定发展期。

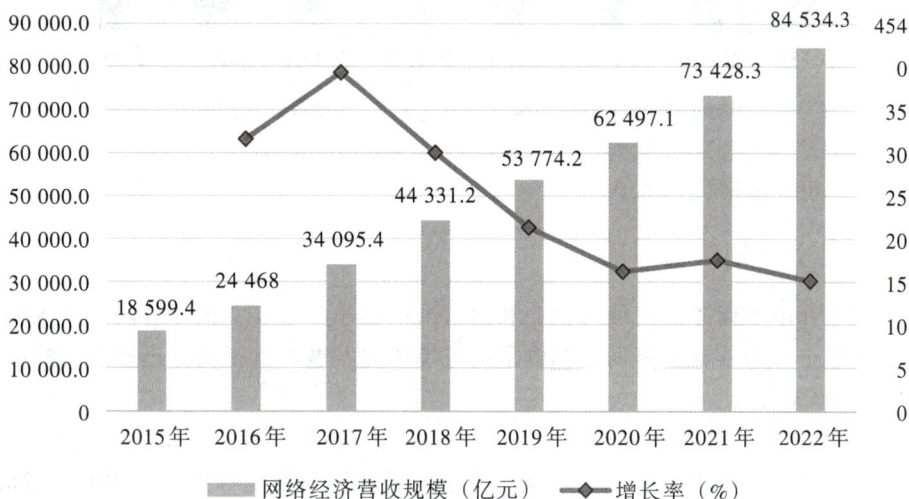

网络经济营收规模（亿元）　增长率（%）

图1-5　2015—2022年中国网络经济市场的营收规模及增长率

数据来源：根据公开资料整理。

随着全球网民渗透率的提高以及跨境支付、物流等服务水平的提高，跨境电商零售作为互联网时代新的贸易形式正大放异彩。根据中国电子商务研究中心发布的统计数据，2013—2022年我国跨境电商市场交易规模保持了高速增长的趋势，2022年其交易规模达到15.7万亿元，这得益于一系列制度支持、改革创新以及互联网基础设施的完善和全球性物流网络所构建起的交易规模的日益扩大。

总的来说，跨境电商已成为推动中国外贸增长的新动能，如图1-6所示。从跨境电商交易模式的结构来看，2022年我国跨境电商B2B交易模式的交易规模占比为75.6%，B2C交易模式的占比为24.4%。中国电子商务研究中心的监测数据显示，2022年我国跨境电商的交易结构中，出口依然占据主导地位，占比达到78.3%，进口比例仅为21.7%。

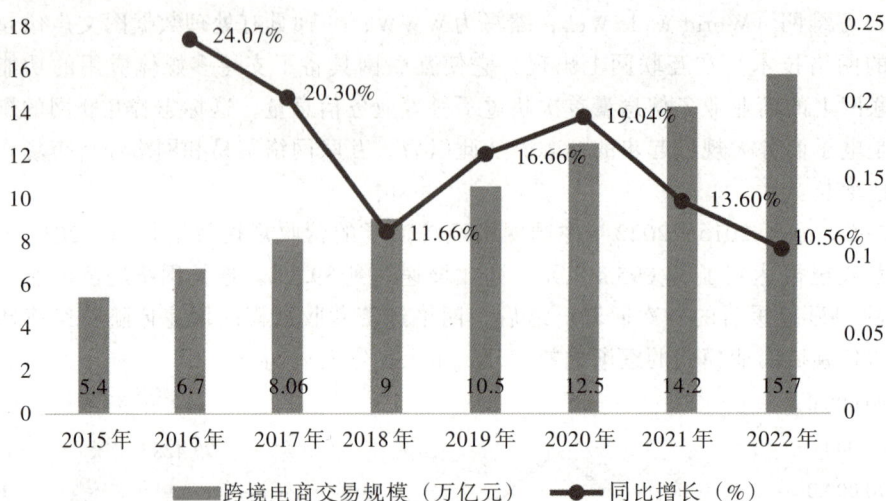

图1-6 2015—2022年中国跨境电商市场的交易规模及增长情况

数据来源：中国电子商务研究中心。

1.2.3 电子商务的发展历程

互联网络和电子商务的发展对企业和国家来说都非常重要，世界各国以及各种国际经贸组织都竭尽全力去推动互联网络和电子商务事业的发展。电子商务迅速发展的最重要时期是20世纪90年代。

1) 电子商务发展的重要里程碑

1990年3月，由联合国统一向全球颁布了电子数据交换的标准——EDI，国际商会则在《1990年国际贸易术语解释通则》中特别将其纳入许可的贸易程序，即《远距离数据交换统一规则》。这个标准的产生和迅速推广极大地促进了电子技术在对外贸易中的应用。1992年，联合国贸易和发展会议第一次明确提出要研究电子数据交换技术的应用，并且要利用这种技术提高贸易的效率。1994年，联合国贸易和发展会议再一次开会，研究和总结了两年以来EDI应用技术的发展历程，并在这次会议上明确提出了开放EDI的概念。会议认为，前两年EDI技术的应用有很多可取的地方，但是由于EDI对技术本身要求较高，因此极大地影响了其在中小企业中的应用。会议还认为，如果中小企业不能很好地应用它，不能把EDI应用的技术要求降到最低限度，就不可能真正推动世界贸易的发展。自这次会议明确提出要开放EDI以后，EDI技术迅速从原来以广域网为基础的应用系统向互联网发展。

1993年11月，美国国会正式讨论并通过了"信息高速公路计划"。这项计划最初是美国国内的一个工程项目，该项目一经提出，立刻在世界范围内引起了强烈的反响。在美国通过这项计划以后仅两个月，加拿大国会也通过了一个这样的议案，正式加入了美国的这项计划。又过了几个月，日本国会也通过了议案，随后欧洲议会也讨论通过了同样的议案，加入了这项计划。同年，我国当时的国务院总理李鹏提出我国要加入这项计划。于是，"信息高速公路计划"在不到一年的时间内就迅速从美国国内的一个工程项目演变成全球性的一致行动。

1997年7月1日，时任美国总统的克林顿在向全美发表的国情咨文中，从政府的角度明确宣布，暂时不对在网络上从事贸易的公司增加任何新的税种。这项政策的宣布，预示着美国政府从这个时候开始要采用政策和经济双重杠杆来推动电子商务事业的发展。如果在这以前我们认为各种各样的网络商务或者电子商务行为是一种个人、商业或者公司行为的话，那么自此以后，它就演变成一种美国政府的行为。克林顿政府的政策措施出台以后，首先有反响的是欧盟。欧盟在1997年7月8日发起了一个互联网贸易会议，会议邀请了欧盟成员、美国、日本等29个主要贸易伙伴参加。会议原则通过不对在互联网上从事贸易的公司实行新的贸易壁垒和增设新的税种，这就意味着在世界范围内，一个巨大的网络虚拟空间——自由贸易免税区——酝酿形成。

自20世纪90年代中期以后，人们在电子商务所涉及的法律、金融等其他方面也做了大量的工作。1996年，联合国国际贸易法委员会正式用六种文字向全球各国颁布了《电子商务示范法》，并且敦促各国政府尽快根据自己国家的具体情况和示范法的文本制定本国相应的法律，以免电子商务大潮来临之际没有法律作为保障，影响正常的经济和金融秩序。1997年12月，世界贸易组织（WTO）达成《全球金融服务协议》。该协议明确提出，要利用电子技术去促进世界金融事业的发展，防范金融风险，促进电子商务的发展。

1998年5月，世界贸易组织正式达成了一项为期1年的对互联网贸易免税的临时性协议。1998年6月，美国国会众议院通过了一项互联网免税法案，规定在3年以内可以对从事电子商务的企业实行免税。1998年10月，美国国会参议院正式通过了为期1年的互联网免税法案，为此美国每年大概要承受120亿美元的损失。那么，美国政府、美国国会为什么要这样积极地去促进这项事业的发展呢？目的就是以极小的代价来换取巨大的收益，以此增强美国企业和美国整个国家的综合竞争能力。

1998年11月，亚太经济合作组织召开会议，专门设议题就电子商务的发展以及国际协作问题展开讨论。就在亚太各国积极促使电子商务事业发展的同时，欧盟也不甘寂寞，从不同的角度敦促其各成员方尽快讨论有关与电子商务相关的法律、税务以及国际合作问题。

1998年以来，我国政府对电子商务给予了空前的重视。1998年初，我国四部委共同宣布把1998年定义为"中国电子商务元年"，随后，各种各样的政府上网工程、企业上网工程，以及各级地方政府的电子商务示范工程等迅速在全国各地展开，所有这些举措都极大地促进了我国电子商务事业的发展。

在 21 世纪初，我国政府进一步加大了对电子商务的支持力度，出台了一系列鼓励政策，如提供财政补贴和税收优惠，以支持电子商务企业进行技术研发和市场拓展。同时，我国加强了电子商务相关基础设施的建设，包括宽带网络的普及和物流配送体系的完善。在国际上，许多国家纷纷制定了专门的电子商务发展战略。例如，德国推出了"数字德国 2015"计划，将电子商务作为重要的发展领域，加大投资以提升数字基础设施和数字技能。

2010 年后，我国电子商务呈现爆发式增长。政府不断完善法律法规，加强对消费者权益的保护和对网络交易的规范，出台了《网络交易管理办法》等法规，促进了电子商务市场的健康有序发展。国际方面，欧盟加强了对跨境电子商务的监管，推动建立统一的数字市场，以消除成员国之间的数字贸易壁垒。美国则持续关注电子商务领域的创新，通过政策引导鼓励新兴技术在电子商务中的应用。

2020 年，我国在"十四五"规划中明确提出要加快数字化发展，推动数字经济和实体经济深度融合，电子商务成为重要的发力点。此后，政府加大了对农村电子商务的支持，助力乡村振兴。

在全球范围内，在新冠肺炎疫情期间，各国纷纷加快了电子商务的发展步伐。许多国家出台了临时政策，如简化电商企业的审批流程、提供紧急贷款等，以帮助电商企业应对疫情冲击。同时，国际组织也加强了电子商务领域的合作与交流，共同应对数字贸易规则制定等全球性问题。例如，世界贸易组织积极推动各成员方就电子商务的多边规则进行谈判。

2) 电子商务发展的关键技术

1996 年 2 月，VISA 与 MasterCard 两大信用卡国际组织联合发起制定了保障在互联网上进行安全电子交易的 SET 协议（该协议的制定得到了 IBM、Microsoft、Netscape、GTE、VeriSign 等一批技术领先的跨国公司的支持）。SET 协议适用于 B2C 模式，围绕客户、商户、银行（收单行或开户行）以及其他相关银行的相互关系确认身份（把数字加密技术用于数字签名和颁发电子证书），借以保障交易安全。

1997 年 12 月，VISA 与 MasterCard 两大组织共同成立了安全电子交易有限公司，专门从事管理与促进 SET 协议在全球应用推广的工作。该公司被赋予代表上述两大组织管理、颁发、确认具有最高权威等级的根认证机构（Root CA）的特许权力。在根认证之下，建立分层结构的认证体系，即分层逐级而下的品牌认证机构（Brand CA）、地域政策认证机构（Geo-Political CA），以及持卡人认证机构（CardHolder CA）、商户认证机构（Merchant CA）、支付网关认证机构（Payment Gateway CA）。但是，SET 协议操作起来过于复杂，成本较高，使用的广泛性尚差，还有待于改进。

1994 年美国网景公司（Netscape）成立。该公司开发并推出了安全套接层（SSL）协议，用以弥补互联网上的主要协议 TCP/IP 在安全性能上的缺陷（如 TCP/IP 难以确定用户的身份）。SSL 协议支持 B2B 方式的电子商务并支持按 X.509 标准制作的电子证书，借以识别通信双方的身份，但 SSL 协议缺少数字签名功能，没有授权，没有存取控制，不能抗抵赖，用户身份有可能被冒充，这些就是 SSL 协议在安全方面的弱点，在实践中也被证明切实存在，由 SSL 协议构筑的安全防线曾有被黑客击中并攻破的实例。

加拿大北方电讯公司（Nortel）所属的 Entrust 公司开发的公钥基础设施（Public Key Infrastructure，PKI）技术，支持 SET、SSL、IP 及电子证书和数字签名，可弥补 SSL 协议的缺陷，IBM、Sun 等公司均采用 Entrust 公司的 PKI 技术，以支持 B2B 方式的电子商务进行安全结算。

在中国，电子商务技术的发展同样引人注目。国产密码算法如 SM 系列的广泛应用，增强了电子商务系统的安全防护；数字证书颁发机构如中国金融认证中心（CFCA）的设立，为交易双方提供了可信的身份验证；支付宝、微信支付等第三方支付平台借助生物识别、实时风控等技术，构建了高效且安全的支付生态。此外，中国还积极推进电子商务安全标准与法规的建设，如《电子商务法》和《个人信息保护法》的出台，为电子商务的健康发展奠定了坚实的法律基础。这些举措不仅提升了国内电子商务的竞争力，也为全球电子商务安全技术的发展贡献了中国智慧。

网络交易安全技术的逐步完善是电子商务形成和发展的关键。

1.2.4　电子商务对社会经济产生的影响

随着互联网、移动网络、物流配送体系的蓬勃发展，"互联网+"与传统产业加速融合，电子商务已渗透进社会经济的各个领域。"双11""共享单车""移动支付""网上外卖"等一大批前所未闻的新词逐渐为人们所熟悉和认同，这些词语也从另一个侧面反映了电子商务正在对社会和经济产生的影响。

1）电子商务改变商务活动的方式

传统的商务活动最典型的情景就是"推销员满天飞""采购员遍地跑""说破了嘴、跑断了腿"；一提到商务，人们不是联想到在一家商场中精疲力竭地搜寻自己所需的商品，就是联想到在谈判桌前买卖双方唇枪舌剑地谈判。而现在，通过互联网，只要动动手就可以了。人们可以进入网上商场身临其境地浏览、采购各类产品，还能得到在线服务；不仅能购买实物类产品，如手机、电脑和电视机，也能购买数字类产品，如信息、录像、录音、数据库、软件及各类知识产品，还能获得各类服务，如安排旅行预订、网上医疗和远程教育。

2）电子商务改变企业经营的方式

如果一家企业在万维网上开设了商店，它便会发现世界就在它眼前。

（1）客户可以在网上与供货方联系，利用网络进行支付和会计结算。

（2）实现实物商品、物资的优化配送，提高运输效率，减少运输费用，并可以实现电子商品的电子送货，即对电子信息产品可以直接通过网络传送，免去对电子商品的人工、机械装卸、运输。

（3）企业可以方便地与政府部门以及竞争对手建立联系。政府还可以方便地进行电子招标、政府采购等。这种网上联系与操作，使企业经营的方式在各个层面都有了改变。

3）电子商务改变人们的消费方式

网上购物使消费者不用出门即可看遍世界，消费者利用网上的搜索功能可以"足不出户、货比三家"。网上购物的最大特征是消费者的主导性，购物意愿掌握在消费者手中；同时，消费者能以一种十分轻松自由的自我服务的方式来完成交易，从而使用户对服务的满意程度大为提高，消费者主权可以在网络购物中充分体现出来，实现电子订货，提高社会效益。

4）电子商务改变企业的生产方式

电子商务能将市场与生产、生产与消费直接打通，利于生产企业模拟市场，生产适销对路的产品，提高企业的经济效益。电子商务采用快捷、方便的购物手段，消费者的个性化、特殊化需要可以完全通过网络展示在生产厂商面前。为了取悦顾客，突出产品的设计风格，许多制造业企业纷纷发展和普及电子商务。以海尔集团为例，这家家电巨头自2000年初就开始探索"互联网+制造"的新模式，提出了"人单合一"理念，即员工直接面对用户订单，实现个性化定制。2015年，海尔上线了COSMOPlat工业互联网平台，这是一个面向全球的智能制造和大规模定制解决方案平台，允许用户在线参与产品设计、生产和交付的全过程。

5）电子商务改变企业的管理方式

企业利用电子工具可以实现无纸贸易，大量减少商务活动（咨询、买卖、财务、统计等）中的纸张、笔墨的消耗，代之以磁盘、光盘，从而节省大量的原材料。

6）电子商务促使新的贸易机制形成

电子商务有利于规范商品贸易行为。借助电子网络可以打破条块分割、地域分割的限制，有利于形成集中约束的贸易管理体制。建立在电子商务基础上的管理体制是集约型的高效的管理体制，有利于形成全国统一的大市场、大流通、大贸易。

7）电子商务能实现资源的最佳配置

电子商务给传统的营销业带来了一场革命，有利于实现生产要素的最佳配置和极大地节约物资、能源等。电子商务是在商务活动的全过程中，通过人与电子通信方式的结合，极大地提高了商务活动的效率，减少了不必要的中间环节，传统的制造业由此进入小批量、多品种的时代，使"零库存"成为可能；电子商务开创了传统的零售业和批发业"无店铺""网上营销"的新模式，各种在线服务为传统服务业提供了全新的服务方式。

8）电子商务带来全新的金融业

在线电子支付是电子商务的关键环节，也是电子商务得以顺利发展的基础条件，随着电子商务在电子交易环节上的突破，网上银行、银行卡支付网络、银行电子支付系统以及电子支票、电子现金等服务，将传统的金融业带入一个全新的运作环境，极大地减少了现金的生产、存储、流通和管理的工作量，使电子货币的使用成为必要。1995年10月，全球第一家网上银行——"安全第一网络银行"在美国诞生。这家银行没有建筑物、没有地址，营业厅就是首页画面，员工只有10人。与总资产超过2 000亿美元的美国花旗银行相比，安全第一网络银行简直是微不足道，但与花旗银行不同的是，该银行的所有交易都通过互联网进行。虽然这家银行由于亏损很快就被实体银行并购，但它所开创的网络经营模式和与众不同的服务方式很快被全球的实体银行所采纳。支付宝是阿里巴巴集团旗下的第三方在线支付平台，成立于2004年。支付宝最初是淘宝网的支付工具，之后逐渐独立并发展成为一种广泛使用的在线支付方式，涵盖了线上购物、转账、缴费、理财等多种金融服务。支付宝的出现极大地促进了中国电子商务的繁荣，也带动了线下零售业的无现金化趋势。支付宝还推出了"余额宝"等理财产品。余额宝是一个基于互联网的货币市场基金，用户可以将支付宝账户中的闲置资金转入余额宝，享受高于银行储蓄的利息收益，同时保持资金的高流动性。余额宝的成功吸引了大量用户，对传统银行的存款业务构成了挑战。

9）电子商务转变政府行为

电子商务有利于将"有形的手"与"无形的手"结合，共同促进经济的发展和繁荣。政府通常承担着大量的社会、经济、文化的管理和服务职责，尤其作为"看得见的手"，在调节经济运行、防止市场失灵带来的动力不足方面发挥着很大的作用。电子商务时代，在企业应用电子商务进行生产经营、银行实行金融电子化，以及消费者实现网上消费的同时，同样对政府管理行为提出了新的要求，"电子政府"或称"网上政府"逐渐发展成为一个重要的社会角色。

另外，在电子商务市场中，工农差别、城乡差别的重要障碍——时差、地差被消除，因此有利于缩小工农差别、城乡差别，实现共同富裕。

总而言之，作为一种商务活动过程，电子商务带来了一场史无前例的革命，其对社会经济的影响远远超过了商务本身。除了上述影响外，它还给就业、法律制度以及文化教育等带来了巨大影响。

电子商务的特点参见延伸阅读1-1。

延伸阅读1-1

电子商务的
特点

素养园地

电子商务助力乡村振兴

故事： 在偏远的山区，有一个以传统农业为主的小村庄，村民们面临着农产品销售困难的问题。由于地理位置偏僻，交通不便，他们生产的农产品很难销售到外界。随着电子商务的兴起，村里的大学生"村官"小张看到了希望。他组织村民学习电子商务知识，建立了一个在线销售平台，将村里的农产品直接销售给全国各地的消费者。

起初，村民们对这种新型的销售方式持怀疑态度，但在小张的耐心指导下，他们逐渐掌握了在线开店、产品摄影、物流配送等技能。随着时间的推移，村里的农产品在网上逐渐打开了销路，销量稳步增长。村民们的收入有了显著提高，生活水平也得到了改善。

小张还引入了"互联网+农业"的概念，利用大数据和云计算技术对农产品的生产和销售进行精准管理，提高了农业生产的效率和质量。同时，他还注重培养村民的环保意识，倡导绿色包装和可持续发展的理念。

总结与反思： 这个案例展示了电子商务如何帮助传统农业地区实现经济转型，提高农产品的附加值，促进农民增收。更重要的是，它体现了当代青年利用所学知识服务社会、助力乡村振兴的责任感和使命感。通过这个案例，我们可以看到电子商务不仅是一种经济活动，更是一种社会责任的体现。它要求我们在追求经济效益的同时，也要注重社会价值和环境保护。作为电子商务的从业者或学习者，我们应该思考如何在自己的工作中贯彻这些思政目标，为社会的可持续发展做出贡献。

复习思考题

1）试述电子商务的含义。

2）广义的电子商务和狭义的电子商务有什么区别？

3）如何正确理解E概念？

4）电子商务的基础设施包括什么内容？

5）电子商务得以形成和发展的主要原因是什么？

6）促进电子商务发展的关键技术是什么？

7）试述电子商务发展的重要里程。

8）电子商务对社会经济的主要影响是什么？

即测即评

第 1 章即测即评

第 2 章
电子商务类型与模式

学习目标

知识目标

• 理解电子商务的不同类型及其定义，包括 E-Business、E-Commerce 和 M-Commerce。

• 掌握 EDI 标准的内容、形成与发展，以及在电子商务中的应用。

• 了解企业间电子商务（B2B）的模式和基于 Web 的企业间电子商务的特点。

• 学习电子商务解决方案的分类及其适应的企业规模和需求。

• 掌握商贸业务过程中不同阶段的电子商务系统功能和应用。

能力目标

• 能够分析和判别不同电子商务系统服务范围、阶段及业务类型。

• 学会如何利用 EDI 技术优化企业间的交易流程。

• 能够评估和选择适合企业需求的电子商务解决方案。

• 培养设计和实施企业间电子商务模式的能力。

• 提高对电子商务中信息安全和法律问题的认识。

价值塑造目标

• 强化对电子商务在促进国家经济发展中作用的认识。

• 培养爱国情怀，了解中国在电子商务领域的发展成就。

• 树立正确的价值观，认识到电子商务在推动社会公平和共同富裕中的作用。

• 增强法治意识，理解在电子商务活动中遵守法律法规的重要性。

• 培育创新精神，鼓励在电子商务领域进行创新实践，服务社会。

电子商务企业的成功与电子商务低成本、高效率的特点有直接关系，但电子商务企业能实现利润的高速增长还依赖于其经营者的创新意识和不拘一格的经营模式。本章首先从不同的角度介绍电子商务系统的分类，然后从基于EDI标准的国际电子商务系统开始，主要介绍企业间的电子商务模式以及基于Web的企业间电子商务。

2.1 电子商务的分类

在了解了电子商务的基本概念和特性之后，本章将进一步讨论电子商务的分类。

对于各种各样的电子商务系统，我们可以从不同的角度进行分类。这种分类不是孤立的，而是从不同的角度来审视、判别系统的服务范围、阶段及业务类型等，以使我们加深对电子商务概念的理解，以及提高对电子商务系统的分析和把握能力。

2.1.1 按电子商务的定义分类

关于电子商务的概念在上一章有过详细的讨论，在这里我们重点了解电子商务按照定义的分类以及它们之间的关系。

1）Electronic Business

Electronic Business 也写作 E-Business，在这里被定义为使用电子的方法处理组织的内、外部活动。内部的电子商务活动包括通过内部网将组织内的所有工作人员联系起来，以便促进信息共享、方便信息传播和支持管理报告。电子商务活动还包括支持售后服务和与商业伙伴合作，如共同开展研究、开发新产品和制订促销方案。E-Business 不应与其余的企业活动分离，相反，一个组织应该将它的在线电子商务活动和离线商务组合成一个整体，这样才能更有效地增强其竞争力。

2）Electronic Commerce

Electronic Commerce 也写作 E-Commerce，它比 E-Business 更具体，前者可以看成是后者的子集（如图2-1所示）。E-Commerce 用来简化交易，通过互联网和其他通信网络来销售产品和提供在线服务。它包含交易实物商品和数字化商品，通常包括所有的交易步骤，如在线浏览、在线订购、电子支付，数字化商品还支持在线配送（如支持售后服务）。E-Commerce 的应用从外部定义为与供应商的买方商务活动和与消费者的卖方商务活动。

3）Mobile Electronic Commerce

Mobile Electronic Commerce（移动电子商务）也写作 Mobile E-Commerce（或 M-Commerce），是电子商务的一种延伸和扩展，是人们利用无线网络技术、通过移动终端开展各种商业经营活动的行为。定位追踪、移动支付是移动电子商务的最大优势，这种新的商务模式改变了人们的生活模式，如美团外卖、微信营销、移动支付等，它使人们的日常交易更加方便快捷，也促使电子商务普及率进一步提高。Mobile E-Commerce 是 E-Commerce 的一个子集，与上面提到的在线活动不同，Mobile E-Commerce 限定于移动通信网络，它是通过无线手持设备如移动电话、平板电脑等来访问的。

上述三者之间的关系具体如图2-1①所示。

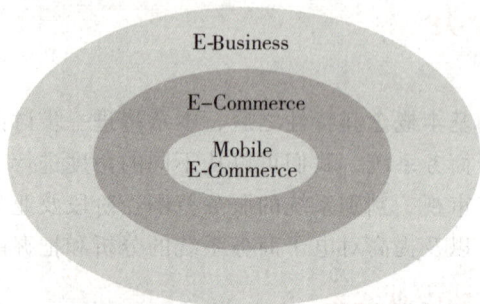

图2-1　E-Business包含E-Commerce和Mobile E-Commerce

2.1.2　按电子商务交互范围分类

在整个电子商务处理过程中，可将商务分为企业内部、企业之间、企业与消费者之间、企业与政府之间、政府与公众之间，以及消费者与消费者之间的几种类型。

1）企业内部电子商务

企业内部电子商务即企业内部各部门之间、各部门与企业员工之间，通过企业内部网处理与交换商贸业务和管理信息。企业内部网是一种有效的商务工具，通过防火墙，企业将自己的内部网与互联网隔离，它可以用来自动处理商务操作及工作流程，增强对重要系统和关键数据的存取控制，共享经验，共同解决客户问题，并保持组织间的联系。

企业内部电子商务可以给企业带来如下好处：增强商务活动处理的敏捷性，对市场状况更快地做出反应，更好地为客户提供服务。

2）企业间电子商务

企业间电子商务（B2B模式），即企业与企业（Business to Business）之间通过互联网或专用网进行订货、接收票证和付款等活动。近年来，企业之间通过专用增值网络、采用EDI技术开展商务活动，使企业间电子商务得到了迅速发展，各类B2B电商蓬勃兴起，交易量极大且订单稳定，相信这种模式在未来仍会是主流。早在2015年，联合国贸易和发展会议（UNCTAD）的数据就显示，当年全球电商市场规模达22.1万亿美元，其中B2B电

① CHAFFEY D. E-Business and E-Commerce management［M］. London：FT/PrenticeHall PTR，2002.

商规模为 19.9 万亿美元，占整个电子商务交易额的 95%。其后几年间，互联网汽车、智能家居、智能硬件等基于大数据和云计算技术的产业快速发展，正如预测的那样，带来了更大的规模效应。Analysys 易观数据显示，2023 年，中国大宗电商市场规模达 26.25 万亿元，同比增长 7.14%。

互联网的发展、国际贸易的繁荣和国际贸易一体化的发展，为各国间的企业对企业的电子商务开辟了广阔的前景。

3）企业与消费者之间的电子商务

企业对消费者（Business to Consumer）的电子商务（B2C 模式）基本等同于电子化的零售商务。随着 WWW 的出现和迅速发展，这种类型的电子商务发展很快，它是指企业通过互联网为消费者提供一个新型的购物环境——网上商店，消费者在网上购物、在网上支付。这种模式节省了消费者和企业双方的时间，缩短了双方的空间距离，大大提高了交易效率，节省了不必要的开支。目前，互联网上已遍布各种类型的商业中心，提供各种商品和服务，网上购物和网络交易逐渐成为网民们的一种消费习惯。

4）企业与政府之间的电子商务

企业与政府之间的电子商务即"商家对政府"（B2G 或 Business to Government）模式，它是指商家和政府机关使用中央网站来交换数据并且发生业务往来。比如，一个提供 B2G 服务的网站可以为一级或多级政府设计应用程序和税款格式，使其能够提供发送已填好的表格、付款、更新企业信息、请求回答特定的问题等功能。B2G 也可以包括电子采购服务，通过它商家可以了解政府机构的购买需求并且响应政府机构的询价公告。在 B2G 中，商家和政府机构可以通过共享一个网站来协调已签约工程的工作、召开在线会议、回顾计划并管理进展情况。B2G 也可以包括政府机构向商家租赁在线应用软件和数据库设计服务。B2G 有时也被称为电子政府。

5）政府与公众之间的电子商务

政府（Government）与公众（Citizen）之间的电子商务，是指政府通过电子网络系统为公民提供各种服务，即电子政务。G2C 所包含的内容十分广泛，主要的应用包括：公众信息服务、电子身份认证、电子税务、电子社会保障服务、电子民主管理、电子医疗服务、电子就业服务、电子教育培训服务、电子交通管理等。G2C 的目的除了为公众提供方便、快捷、高质量的服务外，更重要的是开辟公众参政议政的渠道，健全公众的利益表达机制，建立政府与公众的良性互动平台。

6）消费者与消费者之间的电子商务

消费者与消费者之间的电子商务即 C2C（Consumer to Consumer），是为买卖双方提供一个在线交易的平台，通过这个平台，消费者既可以作为买方，也可以作为卖方。C2C 最典型的例子就是网上拍卖，如淘宝，在这里，消费者可以向另一个消费者出售旧商品和新商品。当消费者之间的交易不具有商业性质时，我们把它叫作点对点（P2P）的电子商务。本质上，这些消费者都是志愿者，他们之间的交易是免费的。P2P电子商务的例子还有在线音乐共享平台等。

随着电子商务的深入发展，新的模式不断出现，如O2O、B2M等。O2O（Online to Offline），即"线上到线下"的商业模式，是指在线上下单后到线下实体店消费。线上线下融合最大的价值是进一步提高了供需双方资源的透明度，实现了供需双方的有效对接。B2M（Business to Marketing），即面向市场营销的电子商务企业，该模式提供让消费者参与财富分配的购物平台，满足了人们在互联网上创业的需要。

2.1.3 按商贸业务的性质分类

从电子商务系统所针对的商贸业务类型来看，目前的电子商务系统又可分为针对国际贸易业务的国际电子商务系统、针对一般商贸过程的普通电子商务系统和针对支付与清算过程的电子银行系统。

1）国际电子商务系统

国际电子商务系统主要是指基于UN/EDIFACT标准的各类国际商贸业务中的电子数据交换系统，主要涉及海关、税务、商检、担保、保险、银行以及交易双方的各种商业往来单证。

2）普通电子商务系统

普通电子商务系统主要指不涉及进出口的普通商贸业务中的电子数据交换系统。通常这类系统从业务范围来看又可分为两类：一类是对公商贸业务系统；另一类是商业零售业务系统。前者类似于目前商业活动中的生产资料采购或大宗商品批发业务，所涉及的业务主要有订购、支付、保险、税务、承运等；后者类似于目前的商业零售业，所涉及的业务主要有商品零售、物流、信用卡支付等。

3）电子银行系统

电子银行系统主要指电子商贸过程中的支付和清算业务系统。例如，电子支付手段（电子支票、电子钱包、信用卡等）、资金清算方式和信用卡结算方式等。

2.1.4 按电子商务解决方案的复杂性分类

随着电子商务日渐深入人心，大量的解决方案相继出台，这些方案不仅针对大中型企业，也用于解决小型企业的问题。通过采用相应方案，企业就可以在网上销售产品和提供服务了。电子商务解决方案按其复杂程度的不同可以分为以下三类：

1）网上黄页

这类方案类似于黄页广告，成本较低，较适于小型企业。网上黄页使用户能在网上发布广告信息，如企业的服务时间、电话号码、地址、企业所在区域的地图和特殊服务项目等，这些信息都显示在企业的万维网（Web）站点上。

万维网站点越来越多，要想让用户访问某个普通站点并非易事，而网上黄页提供了这样一种功能：客户通过网上搜索工具，可以快速方便地找到相应企业的站点。

尽管这种解决方案提供的功能相当有限，但由于其费用低廉、方便有效，还是受到了广大中小企业的青睐。

2）简单的电子商务解决方案

这类方案使得企业能够在没有专业的网络工程师和软件开发人员的情况下拥有一个网上目录，并能接受网上订货。简单方案主要针对那些专业人员力量薄弱又需提供电子商务服务的小型企业。

有了这类方案，企业想要创建一个能接收网上订单的万维网站点，并不需要专门的硬件和软件设备，按照相应的规则，只需数小时就可以创建一个功能完善的站点。

3）完整的电子商务解决方案

这类方案使得企业不仅能设计网上目录和接收网上订货，而且能对网上订货做出相应的处理。与简单方案相比，完整方案不仅提供了前台服务功能，还提供了后台处理功能，从而将企业的网上目录、订单处理与数据库的操作结合在一起，完成交易信息的结算、统计分析和综合处理。

完整的电子商务解决方案还包括税收计算、目录管理等日常操作的自动处理，具有较前两种方案更强大的设计模板、结账方式选择、制表功能、交互销售功能及综合性数据库能力。

相对于前两种方案，完整解决方案功能更为强大、服务范围更为广阔，因此更受企业的喜爱。图 2-2 显示了三种电子商务解决方案的关系。

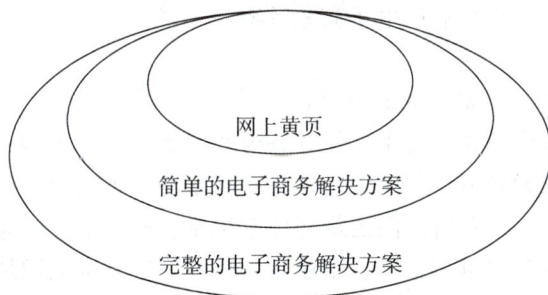

图2-2　电子商务解决方案的复杂性分类

2.1.5　按商贸业务过程中的不同阶段分类

商贸业务一般分为交易前、交易中和交易后三个阶段，不同阶段的商务系统在其业务处理上有较大的差别，使支持这三个阶段的电子商务系统对所采用的技术也有不同的要求。

1）企业商贸业务处理过程

（1）供需信息的交流阶段。在第一阶段，产品的提供方千方百计地推出自己的产品信息，而产品的需求方则千方百计去寻找它所需要的产品的相关信息。当供货方所提供的产品正是需求方所寻找的产品时，供需信息的交流就达到平衡，贸易过程便进入第二阶段。

（2）贸易磋商阶段。产品的供需双方建立联系以后，紧接着要开展的就是磋商——就某种产品的价格等细节问题展开谈判。在这一阶段，双方达成一致后，贸易过程便进入第三阶段。

（3）单证交换阶段。这个阶段的传统方式是用纸和笔把贸易磋商的结果，包括各种各样的单证（包括单据、票据、文件等）等，用书面的方式确定下来，然后再盖章、签字、互相交换。所以，从信息处理的角度来说，第三个阶段也叫作单证交换阶段。

（4）支付和执行。支付和执行是商贸业务的最后一个阶段，它标志着业务的完成。在这个阶段要完成款项的支付与清算，并完成产品所有权的转移。

2）不同阶段的电子商务系统划分

如果我们按交易未发生、在发生和发生后三个阶段来划分的话，可以将供需信息交流阶段和贸易磋商阶段合并为交易前的阶段，因为在这个阶段实质性的业务没有开展，可以随时中止。我们把能够支持企业开展这一阶段业务的电子商务系统称为支持交易前的电子商务系统。进一步，如果这个系统不但能够支持企业开展信息交流，还能够帮助企业完成单证交换，也就是说在网络上形成各种各样的合同、票据并直接传递，我们就把这样的系统叫作支持交易中的电子商务系统。再进一步，如果这个系统不但能够支持在网络上直接传送票据、合同，而且各种支付活动和资金清算活动也能够通过网络直接进行的话，我们就把这样的系统叫作支持交易后的电子商务系统。

3）不同阶段的电子商务系统功能

（1）支持交易前的电子商务系统的功能。

支持交易前的电子商务系统的主要任务是为企业提供一个供需产品交流的机会。互联网本身就是人们发布或者获取信息的工具，它自身就是一种交流的媒体。利用这种媒体来开展企业之间或者企业与消费者之间的供需信息交流、产品信息发布是很自然的。支持交易前的电子商务系统包含的范围很广，企业商务网站、行业信息网站，以及各类商品、贸易、博览会、展览会网站等，都可以归纳为这一类。在互联网上这类网站极多，除了成千上万的企业商务网站以外，在国内已经形成了一定规模的行业信息网站主要有中国信息经济网、中国国际电子商务网、中国化工网、中国粮贸网、中国金属网等。这类网站为企业提供了丰富的商品信息和贸易机会，企业完全可以利用这些网站资源去发布自己的产品信息，寻找自己的产品市场，同时寻找自己所需要的货源。这种电子商务系统对企业的要求极低，它既不需要很多的资金投入，也不需要使用者拥有强大的技术背景。

例如，中国国际电子商务网已经形成我国企业对外交流的一个窗口，从事国际贸易的企业都希望把自己的产品发布在该网站上。另外，世界各国的商人如果想与中国的商人做生意的话，也都会访问该网站，寻找自己感兴趣的中国商品。支持交易前的电子商务系统主要为企业提供获得供需信息、市场前景信息和交流信息的机会。支持交易前的信息交流的系统正是企业最需要而且是最重要的电子商务系统。

（2）支持交易中的电子商务系统的功能。

支持交易中的电子商务系统的主要任务是在前一类系统的基础上进一步利用电子和网络技术来传递各种各样的商务单证，包括一般的商务文件、合同、票据等，借助一种报文的方式，通过电子网络做数据交换。这种特殊功能要求它在技术上有独特之处，这种独特之处体现在两个方面：

第一，这种报文数据的交换必须有一种标准的交换文本和交换方式。到目前为止，专门用于电子商务报文交换的标准只有一套，就是联合国于1990年3月统一颁布的电子数据交换标准，即UN/EDIFACT标准。

第二，这种交换必须有一定的法律保障。整个贸易过程是通过合同和单据来约束的，如果出现纠纷，以前都是以书面合同和单据作为仲裁的依据，现在把这种手续移到了电子网络上，原来的书面合同和单据不见了，取而代之的是一条条看不见摸不着的报文或者记录，在这种情况下，一旦发生纠纷以什么为仲裁依据呢？所以，这类系统必须有一定的法律保障。关于电子数据交换的标准和电子商务的法律问题我们将在以后的章节中讨论。

（3）支持交易后的电子商务系统的功能。

支持交易后的电子商务系统不但可以完成信息交流、贸易磋商和商务单证的交换等过程，而且能直接在网上完成资金的支付和清算等一些跟"钱"有关的过程。这类系统从20世纪90年代中后期以来就备受国际社会的关注。由于这类系统涉及资金和支付的问题，所以其自身对系统的安全性和保密性有着极高的要求。那么，怎么才能从技术上确保整个交易过程和资金的支付与清算过程是绝对安全可靠的呢？到目前为止，解决的方案包括防火墙（Firewall）技术、加密技术、认证技术、SSL和SET协议等。关于电子商务系统的安全问题，我们将在以后的章节中介绍。

2.2 基于EDI的国际电子商务

当代社会是一个日益开放的社会。市场经济、自由贸易和全球性社会化大生产、大商业、大经济已经成为这个时代社会发展的主流。世界各国发展的相关性日益增强，人员和物资之间的交往日益频繁，一个国家或一个企业的经济发展越来越依靠国际分工合作以及国际贸易活动的开展。自20世纪80年代以来，国际商贸业务量迅速增长，原有的国际贸易实务操作方式和技术基础已经远远跟不上业务发展的需要，严重阻碍了业务的发展。而 90 年代恰是一个网络技术和信息技术飞速发展的时代，基于 EDI 的国际电子商务系统正是信息技术向商贸领域渗透并与国际商贸实务操作过程相结合的产物。

2.2.1 国际贸易业务的特点

国际贸易业务较之普通的商贸业务其最大的不同就是，它涉及众多的组织和相关业务，涉及多个国家的语言和不同的商贸规定和运作方法，因而其单证繁多，处理过程较为繁杂。这就构成了国际贸易处理实务上的特殊性。

1）国际贸易实务过程

为了说明国际贸易业务的特殊性以及后面将要讨论的国际电子商务系统结构的必然性，这里先简略地给出一个国际贸易操作的实务过程，主要是商贸业务单证的交换过程。在基本确定买卖的意向之后，双方开始操作具体的进出口贸易事宜以及与承运商洽谈有关运输要求和到岸联运等事项。一切谈妥后，再由各方会同金融单位（一般是银行或专业的担保公司）开具信用或担保证明，同订单等一道正式发往卖方所在地。卖方系统收到订单，并确认所有手续齐备后，通知买方接收订单（和发货细则），通知生产商组织生产（或直接提供现货），联系承运商准备运输货物。同时，买卖双方还要与各自国家的海关、商检、税务、口岸管理以及进出口管理等部门联系并办理各种手续，如报关单、许可证、配额、关税单以及各类银行单证等。在国际贸易中，各种单证达六七十种，所涉及的个体和组织除买卖双方以外，还有双方的进出口代理商，双方国家的海关、商检部门，金融机构、保险公司，承运商、物流公司等。

由此可见，单证繁多、涉及的组织广泛是国际贸易实务操作过程的主要特点。

2）单证规范化

国际贸易涉及不同的国家，于是各国的语言、商贸规定、进出口管理程序、关税制度和法律规定等方面的差别又形成了国际贸易业务过程的另一大特点。

在国际贸易的实务操作过程中，这些特点均会体现在各种单证上，因此各国的商业机构、金融机构、管理机构和经贸双方都要认同贸易过程中的各种单证。所以，各方在开发电子商务系统的同时还必须统一商贸规则和规范单证，并通过规范单证来统一和规范双边的贸易实务操作程序。这里包括使用标准的语言、一致认定的商贸术语、统一的单证文本以及文本数据交换格式等。总之，单证规范化的目的是，既要使得商贸业务能够顺利开展，又要使得各方在理解和执行单证所明确的内容方面达成一致。

从技术的角度来看，国际电子商务系统实际上就是一个利用电子邮件来处理商贸单证数据的电子数据处理系统，是电子邮件技术在国际贸易实务操作领域中的应用。EDI 在这中间起着非常重要的桥梁作用，即建立一种各网络、各设备和各系统之间的数据交换标准，以确保网络各节点和业务系统之间进行准确的数据通信。

2.2.2　EDI标准及其形成和发展

1）什么是EDI标准

EDI（Electronic Data Interchange）就是电子数据交换，是指按照统一规定的一套通用标准格式，将标准的经济信息通过通信网络传输，在贸易伙伴的电子计算机系统之间进行数据交换和自动处理。由于使用EDI能有效地减少直到最终消除贸易过程中的纸面单证，因而EDI被俗称为"无纸交易"。它是一种利用计算机进行商务处理的方法。在国际贸易中，EDI是将贸易、运输、保险、银行和海关等的信息，用一种国际公认的标准格式，使各有关部门与企业之间通过计算机通信网络进行数据交换与处理，并完成以交易为中心的全部业务的过程。

EDI标准实际上就是报文在国际网络和各系统之间传递的标准协议。根据联合国在1990年3月所给出的UN/EDIFACT定义：EDIFACT是"适用于行政、商业、运输等部门的电子数据交换的联合国规则。它包括一套国际协定标准、手册和结构化数据的电子交换指南，特别是那些在独立的、计算机化的信息系统之间所进行的交易和服务有关的其他规定"。通常，我们所说的EDI标准指的是联合国有关组织颁布的UNTDID、UNCID和UN/EDIFACT等文件的统称，有时我们也直接将其称为UN/EDIFACT。其中：UNTDID为联合国贸易数据交换目录的简称；UNCID为以电子传递方式进行贸易数据交换所应遵循的统一规则的简称；UN/EDIFACT是适用于行政、商业、运输的电子数据交换的联合国规则的简称。

通俗地说，EDI标准就是国际社会共同制定的一种用于在电子邮件中书写商务报文的规范和国际标准。这个标准就像一种彼此都认可的"共同语言"一样，在业务过程中起着翻译和沟通的作用，通常这个标准也被称为"协议"。一旦有了协议，各系统就必须共同遵守。制定这个标准的主要目的是消除各国在语言、商务规定以及表达与理解上的歧义性，为国际贸易实务操作中的各类单证数据交换搭起一座电子通信的桥梁。

使用EDI有以下好处：第一，减少对纸张的消耗，降低成本。第二，减少许多重复劳动，提高工作效率。第三，使得贸易双方能够以更迅速、有效的方式开展贸易，大大缩短了订货过程或存货过程，使双方能及时充分地利用各自的人力和物力资源。第四，可以改善贸易双方的关系，厂商可以准确地估计日后商品的需求量，货运代理商可以简化大量的出口文书工作，商业用户可以提高存货的效率，增强竞争能力。

2）EDI标准的形成和发展

很显然，简化贸易程序和规范单证对于各国对外经贸的发展都是十分重要的。同时，由于这部分工作涉及各方的利益，任何一个国家都不可能单独进行，相应的工作必须由更高一级的国际组织来开展。于是，联合国于1960年成立了简化贸易单证和单证标准化的ECE工作组，1972年该工作组正式更名为国际贸易程序简化工作组，专门负责这方面的工作。随后，一些专业性的国际组织也在这方面做了大量的工作。例如，海关合作理事会于1973年制定的《关于简化和协调海关业务制度的国际公约》（即《京都公约》），对协调和规定各国海关之间的业务发挥了很大的作用。

由于网络之间数据交换的准确性是靠网络协议来保障的，因此国际电子商务系统除了要建立在各类计算机网络协议的基础之上，还必须充分考虑到国际商贸业务的特殊性，否则各种单证的格式、数据、术语、内容的界定以及使用的语言不规范、不统一，即使是将数据准确地传送过去了，对方也无法展开正常的商贸活动。为了解决这一问题，对EDI的形成和发展，国际贸易组织进行了长期不懈的努力。

（1）UN/EDIFACT标准。

最早传递商务文件使用的是电报报文，后来传真文件取代了电报报文，但传真文件的最大问题是必须通过纸张载体来管理信息，不能将信息直接纳入信息系统中。电子邮件系统的出现解决了这一问题，但是在利用电子邮件来传递商务单证时，人们又发现使用自然语言在描述一些商务问题时不太规范，容易造成误解和二义性问题，进而导致贸易过程出现混乱。所以，从20世纪70年代开始，美国国家标准局下属的美国国家标准学会着手研究和制定一套专门用于在网络上传递各种商务单证的技术标准。经过一段时间的努力，该学会研制出了一套标准，并把这套标准正式定义为X.12标准。这是一套广域网络的技术标准，而且是专门用于传递各种商务和运输单证的标准文本。X.12的推出曾极大地推动了北美地区EDI的应用。在欧洲，1981年，当时的欧共体国家联手推出了一套叫作"贸易数据交换指导原则（GTDI）"的电子数据交换文本，它的推出极大地促进了欧洲大陆电子贸易的发展。所以，在20世纪80年代，世界贸易基本上形成了两大格局：北美地区应用X.12标准；欧洲大陆应用GTDI。由于存在两个标准，当时出现了欧共体和北美地区两大贸易集团内部的数据可以自由交换但两大集团之间的数据交换却遇到了较大麻烦的问题。为了解决这一问题，1987年联合国出面组织美国等20多个国家的专家在纽约开会，讨论如何将两大标准统一起来，建立世界统一的EDI标准。1990年3月，全球第一套用于电子数据交换的统一文本——UN/EDIFACT标准问世，并被国际标准化组织（ISO）正式接受为国际标准ISO 9735[①]。

UN/EDIFACT统一了世界贸易数据交换的标准，为利用电子技术在全球范围内开展商贸活动奠定了基础。

（2）EDI技术的发展。

UN/EDIFACT标准出台以后，立刻受到世界各国的普遍欢迎。一些国际组织也为它的广泛应用和技术完善不断努力，联合国贸发会议（UNCTAD）分别于1992年和1994年召开有多国贸易组织参加的世界贸易大会，研究EDI的应用、减少国际贸易中的费用以及提

---

① 该标准于2002年7月废止。

高贸易效率等问题。会议提出了开放式 EDI 概念，使 EDI 从开始的封闭式标准协议发展成为面向所有企业（包括中小企业和贸易代理人）的开放式标准协议，EDI 的传输逐步由过去采用的增值网络发展到与具体的网络协议脱钩，朝着开放的互联网络转移。

2.2.3　EDI 的应用

EDI 是一个用于商贸管理的应用系统，它所涉及的都是商贸实务操作中的具体问题，计算机软硬件及网络只是用来帮助解决问题的工具。随着经济技术的发展和 EDI 应用技术的不断完善，这些工具的使用变得越来越简单，最终要落实的只是简单的商务单证处理问题。因此，EDI 用户需要重点了解的并非计算机和网络技术，而是商贸业务。

1）从商贸业务到商贸数据库

我们以一个企业的购货过程为例。购货过程从磋商结束签订合同开始到货物验收入库为止，在整个交易过程中，企业所签的合同书、到货单、验收单等，在企业内部信息处理过程中转化为一条条的合同记录、到货记录、验收记录等，对合同和各类单据凭证的管理过程也变成将各种记录写入相应的数据库和对这些数据库文件进行管理的过程。图2-3反映了这一转换过程的一部分。

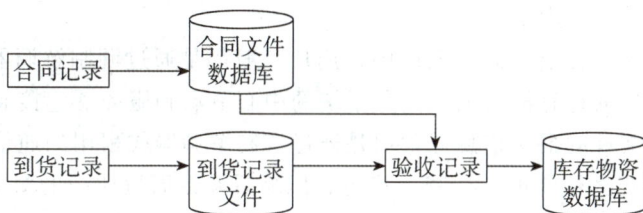

图2-3　购货方信息处理流程局部

在这一转换过程中，不但流程、载体和传媒方式变了，而且原有的合同、单据、凭证也被一条条记录和一个个数据库文件所取代。为了完成这一转换过程，开发信息系统的人员要按图2-4所示的顺序来建立各类商贸数据库。

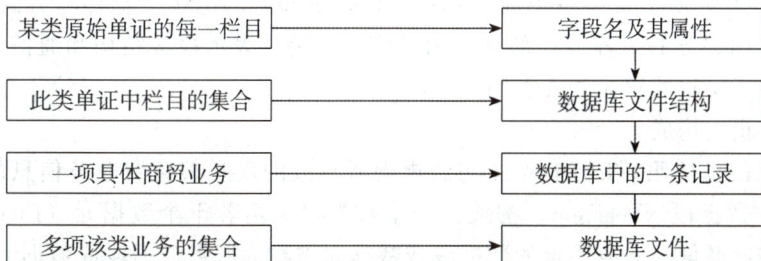

图2-4　从商贸单证到商贸信息系统

首先，将各类有关业务所用单证中的栏目一一列出，用数据库中的一个字段及属性描述各栏目的内容，每类单证的栏目集合构成一个数据库文件结构。然后，将每一笔发生的业务以记录的方式写入相应的数据库中，就形成了商贸数据库中的原始信息，即商贸信息系统的基础。

这样，企业各种商贸单证的往来传递就变成了相应的记录或文件在信息网络上的相互传递。

2）报文的处理过程

EDI取消了纸面单证，人们将在网络上传递的各类标准结构的商贸信息称作报文。报文是电子商务系统传递和处理的主要对象。

（1）报文信息的形成。报文的内容除了前面所述的一些固定格式信息外，其主体信息的构成也是根据某类业务管理的具体要求和原始单证的栏目来确定的。对于一般电子商务系统的用户来说，他所加入的电子商务系统所提供的报文格式绝大多数都是标准的商贸单证屏幕格式，用户只需像在屏幕上填写单证一样，按系统提示操作即可。在通常情况下用户不必涉及内部详细的技术问题。

（2）报文信息的存储。在一般的电子商务系统中，为了确保信息和商贸业务的安全性，系统通常都设有自动保存工作日志和所有报文信息的功能，以便贸易双方备案和查询，而且这种日志和信息存储的安全性是整个电子商务系统赖以存在的基础之一。只有在报文中的某些内容涉及企业内部经营管理过程时，用户才会有选择地将报文的内容转录到企业内部信息系统的数据库中。

（3）报文的传递。在电子商务系统中，用户一般都是通过调制解调器（Modem）或租用通信线路将本单位的计算机与电子商务系统的中心节点和服务器连接起来，所以用户填报的各种商务单证文件的报文信息通常都是通过调制解调器或租用的通信线路传送到主系统，然后再由主系统进行处理、加密、打包、压缩后发给商贸业务的对方。EDI应用系统是在报文的传递过程中应用得最多的技术，许多商业函件和合同都是通过E-mail来传输格式化的EDI数据。

3）联合国标准报文（UNSM）

标准报文是UN/EDIFACT中涉及的商贸业务中最重要的部分，也是EDI的主体。各类报文（Message）实质上就是各类商贸单证（Document）的电子数据传输方式。所以，标准报文主要有两部分的内容：一部分是用于统一规定、表示报文结构和通信要求的信息；另一部分是用于反映商贸业务要求的信息。

（1）标准报文构成。

标准报文就是按照UN/EDIFACT句法规则所写成的反映某商贸业务信息的电子邮件。报文的内容由数据段（Segment）构成，一个数据段又由若干个数据元（Element）构成。用于规定格式或通信、交换要求的数据段或数据元被称为服务数据段或数据元，如报文标题、报文开始、报文结束等；用于反映商务信息的数据段或数据元被称为用户数据段或数据元，如标识、地点、单位、日期、货物识别码、包装等。标准报文规定报文必须以服务数据段"UNH"（报文标题）开始，以服务数据段"UNT"（报文尾标）结束。报文至少要包含一个用户数据段，而且这一数据段至少包括一个用户数据元。标准报文的结构可以用图2-5来描述。

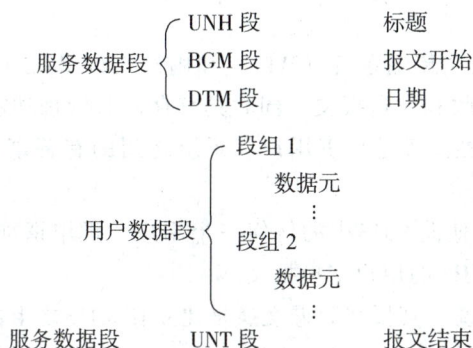

图2-5 标准报文的结构

图2-5清楚地给出了标准报文的结构。报文的主体即用户数据段，是商贸业务信息的主体，也是业务人员和管理者最为关心的内容。

报文中用户数据段（或数据元）所涉及的内容实质上就是一个商贸单证的非语句表达形式，这种表达形式是用户按照UNTDID所规定的数据元和代码以及句法规则，根据实际商贸业务单证自行设定的。关于EDI标准单证的结构和使用情况，以及各类专用的标准报文形式，均有专门的手册可查。

（2）标准报文与非标准报文。

标准报文是指按上述标准（也就是UNSM）设计出来的报文。这类报文最大的好处就是结构规范、标准统一，不容易出现错漏和表达与理解上的歧义。它存在的问题是报文如果不加翻译，一般的管理人员难以读懂它的意思。

非标准报文是指按照普通E-mail方式写成的商贸文件报文。这类报文的优点是任何人都很容易读懂，特别适合一些没有专门从事报文信息处理人员的中小企业使用。它存在的问题是不规范，容易出现疏漏和表达与理解上的不一致。

4）报文交换方式

报文交换功能是EDI应用系统的主体，它是通过E-mail和网络进行的。早先使用的网络多为基于X.25协议的分组数据交换网。1988年以后，为了适应电子邮件应用的发展，国际电报电话咨询委员会（CCITT）和国际标准化组织联合提出了一个有关国际电子邮件服务系统的通信协议标准。在CCITT建议中它被称为X.400系列通信协议标准，在ISO标准中它包括ISO 8506、ISO 8863[①]等国际标准。

---

① 该标准已废止。

（1）报文处理系统。

报文处理系统（MHS）是国际上基于X.400系列通信协议标准传送报文的主要工具之一，也是EDI的主要工具。

MHS由电子邮箱、报文传输系统（MTS）和用户代理（UA）等几个部分构成。电子邮箱的主要任务是负责接收和发送报文，同时具有存储和管理功能；MTS的主要任务是负责报文的传输；UA的主要任务是负责用户和系统之间的有关事宜，如注册、租赁邮箱、取发报文等。

对于用户来说，只要他向MHS中的任何一个用户代理申请加入MHS系统，就可以通过MHS向其他任何一个MHS的用户交换报文。

对于EDI应用系统来说，其报文数据交换是建立在MHS之上的，一个本地的EDI应用系统服务中心就兼有用户代理的功能（称为EDI.UA）。商务报文完全可以通过MHS与全球任何一个单位（必须也是EDI.UA的用户）进行交换。

（2）互联网上的E-mail。

报文数据交换的另一个常用工具就是互联网上的E-mail。MHS虽然是一个很好的专用报文处理系统，但它是一个基于广域网的系统，对用户所在地域的网络环境和用户的网络知识有一定的要求，这对小企业而言就有些困难。于是，人们开始考虑借助互联网上的E-mail功能来实现报文数据的交换。互联网最大的好处就是用户在任何一个互联网网站上注册以后就可在家通过网络收发各种邮件，如图2-6所示。

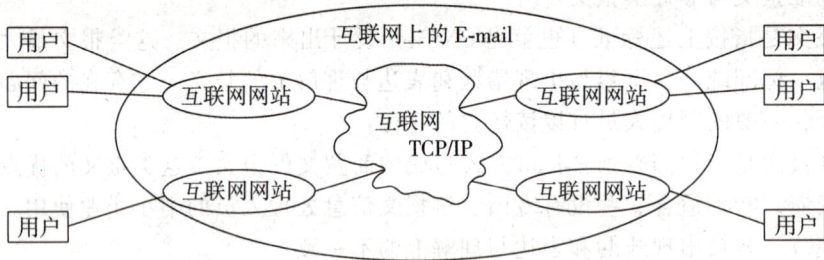

图2-6　互联网上的E-mail

图2-6中，互联网网站不但取代了MHS的所有功能，而且使用起来更方便、更灵活。因此，中小企业更喜欢用这种方式来传递报文数据。

5）EDI软件及硬件

要利用互联网中的E-mail传递EDI数据，就需要配备相应的软件和硬件。软件具有将用户数据库中的信息转换成标准报文格式以供传输和交换的功能。虽然EDI标准可以适应不同行业的不同需求，但有的企业仍然有自己规定的信息格式，当需要发送报文时，必须从自己的专用数据库中提取信息，并把它翻译成EDI的标准格式进行传输，这就需要有EDI相关软件的帮助。

（1）转换软件。转换软件可以帮助用户将原有信息系统中的文件转换成翻译软件能够理解的平面文件，或是将从翻译软件接收的平面文件转换成用户信息系统所需格式的文件。

（2）翻译软件。翻译软件将平面文件翻译成EDI标准格式文件，或将接收到的EDI标准格式文件翻译成平面文件。

（3）通信软件。通信软件的作用是将EDI标准格式的文件外层加上通信信封（Envelope），再送到EDI系统交换中心的邮箱，或从EDI系统交换中心将接收到的文件取回。

（4）相关硬件。EDI所需的硬件设备大致有计算机、调制解调器及电话线。目前所使用的计算机，无论是PC机、工作站、小型机、主机等，均可利用。由于使用EDI来进行电子数据交换需通过通信网络，采用电话网络进行通信是很普遍的方法。

EDI在国内外的发展及应用参见延伸阅读2-1。

延伸阅读 2-1

EDI 在国内外的发展及应用

微课 2-1

企业间的电子商务

2.3　企业间的电子商务

2.3.1　企业间电子商务概述

企业间电子商务（B2B）是商家对商家的一种电子商务模式。1996年，全球电子商务交易额只有28亿美元，其中有60%的交易额是发生在企业与个人之间（B2C）的，企业与企业的在线交易额仅占40%；2001年，全球的在线交易额超过3 600亿美元，而其中企业与企业之间的在线交易额已占到总数的80%以上；2003年，B2B业务的交易额上升到1.225万亿美元，B2B业务的占比也持续增长。截至2023年，全球电子商务交易额已达数十万亿美元，其中企业间电子商务交易额占比超过85%。B2B电子商务以其庞大的交易规模、规范和成熟的交易条件，始终代表着电子商务发展的主流方向。

1）企业间电子商务的特点

企业间开展的电子商务活动具有以下三个特点：

（1）交易额大。B2B相对于B2C来说交易次数少，但每次的交易金额数量大，而且交易对象比较集中。

（2）交易规范。企业间的电子商务活动涉及的对象一般比较复杂，因此对合同格式要求比较规范和严谨，注重法律的有效性。

（3）交易复杂。企业间的电子商务活动一般涉及多个部门和不同层次的人员，因此信息交互和沟通比较多，而且对交易过程的控制比较严格。

企业间电子商务的内容非常广泛，它并非指企业间简单的联网，还包括软件发放、技术支持、实时订购等几个方面，涉及企业的销售、生产、采购等各个环节，还涉及企业管理方式和组织结构的变化。

2）企业间电子商务发展的三个阶段

企业间电子商务的发展，从早期的企业内部管理信息系统（Intranet）授权客户访问使用，发展到借助互联网络实现企业间网络互联（Extranet），又进一步发展到基于 Web 的通用互联网络商业网站（Internet Website），并且企业可以与任何客户进行网际合作。企业之间通过网络互联实现合作所使用的技术，经历了一个从封闭的（企业自行开发）转为开放的（遵循统一标准开发的通用软件）过程，因此采用标准化技术是趋势，封闭则意味着"死亡"。下面，我们通过对企业间电子商务发展的三个阶段的描述来说明这一过程。

（1）企业内部互联（Intranet）。首先企业要建立内部网，实现企业内部的信息、设备共享，并利用内部网实现企业员工间真正的协同工作。这一阶段属于专用软件，而且涉及面比较窄，常用的管理系统有企业资源计划（ERP）系统。该阶段主要是控制企业内部成本，提高生产和管理效率。

（2）企业与企业的互联（Extranet）。随着企业内部网络不断向外延伸，企业将自己的内部网与其他企业的网络相连，并且常用防火墙隔开与企业无关的互联网用户。这样，企业就可以与自己的业务伙伴，包括供货商、经销商、服务商等，随时保持联系与沟通，不断拓展自己的业务。该阶段的目标主要是降低销售成本，提高交易效率。这一阶段的商务软件主要是基于 EDI 的解决方案。

（3）电子交易（E-Commerce）。它是一个战略性的转变，企业开始在网上进行电子交易。这一阶段的商务软件主要是基于 Web 的解决方案，这也是基于 Web 的企业间电子商务模式，它涉及相关行业和关联业务的电子商务处理。基于 Web 的企业间电子商务模式采用标准化的网络、标准化的电子商务协议以及标准化的通用网络商务软件，因而使电子商务的开展和维护更规范。该阶段的目标主要是拓展市场范围和寻求更多商机，从而增加销售收入。

2.3.2 企业间电子商务的功能

企业间的电子商务活动是一个完整的系统性过程，它需要相关配套才可能实现真正的完全自动化的电子商务活动，从而最大限度地减少交易成本，提高交易效率。因此，一个完整的包括交易前、交易中和交易后的电子商务应用系统应具备几大功能：信息发布与沟通、电子单据传输、网上支付与结算、货物配送以及完善的网上售后服务。

1）信息发布与沟通

这主要是指完成交易前的磋商和达成意向，也是大多数企业间电子商务的初步形式。这期间运行的是支持交易前（Pro-Trade/Transaction）的电子商务系统，该系统支持商务信息交流和贸易磋商，是整个企业间电子商务中技术要求最低的一种。实际上，它就是通过网络和应用系统提供商贸信息源的一个信息发布和查询系统。这类系统对于供应商来说，就是建立自己的网站，并加入到同行业一些著名的网站中，然后积极组织本企业产品信息动态上网；对于需求方来说，则需要访问一些本行业著名的网站，查询所需要的产品信息。这类系统只是向供需双方提供沟通信息的机会，并且不参加后续的交易过程，因此不存在安全性、保密性、单证或票据交换、法律地位、与其他系统互联等问题。

2）电子单据传输

这是实现交易过程的功能。目前许多国家已经立法承认电子单据的法律有效性和数字签名的合法性。为保证网上交易的合法性，电子单据的传输一般要求保密、安全、可靠，而且可以作为法律凭证。此项功能由支持交易中（Trade/Transaction）的电子商务系统完成。该系统主要支持企业间电子商务活动中的各种业务文件或单证交换过程。例如，直接索要报价单、洽谈商定价格等业务细节，填写订购单、支付购货费用、出具发货通知单等。这类系统一般对数据交换的可靠性有很高的要求，在技术上必须有两点重要保证：一是数据交换的准确性；二是单证报文记录的可靠性，这一点通常是通过制定相应的法律和依赖应用系统的安全性来保证的。这要求企业间电子商务系统是相互开放的，而且能进行EDI数据传输。这类系统往往在运作机制上较为复杂，通常要求交易各方事先在指定的网络认证中心进行有效性和合法性注册。只有已注册的用户才能从事网上交易，并且在交易过程中系统将会提供动态联机认证和保密措施，以保证电子单据的安全、可靠传输。

3）网上支付与结算

这属于交易完成阶段的功能。企业间电子商务活动的支付和结算依赖于银行网上业务的开展。支持交易后（Post-Trade/Transaction）的电子商务系统就是为完成网上支付与结算功能而设计和研制的。

该系统要求能够完成资金的支付、清算以及货物的承运、发/到货管理等。资金的支付、清算主要涉及银行、非银行金融机构，对数据交换的可靠性和安全保密性都有很高的要求。例如，在利用电子商务系统完成企业间整个交易过程期间，要求对开户行、账号和数字化签名等严格保密，要求交易双方的网络相互开放，与银行和认证机构等单位进行互联，数据传输基于Web方式。整个电子商务交易过程的完成，不仅需要企业应用电子商务系统，还需要有与商务活动相关的机构提供电子商务服务，如银行提供网上银行服务、认证中心提供认证服务等。

4）货物配送

货物配送是另外一个完成交易的关键，实时将货物送到买方指定的目的地，是完成交易最后的环节。目前有许多借助互联网络在全球开展快递业务的公司。顺丰速运是中国最大的民营快递公司之一，它不仅在国内拥有庞大的配送网络，还提供国际快递服务，业务范围覆盖全球多个国家和地区。顺丰速运通过自建的航空货运机队和地面物流网络，能够提供快速、可靠的配送服务，同时利用先进的信息技术跟踪包裹位置，确保货物能够按时送达指定目的地。

5）网上售后服务

产品在使用过程中可能出现很多问题，如果不能解决好网上售后服务的问题，就可能影响到电子商务活动的正常开展，客户可能转而寻求更可靠的传统方式。目前网上售后服务的内容主要包括提供技术资料、退换货、售后咨询、售后维修、售后评价等。

2.3.3　企业间电子商务的模式

企业间电子商务依据其发展阶段和采用技术的不同有多种模式。以下我们分析几种较典型的企业间电子商务模式：

1）基于增值网络和内部网的电子商务模式

这种模式有选择地接收信息和控制与企业连接的用户，企业间的电子商务活动主要是支持交易前和交易中的信息交换和单证传输。20世纪80年代至90年代，面向企业内部资源全面计划管理的制造资源计划（MRP Ⅱ）系统逐步发展为面向企业内外资源进行有效利用与管理的企业资源计划（ERP）系统。企业仅靠自己的资源不可能有效地参与市场竞争，ERP系统把经营过程中的有关各方如供应商、制造工厂、分销网络、客户等纳入一个紧密的供应链中，有效地促进企业的产、供、销活动的顺利开展，使企业可以快速高效地整合全社会市场资源，满足企业生产经营的需求，进一步提高企业的经营管理效率并在市场上获得竞争优势。

2）基于EDI的外联网电子商务模式

利用互联网络技术，企业允许与之有密切业务关系的单位实现网络互联，并通过防火墙禁止非关联的单位或个人与企业网络连接，以保证网络的安全性。

（1）外联网。外联网又叫企业外部网，是将互联网的组网技术应用到企业间的互联。它克服了过去专用增值网络的专用性和复杂性的缺点，采用标准化的协议和通用软件实现企业间的互联，同时它还通过防火墙隔断外联网与其他和业务往来无关的信息的交换。一般，在外联网中允许网内用户访问外部的互联网信息，但不允许非法和身份不明的访问者进入网内。因此，这种模式是一种半封闭的企业间电子商务模式。

企业进行外联网连接时网内信息传输比较安全。此外，联网企业是业务合作单位，相互之间是合作伙伴，通过信息共享实现共同发展，如沃尔玛超市将其内部零售管理网络与其供应商连接，允许供应商及时了解其库存情况并及时进行补给。

为保证业务关联单位有效地开展商务活动，外联网采取了封闭式的运作方式，双方利用网络的主要目的是了解信息和达成交易，因此EDI在外联网中运用得最多，许多商业函件和合同都是通过E-mail来传输格式化的EDI数据的。

（2）EDI。EDI是应用较早且比较普遍的企业间电子商务形式。它已从最初的专用封闭形式发展为开放的标准，EDI的传输网络也从专用的增值网络发展为开放的互联网络。为规范和统一格式，目前EDI报文的格式主要遵循联合国制定的EDI标准格式协议UN/EDIFACT。

EDI技术已经比较成熟，使用成本也非常低廉，系统安装和使用比较简单，因此EDI的使用是最广泛的，它不但可以进行企业间的电子商务交易，还可以与政府机关进行数据传输，如海关报关、政府采购和招标等。其缺点是，通过EDI传输的数据有限，对于交易前进行大量信息查询和提供交易后的结算及网上售后服务则难以胜任，因此EDI主要用于交易过程中商务函件的传输，数据量不能太大。

3）基于互联网络（Web）的电子商务模式

企业在互联网上建立WWW网站，用户在站点规定的权限内通过标准化的支持超文本多媒体的浏览器访问企业站点。用户访问是交互式的，一方面可以从网站获取需要的信息，另一方面可以直接发送信息（如订单、要求）给网站。

基于Web的企业间电子商务模式可以采用标准化的网络、标准化的电子商务协议以及标准化的通用网络商务软件，使得网上电子商务易于起步、使用和维护。这种电子商务模式，由于有标准的软件支持平台，对使用者的要求非常低，但对企业提出了很高要求，因为企业建设的网站必须有丰富的产品信息且能够提供相关的支持服务，所以要建设一个功能比较完善的支持电子商务的企业网站一般需要很大的资金投入。目前，基于Web的企业间电子商务模式有联机商店型、专业服务型、混合型和中介型。

（1）联机商店型。这种方式是一些大型企业经常采用的，如海尔商城（https://www.ehaier.com/）将其产品目录、类型、规格和相关信息在其网站公开，顾客可以根据需要进行查询和订购。这种方式投入比较大，但企业节约的成本和取得的销售收入也是非常可观的。

我们可以将进行企业间电子商务的企业分为两大类：一类是大型企业，它们一般在网站查询信息、了解订单情况和技术支持，但并不通过电子订单订购商品；另一类是中小型企业，它们也是直接采用网上订购方式比较多的消费者。这可能与不同类型企业的采购程序不一样有关，一般大型企业采购时是需要集体讨论和决策的，而中小型企业通常直接委托个人来完成采购。

（2）专业服务型。服务已经成为国际贸易和商务活动中的重要部分，因此服务成本上升非常快，加之许多企业对服务的要求越来越高，专业服务型电子商务网站就应运而生了。这种网站的费用比较高，而且技术支持和运转费用也比较高，但比传统的人工服务方式的成本要低得多。例如，快递公司为了方便顾客查询包裹的投递情况建立了专用网站提供网上实时查询服务，还为一些大型客户提供终端，方便客户在办公室邮寄和查询包裹。

（3）混合型。许多企业在提供产品的同时还涉及服务项目，因此上面两种类型的商务网站经常是融合在一起的，即在提供网上产品销售服务的同时，还提供技术支持和售后服务。比如，海尔商城就可以为客户提供订单查询、物流跟踪、售后服务等服务。

（4）中介型。一些小型企业如果无法单独承担网站的建设和维护费用，就可以借助提供中介服务的电子商务网站开展企业间电子商务活动。这类中介型网站一般是将相关的供应商和采购商汇集在一起，客户只需要向站点交纳一定的费用即可。中介型网站还可以提供辅助服务，如网上银行提供网上支付服务、认证中心提供第三方认证服务等。阿里巴巴就是典型的中介型B2B电子商务服务企业。

4）互联网环境下电子商务系统的特点

较之基于EDI的电子商务系统，互联网环境下的电子商务系统具有如下几方面的特点：

（1）不与具体的专用网络相关联，用户在任何地点、任何时候都能很方便地使用它。

（2）对用户的计算机和网络操作技能的要求均降到最低限度。用户一旦开机上网，他所面对的完全是一个商务活动的操作过程（屏幕），而与计算机软硬件和网络操作技能无关。

（3）可以全面支持不同类型的用户来实现不同层次的商务目的。

（4）不受特殊数据交换协议（如EDIFACT等）的限制，绝大部分报文是通过填写屏幕单证的方式形成的，而且这些单证的格式与现行的商务单证一致。自由文件格式的报文均以填表方式发送。这种报文形式不需要进行翻译，任何人都能看懂或使用它。

（5）运作方式有较大的区别。基于EDI的国际电子商务系统大部分是从一个站点向另一个站点发送报文，所以它需要建立统一的标准和格式（UN/EDIFACT），而基于互联网的电子商务系统是从一个站点"进入"到另一个站点，然后填写商家事先设计好的表格，故不需要严格限定。

每种电子商务模式的应用都需要一定的环境和条件。目前，基于Web的企业间电子商务模式融合了基于EDI的外联网模式和基于Web的互联网模式的优点，已成为主流。

网上直销型和网上中介型企业间电子商务参见延伸阅读2-2和延伸阅读2-3。

延伸阅读2-2

网上直销型企业间电子商务

延伸阅读2-3

网上中介型企业间电子商务

素养园地

创新驱动发展 —— 中国电商的崛起

故事： 在中国南方的一个小镇，张华（化名）经营着一家小型电子产品加工厂。随着经济全球化的深入发展，张华意识到，要想在激烈的市场竞争中站稳脚跟，就必须创新和拓展销售渠道。他决定利用电子商务平台开辟新的市场。

起初，张华的工厂主要依靠传统的销售模式，通过中间商将产品销往海外。随着电子商务的兴起，他开始尝试在国内外知名的电商平台上开店，直接面向全球消费者。通过电商平台，张华不仅拓宽了销售渠道，还通过收集消费者的反馈意见不断优化产品设计，提升产品质量。

张华的工厂还积极参与共建"一带一路"，通过电商平台与共建国家和地区的商家建立联系，将产品远销海外。他的企业不仅实现了自身的发展，还带动了当地经济的增长，为小镇的青年提供了就业机会。

总结与反思： 张华的故事体现了电子商务在推动企业发展和促进地方经济发展中的重要作用。通过电子商务，企业能够突破传统销售模式的局限，直接面向全球市场，实现产品和品牌的国际化。在电子商务的大潮中，企业应如何把握机遇，实现创新发展？作为电子商务的从业者或学习者，我们应如何利用所学知识服务社会，促进经济的可持续发展？这些都是值得我们深思的问题。同时，我们也应认识到，在电子商务活动中，遵守法律法规，坚持诚信经营，是企业长远发展的重要保障。

复习思考题

1）说明基于EDI与基于互联网的电子商务系统的共同点及区别。

2）支持交易中的电子商务系统的技术特点是什么？

3）支持交易后的电子商务系统的技术特点是什么？

4）试述企业间电子商务的主要模式。

5）用图解方式举例说明商贸业务是如何转换成商贸信息系统的。

6）说明国际贸易业务的特点。

7）说明EDI的标准、形成及发展。

8）企业间电子商务的功能有哪些？

即测即评

第 2 章即测即评

第 *3* 章
电子商务网络技术

学习目标

知识目标

- 理解计算机网络的基本概念、组成、分类及拓扑结构。
- 掌握 OSI 参考模型及其与 TCP/IP 模型之间的关系。
- 了解 Internet、Intranet、Extranet 三者之间的区别与联系。
- 学习计算机网络的软件、硬件系统结构及实现技术。
- 掌握网络技术在电子商务中的地位、意义与要求。

能力目标

- 能够分析和判别不同网络技术在电子商务中的应用。
- 学会如何利用网络技术优化电子商务的运营。
- 能够评估和选择适合企业需求的网络技术解决方案。
- 培养设计和实施电子商务网络架构的能力。
- 提高对电子商务中网络技术重要性的认识。

价值塑造目标

- 强化对网络技术在促进国家经济发展中作用的认识。
- 培养爱国情怀，了解中国在网络技术领域的发展成就。
- 树立正确的价值观，认识到网络技术在推动社会公平和共同富裕中的作用。
- 增强法治意识，理解网络技术活动中法律法规的重要性。
- 培育创新精神，鼓励在网络技术领域进行创新实践，服务社会。

电子商务泛指一切运用现代信息技术的、与数字化处理有关的商务活动。它通过网络并以电子信号传输和交换的方式进行。网络技术的应用是当代信息系统区别于传统信息系统的重要标志。将企业的业务管理信息系统通过网络互联，进而支持企业间贸易业务的处理，是电子商务的魅力所在，而网络及其相关技术的飞速发展在其中起到了决定性的作用。本章将介绍电子商务的网络技术基础、电子商务的网络环境以及电子商务网络架构的软硬件组成。

3.1　电子商务的网络技术基础

3.1.1　计算机网络概述

网络技术特别是广域网技术作为电子商务关键的支撑技术之一，对电子商务的正常、稳定运行及其深层次发展起着决定性的作用。因此，要深入了解、掌握和应用电子商务，就必须对计算机网络有一个较为全面的了解和认识。

1）计算机网络的定义、功能与组成

（1）计算机网络的定义。自20世纪50年代出现以来，由于技术的进步和社会需求的不断增加，计算机网络获得了前所未有的发展，历经了从简单到复杂、从低级到高级的过程，人们通常将其归纳为单机系统、多机系统、计算机通信网络、现代计算机网络四个阶段。在不同的阶段，人们对其的定义也有所不同，确切地说，"将地理位置不同且具有独立功能的多个计算机系统通过通信设备和线路连接起来，并由功能完善的网络软件实现资源共享的系统，称为计算机网络"。

（2）计算机网络的功能。计算机网络的功能主要包括：资源（硬件资源、软件资源和数据资源）共享，数据通信，信息的有机集中与综合处理，资源的调剂。资源调剂可以均衡网络负载，提高网络利用率。

（3）计算机网络的组成。从逻辑功能上看，计算机网络主要包括资源子网和通信子网两个部分。从结构上看，计算机网络主要由网络硬件和网络软件两部分构成。其中：网络硬件主要包括计算机（服务器、工作站）、通信设备、传输介质、外围设备等；网络软件主要包括操作系统、应用软件以及通信协议、数据文件等其他相关软件。

2）计算机网络的拓扑结构

计算机网络拓扑结构就是指网络中各个节点连接的方法和形式，它主要指网络中通信子网的拓扑结构。拓扑结构是决定通信网络整体性能的关键因素之一。也就是说，对于不同环境下的网络，选择一种合适的拓扑结构至关重要。

网络拓扑按通信信道的不同，可分为点-点链路拓扑和共享链路拓扑两大类。采用点-点链路通信子网的基本拓扑结构包括星型、环型、树型、混合型以及网状型等拓扑形式；采用共享链路通信子网的基本拓扑结构包括总线型、环型、混合型、无线型以及卫星通信型等多种拓扑形式。

（1）星型拓扑，如图3-1（a）所示。星型拓扑的优点是结构简单，组网容易，维护方便，重新配置灵活，故障易检测与隔离。其缺点是过分依赖中央节点，通信线路利用率较低，电缆费用高等。

（2）总线型拓扑，如图3-1（b）所示。总线型拓扑的优点在于信道利用率高，结构简单，安装容易，节省电缆，增、删节点方便等。其缺点是维护起来较为困难，总线延伸距离和容纳节点数量有限，不易检测和隔离故障，一个节点出现差错可能导致整个网络瘫痪。

（3）环型拓扑，如图3-1（c）所示。环型拓扑的优点是传输控制机制简单，初装容易，实时性强。其缺点是随着网上节点数量的增加，网络重新配置难度加大，且可靠性降低，特别是如果物理上采用单环结构，则一旦环上任一节点出现差错，就可能导致全网瘫痪。

（4）混合型拓扑，如图3-1（d）所示。由两种以上拓扑结构构成的拓扑形式称为混合型拓扑，其优点在于可以结合各自拓扑结构的优点。常见的混合型拓扑有总线-星型拓扑、星型-环型拓扑等。

（5）网状型拓扑，如图3-1（e）所示。网状型拓扑又分全连接网状拓扑和不完全连接（不规则）网状拓扑。在全连接拓扑中，每一节点和网中其他节点均有连接；在不完全连接拓扑中，任意两个节点间不一定有直接链路连接，而是靠其他节点转接。网状型拓扑的优点是路径多、冲突少、可靠性高、扩充方便，且局部故障不影响全局。其缺点是网络结构和控制机制复杂，安装配置困难，电缆成本高等。

（6）树型拓扑，如图3-1（f）所示。树型拓扑是星型拓扑的扩展。这种拓扑形式适用于汇聚信息的应用环境，能实现广播通信，但对根部的依赖过大。

（7）无线电通信型拓扑，如图3-1（g）所示。在这种拓扑形式下，网中所有站点共享一条信道或者射频，节点间采用微波介质以分组的形式进行广播通信。由于共用传输介质，因此通常一次通信只有一个站点可以广播传送一个数据分组。无线电通信简单实用，但保密性差。

（8）卫星通信型拓扑，如图3-1（h）所示。卫星网可以看成是一种特殊的微波通信网，但数据信号在卫星网中并非从发送方直接传送给接收方，而是由发送方通过发射机将数据信号传送到通信卫星，经过通信卫星中继放大后，再传送给各个接收方。卫星通信具有广播功能强、通信覆盖范围大（一颗地球同步卫星能覆盖1/3左右的地球表面）等优点，但成本高、保密性较差、传输延迟较长，如利用地球同步卫星进行通信，信号来回传送一次，其传输延迟的时间达1/4秒左右。

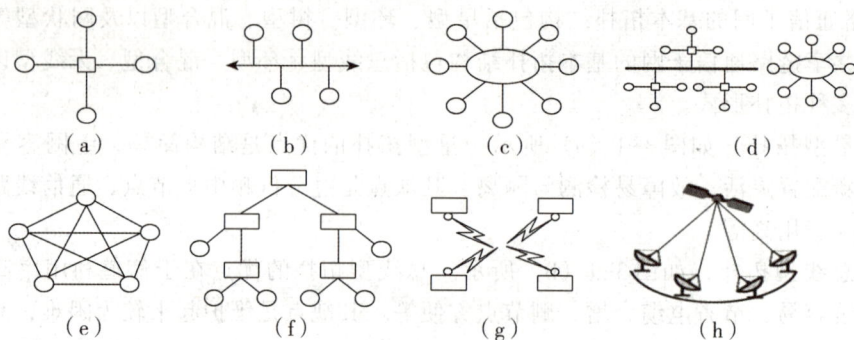

图3-1 计算机网络的拓扑结构图

3）计算机网络的分类

计算机网络的分类方法有很多，但常见的主要有以下几种：

（1）按传输信号的不同，计算机网络可分为数字网络和模拟网络。网络中处理的数据可分为离散的数字数据和连续的模拟数据。相应地，网络中的数据信号分为数字信号和模拟信号两种。传输数字信号的网络被称为数字网络。传统的管理信息系统、办公自动化系统等大多属于数字网络。传输模拟信号的网络则被称为模拟网络。现有的电信网络、有线电视网络等都属于典型的模拟网络。

（2）按传输范围或互联距离的不同，计算机网络可分为局域网（LAN）、城域网（MAN）和广域网（WAN）。局域网也称局部区域网，在通常情况下，人们把覆盖范围在10米~10千米之内的网络都称为LAN，如在一个实验室、一幢大楼、一所学校内部建立的网络系统都是LAN。城域网也称市域网，是在一个城市的区域内覆盖范围一般在10~100千米内的网络系统。广域网又称远程网，其覆盖范围可以跨省市、跨国家，互联距离可达数百千米，甚至上万千米。互联网就是典型的广域网。

（3）按控制方式的不同，计算机网络可分为集中式网络、分散式网络和分布式网络。集中式网络的处理和控制功能都高度集中于一个或少数几个节点，所有的信息流都必须经过这些节点中的一个节点。星型网络就是典型的集中式网络，其特点是原理简单、实现容易，因此深受用户青睐。分散式网络是集中式网络的扩展，又称非集中式网络。分散式网络的拓扑形式大多是星型和网状型等融于一体的混合型拓扑结构。分布式网络不存在一个处理和控制中心，网络中任一节点都至少和另外两个节点相连接，信息从一个节点到达另一个节点可能有多条路径。网络中各节点均以平等的地位相互协调工作或交换信息。总线型网、网状型网均属于这一类网络。分布式网络具有信息处理的分布性、可靠性、可扩充性及灵活性等优点，因此它是网络的主要发展方向之一。

（4）按通信传输方式的不同，计算机网络可分为点到点式网络和广播式网络。点到点式网络（Point-to-Point Network）是指网络中每两台主机、两台节点交换机之间或主机与节点交换机之间都存在一条物理信道，信道一端的节点设备发送的数据确定无疑地只会由信道另一端的唯一一台设备收到，节点间没有信道竞争，几乎不存在介质访问控制问题。星型、网状型等网络多属于此类网络。广播式网络（Broadcast Network）是所有主机共享一条物理信道，某一主机发出的数据，其他主机都能收到。由于多主机信道共享易引起冲突，因此介质访问控制方法是这种网络的关键技术。总线网、环型网、微波网、卫星网等都是典型的广播式网络。广播式网络又有单地址、组地址、广播地址之分。

（5）按使用范围的不同，计算机网络可分为公用网和专用网。公用网（Public Network）也称公众网，通常是指由一个国家邮电部门构建的网络，用户使用公共网必须按规定交纳相关费用。专用网（Private Network）是指某个行业系统、行业领域或者某个单位为满足本部门的特殊工作需要而建造的网络。这种网络通常会租用公用网的线路，但一般不向本部门以外的集体或个人提供网络服务。军队、铁路、电子银行系统等自建的网络均属于典型的专用网。

此外，计算机网络按照数据交换方式的不同可分为电路交换网、报文交换网、分组交换网和混合交换网；按照传输介质的不同可分为有线网络和无线网络；按照网络用途的不同可分为教育网、科研网、商业网、企业网等多种称谓或形式的网络。

4）计算机网络的通信方式和传输技术

（1）计算机网络的通信方式。计算机网络的通信方式通常可分为串行通信和并行通信两种。串行通信是指将待传的二进制代码序列由低位到高位顺序依次发送的方式。串行通信线路简单、成本低，但传输速度慢、效率低，适合长距离通信。串行通信按信号传递方向的不同，又分为单工、半双工和全双工三种方式。并行通信是指一次同时传输多位二进制数据的通信方式。并行通信传输速度快、通信效率高、处理简单，但线路开销大、通信成本高，适合短距离通信。

（2）计算机网络的传输技术。在网络内部，不管是模拟数据，还是数字数据，都需要经过某种形式的编码或调制，将其转换为数字信号或模拟信号，才能在通信介质上传输。如果数字数据采用模拟信号传送，通常需要采用幅移键控法、频移键控法或相移键控法等调制技术；数字数据采用数字信号传送，需要采用曼彻斯特或差分曼彻斯特等编码技术；模拟数据采用数字信号传送，需要采用PCM或DM技术。

（3）计算机网络的传输介质。传输介质是通信双方之间的物理链路或通信线路，它是数据信息的传输载体。传输介质分为有线介质和无线介质两大类：

① 有线介质包括双绞线、同轴电缆、光纤三种。双绞线是最为常见的一种网络传输介质，可进一步分为屏蔽双绞线（STP）和非屏蔽双绞线（UTP）两类。同轴电缆包括基带同轴电缆和宽带同轴电缆两种。其中，基带同轴电缆又有粗缆和细缆之分。光纤是有线介质中带宽最宽、信号衰减最小、抗干扰能力最强的一种传输介质。光纤又分为单模光纤和多模光纤两种。

② 无线介质是现代网络中的主要通信介质。典型的无线通信形式主要有无线电通信、微波通信、红外通信、激光通信和卫星通信等，常用的无线介质有微波、红外线、激光等。

3.1.2 计算机网络的体系结构

在计算机网络中，由于设备类型、连接及通信方式不同，通信协议需要根据不同的情况进行开发，这就给网络中各节点间的通信带来了许多不便，特别是异构网间的互联，不仅涉及基本的数据传输，还可能涉及网络的应用和有关服务。在这种情况下，要做到无论网络设备的内部结构如何，网中各节点间都能相互发送能被对方理解的信息、实现资源共享，将是十分困难的。解决这一问题的关键就在于网络体系结构的设计和不同厂商共同遵守的约定或规则的标准化。

1）网络体系结构的定义

体系结构阐述的是网络系统中各个组成部分及其相互间的关系。它采用层次配对结构，定义并描述了一组用于规范网络设备间进行互联的标准和规则。分层的目的在于将一个问题的复杂性弱化，因为任何网络系统都会涉及一整套复杂的协议集，而协议又是保证计算机之间有条不紊地进行数据交换的前提和基础，这就是人们常说的"分而治之，各个击破"：将要实现的多种功能分配在不同的层次中，对每个层次要完成的服务及服务实现过程都有明确规定；不同地区的系统分成相同的层次；不同系统的同等层次具有相同的功能；高层使用底层提供的服务时，不需要知道底层服务的具体实现方法。那么，什么是网络的体系结构呢？

为完成计算机间的通信合作，把每个计算机互联的功能划分为定义明确的层次，这些同层次间的通信协议及相邻层间的接口就统称为网络体系结构，即网络层次结构模型与各层协议的集合。

2）开放系统互联参考模型（OSI/RM）

（1）开放系统互联参考模型简述。

20世纪70年代，国外一些重要的计算机生产厂商相继推出了适合本公司的网络体系结构，这些体系结构的出现极大地推动了网络技术的进步。然而，随着社会的发展，人们不仅要求同构网间能方便互联，而且要求异构网间也能彼此互联，从而实现更大范围的资源共享。这就提出了一个新的课题：如何使网络体系结构和协议标准化。1977年，国际标准化组织（ISO）成立了一个分委员会，专门负责研究该问题。1980年2月，ISO提出了一个旨在使各种计算机实现互联的标准框架建议书，即著名的开放系统互联参考模型（Open System Interconnection/ Reference Model，OSI/RM）。"开放"就是表示能使任何两个遵守该协议及有关标准的系统进行通信连接。

OSI参考模型制定的策略是针对计算机网络所执行的各种功能进行层次化的结构设

计。其实质内容包括：一是将网络功能分解为许多层次，在每个层次中，通信双方共同遵守许多约定和规程以避免混乱，这叫同层协议。二是层次之间逐层过渡，各层都做好进入相邻的上一层或下一层的准备工作，这叫接口协议。层次是根据功能来划分的，这种按功能划分的层次结构必须存在于网络的每个实体之中，才能完成互相通信的任务。在层次划分之后，每一层次都要规定一些大家共同遵守的规则和约定，称为层次协议。层次协议只对所属层次的操作有约束力，意在对某层内部协议作修改补充时，不致影响到其他层次。网络协议和接口确定之后，网络的体系结构也随之确定。按照这一原理，OSI参考模型将整个网络通信的功能划分成了七个层次：物理层、数据链路层、网络层、传输层、会话层、表示层和应用层。1983年OSI参考模型被正式批准为国际标准，即 ISO 7498[①]国际标准，亦被称为X.200建议。我国相应的国家标准是 GB/T 9387[②]。OSI网络体系结构参考模型各层的功能如图3-2所示。

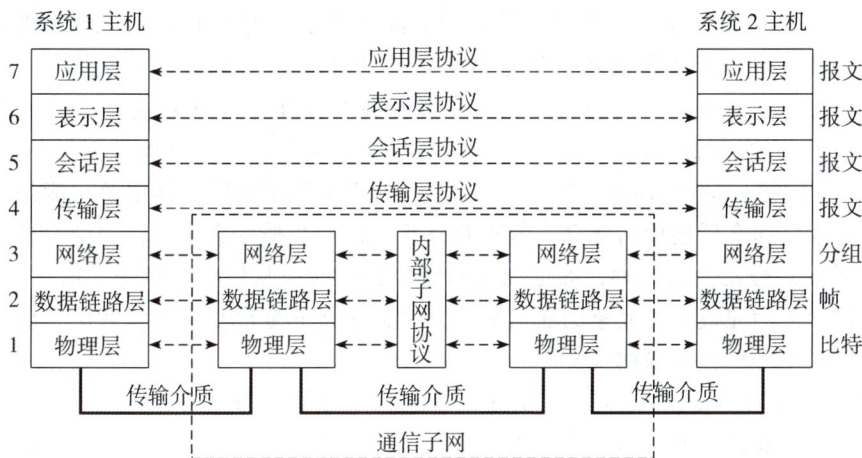

图3-2 OSI网络体系结构参考模型

① 物理层（Physical Layer）：物理层是直接面对传输介质的一层，也是OSI参考模型的最底层。其主要任务是利用传输介质为通信双方建立、维护和释放物理链路，实现透明的比特流传输。物理层的数据传送单元是比特（Bit）。该层定义了与传输介质以及接口硬件的机械、电气、功能和过程有关的特性。例如，用多高的电压代表"1"和"0"，连接电缆插头的大小和形状，引脚个数、分布、连接方法，信号极性和时序、传输中的同步方法等。

② 数据链路层（Data Link Layer）：数据链路层是OSI参考模型的第二层。其主要功能是负责在两个相邻节点间的线路上无差错地传输以帧为单位的数据。帧（Frame）是数据

---

① 该标准已废止。
② 该标准已于2009年2月废止。

的逻辑单位。在工作过程中该层要负责建立、维持和释放数据链路的连接；对数据帧进行回送确认；产生和识别帧边界；进行寻址和差错控制，解决受损和丢失帧的重发问题、双向传送的线路竞争问题以及数据帧的同步问题等。这样，数据链路层就把一条可能出差错的实际链路转变成一条在网络层看来好像不会出差错的可靠链路。

③ 网络层（Network Layer）：网络层是 OSI 参考模型的第三层。在计算机网络中进行通信的终端之间可能要经过许多个节点和链路，也可能要经过若干个通信子网。因此，网络层的主要功能就是通过路由选择算法为数据分组通过通信子网选择最合适的路径，使发送方的传输层所传下来的分组能够正确无误地按照地址找到目的站，并交付给目的方的传输层。此外，网络层还负责完成拥塞控制、网络互联等功能。在该层，数据的传送单元是分组或称数据包（Packet）。

④ 传输层（Transport Layer）：传输层是 OSI 参考模型的第四层。传输层信息的传送单元是报文。当报文较长时，先要将其分割成满足要求的若干个报文分组，然后交给下一层进行传输。该层的主要任务是根据通信子网的特征最佳地利用网络资源，并以可靠和经济的方式，为通信双方建立传输连接，透明地传送报文。或者说，传输层向上一层提供一种可靠的端到端的通信服务，并使会话层看不见传输层以下的数据通信的细节。

⑤ 会话层（Session Layer）：会话层是 OSI 参考模型的第五层。其主要功能是负责维护两个应用进程之间会话连接的建立、管理和终止，以及数据的交换，比如确定是全双工还是半双工通信；当发生意外时，确定在重新恢复会话时应从何处开始等。所谓一次会话，就是指通信双方为完成一次完整的通信而建立会话连接的全过程。在会话层及以上的层次中，数据传送的单位一般都称报文。

⑥ 表示层（Presentation Layer）：表示层是 OSI 参考模型的第六层。其主要功能是解决用户信息的语法和语义的表示问题，也就是所传输信息的内容和表示形式。因此，它会涉及数据格式的转换、数据解释、数据压缩与解压、数据加密与解密等问题。表示层将欲交换的数据从适合于某一用户的抽象语法变换为适合于 OSI 系统内部使用的传送语法，从而使用户能把精力集中在他们所要交谈的问题本身，而不必过多地考虑对方的某些特性，如对方使用什么样的语言、采用何种数据格式等问题。

⑦ 应用层（Application Layer）：应用层是 OSI 参考模型的最高层，也是网络向最终用户提供应用服务的唯一窗口。其主要功能是：确定进程之间通信的性质以满足用户的需要；确定应用进程为了在网络上传输数据所必须调用的程序；负责管理和执行应用程序，如文件传输、信息处理、目录查询、负责远程登录、域名服务、电子邮件传送、网络管理等内容。因此，应用层是模型中最为复杂、涉及协议最多的一层，属于该层的某些协议还在不断研发当中。

（2）OSI 参考模型环境下的数据传输过程。

①OSI 参考模型环境下的数据发送过程。

- 应用层——当应用进程 A 的数据传送到应用层时，应用层为数据加上应用层报头，组成应用层的协议数据单元，再传送到表示层。

- 表示层——表示层接收到应用层数据单元后，加上表示层报头组成表示层协议数据单元，再传送到会话层。表示层按照协议要求对数据进行格式变换和加密处理。

- 会话层——会话层接收到表示层数据单元后，加上会话层报头组成会话层协议数据单元，再传送到传输层。会话层报头用来协调通信主机进程之间的通信。

- 传输层——传输层接收到会话层数据单元后，加上传输层报头组成传输层协议数据单元，再传送到网络层。传输层协议数据单元称为报文。

- 网络层——网络层接收到传输层报文后，将长报文分成多个较短的报文段（由于网络层协议数据单元的长度有限制），加上网络层报头组成网络层协议数据单元，再传送到数据链路层。网络层协议数据单元称为分组。

- 数据链路层——数据链路层接收到网络层分组后，按照数据链路层协议规定的帧格式封装成帧，再传送到物理层。数据链路层协议数据单元称为帧。

- 物理层——物理层接收到数据链路层帧之后，将组成帧的比特序列（也称为比特流），通过传输介质传送给下一个主机的物理层。物理层的协议数据单元是比特序列。

②OSI 参考模型环境下的数据接收过程。

当比特序列到达系统 2 主机时，再从物理层依层上传，每层处理自己的协议数据单元报头，按协议规定的语义、语法和时序解释、执行报头信息，然后将用户数据上交高层，最终将系统 1 主机的应用进程 A 的数据准确传送给系统 2 主机的应用进程 B。

OSI 参考模型环境下的数据传输原理如图 3-3 所示。

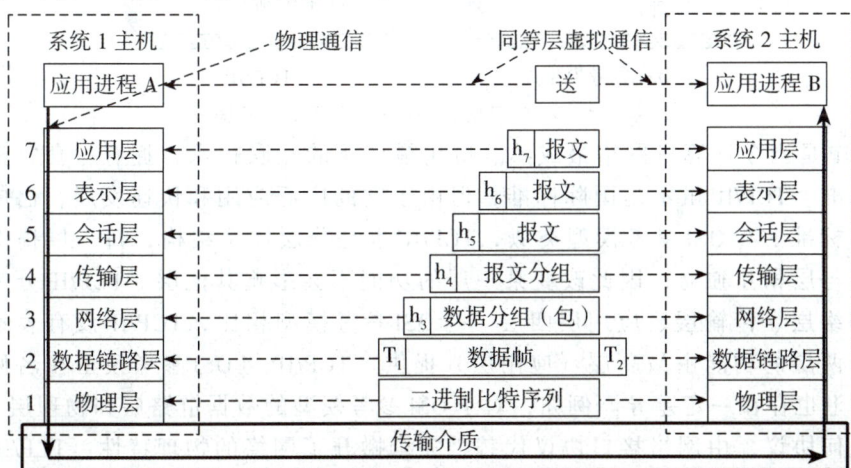

图3-3　OSI参考模型环境下的数据传输原理

3.1.3　计算机网络协议

1）网络协议的概念

在计算机网络中，为使各计算机之间或计算机与终端之间能正确地传送信息，必须在有关信息传输顺序、信息格式和信息内容等方面有一组约定或规则，这组约定或规则即为网络协议。简单地说，协议就是实体间控制数据交换规则的集合，它是网络之间相互通信的技术标准，也是一种大家公认并必须遵照执行的"共同语言"。在层次式结构中，每一层都可能有若干个协议。

2）TCP/IP 通信协议

TCP/IP 是 20 世纪 70 年代中期美国国防部为其阿帕网（ARPAnet）开发的网络体系结构和协议标准。TCP/IP 代表了一组通信协议，形成了一个完整的通信协议族，其中，最基本和最主要的是传输控制协议（Transmission Control Protocol，TCP）和网际协议（Internet Protocol，IP）。TCP/IP 与 OSI 参考模型层次对照图如图 3-4 所示。

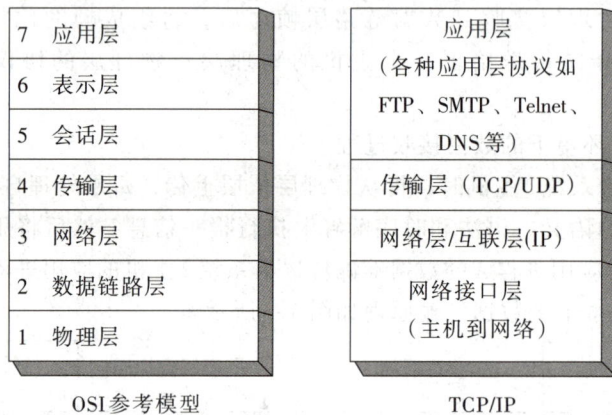

图3-4　TCP/IP与OSI参考模型层次对照图

TCP/IP 是当今计算机网络最成熟、应用最广泛的互联技术，拥有一套完整而系统的协议标准。TCP/IP 虽不是国际标准，但由于它的广泛应用和快速发展，已成为事实上的国际标准。与 OSI 参考模型类似，TCP/IP 也是分层体系结构，每一层提供特定的功能，层与层相互独立，因此改变某一层的功能不会影响其他层。TCP/IP 分为网络接口层、网络层、传输层、应用层四层。与 OSI 参考模型相比，TCP/IP 没有表示层和会话层，这两层的功能由最高层（应用层）提供。TCP/IP 与 OSI 参考模型在名称定义和功能细节上也存在一定差异。例如，对于 OSI 参考模型的数据链路层和物理层，TCP/IP 不提供任何协议，由网络接口协议代替，完全撇开了网络的物理特性。TCP/IP 各层的主要功能如下（见表 3-1）：

表3-1   TCP/IP协议族及功能

OSI参考模型中的层	功能	TCP/IP协议族
应用层	文件传输，电子邮件，文件服务，虚拟终端	HTTP，SNMP，FTP，SMTP，DNS，Telnet等
表示层	翻译、加密、压缩	没有协议
会话层	对话控制、建立同步点（续传）	没有协议
传输层	端口寻址、分段重组、流量、差错控制	TCP，UDP
网络层	逻辑寻址、路由选择	IP，ICMP，OSPF，EIGRP，ICUP
数据链路层	成帧、物理寻址、流量、差错，接入控制	SLIP，CSLIP，PPP，MTU
物理层	设置网络拓扑结构、比特传输、位同步	ISO2110，IEEE802，IEEE8022

注：TCP本身不具有数据传输中噪声导致的错误检测功能，但能够实现超时的错误重传功能。

（1）网络接口层。TCP/IP的最底层，也是主机与网络的实际连接层。它接收并发送IP数据报（具有IP报头等控制信息的二进制序列）；完成OSI参考模型中各种物理层网络协议的功能等。

（2）网络层。负责将源主机的报文分组发送到目的主机；负责处理来自传输层的分组及分组发送请求，如收到请求后进行分段、封装IP数据报（添加IP报头、报尾、填充字段）、发送数据报、重组分组等；负责处理接收到的数据报分组，如接收转发数据报分组；负责处理路径选择、流控、拥塞等问题。该层的主要协议是IP，同时，提供有ARP/RARP地址的解析协议。其中：ARP将互联网网络IP地址转换为物理地址；RARP将物理地址转换为互联网网络IP地址。

（3）传输层。负责进程间端到端的通信会话连接，并将数据无差错地传给相邻的上一层或下一层。与OSI参考模型的传输层类似。该层定义了两种主要的协议：一种是TCP（传输控制协议），另一种是UDP（用户数据报协议）。其中：TCP提供的是一种可靠的面向连接的服务，该协议通信的可靠性高，但效率低；UDP提供的是一种不太可靠的无连接服务，该协议通信效率高，但不可靠。

（4）应用层。这是TCP/IP的最高层，能提供各种互联网管理和网络服务，如文件传输、远程登录、域名服务和简单网络管理等。因此，该层能提供大量的网络协议，形成了一个协议簇或协议栈。目前协议栈中的主要协议有：

Telnet（网络终端协议）：负责网中终端的远程登录。

FTP（文件传输协议）：负责主机间的文件传送。

SMTP（简单邮件传输协议）：负责电子邮件的传送。

DNS（域名服务）：负责主机名与 IP 地址间的映射。

HTTP（超文本传输协议）：用于网中客户机与 WWW 服务器间的数据传输。

SNMP（简单网络管理协议）：负责网络的管理等。

3.2 电子商务的网络环境

电子商务作为一种存在于企业与客户之间、企业与企业之间以及企业内部的联系网络，已经成为企业强化内部管理、提高决策效率、扩大业务范围、降低经营成本的有效途径。通过电子商务，企业可以及时调整战略布局，改变产品结构，创新经营模式，提升企业的对外知名度。电子商务开始于网络计算，网络计算提供了实现电子商务的技术平台，而电子商务是网络计算的最新应用和最终目标。同时，电子商务的正常运行依赖于稳定的网络环境。目前，电子商务的这种网络环境主要表现为三种互不相同但又相互关联的网络模式，即互联网（Internet）、企业内部网（Intranet）和企业外部网（Extranet）。这三种网络模式在电子商务中扮演的角色和起到的作用各有不同。

（1）Internet：对大多数企业来说，首先进入的是互联网。互联网为企业和客户提供了一条相互沟通的新渠道，它不仅能让全球的消费者了解企业的产品和服务，还可以促进企业和客户之间的关系。

（2）Intranet：企业为了在 Web 时代具有竞争力，必须利用互联网的技术和协议，建立主要用于企业内部管理和通信的应用网络——企业内部网。企业内部网络可让员工共享重要的程序和信息，增强员工之间的互助与合作，简化工作流程，让企业内部的运作更加有效。

（3）Extranet：是各个企业之间遵循同样的协议和标准，为建立非常密切的交换信息和数据的联系从而提高社会协同生产的能力和水平而将多个企业内部网连接起来的信息网络。企业外部网有机地涵盖了企业和与其相关的协作厂商之间的联系，它让协作厂商真正成为企业团队的一分子。

3.2.1 企业内部网——Intranet

1）Intranet 的定义与特点

Intranet 一词来源于 Intra 和 Network，意即内部网，也称内联网。它是指采用 Internet 技术，以 TCP/IP 为基础，以 Web 为核心的应用，集 LAN、MAN、WAN 和高速数据服务于一身，将企业内部信息计算机化，实现企业内部资源共享的网络系统。也就是说，Intranet 是使用企业自有网络来传送各类信息的"私有"的互联网，是一种面向全球的内部专用网络。其主要特点如下：

（1）信息资源的共享。Intranet使企业内部员工可以随时随地共享信息资源。此外，电子化的多媒体文件节省了印刷及运送成本，并使文件内容的更新更为方便、快捷。

（2）安全的网络环境。与Internet相比，Intranet提供了更安全的网络环境。Intranet属于企业内部网络，只有企业内部计算机才可存取企业的信息。Intranet对权限的控制非常严格，除公共信息外，其他信息只有某个或某几个部门，有时甚至是某个或某几个人才有读或写的权限。

（3）快速的信息传输。互联网具有较快的传输速度，可快速传送图形、文件等各种数据信息。

（4）采用B/S结构。由于Intranet采用B/S结构，用户端使用标准的通用浏览器，所以不必开发专用的前端软件，从而降低了开发费用，节省了开发时间，但也降低了系统的容错性。应用系统的全部软件和数据库集中在服务器端，因此维护和升级工作相对容易。

（5）静态与动态的页面操作。Intranet不再局限于静态的数据检索及传递，它更加注重动态的页面。由于企业的大部分业务都与数据库有关，因此要求Intranet能够实时反映数据库的内容。用户除了查询数据库外，还可对数据库的内容进行增、删、改等操作。

（6）支持非结构化信息。传统的MIS通常只支持结构化的数据信息，而Intranet不但支持结构化信息，还支持图像、声音、影像等非结构化信息。

2）Intranet的基本结构

Intranet主要由物理网、防火墙、服务器（如数据库服务器、WWW服务器、电子邮件服务器等）、工作组客户（客户机）等几个基本部分构成。其基本结构如图3-5所示。

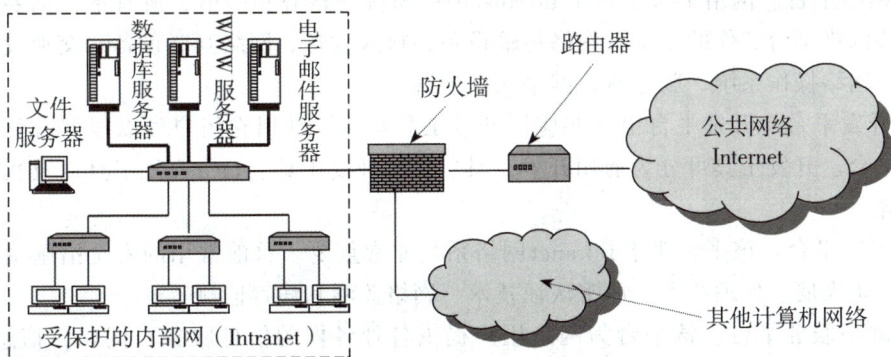

图3-5 企业内部网（Intranet）的基本结构

Intranet是一种具有较强安全性能的内部专用网，防火墙是其中一个非常重要的部件，它将内部网和公共网之间的信息流分成两类：一类是允许进入Intranet的数据流（如Web页、E-mail等信息）；另一类是不允许进入Intranet的数据流（如对企业内部服务器或客户机中文件的读取请求等）。根据内部网安全性的要求，通过防火墙可以设置哪些信息流可以进入内部网，哪些信息流不能进入内部网。

3）Intranet 的网络结构和关键技术

Intranet 所支撑的应用系统集成在一个开放、安全和可管理的统一应用平台上，在这个平台上进行信息共享、业务处理和协同工作，可以满足企业内部综合办公事务处理、专业管理统计信息和职能决策支持的需要。

（1）Intranet 的网络结构。一个完整的企业内部网的网络结构应包括网络平台、开发平台、网络安全平台、网络服务平台、数据库平台、环境平台、网络用户平台、网络应用平台、网络管理平台和通信平台。Intranet 中各个平台的作用以及平台之间的关系如图 3-6 所示。Intranet 网络的建立对开发者来讲，就是选择和开发符合自己要求的组成平台，并使所开发的系统花费的代价最小。

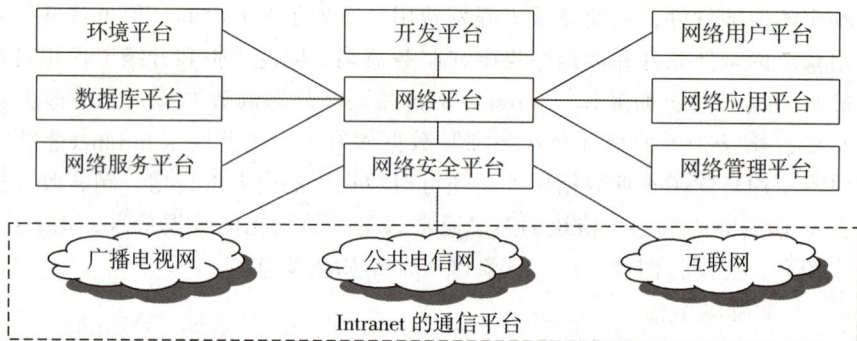

图3-6　Intranet的网络结构

① 网络平台。网络平台是整个 Intranet 网络系统的核心和中枢，所有平台都要运行其上。支持网络平台工作的设备有网络传输设备、接入设备、网络互联设备、交换设备、布线设备、网络操作系统、服务器、网络测试设备等。

② 开发平台。开发平台由一些应用开发工具组成，利用它用户可以根据需要开发各种应用平台。开发工具可分为通用开发工具、Web 开发工具、Java 开发工具以及数据库开发工具等。

③ 安全平台。该平台对于 Intranet 网络系统非常重要。目前常用的安全措施主要有分组过滤、防火墙、代理技术、加密认证技术、网络监测和病毒监测等。

④ 网络服务平台。该平台为网络用户提供各种各样的信息服务。例如，信息点播、信息广播、互联网服务、远程计算及其他服务类型，其中互联网服务是 Intranet 网络建设中的重点考虑对象，具体包括 Web 服务、E-mail 服务、FTP、Newsgrowp、Telnet、消息查询和信息检索等内容。

⑤ 数据库平台。该平台主要是对用户数据信息资源的组织管理和维护。数据库平台主要有 Oracle、Informix、DB2、Sybase、Windows、SQL、Server 等。

⑥ 环境平台。通过该平台保证网络正常运行的温度、湿度环境，以及地线、电源的

可靠性。

⑦ 网络用户平台。网络用户平台是最终用户的工作平台，通常包括办公软件、浏览器软件等。

⑧ 网络应用平台。该平台主要指 MIS、OA 系统、多媒体监测系统和远程教育系统等。

⑨ 网络管理平台。该平台的主要作用是对网络资源进行监控和管理。

⑩ 通信平台。通信平台的主要任务是为网络通信提供所需的环境条件。

（2）Intranet 的关键技术。Intranet 网络在应用中的关键技术主要有 Web 浏览器、Web 服务器、WWW、E-mail、FTP、Web 上的数据。当然，Intranet 并不是将技术和软件放在一起就行了，那只是最容易的部分。最重要的是将各种任务、目标、过程、关系、处理框架、项目、进度、预算等看似单一的系统元素发展为联机工作方式，并使用相同的接口向其各系统提供服务。

Intranet 的功能与作用见延伸阅读 3-1。

延伸阅读 3-1

Intranet 的功能与作用

3.2.2　企业外部网——Extranet

1）Extranet 的定义与功能

Extranet 又称外联网，最早出现在 1996 年，它是一种利用公共网（如互联网）将多个企业内部网连接起来的信息网络，是互联网技术在企业间的延伸，因此 Extranet 实际上是一种广义上的企业内部网，它把企业和供应商或其他贸易伙伴有机地联系在一起。外部网的信息是安全的，可以防止信息泄漏给未经授权的用户，授权用户可以公开地通过外部网络连入其他企业的网络。外部网通过专用设施，帮助企业协调采购，交换业务单证，实现彼此之间的交流和沟通。外部网虽然可通过互联网建立，但它一般是联系业务的独立网络。通过存取权限的控制，Extranet 允许合法使用者存取远程企业的内部网络资源，达到企业与企业间资源共享的目的。

延伸阅读 3-2

Extranet 在电子商务中的作用

Extranet 全部采用互联网技术，应用成本极低，并且可以把网络连向全球的每个角落，这种特性使得 Extranet 与电子商务一拍即合，成为实现电子商务的重要媒介。我们可以剖析一些应用实例，以此来理解 Extranet 在电子商务中的作用，具体见延伸阅读 3-2。

2）Extranet 的结构与分类

（1）Extranet 的基本结构。构成外部网的基本部分主要包括防火墙、企业内部网（Intranet）以及用于连接企业内部网的公共网、专用网或虚拟专用网等，如图 3-7 所示。

（2）Extranet 的分类。Extranet 可分为三类：公共网络、专用网络和虚拟专用网络（Virtual Private Network，VPN）。

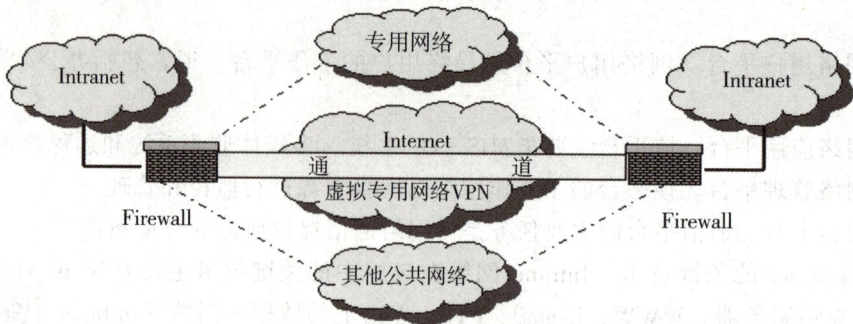

图3-7 Extranet的基本结构

① 公共网络。如果一个组织允许公众通过任何公共网络访问该组织的内部网，或两个以上的企业同意用公共网络把它们的内部网连在一起，就形成了一个公共外部网。在这种结构中，安全性是关键，因为公共网络不提供任何安全保护措施。目前解决安全问题的办法是设置防火墙，但防火墙并不能保证绝对安全。由于风险太大，实际中很少采用公共网。

② 专用网络。专用网络是两个企业间的专线连接，这种连接是企业内部网之间的物理连接。与一般的拨号连接不同，专线始终在线，且只有合法的企业才能够在线，未经许可的其他任何个人或企业均不能进入专用网。因此，这种网络能保证信息流的安全性和完整性。但是，专用网络的成本很高，因为每对利用专用网通信的企业都需要一条独立的专线把它们连到一起。如果一个企业通过专用网络与7个企业建立外部网连接，则该企业必须支付7条专线的费用。

③ 虚拟专用网络。虚拟专用网络是一种特殊的网络，它采用一种叫作"通道"的系统，用公共网络及其协议向贸易伙伴、顾客、供应商和雇员发送敏感的数据。这种通道是互联网上的专用通路，可保证数据在外部网上的企业之间安全地传输。由于最敏感的数据处于最严格的控制下，VPN也就提供了安全保护。利用建立在互联网上的VPN专用通道，处于异地的企业员工可以向企业的计算机发送敏感的信息。虚拟专用网络是目前外部网的主要形式。

3）Extranet的应用模式

（1）安全的Intranet模式。这种模式允许企业、顾客经由互联网进入企业内部网络，存取企业内部网络资源，实现企业与企业或企业与顾客间的资源共享，如某企业的联盟厂商可通过该企业的Intranet使用该企业所提供的各种软件系统等。因此，这种应用模式的安全级别较高。

（2）特定Extranet应用模式。这是一种专门针对某特定厂商或顾客设计的Extranet应用模式。在此模式下，企业内部员工可通过Intranet存取网络资源，而企业伙伴或客户则可通过 Extranet 有限度地存取网络资源，如供应商可通过 Extranet 在线使用报价系统，提供原料报价等。此类应用模式所需的安全级别较前一种低，业务伙伴只需要有中等信赖程度即可满足要求。

（3）电子商务模式。该模式主要是使用电子商务技术来提供各类企业战略伙伴的网络服务。也就是说，企业的业务伙伴可通过网络连线取得企业所提供的网络服务，如进行内部数据库查询等。

总之，不论是哪种应用模式，都牵涉到企业与企业间的资源存取，且 Extranet 是通过互联网将两个企业互联起来，因此对使用者的个人身份的鉴别非常重要。针对不同的应用模式，Extranet 对网络环境的安全级别、使用者的信任度的要求有所不同。

4）Extranet 的应用服务

（1）企业间发布和获取信息。Extranet 可定期将企业最新的信息以各种形式发布到世界各地，取代了原有的文本复制和专递分发。任何授权的用户都可以从不同的地域实时了解到最新的客户和市场信息，这些信息由发布企业更新和维护，并由 Extranet 安全体系结构保证其安全性和完整性。所有信息都可以根据用户权限通过 Web 进行有限制的访问和下载。

（2）企业间的交易与合作。Extranet 所提供的电子商务服务，实际上是建立了不同企业 Intranet 中的管理信息系统的数据库之间的联结，简化了各项商业合作或交易活动的流程，加快了信息传递速度，提高了工作效率。此外，通过 Extranet，企业之间可在网上建立虚拟的实验室进行跨地区的项目合作。管理人员能够迅速地生成和发布最新的产品、项目与培训信息，不同地区的合法用户可通过它共享文档和实验结果。

（3）客户服务。使用 Extranet 可以更加容易地通过访问 Web 站点、FTP、Telnet、E-mail、桌面帮助等方式，向客户提供方便快捷的服务。此外，可通过 Web 安全有效地管理客户服务的整个运行过程，可为客户提供订购信息和货物运行轨迹、软件版本升级和远程维护，以及专用技术发布信息等。

3.2.3　Internet、Intranet、Extranet 的关系

Intranet 是采用互联网技术，将企业内部信息计算机化，实现企业内部资源共享的网络系统，强调的是企业内部各部门间的联结；而 Extranet 是企业与企业间的 Intranet，是达到企业与企业间资源共享目的的网络系统，强调的是企业间的联结。三者之间的关系如图 3-8 所示。

从网络的业务范围来看，Internet 最大，Extranet 次之，Intranet 最小。Internet 强调各种网络之间的互联，Intranet 是企业内部各部门之间的互联，而 Extranet 互联的是多个授权的 Intranet，它通过访问控制和路由器逻辑连接两个或多个已经存在的 Intranet，使它们之间可以方便安全地通信。如果将 Internet 称为开放的网络，Intranet 称为专用封闭的网

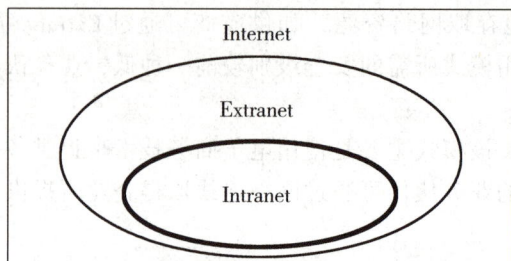

图3-8　Internet、Intranet、Extranet的关系

络，那么Extranet就是一种受控的外联网络。所以，可以将Extranet看成Intranet的延伸，是Intranet间的桥梁，是一种虚拟的专用网络。Extranet一方面通过Internet技术互联企业的供应商、合作伙伴、相关客户，促进彼此间的联系与交流；另一方面又像Intranet一样，位于防火墙之内，提供充分的访问控制，使得外部用户远离内部资料。企业应针对不同的情况选择不同的网络。

3.3　计算机网络及电子商务系统

微课 3-1

计算机网络是实现电子商务的物质基础，而网络硬件设施和网络操作系统又是计算机网络的重要组成部分。因此，了解网络硬件设备和操作系统对全面理解和掌握电子商务技术是十分必要的。

计算机网络及
电子商务系统

3.3.1　网络的硬件系统

1）网卡

网卡（Network Interface Cards）又称网络适配器或网络接口卡，它安装于每一台计算机或服务器的扩展槽中，属于OSI模型的底三层设备。每一块网卡均有唯一的地址，即集成在网卡芯片中的MAC地址。网卡不仅用于将数据转变为可在网络传输介质中传输的电信号，也用于将电信号转变为操作系统可以理解的数据包。在网络中数据是串行传送的，如果网络与主机中央处理器（CPU）之间速度不匹配，就需要缓存以防数据丢失。由于网卡处理数据包的速度比网络传送数据的速度慢，也比主机向网卡发送数据的速度慢，故会成为网络与主机之间的瓶颈。任何一个网络软件均有适合于不同网卡的多组通信驱动程序（或称为局域网驱动程序），使用不同的网络产品时，应选用相应的驱动程序，以使网络能与网卡的协议和功能结合起来。

2）路由器

路由器（Router）在OSI模型的网络层实现网络间的互联。其主要作用是连接在OSI模型底三层内执行不同协议的网络，消除网络层协议间的差别，进行最佳路径选择，降低网络负载，提高连接效率。由于路由器工作于网络层，它处理的信息量比网桥要多，因而处理速度比网桥慢。但是，路由器的互联能力强，可以执行复杂的路由选择算法。路由器分为内部路由器和外部路由器。内部路由器在网络服务器内有多个网络接口板，本身除完成服务器的部分功能外，还担负了多个局域网络之间的互联功能。外部路由器则是单独的网间连接设备，相当于一个分离的计算机。

3）网关

网关（Gateway）是一种比较复杂的网络连接设备，它工作在OSI模型的高三层，用于连接使用不同协议的子网。网关具有对不兼容的高层协议进行转换的功能，即为了实现异构设备之间的通信，网关要对不同网络的传输层、会话层、表示层、应用层协议进行翻译和转换。网关的作用包括：连接不同架构的网络；连接使用不同通信协议的网络；连接采用不同数据格式的网络等。

4）交换机

交换机（Switches）为通信双方提供一种更为直接的网络连接方法。当数据包到达交换机时，它会在相关端口之间创建一个独立的内部连接，并根据数据包头信息，将数据分组直接发送到相应的目的端口，从而提供更快的数据传输率。交换机进行数据交换的方式有三种：直接交换、存储转发交换和改进后的直接交换。交换机只能解决那些由于网络瓶颈引起的问题，而不能解决由服务器、硬磁盘、应用软件的性能引起的问题。交换机也不能支持改善网络性能，它只能把一部分业务从网段上移开，从而改善受影响网段的性能。

5）中继器

中继器（Repeater）是工作在物理层的连接设备，用于完全相同的两类网络的互联。其主要功能是通过对数据信号的重新发送或者转发，来扩大网络传输的距离。中继器主要完成物理层的功能，负责在两个节点的物理层按位传递信息，完成信号的复制、调整和放大功能，以此来延长网络的长度。

6）集线器

集线器（Hub）是局域网的重要部件之一，它是网络的中央连接点。典型的集线器有多个用户端口，每一个端口支持一个来自网络站点的链接。一个以太网数据包从一个站点发送到集线器上，然后被中继到集线器中的其他所有端口。尽管每一个站点都是用它自己的专用双绞线连接到集线器的，但基于集线器的网络仍然是一个共享介质的局域网。目前有独立型、模块化和堆叠式三种配置形式的集线器。

7）网络服务器

网络服务器（Server）是网络的核心设备，网络操作系统就安装在服务器上，负责对计算机硬件与软件的直接控制和管理协调，存储和管理网络中的共享资源，为各用户应用程序提供服务，对网络活动进行监督及控制等重要工作。

网络服务器按应用层次划分（即整个服务器的综合性能）可分为：入门级服务器、工作组级服务器、部门级服务器、企业级服务器。随着PC技术的日益提高，许多入门级服务器与PC机的配置差不多，PC机也能承担入门级服务器的功能。工作组服务器较入门级服务器性能有所提高，功能有所增强，有一定的可扩展性，但容错和冗余性能仍不完善，不能满足大型数据库系统的应用。部门级服务器属于中档服务器，一般都是支持双CPU以上的对称处理器结构，具备比较完全的硬件配置，如磁盘阵列、存储托架等。企业级服务器属于高档服务器，适合运行在需要处理大量数据、高处理速度和对可靠性要求极高的金融、证券、交通、邮电、通信等行业的大型企业。

网络服务器按其用途可分为专用型服务器和通用型服务器两种。专用网络服务器是专门为网络而设计的服务器，它不能作为普通的计算机使用，而且升级困难。通用型网络服务器是指将通用计算机作为服务器使用，安装上不同的网络操作系统即成为不同类型的服务器。通用型网络服务器又分为并发和非并发两种。并发服务器是指通用微机在作为服务器的同时又作为网络工作站使用。一个网络服务器是否是并发的，主要是根据其所用的网络操作系统来判断。例如，微软的Windows Server网络操作系统在运行时，前台是Windows环境，后台为网络环境。目前大多数网络仍采用非并发通用型服务器。

8）服务器群集技术

服务器群集技术（Cluster）是后兴起的发展高性能计算机的一项技术，它实际上是一组相互独立的计算机，借助网络互联组成一个计算机系统，并以单一系统的模式加以管理，为各个客户工作站提供可用性的服务。在大多数模式下，群集中所有的计算机都拥有一个共同的名称，群集内的任何一台计算机提供的服务都可以为所有的网络客户所使用。服务器群集技术提供了一种建立从中小规模到大规模并行处理系统的可扩展的方法，它是解决许多重大网络计算问题的可行途径之一。

3.3.2 网络的软件系统

网络硬件设备是构成互联网的基本组成单元，由于网络上计算机的硬件特性不同、数据表示格式及其他方面要求不同，在相互通信时，为了能够正确进行并彼此理解通信内容，相互之间还应有许多协议或规程。网络操作系统为所有运行在互联网上的应用提供支持和网络通信服务，而一些通信协议和规程则为网络的商业化应用提供了十分有效的手段。

1）网络操作系统

网络操作系统（Network Operation System）是使网络上各节点能方便而有效地共享网络资源，为网络用户提供所需的各种服务的软件和有关协议规程的集合。它具有提供高效、可靠的网络通信能力以及多种网络服务器的功能，如远程登录服务功能、文件传输服务功能、电子邮件服务功能、远程打印服务功能、网络新闻与BBS服务功能等。选用操作系统时应考虑到能满足网络系统的功能、性能要求，做到易维护、易扩充和高度可靠，并具备容错功能，具有广泛的第三方厂商的产品支持，安全且费用低。目前市场上主要的网络操作系统有 Unix、Windows Server 和 Linux 等。

（1）Unix 操作系统。Unix 操作系统是 1969 年由丹尼斯·里奇（Dennis Ritch）和肯·汤普逊（Ken Thompson）在贝尔实验室采用汇编语言开发的。Unix 操作系统最先运行在一台 DECPDP-7 计算机上，并只在实验室内部使用，后来逐步得到了完善，并从版本 1 发展到了版本 6。1970 年，人们在将 Unix 操作系统移植到 PDP-11/20 小型计算机上时，花费了大量的时间和精力。后来，Unix 系统的开发人员采用 C 语言对 Unix 的源代码进行了改写，使得 Unix 具有了非常好的可移植性。在发展到版本 6 之后，美国电话电报公司（AT&T）在继续发展内部使用的 Unix 版本 7 的同时，改用 System 加罗马字母作版本号来称呼它。System Ⅲ 和 System Ⅴ 都是相当重要的 Unix 版本。此外，其他厂商以及科研机构都纷纷改进 Unix，其中以加利福尼亚州大学伯克利分校的 BSD 版本最为著名。之后，BSD 还派生出多种商业 Unix 版本，如 Solaris、HP-UX、IRIX、AIX、SCO 等。Unix 是一个通用的、多用户的、分时的网络操作系统，能提供所有的互联网服务，在 Internet/Intranet 高端领域有着广泛的应用。

（2）Windows Server 操作系统。微软的网络操作系统主要有：Windows NT 4.0 Server、Windows 2000 Server/Advance Server、Windows 2003 Server/Advance Server、Windows Server 2008、Windows Server 2008 R2、Windows Server 2012、Windows Server 2016、Windows Server 2019、Windows Server 2022 等。微软服务器系统是基于 NT 架构的网络操作系统，主要具有以下特点：深受欢迎的图形用户界面（Graphic User Interface，GUI）技术，为企业管理提供了更多的方便；支持多种硬件平台、多种操作系统运行环境和多种网络协议；联网性能好，确保用户保持连接状态；为用户提供了高级的、安全可靠的网络环境。2024 年 9 月 28 日，微软正式发布了 Windows Server 2025 的预览版，这标志着其在服务器管理及系统性能提升上的又一重大进展。此版本以 Build 26296 命名，带来了许多令人期待的新特性，特别是在 Windows Admin Center（WAC）的便捷安装以及系统更新机制的优化方面，这些变化将极大提升用户的管理效率和整体体验。

（3）Linux 操作系统。Linux 操作系统最早是由芬兰赫尔辛基大学计算机系学生林纳斯·托瓦兹（Linus Torvalds）创建的，是一种基于 PC 机、类似于 Unix 的操作系统。1991 年底，Linus Torvalds 首次在互联网上发布了基于 Inter1386 体系结构的 Linux 源代码，它支持 GNU 通用公共许可证，并且可以运行在 X86PC、SUNSPARC、ALPHA、680XO、MIPS 等平台上，是目前运行硬件平台较多的操作系统之一。

Linux 的意义不仅在于增加了一种新的操作系统，更重要的是它创建了自己软件的新天地，全世界的 Linux 的设计者和爱好者共同支撑着它的发展。由于 Linux 的内核源代码完全公开，系统源代码免费发放，所以 Linux 操作系统得到了飞速发展，功能不断完善，性能不断提高，基于 Linux 的商业软件也不断推出，并且一些软件公司如 RedHat、Info、

IMagic 等也相继推出了以 Linux 为核心的操作系统版本，有力地推动了 Linux 的商品化进程。

此外，Novell 公司不断推出的网络操作系统 Netware 也是一个主要的网络操作系统，该操作系统内置了一种跨平台、跨区域的目录服务（Novell Directory Service，NDS）项目，可为 DOS、Windows、Macintosh、OS/2 以及 Unix 工作站提供客户端软件，因此被广泛用于各种类型的企业网络系统。

2）WWW 技术

WWW 即 World Wide Web，也称为万维网，常被简称为 Web。它是由位于瑞士日内瓦的欧洲核子物理实验室的科学家们于 1990 年发明的，并于 1993 年投入商业运行，是一种在互联网上运行的全球性的分布式信息系统，也是电子商务系统的主要实现技术。WWW 技术是互联网的技术基础，互联网的软件结构与 WWW 技术结构模式密切相关。WWW 技术主要包括以下几个方面：

（1）超文本链接（Hyperlink）。Hyperlink 也称为超文本标记语言，指页面内可以包含图片、链接，甚至音乐、程序等非文字元素。所谓的超文本链接，是指信息组织形式不是简单地按顺序排列，而是由指针连接的网状交叉索引方式，对不同来源的信息加以连接，可连接的信息有文本、图像、动画、声音和影像等。

（2）浏览器（Browser）。Browser 是基于图形用户界面技术开发的一种最主要的互联网操作软件，如 Microsoft Internet Explorer、Google Chrome 等。它采用 HTTP 通信协议与 WWW 服务器相连接，通过它可以实现互联网上的绝大部分功能，如信息浏览、文件下载、邮件收发等。浏览器位于客户端，因此浏览器/服务器的结构也被称作三层结构或"瘦"客户机/服务器结构。

（3）统一资源定位符（Uniform Resource Location，URL）。统一资源定位符提供一种 WWW 页面地址的寻找方式，它将互联网提供的各种服务统一编址，是计算机系统文件名概念在网络环境下的扩充。它通过一种统一的命令格式向互联网上的不同类型的服务器发出服务请求，获取相应的服务响应。命令格式表示为："通信协议：//服务器主机名或 IP 地址"。假定有一台服务器主机域名为"www.xyz.com"，能提供主页访问、文件下载等服务，我们就可以在浏览器的地址处输入"http：//www.xyz.com"访问主页，在浏览器或字符命令窗口输入"ftp：//www.xyz.com"进行文件的上传或下载。

（4）超文本传输协议（Hyper Text Transfer Protocol，HTTP）。HTTP 是 WWW 技术的核心，是 Web 用户用于检索文档的一组规则。它通过一种超级链接的方式，将物理上分布在不同服务器上的网页连接成一个有机的整体，网页的内容可以包含文本、声音、图像、动画等数据，在网页中的相应位置，可建立超级链接指向其他网页，被指向网页可以是其他服务器上的，当通过鼠标左键点击超级链接时，被指向的网页内容即被显示。与其他的互联网协议一样，HTTP 采用 C/S 结构，即客户的 WWW 浏览器打开一个 HTTP 会话并向远程服务器发出 WWW 页面请求。作为回答，服务器产生一个包含 WWW 页面内容的 HTTP 应答信息，并将它送回到客户机的 WWW 浏览器。

（5）通用网关接口（Common Gateway Protocol，CGI）。CGI 为 Web 服务器定义了一种与外部应用程序交互、共享信息的标准，如对数据库访问的程序等。其工作方式是：用户请求激活一个 CGI 程序；CGI 程序将交互主页中用户输入的信息提取出来传给外部应用程序（如数据库查询程序），并启动外部应用程序；外部程序的处理结果通过 CGI 传给 Web 服务器，并以 HTML 形式传给用户，CGI 进程结束。CGI 的工作过程如图3-9所示。

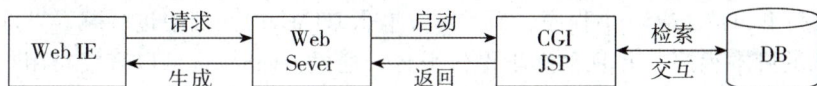

图3-9 通用网关接口工作过程

3）网站设计语言与技术

（1）超文本标识语言（Hypertext Markup Language，HTML）。

HTML 是一种用于设计网页的语言。网页是一种后缀为 .Htm 或 .Html 的文件，它的内容可以包含文本、声音、图像、动画和指向其他网页的超级链接等。HTML 语言并不复杂，有一定的语法格式和十几个语句，并且是典型的标记语言，不受平台的限制，所以很适合在互联网各种平台之间传送消息。早期的网页主要通过使用 HTML 语言编程实现，现在的网页可以通过种类繁多的可视化工具，如 Frontpage、Flash、Dreamweaver 等来设计。

（2）可扩展的标记语言（Extensible Markup Language，XML）。

在国内，很多人将 XML 理解为 HTML 的简单扩展，这实际上是一种误解，尽管 XML 与 HTML 的关系非常密切。SGML、HTML 是 XML 的先驱。SGML 是指"通用的标记语言标准"（Standard Generalized Markup Language），它是国际上定义电子文件结构和内容描述的标准，是一种非常复杂的文档的结构。同 XML 相比，SGML 定义的功能很强大，缺点是它不适应于 Web 数据描述，而且 SGML 软件价格非常昂贵；HTML 的优点是比较适合 Web 页面的开发，但它有一个缺点是标记相对少，只有固定的标记集，它只认识已经定义的标记符，对于用户自己定义的标记是不认识的，也不能支持特定领域的标记语言。

XML 结合了 SGML 和 HTML 的优点：XML 比 SGML 要简单，但能实现 SGML 的大部分功能。XML 是一种元标记语言，开发者可以根据自己的需要定义自己的标记，任何满足 XML 命名规则的名称都可以标记，这就为不同的应用程序打开了大门。另外，XML 文档是有明确语义并且结构化的，是一种既简单又通用的数据格式，是百分之百的 ASCⅡ 文本，而 ASCⅡ 的抗破坏能力是很强的。XML 最大的特点是以一种开放的自我描述方式定义数据结构，并在描述数据内容的同时能突出对结构的描述，从而体现出数据之间的关系，这种特点使得 XML 在电子商务的应用上具有广泛的前景，并在一定程度上推动了分布式商务处理的发展。

（3）Java 与 JavaScript。

Java 语言是由 Sun Microsystems 公司于 1995 年推出的程序设计语言。它综合了 Smalltalk 语言和 C++语言的优点，并增加了其他功能，如支持并发程序设计、网络通信和多媒体数据控制等。Java 与平台无关，可用来创建安全的、可移植的、面向对象的交互式程序。

JavaScript 由 Netscape 公司首创，是一种嵌入式脚本文件，直接插入网页，由浏览器一边解释一边执行。JavaScript 是一种基于 Java 基本语句和控制流之上的简单而紧凑的设计，不仅支持 Java 的 Applet 小程序，而且可以嵌入 HTML 的文档中进行编程。JavaScript 是一种客户端的脚本程序，并且独立于操作平台，通过 JavaScript 可以直接对用户或客户输入做出响应，无须经过 Web 服务程序。JavaScript 和 Java 类似，但并不一样，它无须编译，是一种比 Java 简单得多的描述性语言。

（4）ASP.NET。

ASP 是 Active Server Page（动态服务器主页）的缩写，它是一个服务器端的脚本环境，在站点的 Web 服务器上解释脚本，可以产生并执行动态、交互式、高效的站点服务器应用程序。ASP 可以胜任基于 Microsoft Web 服务器的各种动态数据发布。

目前 Web 的服务仍然是以提供"静态"主页内容为主，而 ASP 则是以动态网页的开发为主要内容。ASP 所设计出的动态主页可接收用户提交的信息并做出反应，其数据可随实际情况而改变，无须人工对网页进行更新即可满足应用需要。例如，当在浏览器上填好表单并提交 HTTP 请求时，可以要求在站点服务器上执行一个表单所设定的应用程序，而不只是一个简单的 HTML 文件，该应用程序分析表单的输入数据，根据数据内容将相应的执行结果以 HTML 的格式传给浏览器。数据库的数据可随时变化，而服务器上执行的应用程序却不必更改。

ASP.NET 不仅是 ASP 的简单升级，还是微软公司推出的新一代脚本语言。ASP.NET 基于 .NET Framework 的 Web 开发平台，不但吸收了 ASP 以前版本的最大优点，并参照 Java、VB 语言的开发优势加入了许多新的特色，它是一个已编译的基于 .NET 的开发环境，可以用任何与 .NET 兼容的语言开发应用程序。ASP.NET 应用程序（Application）的对象、会话（Session）对象和视图状态（ViewState）对象是 ASP.NET 应用程序中管理状态的关键对象。Application 对象为存储所有运行在应用程序中的代码都可以访问的数据提供了一种机制；Session 对象允许为每一个客户的会话存储数据。这些 Application 对象和 Session 对象都内置在 ASP.NET 对象模型中，而 ViewState 对象只在提交服务器之前保存页面的临时数据。

（5）PHP 技术。

PHP（Hypertext Preprocessor）即超文本预处理器是一种嵌入 HTML 页面中的脚本语言。PHP 是完全免费的开源产品，它大量地借用 C 语言和 Perl 语言的语法，结合 PHP 特性，使 Web 开发者能够快速地产生动态页面。PHP 和 MySQL 搭配使用，可以非常快速地搭建一套不错的动态网站系统，因此国内外大多数主机系统都配有免费的 Apache+PHP+MySQL。PHP 开发的成功案例有著名的维基百科程序、Word Press Blog 系统等。PHP 语法简单，易学易用，利于快速开发各种功能不同的定制网站。PHP 的源代码完全公开，不断地有新的函数库加入，以及不停地更新，使得 PHP 无论在 UNIX 或是 Win32 的平台上都可以有更多新的功能。它提供丰富的函数，使程序设计方面有更好的资源。PHP 最强大、最显著的特性之一是它支持数据库，因此使用 PHP 可以自由地选择操作系统和 Web 服务器。

（6）JSP 技术。

JSP（Java Server Pages）是 1999 年 6 月由 Sun Microsystems 推出的一种新技术，它为创建显示动态生成内容的 Web 页面提供了一个简捷而快速的方法。JSP 技术的设计目的是使得构造基于 Web 的应用程序更加容易和快捷，而这些应用程序能够与各种 Web 服务器、应用服务器、浏览器和开发工具共同工作。它给予使用基于组件应用逻辑的页面设计者以强大的功能：能够在任何 Web 或应用程序服务器上运行；将应用程序逻辑和页面显示分离；能够快速地开发与测试；简化开发基于 Web 的交互式应用程序的过程。JSP 技术用 Java 语言作脚本，在传统的网页 HTML 文件中加入 Java 程序片段和 JSP 标记，服务器在遇到访问 JSP 网页的请求时，首先执行其中的程序片段，然后将执行结果以 HTML 格式返回给客户。程序片段可以操作数据库、重新定向网页以及发送 E-mail 等，这就是建立动态网站所需要的功能。

延伸阅读 3-3

电子商务下管理信息系统的多层结构

素养园地

网络技术助力中国电商腾飞

故事：在中国北方的一个城市，李华（化名）经营着一家传统的服装制造企业。随着电子商务的兴起，李华意识到必须利用现代网络技术来拓展业务。他决定投资建设企业内部网（Intranet），以提高管理效率和响应速度。通过引入先进的网络技术，李华的企业不仅实现了内部信息的快速流通，还与供应商和客户建立了紧密联系。利用 Extranet 技术，他与供应链上的合作伙伴实现了数据共享和业务协同，大大提升了供应链的效率。同时，通过建立基于 Web 的企业间电子商务平台，李华的企业能够直接与消费者进行交易，减少了中间环节，降低了成本。在国家"互联网+"行动计划的推动下，李华还积极参与电子商务的创新实践，通过大数据分析消费者需求，推出了个性化定制服务，赢得了市场的认可。他的企业不仅在国内市场取得了成功，还通过网络平台将产品出口到海外，实现了国际化发展。

总结与反思：李华的故事展示了网络技术在推动企业发展和促进地方经济中的重要作用。通过合理利用网络技术，企业能够提高运营效率，拓展市场，增强竞争力。同时，这也体现了中国在网络技术领域的快速发展和创新能力。在网络技术日新月异的今天，企业如何利用这些技术实现转型升级？作为网络技术的从业者或学习者，我们应如何将所学知识应用于实际，推动社会经济的发展？这些都是值得我们深思的问题。同时，我们也应认识到，在网络技术的应用中，遵守法律法规、坚持诚信经营是企业长远发展的重要保障。

复习思考题

1）简述计算机网络的定义与分类以及网络技术在电子商务中的作用。
2）提出 OSI 参考模型的意义是什么？
3）比较 OSI 参考模型的层次与 TCP/IP 的协议。
4）简述 Internet、Intranet、Extranet 三者之间的区别与联系。
5）试述当前网络操作系统的种类与特点。
6）网络互联的必备设备主要有哪些？它们各自的主要功能是什么？
7）电子商务多层结构的含义是什么？

即测即评

第 3 章即测即评

第4章
电子商务的安全问题

学习目标

知识目标

- 理解电子商务中存在的安全隐患和威胁类型。
- 掌握防火墙的基本概念、种类、用途及在网络安全中的作用。
- 学习不同加密方法的原理及在电子商务中的应用。
- 了解认证技术如数字签名、数字信封、数字时间戳和数字证书的工作原理和重要性。
- 认识SSL和SET协议的工作原理及在安全电子交易中的应用。

能力目标

- 能够分析电子商务活动中的安全风险，并提出相应的防护措施。
- 学会配置和使用防火墙来增强网络安全性。
- 能够运用加密技术保护电子商务中的敏感信息。
- 掌握使用数字证书和认证技术确保交易的安全性和真实性。
- 理解并能够解释安全交易协议在电子商务中的重要性。

价值塑造目标

- 强化网络安全意识，认识到维护网络空间安全的重要性。
- 培养依法上网、安全用网的习惯，促进网络环境的清朗。
- 理解网络强国战略，认识到网络安全对国家安全和社会稳定的重要性。
- 学习网络伦理，培养负责任的网络行为，尊重和保护个人隐私。
- 树立正确的价值观，认识到网络技术应用于电子商务应服务于社会和人民的福祉。

随着电子商务的发展，其安全问题也变得越来越突出。

电子商务是一种有别于传统形式的商务活动方式，交易双方是在虚拟空间互不相见地实施交易，这自然会使人缺乏安全感。同时，媒体对计算机"黑客"的报道常常存在过分渲染的成分，加上实务中确实也有些风险案例，不免使人们对电子商务的安全性充满疑虑。如何建立一个安全、便捷的电子商务应用环境，对交易信息提供足够的保护，是商家和用户都十分关心的问题。本章将就电子商务的安全控制要求、网络安全的防火墙技术、电子商务的信息加密技术、认证技术和安全交易协议等展开讨论。

4.1　电子商务的安全控制要求概述

电子商务发展的核心和关键问题是交易的安全性。为了保护网上交易过程中交易双方的合法权益，人们针对电子商务系统所面临的主要威胁，对其安全性提出了具体的要求。

4.1.1　网络安全问题

一般认为，计算机网络系统的安全威胁主要来自黑客攻击、计算机病毒和拒绝服务攻击三个方面。

1）黑客攻击

黑客可分为两类。一类黑客是骇客。他们只想引人注目，证明自己的能力，在进入网络系统后，不会去破坏系统，或者仅会搞些无伤大雅的恶作剧。他们追求的是从侵入行为本身获得巨大的成功的满足感。另一类黑客是窃客。他们的行为带有强烈的目的性。早期的黑客主要是窃取国家情报、科研情报，而现在的黑客大部分瞄准了银行的资金和电子商务的整个交易过程。我们这里所强调的主要是后一种。

黑客攻击是指黑客非法进入网络，非法使用网络资源。例如，通过网络监听获取网上用户的账号和密码；非法获取网上传输的数据；通过隐蔽通道进行非法活动；突破防火墙等。黑客的行为不断地走向系统化和组织化，如政府机构和情报机构召集黑客组成网络战士对其他的国家或政党进行幕后攻击，企业、集团、金融界则高薪聘请黑客进行商业间谍幕后战，所以从事网络交易的计算机用户非常有必要了解有关黑客入侵的常用手段，以预防黑客的侵袭。

（1）口令攻击。口令攻击是网络攻击最常用的方法，也是大多数黑客开始网络攻击的第一步。黑客首先通过进入系统的常规服务或对网络通信进行监视，使用扫描工具获取目标主机的有用信息。这些信息包括目标主机操作系统的类型和版本、主机域名、邮件地址、开放的端口、启动的保护手段等。然后，反复试验和推测用户及其亲属的名字、生日、电话号码或其他易记的线索等，获取进入计算机网络系统的口令，以求侵入系统，从事袭击活动。也有的黑客利用一些驻留内存的程序暗中捕获用户的口令。这类程序类似于"特洛伊木马"（Trojan Horse）的病毒程序，它通常让用户填写调查表格，并答应给予奖励，而实际目的是暗中捕获用户的口令。当这些方法不能奏效时，黑客们便借助各种软件工具，利用破解程序分析这些信息，进行口令破解，进而实施攻击。

（2）服务攻击。黑客所采用的服务攻击手段主要有四种：

① 使目标主机建立大量的连接。因为目标主机要为每次的网络连接提供网络资源，所以当连接速率足够高、连接数量足够多时就会使目标主机的网络资源耗尽，从而导致主机瘫痪、重新启动、死机或黑（蓝）屏。

② 向远程主机发送大量的数据包。因为目标主机要为每次到来的数据分配缓冲区，所以当数据量足够大时会使目标主机的网络资源耗尽，导致主机死机或黑（蓝）屏。

③ 利用即时消息功能，以极快的速度用无数的消息"轰炸"某个特定用户，使目标主机缓冲区溢出，黑客伺机提升权限，获取信息或执行任意程序。

④ 利用网络软件在实现协议时的漏洞，向目标主机发送特定格式的数据包，从而导致目标主机瘫痪。

（3）IP 欺骗。IP 欺骗是适用于 TCP/IP 环境的一种复杂的技术攻击，它伪造他人的源地址，让一台计算机来扮演另一台计算机，借以达到蒙混过关的目的。IP 欺骗主要包括简单的地址伪造和序列号猜测两种。

简单的地址伪造是指黑客将自己的数据包的源地址改为其他主机的地址，然后发向目标主机，使目标主机无法正确找到数据包的来源。序列号猜测的攻击方法是，黑客首先在网上监测目标主机与其他主机的通信，分析目标主机发出的 TCP 数据包，对目标主机发出的 TCP 数据包的序列号进行猜测。如果序列号是按照一定的规律产生的，那么黑客就可以通过伪造 TCP 序列号、修改数据包的源地址等方法，使数据包伪装成来自被信任或正在通信的计算机，而被目标主机接收。在黑客实施 IP 欺骗的过程中，最可悲的是目标主机全然没有感觉，由攻击者模仿的 TCP 数据包到达了目标地址，而由目标主机发出的 TCP 数据包却永远到达不了对方的主机。

（4）中间人攻击。中间人攻击（Man-in-the-Middle Attack，简称"MITM 攻击"）很早就成为黑客常用的攻击手段，直到如今仍具有极大的拓展空间。中间人攻击的原理是，主机 A 和主机 B 通信，由主机 C 来为它们"转发"，A、B 之间并没有真正意义上的直接通信，即 A、B 之间的信息传递由 C 中介完成，而 A、B 却意识不到，以为它们之间是在直接通信。这样，攻击主机 C 使其在中间成为一个转发器，C 不仅可以窃听 A、B 的通信，还可以对信息加以篡改后再传给对方，甚至可以传递恶意信息以达到自己的目的。在网络安全方面，MITM 攻击被广泛使用，曾经猖獗一时的 SMB 会话劫持、DNS 欺骗等技术都是典型的 MITM 攻击手段。在黑客技术越来越多地被用于获取经济利益的情况下，MITM 攻击已成为对网银、网上交易等最有威胁并且最具破坏性的一种攻击方式。

2）计算机病毒

计算机病毒是指编制或者在计算机程序中插入的破坏计算机功能或者毁坏数据、影响计算机使用，并能自我复制的一组计算机指令或者程序代码。

计算机病毒是通过非法侵入来扩散的，计算机病毒程序把自己附着在其他程序上，等这些程序运行时，病毒就进入到系统中，进而大面积扩散。一台计算机感染上病毒后，轻则系统运行效率下降，部分文件丢失，重则系统死机、计算机硬件被烧毁。当前，计算机活性病毒达数千种。传统的计算机病毒依靠软盘、优盘等传播，而在网络条件下，计算机病毒大部分通过交换机、网络、网页或电子邮件传播，侵入网络的计算机病毒破坏网络资源，使网络不能正常工作，甚至造成网络拥堵、瘫痪。

3）拒绝服务攻击

拒绝服务攻击即攻击者想办法让目标机器停止提供服务，这是黑客常用的攻击手段之一。其实，对网络带宽进行的消耗性攻击只是拒绝服务攻击的一小部分，只要能够给目标造成麻烦，使某些服务被暂停甚至主机死机，都属于拒绝服务攻击。拒绝服务攻击问题一直得不到合理的解决，究其原因是网络协议本身存在安全缺陷，从而使得拒绝服务攻击成了攻击者的终极手法。攻击者进行拒绝服务攻击，实际上导致了服务器的两种情形：一是迫使服务器的缓冲区满载，不接收新的请求；二是使用IP欺骗，迫使服务器把合法用户的连接复位，影响合法用户的连接。

用数百条消息填塞某人的E-mail信箱也是一种在线袭扰的方法。典型的如"电子邮件炸弹"（E-mail Bomb），用户受到它的攻击后，就会在很短的时间内收到大量无用的电子邮件，导致用户系统的正常业务不能开展，系统功能丧失，严重时会使系统关闭，甚至使整个网络瘫痪。

还有一种方法是邮件直接夹带或在附件中夹带破坏性执行程序，用户不小心点击了这类邮件或附件，就会自动启动有害程序，带来不可预测的严重后果。

4.1.2 电子商务的安全问题

由于互联网本身的开放性，计算机技术、网络技术以及其他高科技的发展，使得社会生活中传统的犯罪和不道德行为更加隐蔽和难以控制，网上交易面临了种种危险。人们从面对面的交易和作业变成网上相互不见面的操作，没有国界、没有时间限制，可以利用互联网的资源和工具进行访问、攻击，甚至破坏。概括起来，电子商务面临的安全威胁主要有以下四个方面：

1）截获传输的信息

攻击者可能通过互联网、公共电话网、搭线或在电磁波辐射范围内安装截收装置等方式，截获传输的机密信息或通过对信息流量和流向、通信频度和长度等参数的分析，推断出有用信息，如消费者的银行账号、密码等。

2）篡改传输的文件

攻击者可能从三个方面破坏信息的完整性：

（1）篡改。改变信息流的次序，更改信息的内容，如购买商品的出货地址等。

（2）删除。删除某个消息或消息的某些部分。

（3）插入。在消息中插入一些信息，让接收方读不懂或接收错误的信息。

3）假冒他人身份

（1）冒充主机欺骗合法主机及合法用户。

（2）冒充网络控制程序，套取或修改使用权限、通行字、密钥等信息。

（3）接管合法用户，欺骗系统，占用合法用户的资源。

4）不承认或抵赖已经做过的交易

（1）发信者事后否认曾经发送过某条消息或内容。

（2）收信者事后否认曾经收到过某条消息或内容。

（3）购买者确认了订货单而不承认。

（4）商家卖出商品因价格差而不承认原有的交易。

4.1.3　电子商务对安全控制的要求

由于在网上交易的人们不可能都互相认识，为了确保交易的顺利进行，必须在互联通信网络中建立并维持一种令人信任的环境和机制。在设计和实施安全方法时，对用户应该是公开透明的。针对计算机网络安全存在的问题和从事电子商务活动所面临的威胁，为了保障交易各方的合法权益，保证能够在安全的前提下开展电子商务，对电子商务的安全控制问题提出了以下几点基本要求：

1）内部网的严密性

企业的内部网上一方面有着大量需要保密的信息，另一方面传递着企业内部的大量指令，控制着企业的业务流程。企业内部网一旦被恶意侵入，可能给企业带来极大的混乱与损失。比如，计算机黑客一旦非法闯入银行的内部网络，就可以修改存款数据，划拨资金。再比如，对一些自动化程度高的企业而言，内部网一旦被恶意侵入，企业的经营活动就会陷入瘫痪；企业的财务、技术与人事资料被销毁或被篡改；不能订购原料或订购大量无用的原料；不按规定的程序生产，生产出大量废品；产品被胡乱送到不需要的地方，资金被划走等。因此，保证内部网不被侵入或把侵入后的损失限制在一定范围内，是开展电子商务时应着重考虑的一个问题。

2）完整性

电子商务简化了交易过程，减少了人为的干预，大量的交易活动通过网上的信息交流来完成，但也带来了需要保证网上交易双方商业信息的完整性、统一性的问题。

（1）信息的完整性。联合国国际贸易法委员会（在《电子商业示范法》中）指出：信息首次以其最终形式生成，作为一项数据电文或充当其他用途时，该信息保持了完整性。

由此可见，在输入数据时的意外差错或欺诈行为、信息在传输过程中丢失、信息传送的次序差异等都会导致贸易各方信息的错位，影响信息的完整性。信息的完整性将影响到商务活动的经营策略及其成功，保持网上交易各方信息的完整性是电子商务应用的基础。因此，要预防对信息的随意生成、修改和删除，同时要防止数据传送过程中信息的丢失和重复，并保证信息传送次序的统一。

（2）数据和交易的完整性。数据的完整性是指确保传输中的或存储中的数据未遭受未经授权的篡改和破坏；交易的完整性是指电子交易完成了交易的全部逻辑，实现了交易的全部功能，不存在单边账现象，同时交易各阶段中的数据是完整的。交易数据的完整性是交易完整性的保障，如果不能保持交易中数据的完整性，不完整的记录和信息将使交易的一方或者双方遭受财务上的损失，并使其承担实质上的法律和信誉风险。

3）保密性

电子商务作为贸易的一种手段，其信息直接代表着个人、企业或国家的商业机密，均有保密的要求。敏感信息不能披露给第三方，一旦被人恶意获取，将造成极大的危害。比如，信用卡的号码与用户名被人知悉，就有可能被盗用；订货与付款的信息被竞争对手获取，就有可能丧失商机。传统的纸面贸易都是通过邮寄封装的信件或通过可靠的通信渠道发送商业报文来达到保守机密的目的的。电子商务是建立在一个较为开放的网络环境上的（尤其互联网是更为开放的网络），如果没有专门的软件对数据进行控制，所有的互联网通信都将不受限制地进行传输，任何一个对通信进行监测的人都可以截取数据。黑客们只需使用简单的匹配算法就可以将口令字和信用卡号与其他部分区别开来。只有网上交易信息的保密性达到一定程度才能保证信息如信用卡的账号和用户名等不泄露给未授权的他人，防止信息被盗用和恶意破坏，并开展真正意义上的电子商务。因此，电子商务中的信息传播、存储、使用均有保密的要求。特别是对敏感文件、信息要进行加密，即使这些信息被截获，截获者也无法了解到信息内容。

信息发送和接收要求在安全的通道内进行，以保证通信双方的信息安全；交易的参与方在信息交换过程中不能有被窃听的危险；非参与方不能获取交易的信息。

4）不可修改性

交易的文件是不可被修改的。比如，卖方收到订单后，发现价格大幅度上升，如果把订货的数量由一万件改为一件，则可大获其利，而买方的利益则会相应受损。在传统的纸面贸易中，双方通过签订一式双份的协议、双方各执一份来防止协议被修改，但在无纸化的电子商务方式下，这显然不现实，因此必须有相应的技术来防止电子交易文件被修改，以保证交易严肃与公正。

5）交易者身份的确定性

只有信息流、资金流、物流的有效转换，才能保证电子商务的顺利实现，而这一切均以信息的真实性为基础。信息的真实性一方面是指网上交易双方提供信息内容的真实性，另一方面是指网上交易双方身份信息的真实性。网上交易的双方很可能素昧平生、相隔千里，要使交易成功，首先要确认交易者的身份。对商家来说要考虑客户是不是骗子，发货后会不会收不回货款；客户也会考虑商家是不是黑店，付款后会不会收不到货，或者收到货后质量是否能有保证，质量不好是否能够投诉商家。因此，能方便而可靠地确认对方身份是电子商务交易的前提。双方应该在交换信息之前通过各种方法获取对方的证书，并以此识别交易对方的身份不能被假冒或伪装，以有效鉴别确定交易方的身份。

6）交易的无争议性和不可抵赖性

数据发送者对自己所发送数据的内容和事实不可否认，数据接收者在确实接收到数据后，对已经接收到数据的事实也不可否认，只有这样，电子交易及交易过程产生的电子凭证才具有无争议性。

由于商情时刻在变化，交易一旦达成就是不可否认的，否则必然会损害一方的利益。比如，订货时商品价格较低，收到订单后商品价格已经上涨，如果卖方否认收到订单的实际时间，甚至否认收到订单的事实，必然会给买方造成损失。在传统的纸面贸易中，贸易双方通过在交易合同、契约或贸易单据等书面文件上手写签名或加盖印章来鉴别贸易伙伴，确定合同、契约、单据的可靠性并预防抵赖行为的发生，这也就是人们常说的"白纸黑字"。在无纸化的电子商务方式下，通过手写签名和印章进行贸易方的鉴别与交易的确认已是不可能的。因此，要在交易信息的传输过程中为参与交易的个人、企业或国家的身份与行为提供可靠的标识。信息的发送方不能抵赖曾经发送的信息，不能否认自己的行为。现今在网络交易的许多条例中均明确指出，在合约成立方面，除非合约各方另有协议，否则要约及承约可全部或部分以电子记录和电子合约等方式来表达。网上交易一旦达成，便形成交易信息文件，参与交易的各方不可擅自否认和修改交易信息文件，不得因为是电子记录而否定合约的有效性及可强制执行性。

7）有效性

电子商务以电子形式取代了纸张，那么保证这种电子形式的贸易信息的有效性则是开展电子商务的前提。电子商务作为贸易的一种形式，其信息的有效性将直接关系到个人、企业或国家的经济利益和声誉。因此，要对网络故障、操作错误、应用程序错误、硬件故障、系统软件错误及计算机病毒所产生的潜在威胁加以控制和预防，以保证贸易数据在确定的时刻、确定的地点是有效的。

8）授权合法性

安全管理人员能够控制用户的权限，分配或终止用户的访问、操作、接入等权利，被授权用户的访问不能被拒绝。在电子商务过程中要求保证信息确实为授权使用的交易各方使用，使他们有选择地得到相关信息与服务，防止由于电子商务交易系统的技术或其他人为因素造成电子商务交易系统对授权者拒绝提供信息与服务，反而为未授权者提供信息与服务。

电子商务活动顺利进行的关键是交易的安全性，这是电子商务交易的基础，也是技术手段上的难题。从系统角度看，电子商务是一个庞大的社会经济技术系统，其安全保障是一个复杂的系统工程，电子商务安全环境涉及技术措施、管理体系、法律法规等多方面因素。按照安全控制问题的基本要求及采取的技术措施，电子商务安全措施可分为三个方面：交易双方的网络安全、信息数据的传输安全、电子商务交易的支付安全。本章在交易双方的网络安全方面，主要从内部网的严密性的角度介绍防火墙技术；在信息数据的传输安全方面，主要从保密性、完整性、不可修改性及确定性的角度介绍加密技术和电子商务的认证技术；在支付安全方面，主要从不可抵赖性、有效性、授权合法性的角度介绍 SSL 和 SET 安全技术协议。

4.2 防火墙技术

随着网络规模越来越大，互联网的安全问题也显得越来越重要。网络的安全性主要是指网络信息的安全性和网络路由的安全性。网络信息的安全性问题将在本章的稍后部分介绍。网络路由的安全性包括两个方面：一是限制外部网对本地网的访问，从而保护本地网中的特定资源免受非法侵犯；二是限制本地网对外部网的访问，主要是针对一些不健康信息及敏感信息的访问。网络路由的安全性通常可由防火墙来保证。

4.2.1 防火墙概述

防火墙是一项协助确保信息安全的设备，会依照特定的规则，允许或是限制传输的数据通过。"防火墙"是一种形象的说法，其实它是一种由计算机硬件和软件组成的一个或一组系统，用于增强内部网络和互联网之间的访问限制。防火墙形成设置在被保护网络和外部网络之间的一道屏障，使互联网与内部网之间建立起一个安全网关，从而防止发生不可预测的、潜在的破坏性的侵入。它可通过监测、限制、更改跨越防火墙的数据流，尽可能地对外部屏蔽网络内部的信息、结构和运行状况，以此来实现网络的安全保护。

1）设置防火墙的意义

互联网是一个开放的世界，它在拥有丰富信息量的同时也存在许多不安全因素。自内部网联上互联网，使自己的用户能够访问互联网时起，非内部网用户也就能够通过互联网访问内部网，借此实现一些非法操作，如盗取重要资料、破坏文件等。这对于没有受到任何保护的内部网用户来说无疑是一种灾难。

人们经常在建筑物之间修建一些墙壁，以便在火灾发生时，火势不至于从一幢建筑蔓延到另一幢建筑，这些墙被称为"防火墙"。与此类似，在内部网和互联网之间设置的一堵"防火墙",可以保护内部网免受外部的非法入侵。在网络世界中,防火墙是被配置在内部网和互联网之间的系统(或一组系统),通过控制内外网络间信息的流动来达到增强内部网络安全性的目的。防火墙决定了内部的哪些服务可以被外部用户访问以及哪些外部服务可以被内部用户访问。

2)防火墙的定义

一般认为,防火墙是放在两个网之间用于提高网络安全的软、硬件系统的集合,有如下属性:

(1)内部网络和外部网络之间的所有网络数据流都必须经过防火墙。

(2)只有符合安全策略的数据流才能通过防火墙。

(3)防火墙自身具有非常强的抗攻击免疫力。

(4)应用层防火墙具备更细致的防护能力。

(5)数据库防火墙针对数据库恶意攻击有阻断能力。

3)防火墙的工作原理

防火墙的工作原理是:在内部网和外部网之间建立起一道屏障,检查进入内部网络的信息是否合法,或者是否允许用户的服务请求,从而阻止对内部网络的非法访问和非授权用户进入内部网,同时防火墙也可以禁止特定的协议通过相应的网络。图4-1为防火墙的基本工作原理。

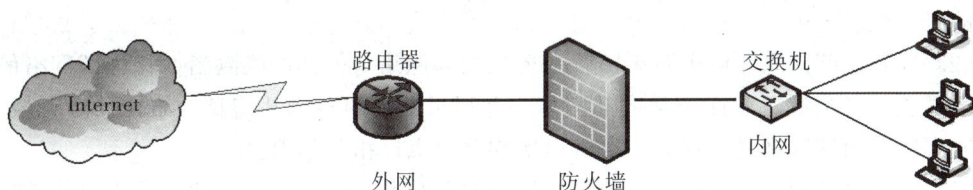

图4-1 防火墙的基本工作原理

作为内域网络和外部公共网络之间的第一道屏障,防火墙是最先受到人们重视的网络安全产品之一。在发展初期,它处于OSI参考模型中的网络层,也就是网络安全的最底层,只是用来负责网络之间的安全认证和传输(即信息过滤)。随着网络安全技术的整体发展和网络应用的不断变化,现代防火墙技术已经逐步走向网络层以外的其他安全层次,它不仅要完成传统防火墙的过滤任务,还要为各种网络应用提供相应的安全服务。另外,还有多种防火墙产品正朝着数据安全与用户认证、防止病毒与黑客侵入等方向发展。

4.2.2 防火墙的体系结构与功能

1)防火墙的体系结构

为网络建立防火墙,首先需要决定防火墙将采取何种安全控制基本准则。有两种准则可供选择:

（1）一切未被允许的都是禁止的。基于该准则，防火墙应封锁所有信息流，然后对希望提供的服务逐项开放。这是一种非常实用的方法，可以营造一种十分安全的环境，因为只有经过仔细挑选的服务才被允许使用。其弊端是，安全性高于用户使用的方便性，用户所能使用的服务范围受限制。

（2）一切未被禁止的都是允许的。基于该准则，防火墙应转发所有信息流，然后逐项屏蔽可能有害的服务。这种方法构成了一种更为灵活的应用环境，可为用户提供更多的服务。其弊病是，在日益增多的网络服务面前，网络管理人员疲于奔命，特别是受保护的网络范围增大时，很难提供可靠的安全防护。如果网络中某成员绕过防火墙向外提供已被防火墙所禁止的服务，网络管理员就很难发现。因此，采取第二种模型的防火墙不仅要防止外部人员的攻击，而且要防止内部成员不管是有意还是无意的"攻击"。

总之，从安全性的角度考虑，第一种准则更可取一些，而从灵活性和使用方便性的角度考虑，第二种准则更适合。

2）防火墙的功能

作为网络安全的主要保证，防火墙应实现以下功能：

（1）对网络安全的控制。保护那些易受攻击的服务。防火墙能过滤掉那些不安全的服务和请求而降低网络安全的风险，能够监测、限制信息流从一个安全控制点进入或离开。只有预先被允许的服务才能通过防火墙，这样就降低了受到非法攻击的风险，大大提高了网络的安全性。

（2）屏蔽内部信息。使用防火墙就是要使内部网络与外部网络隔断，让外部网络的用户在未经授权的情况下不能访问内部网络，并尽可能地隐藏内部信息、结构、运行情况。通过防火墙对内部网络进行划分，还可以实现对重点网络的隔离。

（3）控制对特殊站点的访问。防火墙能控制对特殊站点的访问。如有些主机能被外部网络访问，而有些则要被保护起来，拒绝不必要的访问。通常会有这样一种情况，即在内部网中只有 E-mail 服务器、FTP 服务器和 WWW 服务器能被外部网访问，而其他访问则被主机禁止。

（4）集中化的安全管理。对于一个企业来说，使用防火墙比不使用防火墙可能更加经济一些。这是因为，如果使用了防火墙，就可以将所有修改过的软件和附加的安全软件都放在防火墙上，而不使用防火墙，就必须将所有软件分到各个主机上。

（5）提供日志和审计功能，对网络存取访问进行记录和统计。由于所有对互联网的访问都经过防火墙，防火墙能将所有访问都记录到日志文件中，也能提供网络流量及网络使用情况的统计数据。当发生可疑动作时，防火墙能进行适当的告警，并提供网络是否受到监测和攻击的详细信息。

（6）提供报警服务。当有潜在威胁的访问或请求经过防火墙时，防火墙不仅应该记录其动作，还应及时向系统管理员报警。

4.2.3　防火墙的分类

一般说来，根据防火墙所采用技术的不同，可以将它分为三种基本类型：包过滤型、代理服务器型和监测型。

1）包过滤型

包过滤型的技术依据是网络中的分包传输技术。网络上的数据都是以"数据包"为单位进行传输的，数据被分割成一定大小的数据包，每一个数据包中都包含诸如数据源地址、目标地址、TCP/UDP源端口地址和目标端口地址等的特定信息。防火墙就是通过读取数据包中的地址信息并通过与系统管理员制定的规则表的对比来判断这些"包"是否来自可信任的站点，并自动将来自危险站点的数据包拒之门外。

包过滤通常是安装在路由器上，作为防火墙的基本功能，现在的多数路由器都提供了包过滤功能，另外在计算机上安装包过滤软件也可以作为防火墙使用。

包过滤技术作为一种基本的功能，其优点在于逻辑简单，易于安装和使用，对用户的透明性较好，实现成本低；在应用环境比较简单的情况下，能够以较小的代价在一定程度上保证系统的安全。

包过滤技术的主要缺陷在于它是一种完全基于网络层的安全技术，只根据数据包的来源、目标和端口等信息进行判断，无法识别基于应用层的恶意侵入，如恶意的Java小程序以及通过在电子邮件中附带病毒进行的破坏等。此外，因为数据包的源地址、目标地址、端口号等信息在数据包的头部，有经验的黑客很容易通过窃听和假冒骗过包过滤型的防火墙，黑客一旦突破防火墙，整个系统就完全暴露在外面，黑客就将轻易地对主机和软件发起攻击，造成难以估计的损失。此类防火墙大多数没有提供审计和报警机制，用户界面也不是很友好，管理方式不是很完善，所以对系统管理员要求较高，如果内域网络规模稍大、结构较为复杂，那么仅仅使用包过滤技术很难保证系统的安全。

2）代理服务器型

代理服务器也可以称为应用网关，是当前防火墙产品的主流趋势。代理服务器的工作原理是，客户端程序与代理服务器连接，代理服务器再与要访问的外部服务器实际连接。代理服务器位于客户机和服务器之间，完全阻挡了二者之间的数据交流。对客户机来讲，代理服务器相当于一台真正的服务器；而对服务器来讲，代理服务器又相当于一台真正的客户机。当客户机需要使用服务器的数据时，首先将数据请求发送到代理服务器，代理服务器检查访问用户是否有权访问该服务器以及是否能够进行所要求的应用，然后根据通过检测的请求来向服务器索取数据，服务器将数据由代理服务器传送给客户机。由于外部系统与内部服务器之间的连接都要通过代理服务器，它们之间没有直接的数据通道，所以外部的恶意侵害就很难伤害到企业内部的网络系统。此外，代理服务是在应用层实现的，所以能对应用层的协议进行过滤，如WWW、HTTP、FTP、Telnet、SMTP、POP等，除此以外，代理服务器还能对应用层的协议进行转换。

代理服务器的优点主要有：工作在七层模型的最高层，掌握此应用系统中可用于安全决策的全部信息，所以安全性较高；针对应用层进行检测和扫描，对付基于应用层的入侵较为有效；大多数的代理服务器也集成了包过滤技术，这两种技术的混合使用比单独使用包过滤技术具有更大的优势；由于代理服务器技术是基于应用层的，它能提供对协议的过滤，比如它可以过滤掉 FTP 连接中的危险命令 PUT 等，而且通过代理应用，代理服务器能够有效地避免内部信息的泄漏；此外，代理服务器还能提供日志和审计功能。

然而，代理服务器也存在一些较为明显的缺陷，主要有：由于需要在服务器与客户机之间进行频繁的数据交换，它对系统的整体性能有较大的影响，可能会使系统性能下降15%～20%；它经常对用户和使用过程进行限制，使得人们无法按照自己的步骤随心所欲地来使用代理服务，往往会由于这些限制曲解协议，并且也缺少一定的灵活性；它必须针对客户机可能产生的所有应用类型逐一进行设置，大大增加了系统管理的工作量和管理的复杂程度。

3）监测型

监测型防火墙是新一代的防火墙产品，这一技术的出现实际上已经使防火墙的定义超越了最初防火墙的定义。监测型防火墙能够对各层的数据进行主动的、实时的监测，在对这些数据加以分析的基础上，监测型防火墙能够有效地判断各层的非法入侵。同时，这种防火墙一般还带有分布式探测器，这些探测器安置在各种应用服务器和其他网络节点之中，不仅能够检测来自网络内部的攻击，对来自内部的恶意破坏也有极强的防范作用。监测型防火墙不仅超越了传统防火墙的概念，而且在安全性方面也有了极大的提高。

延伸阅读 4-1

防火墙的局限性

另外，根据实际使用的要求，还产生了一些更为细致的分类，如将防火墙分为复合型、加密路由型等。

防火墙的局限性见延伸阅读 4-1。

4.3 数据加密技术

加密技术是最基本的安全技术，是实现信息保密性的一种重要的手段，其目的是防止合法接收者之外的人获取信息系统中的机密信息。所谓信息加密技术，就是采用数学方法对原始信息（通常称为"明文"）进行再组织，使其经加密后在网络上公开传输的内容对于非法接收者来说成为无意义的文字（加密后的信息通常称为"密文"），而合法的接收者因为掌握了正确的密钥，可以通过解密过程得到原始数据（即"明文"）。

由此可见，在加密和解密的过程中，都要涉及信息（明文、密文）、密钥（加密密钥、解密密钥）和算法（加密算法、解密算法）这几项内容。

数据加密技术是对信息进行重新编码，从而隐藏信息内容，使非法用户无法获得信息真实内容的一种技术手段。网络中的数据加密则是通过对网络中传输的信息进行加密，满足确保数据安全、数据完整性等的要求。基于数据加密技术的数字签名技术可以满足防抵赖等的安全要求。可见，数据加密技术是实现网络安全的关键技术。数据加密过程如图4-2所示。

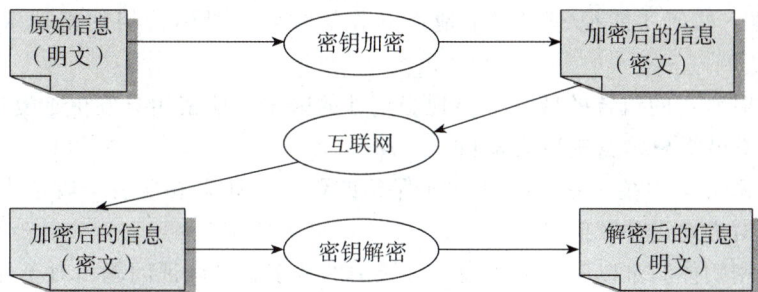

图4-2　数据加密过程

密钥分为加密密钥和解密密钥。完成加密和解密的算法称为密码体制。传统的密码体制所用的加密密钥和解密密钥相同，形成了对称式密钥加密技术。在一些新体制中，加密密钥和解密密钥不同，形成非对称式密码加密技术，即公开密钥加密技术。

4.3.1　对称式密钥加密技术

所谓对称加密，是指使用同一把密钥对信息加密和解密。如果一个加密系统的加密密钥和解密密钥相同，或者虽不相同，但可以由其中一个推导出另一个，则为对称密钥密码体制。对称加密的典范是数据加密标准（Data Encryption Standard，DES）。自1977年至1998年，DES一直被确认为美国国家加密标准。另一种对称加密技术是国际数据加密算法（International Data Encryption Algorithm，IDEA），它比DES的加密性好，而且对计算机要求不高。

1）DES算法

DES是一种数据分组的加密算法，是由美国IBM公司在20世纪70年代发展起来的，并经过政府的加密标准筛选后，于1997年被美国政府定为联邦信息标准。它将数据分成长度为64位的数据块，其中8位作为奇偶校验，有效的密码长度为56位。DES使用56位密钥对64位的数据块进行加密，并对64位的数据块进行16轮迭代，最后进行逆初始化变换而得到密文。

2）IDEA算法

IDEA是一种国际信息加密算法，它于1992年正式公开，是一个分组大小为64位、密钥为128位、迭代轮数为8轮的迭代型密码体制。此算法使用长达128位的密钥，有效地消除了任何试图破解密钥的可能性。

3）对称式密钥加密技术的优缺点

对称式密钥加密技术具有加密速度快、保密度高等优点。但它也有缺点，具体表现有：

（1）密钥是保密通信安全的关键，发信方必须安全、妥善地把钥匙交给收信方，不能泄露其内容，如何才能把密钥安全地送到收信方处是对称密钥加密技术面临的突出问题。

（2）通信时密钥的组合的数量会出现爆炸性的膨胀，使密钥分发更加复杂，n个人进行两两通信，总共需要的密钥数为 n（n−1）/2。

（3）通信双方必须统一密钥才能发送保密的信息。如果发信者与收信人是素不相识的，就无法向对方发送秘密信息了。

（4）对称密钥体制难以解决电子商务系统中的数字签名认证问题，对于开放的计算机网络来说，存在安全隐患，无法满足网络环境邮件加密的需要。

4.3.2　公开密钥密码体制

如果将一个加密系统的加密密钥和解密密钥分开，加密和解密分别由两个密钥来实现，并使得由加密密钥推导出解密密钥（或反之）在计算上是不可行的，则该系统称为公开密钥密码体制。

采用公开密钥密码体制的每一个用户都有一对选定的密钥。加密密钥公布于众，谁都可以用，解密密钥只有解密人自己知道，二者分别称为"公开密钥"（Public-Key）和"私有密钥"（Private-Key）。公开密钥密码体制也称为不对称密钥密码体制。公开密钥加密算法的典型代表是RSA算法。

1）RSA算法

1978年就出现了RSA算法，它是以发明者的名字（Rivest、Shamir 和 Adleman）命名的。RSA算法是一个既能用于数据加密也能用于数字签名的算法，但其安全性一直未得到理论上的证明。

RSA算法的安全性依赖于大数分解，它利用两个很大的质数相乘所产生的乘积来加密。这两个质数无论哪一个先与原文件编码相乘，对文件加密后，均可由另一个质数再相乘来解密，但要用一个质数来求出另一个质数则十分困难。因此，这一对质数被称为密钥对（Key Pair），一个作为"公钥"向公众开放，另一个作为"私钥"不告诉任何人。

2）信息保密原理

公钥与私钥这两个密钥是互补的，即用公钥加密的密文可以用私钥解密，而用私钥加密的密文可以用公钥解密。在加密应用时，接收者总是将一个密钥公开。为发送一份保密报文，发送者必须使用接收者的公共密钥对数据进行加密。一旦加密，只有接收方用其私人密钥才能加以解密。假设甲和乙互相知道对方的公钥，甲向乙发送信息时乙的公钥加密，乙收到后就用自己的私钥解密出甲的原文。由于没有别人知道乙的私钥，因而解决了信息的保密问题。

3）签名认证原理

由于具有数字凭证身份的人员的公共密钥可以在网上查到，因此任何人都可能知道乙的公钥，都能给乙发送信息，乙要确认是甲发送的信息，就产生了认证的问题，于是就要用到数字签名，即发送方用自己的私钥加密，而接收方用发送方的公钥解密。

RSA公钥体系的特点使它非常适合用来满足两个要求：保密和认证。

4.3.3　数字摘要

数字摘要也称安全Hash编码法，它是由罗纳德·李维斯特（Ronald Rivest）设计的。数字摘要是一个唯一对应一条信息的值，它由单向Hash加密算法对一条信息作用生成，有固定的长度（一般是160位字节或128位字节）。"单向"是指不能被解密。不同的信息的摘要不同，相同的信息的摘要相同，因此"摘要"被称为信息的"指纹"，用以验证信息是不是原文。发送端将信息和摘要一同发送，接收端收到后，用Hash函数对收到的信息产生一个摘要，与收到的摘要对比，若相同，则说明收到的信息是完整的，在传输过程中没有被修改，否则，就是被修改过的，不是原信息。数字摘要方法解决了信息的完整性问题。数字摘要过程如图4-3所示。

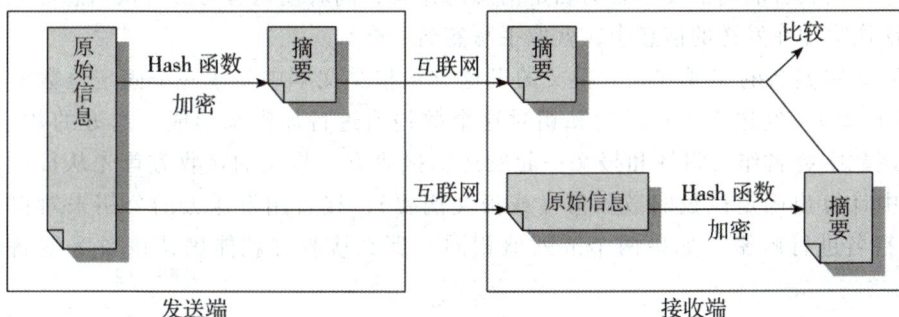

图4-3　数字摘要过程

用于数字摘要的Hash函数应该满足以下几个条件：

（1）对同一数据使用同一Hash函数，其运算结果应该是一样的，即对同一文件采用同样的"全息处理"过程，形成的"全息照片"应该是一样的。

（2）Hash函数应具有运算结果的不可预见性，即从原始文件的变化不能推导出缩影结果的变化，对原始文件的微小改变可能会导致"全息照片"的巨大变化。

（3）Hash函数具有不可逆性，即不能通过文件缩影反算出原始文件的内容。

　　由此可以看出，通过 Hash 函数计算出的"信息文摘"可以被看作原始文件的缩影。由于它是整个原始文件经过 Hash 函数处理的结果，所以该缩影的完整性可以代替原始文件的完整性。通过 Hash 函数可以将变长文件缩为定长信息，避免对全文加密的时间消耗（加密算法的实现需要大量的数学计算）。目前常用的 Hash 算法有安全散列算法（SHA-1）、MD5 等。

4.4　电子商务的认证技术

微课 4-1

电子商务的
认证技术

4.4.1　基本认证技术

1）数字签名

　　（1）数字签名的作用。在书面文件上签名是确认文件的一种手段。签名的作用有两点：一是由于签名难以否认，因而确认了文件已签署这一事实；二是由于签名不易仿冒，因而确认了文件是真的这一事实。数字签名与书面文件签名有相同之处，采用数字签名，也能确认以下两点：一是信息是由签名者发送的；二是信息自签发起到收到止未曾做过任何修改。这样，数字签名就可以用来防止电子信息因易被修改而有人作伪，或冒用别人名义发送信息，或发送（收到）信件后又加以否认等情况发生。

　　为了做一个数字签名，发送者用他的私钥加密一条信息，任何有他的公钥的接收者都能读取它，接收者能确信发送者的确是信息的作者，同时发送者无法否认信息已发送。数字签名往往附加在发送的信息中，就像手写签名一样。

　　（2）数字签名的实现方式。报文的发送方从报文文本中生成一个固定位数的散列值（或报文摘要）。发送方用自己的私钥对这个散列值进行加密来形成发送方的数字签名。然后，该数字签名作为附件和报文一起发送给接收方。报文的接收方首先从接收到的原始报文中计算出固定位数的散列值（或报文摘要），接着用发送方的公钥来对报文附加的数字签名进行解密。如果两个散列值相同，那么接收方就能确认该数字签名是发送方的。

　　（3）数字签名采用的算法。数字签名采用的算法有 RSA、DES 和 Hash，其中 Hash 签名是最主要的数字签名方法。该方法将数字签名与要发送的信息捆绑在一起，所以更适合电子商务（它显然要比信息与签名分别发送具有更高的可信度和安全性）。

　　（4）Hash 签名法的过程和步骤。数字签名并非用"手书签名"类型的图形标志，它采用了双重加密的方法来实现防伪、防赖，其过程如图 4-4 所示。

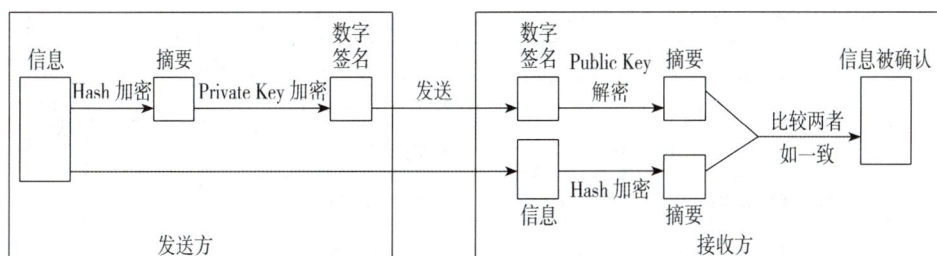

图4-4 数字签名过程

① 发送方首先用Hash函数将需要传送的内容加密产生报文的数字摘要。

② 发送方采用自己的私有密钥对摘要进行加密，形成数字签名。

③ 发送方把原文和加密的摘要同时传送给接收方。

④ 接收方使用发送方的公共密钥对数字签名进行解密，得到发送方形成的报文摘要。

⑤ 接收方用Hash函数将接收到的报文转换成报文摘要，与发送方形成的摘要相比较，若相同，说明文件在传输过程中没有被破坏。

（5）公钥体系的作用。如果第三方冒充发送方发出了一份文件，因为接收方在对数字签名进行解密时使用的是发送方的公钥，只要第三方不知道发送方的私钥，那么解密出来的数字签名和经过计算的数字签名必然是不相同的。这样，我们就可以说公钥体系提供了一个安全的确认发送方身份的办法。

（6）不同用途的公钥体系。数字签名和密钥的加密解密过程虽然都使用公钥体系，但实现的过程正好相反，使用的密钥对也不同。数字签名使用的是发送方的密钥对，发送方用自己的私钥加密，接收方用发送方的公钥解密，是一对多的关系：任何拥有发送方公钥的人都可以验证数字签名的正确性；而密钥的加密解密使用的是接收方的密钥对，这是多对一的关系；任何知道接收方公钥的人都可以向接收方发送加密信息；只有唯一拥有接收方私钥的人才能对信息进行解密。在实际操作过程中，通常一个用户拥有两个密钥对——一个密钥对用来对数字签名进行加密解密，另一个密钥对用来对密钥进行加密解密，这种双重加密的方式提供了更高的安全性。

2）数字信封

数字信封是用密码技术的手段保证只有规定的收信人才能阅读信的内容。在数字信封中，信息发送方自动生成对称密钥，用它加密原文，再利用RSA算法对该密钥进行加密，则被RSA算法加密的密钥部分称为数字信封。数字信封工作过程如图4-5所示。

（1）在发送文件时，发送方先产生一个通信密钥，并用这一通信密钥对文件原文进行加密后，再通过网络将加密后的文件传送到接收方。

（2）发送方再把对文件加密时使用的通信密钥用接收方的公开密钥进行加密，即生成数字信封，然后通过网络传送到接收方。

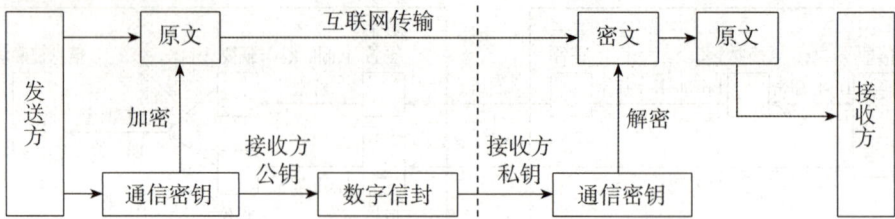

图4-5　数字信封工作过程

（3）接收方收到发送方传来的经过加密的通信密钥后，用自己的私钥对其进行解密，从而得到发送方的通信密钥。

（4）接收方再用发送方的通信密钥对加密文件进行解密，从而得到文件的原文。这样，数字信封就保证了在网上传输的文件信息的保密性和安全性。即便加密文件被他人非法截获，因为截获者无法得到发送方的通信密钥，也不可能对文件进行解密。

3）数字时间戳

在交易文件中，时间是十分重要的信息。在书面合同中，文件签署的日期和签名一样均是十分重要的防止文件被伪造和篡改的关键性内容。

在电子交易中，同样需要对交易文件的日期和时间信息采取安全措施，而数字时间戳服务（Digital Time-stamp Service，DTS）就能提供对电子文件发表时间的安全保护。

DTS是网上安全服务项目，由专门的机构提供。时间戳是一个经加密后形成的凭证文档，它包括三个部分：第一，需加时间戳的文件的摘要；第二，DTS收到文件的日期和时间；第三，DTS的数字签名。

时间戳产生的过程为：用户首先将需要加时间戳的文件用Hash编码加密形成摘要，然后将该摘要发送到DTS，DTS在加入了收到文件摘要的日期和时间信息后再对该文件加密（数字签名），然后送回用户。

注意，书面签署文件的时间是由签署人自己写上的，而数字时间戳则不然，它是由认证单位DTS来加的，以DTS收到文件的时间为依据。因此，时间戳也可以作为科学家的科学发明文献的时间认证。

4）数字证书

数字证书是用电子手段来证实一个用户的身份和对网络资源访问的权限。数字证书作为网上交易双方真实身份证明的依据，是一个经证书授权中心（Certificate Authority，CA）数字签名的，包含证书申请者（公开密钥拥有者）个人信息及其公开密钥的文件。基于公开密钥体制（PKI）的数字证书是电子商务安全体系的核心，其用途是利用公共密钥加密系统来保护与验证公众的密钥，由可信任的、公正的权威机构CA颁发。CA对申请者所提供的信息进行验证，然后通过向电子商务各参与方签发数字证书来确认各方的身份，以保证网上支付的安全性。

在网上的电子交易中，如双方出示了各自的数字证书，并用它来进行交易操作，那么双方都可不必为对方身份的真伪担心。

数字证书可用于电子邮件、电子交易、电子支付等各种用途。

（1）数字证书的内部格式。CCITT的X.509国际标准规定了数字证书包含的以下内容：第一，证书拥有者的姓名；第二，证书拥有者的公共密钥；第三，公共密钥的有效期；第四，颁发数字证书的单位；第五，数字证书的序列号；第六，颁发数字证书单位的数字签名。

（2）数字证书的类型。

① 个人证书（Personal Digital ID）。仅为某一个用户提供凭证，以帮助其个人在网上进行安全交易操作。个人身份的数字证书通常是安装在客户端的浏览器内的，并通过安全的电子邮件来进行交易操作。

② 企业（服务器）证书（Server ID）。它通常为网上的某个Web服务器提供凭证，拥有Web服务器的企业就可以用具有证书的万维网站点（Web Site）来进行安全电子交易。有证书的Web服务器会自动地对其与客户端Web浏览器通信的信息进行加密。

③ 一些专门的安全技术协议和整体解决方案也会根据各自的标准向交易的各方颁发相应的数字证书，如SSL数字证书和SET数字证书等。

4.4.2　认证中心

在电子商务中必须解决两个问题：一个是身份验证；另一个是交易不可抵赖。由于交易双方互不见面，并且是一些不带有本人任何特征的数据在交换，因此有可能出现交易抵赖。要解决这两个问题，就必须引入一个交易双方均信任的第三方，对买卖双方进行身份验证，以使交易的参与者确信自己确实是在与对方所说的人交易。同时，在公开密钥体系中，公开密钥的真实性鉴别也是一个重要的问题。而CA为用户发放的证书是一个有该用户的公开密钥及个人信息并经证书授权中心数字签名的文件。由于CA的数字签名使得攻击者不能伪造和篡改证书，因此证书便向接收者证实了某人或某机构对公开密钥的拥有，与其进行交易不必疑虑，对方传来的数据带有其身份特征而且是不可否认的。

这个各方均信任的第三方就是CA安全认证机构。上述理由构成CA产生的根本原因。这里我们主要介绍认证中心。

在电子商务的安全系统中，如何证明公钥的真实性呢，即如何证明一个公钥确实属于信息发送者，而不是冒充信息发送者的另一个人冒用他的公钥？这就要靠第三方证实该公钥确属于真正的信息发送者。认证中心就是这样的第三方，它是一个权威机构，专门验证交易双方的身份。验证方法是，接收个人、商家、银行等涉及交易的实体申请数字证书，核实情况，批准或拒绝申请，颁发数字证书。认证中心除了颁发数字证书外，还具有更新、撤销和验证证书的职能；消费者、商户和支付网关的证书应定期及时更新，以避免在长期的使用中，证书内容泄密而影响交易的安全性；一旦私钥泄密或身份信息更换或不再需要该证书，就应向认证中心申请撤销证书；证书的验证是通过分级体系来完成的，每一种证书归属于签发它的单位，通过层层认证，可达根 CA。通过对证书的管理，可以检查所申请证书的状态（等待、有效、过期等），并可以废除、更新、搜索、验证证书。

CA 体系具有一定的层次结构（如图 4-6 所示）。它由根 CA、品牌 CA、地方 CA 以及持卡人 CA、商家 CA、支付网关 CA 等不同层次构成，上一级 CA 负责下一级 CA 数字证书的申请、签发及管理工作。一个完整的 CA 认证体系可以有效地实现对数字证书的验证。每一份数字证书都与上一级的签名证书相关联，最终通过安全认证链追溯到一个已知的可信赖的机构。由此，便可以对各级数字证书的有效性进行验证。根 CA 的密钥由一个自签证书分配，根证书的公开密钥对所有各方公开，它是 CA 体系中的最高层。

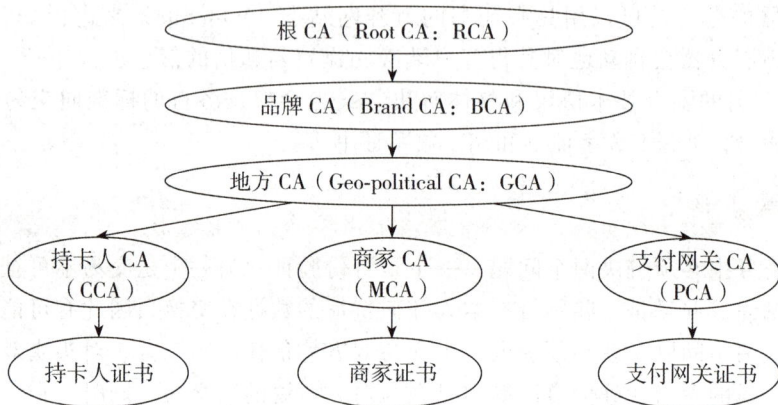

```
                    根 CA（Root CA：RCA）
                            │
                            ▼
                  品牌 CA（Brand CA：BCA）
                            │
                            ▼
              地方 CA（Geo-political CA：GCA）
          ┌─────────────────┼─────────────────┐
          ▼                 ▼                 ▼
     持卡人 CA           商家 CA          支付网关 CA
      （CCA）           （MCA）           （PCA）
          │                 │                 │
          ▼                 ▼                 ▼
     持卡人证书           商家证书          支付网关证书
```

图4-6　CA体系的层次结构

延伸阅读 4-2

电子商务的
CA 认证体系

认证中心依据一定的认证操作规程来实施服务操作。CA 负责数字证书的颁发，申请证书的用户向认证机构提交身份证明，CA 收到用户的身份证明后，通过对其身份信息和公开密钥进行数字签名操作产生数字证书。在本章稍后将要介绍的 SET 协议中，数字证书的注册和验证都是通过密码体制中的 DES 算法及 RSA 算法进行数字签名、数字信封等加密和解密操作的。

4.4.3　安全交易的过程

安全电子商务使用的文件传输系统大都带有数字签名和数字证书。我们假设发送者是甲方，接收者是乙方，安全交易的过程如图 4-7 所示（图中的过程编号对应于以下文字描述的过程编号）。

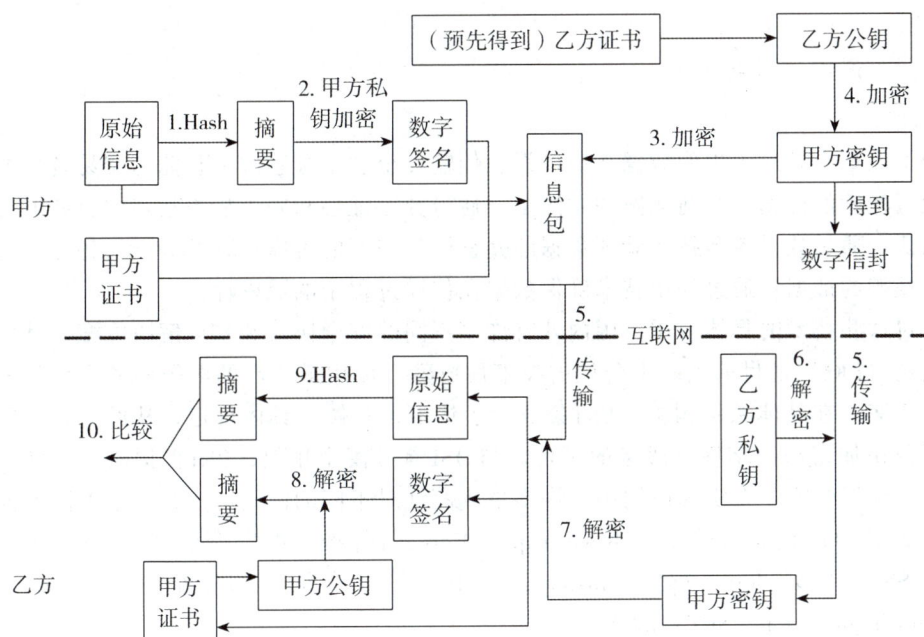

图4-7 安全交易的过程

（1）在甲方，要发送的信息通过Hash函数变换成预先设定长度的报文数字摘要。

（2）数字摘要用甲方的私钥通过RSA算法加密，其结果是一个数字签名。

（3）数字签名和甲方的证书附着在原始信息上打包，同时，在甲方的计算机上，使用DES算法生成对称密钥给这个信息包加密。

（4）甲方预先收取乙方的证书，并通过其中的公钥为甲方的对称密钥加密，形成一个数字信封。

（5）加密的信息和数字信封通过互联网传输给乙方的计算机。

（6）乙方用自己的私钥解密数字信封，得到甲方的对称密钥。

（7）通过这个密钥，从甲方收到的加密的信息被解密成原始信息、数字签名和甲方的数字证书。

（8）用甲方的公钥（包含在甲方的证书中）解密数字签名，得到报文摘要。

（9）将收到的原始信息通过Hash函数变换成报文摘要。

（10）分别与第8步和第9步所产生的报文摘要做比较，以确定在传输过程中是否有什么改变，进一步确定信息的完整性。

4.5 安全技术协议

为了保证交易过程中的数据来源可靠、传输安全、不被篡改并且能为交易各方的行为提供无可抵赖的证据，当前成熟的做法是，通过数字证书和安全检查技术解决各方身份的交叉确认；通过数字签名技术验证数据的完整性、来源的可靠性，并为交易各方的行为提供不可抵赖的证据；通过加密技术确保数据在传递过程中的保密性。

针对这些技术的具体应用，国内外有许多不同的安全协议和整体解决方案，其中公钥体系结构（PKI）是目前国际上公认的技术最成熟、使用最广泛的电子商务安全问题的完整解决方案。在其体系结构中，PKI集成上述技术，并做了具体规定，从而为互联网应用提供了公钥加密和数字签名服务的平台。与OSI参考模型相似，PKI仅提出了一种解决问题的安全框架模式。在实际应用中，许多集成商针对不同的网络应用提出了不同的商业实现标准，其中比较有名的就是由Netscape、Verisign等推出的安全嵌套层（Secure Socket Layer，SSL）协议和由VISA、MasterCard、IBM等联合推出的安全电子交易（Secure Electronic Transaction，SET）协议。

4.5.1 SSL 协议

SSL协议是Netscape公司于1994年开发的对互联网上计算机间对话进行加密的一种网络安全协议，它能对浏览器和服务器之间传输的数据加密。这种加密措施能够防止资料在传输过程中被窃取。因此，采用SSL协议传输密码和信用卡号等敏感信息以及身份认证信息是一种比较理想的选择。SSL协议可以被理解成一条受密码保护的通道。通道的安全性取决于协议中采用的加密算法。目前，SSL协议标准已经成为网络上保密通信的一种工业标准，在C/S和B/S的构架下都有广泛应用。

1）SSL协议简介

SSL协议基于TCP/IP，可以让HTTP、FTP及Telnet等协议通过它透明地加以应用。在建立一次连接之前，首先需建立TCP/IP连接。SSL连接可以看成在TCP/IP连接的基础上建立的一个安全通道，在这一通道中，所有点对点的信息都将被加密，从而确保信息在互联网上传输时不会被第三方窃取。SSL协议可以分为两个子协议：SSL握手协议（Handshake Protocol）和SSL记录协议（Record Protocol）。

（1）SSL握手协议。握手协议用于数据传输之前。它可以进行服务器与客户之间的身份鉴别，同时通过服务器与客户协商，决定采用的协议版本、加密算法，并确定加密数据所需的对称密钥，随后采用公钥加密技术产生共享机密（Shared Secrets），用于传送对称密钥等的机密信息。每次连接时，握手协议都要建立一个会话，会话中包含了一套可在多次会话中使用的加密安全参数，从而减轻每次建立会话的负担。然而，必须指出，在SSL中的每次连接所产生的对称密钥都是独特的，这种每次更换密钥的方法显然在更大程度上确保了系统的不易被攻破性。

（2）SSL记录协议。SSL的记录协议定义了传输的格式。SSL的记录层在TCP层之上，在这层中，信息将根据SSL记录的负载对信息加以分割或合并，随后将所有记录层信息用对称密钥加密，再通过基于TCP/IP的连接将信息发送出去。

2）SSL的工作过程

SSL的工作过程如图4-8所示。其中各个步骤的作用如下：

（1）浏览器请示与服务器建立安全会话。

（2）浏览器与Web服务器交换密钥证书以便双方相互确认。

（3）Web服务器与浏览器协商密钥位数（40位或128位）；客户机提供自己支持的所有算法清单，服务器选择它认为最有效的密钥生成算法。

（4）浏览器将产生的会话密钥用Web服务器的公钥加密传给Web服务器。

（5）Web服务器用自己的私钥解密。

（6）Web服务器和浏览器用会话密钥加密和解密，实现加密传输。

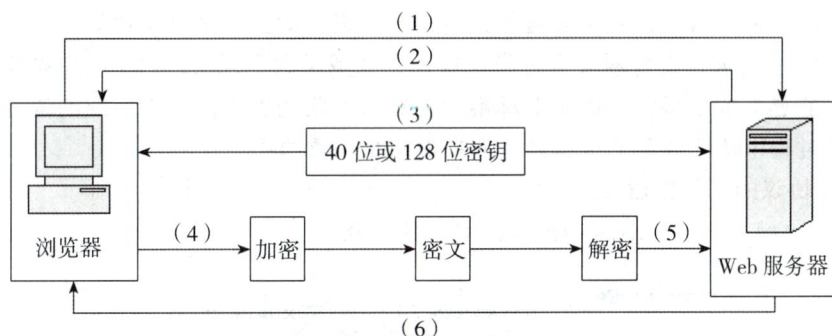

图4-8　SSL的工作过程

3）SSL提供的三种基本的安全服务

SSL提供三种基本的安全服务，它们都使用公开密钥技术。

（1）信息保密。通过使用公开密钥和对称密钥技术以达到数据加密目的。SSL客户机和SSL服务器之间的所有业务均使用在SSL握手过程中建立的密钥和算法进行加密，这样就防止了非法窃听，即使通信的内容被捕捉到，也无法被破译。

（2）信息完整。如果互联网成为可行的电子商务平台，应确保服务器和客户机之间的信息内容免受破坏。SSL利用机密共享和Hash函数组提供信息完整性服务。

（3）相互认证。这是客户机和服务器相互识别的过程。它们的识别号用公开密钥编码，并在SSL握手时交换各自的识别号。

为了验证密钥证书持有者是其用户而不是冒名用户，SSL要求密钥证书持有者在握手时对交换数据进行数字式标示。密钥证书持有者对包括密钥证书的所有信息数据进行标示，以证明自己是密钥证书的合法持有者，这样就防止了其他用户冒名使用密钥证书。密钥证书本身并不提供认证，只有密钥证书和密钥在一起才起作用。

SSL的安全性服务对客户做到尽可能透明。一般情况下，用户只需单击屏幕上的一个按钮或连接就可以与SSL的主机相连。当客户机连接SSL主机时，首先初始化握手协议，以建立一个SSL对话时段。握手结束后，将对通信加密，并检查信息的完整性，直到这个对话时段结束为止。当前，大多数Web服务器均可以提供对SSL协议的支持。

4.5.2　SET 协议

SET协议是VISA和MasterCard这两家世界最大的信用卡公司在IBM、Netscape等多家计算机公司的支持下于1996年推出的信用卡网上结算协议，也是为在互联网上进行在线交易时保证信用卡支付安全而设立的一个开放的规范。SET涉及应用层、传输层和网络层等。SET主要包括如下几方：信用卡持卡人，商家，支付网关，认证中心，以及信用卡结算中心。其中，支付网关处在SET与现存的银行内部网之间，它可以执行对商家的身份鉴别及交易处理。简而言之，它可以看作银行内部网提供的公关接口及功能代理。认证中心负责对持卡人、商家、支付网关进行身份验证，并授予数字证书。SET本身规范了一套完整的体系，它已形成了事实上的工业标准，并获得互联网工程任务组标准的认可。认证中心作为SET过程中认证体系的执行者，发挥着举足轻重的作用。

1）SET协议的工作原理

SET协议的工作原理如图4-9所示。其具体步骤如下：

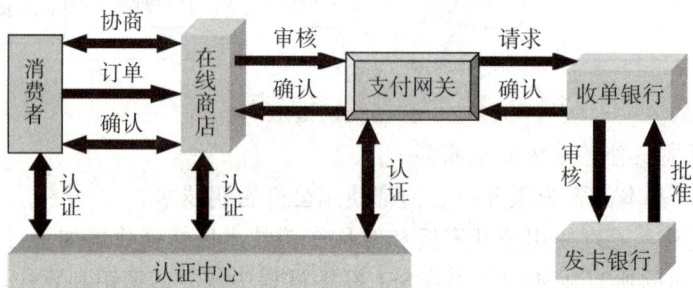

图4-9　SET协议的工作原理

（1）消费者使用浏览器在商家的Web主页上查看在线商品目录，浏览商品。

（2）消费者选择要购买的商品。

（3）消费者填写订单，包括项目列表、价格、总价、运费、搬运费、税费。订单可通过电子化方式从商家传过来或由消费者的电子购物软件建立。

（4）消费者选择付款方式。此时 SET 开始介入。

（5）消费者发送给商家一个完整的订单及要求付款的指令。在 SET 中，订单和付款指令由消费者进行数字签名。同时，利用双重签名技术保证商家看不到消费者的账号信息。

（6）商家接到订单后，向消费者的金融机构请求支付认可。

（7）通过网关（Gateway）到银行，再到发卡机构确认，批准交易，然后反馈确认信息给商家。

（8）商家发送订单确认信息给顾客。顾客端软件可记录交易日志，以备将来查询。

（9）商家给顾客装运货物或完成订购的服务。到此为止，一个购买过程就结束了。商家可以立即请求银行将钱从购物者的账户转移到商家账户，也可以等到某一时间，请求成批划账处理。

（10）商家向消费者的金融机构请求支付。在认证操作和支付操作中间一般会有一个时间间隔，如在每天的下班前请求银行结一天的账。

前三步与 SET 无关，从第四步开始 SET 起作用，一直到第九步，在处理过程中，通信协议、请求信息的格式、数据类型的定义等，SET 都有明确的规定。在操作的每一步，消费者、商家、网关都通过 CA 来验证通信主体的身份，以确保通信的对方不是冒名的。

2）SET 协议的核心技术

SET 协议中用到的核心技术均是我们在本章的前半部分介绍过的。

（1）用 DES 算法的对称密钥技术。对称密钥加密技术是 SET 加密协议的基础。银行常采用 DES 算法来加密持卡人的个人识别号码。

（2）采用 RSA 算法的非对称密钥技术。公开密钥技术是 SET 协议的核心。公开密钥技术解决了密钥的发布和管理问题，商户可以公开其公开密钥而保留私有密钥。购物者可以用人人皆知的公开密钥对发布的信息进行加密，安全地传给商户，然后由商户用自己的私有密钥进行解密。

（3）采用电子数字签名。按双方约定的 Hash 算法产生报文摘要值，用发送者的私人密钥加密产生数字签名。

（4）采用电子信封。发送者自动生成对称密钥，用它加密原文，将生成的密文连同密钥本身一起再用公开密钥手段传送出去，以解决每次传送更换密钥的问题。

SET 协议的信息加密传送过程综合了上述四种常见手段。

发送信息时，发信人用自己的私有密钥进行电子签名，再使用收信人的公开密钥制作电子信封，进行加密传送。

收信人执行相反的动作：用自己的私有加密密钥解密报文，揭开电子信封，然后用发送者的公开密钥核实报文签名。

SET 协议中发送信息采用公开密钥技术，需要一对密钥；发送信息之前先用电子签名技术进行签名，又需要一对密钥。这两对密钥是完全不同的。

3）SET协议的安全动态认证

SET协议利用数字认证或电子签名来提供网上的授权和身份确认，数字认证同时提供给消费者和商家。这些数字认证通常出自银行或信用卡公司，它和普通的信用卡实时交易的方法一样，但SET是通过互联网来实施这一切的。这种安全系统的长处主要在于它严格的加密技术和认证程序，一旦交易过程发生，数字认证将被解密，并对每一份交易的标记进行匹配。如果这种匹配失败，交易将被拒绝。SET会将这些被拒绝的交易记录在案，并定期检查，而这正是安全网络所必备的特点之一。

SET在安全方面的考虑很周密，提供各个环节的协议，为网上安全交易提供保障，营造安全舒适的网上交易环境，但它的使用并不复杂。SET的开放标准很可能会在不久的将来成为电子商务的支柱。

（1）网络安全动态认证注册。

网络安全动态认证是通过网络对操作的双方实时地进行监控的一种方式。它的具体注册方法如下：

① 首先在网络中由一些非营利性的机构或者一些比较权威的组织成立一个网络动态认证中心。

② 所有希望参加电子商务并希望完成支付环节者，无论是企业、个人或银行，只要想加入网络安全支付交易，都必须向网络动态认证中心进行网络注册。注册时参加者必须如实填报自己的金融信息、保密信息以及账户等内容。

③ 注册完成以后，网络会自动把个人私钥、加密算法、解密算法等内容通过网络发到用户的计算机上。

（2）网络安全动态认证的应用。

这种SET协议和网络动态安全认证的电子商务支付过程，如果从它的原理和技术解决方案来看是比较复杂的，但是如果作为一般用户，或者从使用的角度来看，就非常简单。

注册完成后，用户可以在这个安全协议和认证系统的环境下在网上直接完成交易、支付与清算。如果需要购买某种商品，可以登录某一个供应商或某商家的网站，在那里挑选所需的商品，在登录过程和商品挑选过程以及价格商谈过程中SET协议和网络动态认证中心是不起作用的。选完所需的商品以后，用户可以选择网络安全动态的方式进行支付。只要选择了这种方式，供应方或者商家就立刻会用公钥加密的方式把你需要支付的金额数送到用户的计算机上来，用户用私钥打开来看，知道一共多少钱，应该用什么样的方式支付给对方，然后用户再将支付信息通过私钥加密的方式送给对方，对方再把支付信息通过它的代理银行与用户的代理银行进行结算。

整个交易和支付过程涉及贸易的买卖双方以及买卖双方的代理银行，而这个操作过程和所涉及的这四个单位的操作内容，都会在网络动态认证中心的监控之下。如果这四方中有一方所提供的信息内容和加密的信息内容与网络动态认证中心所注册的内容不相符，这笔交易马上就会成为无效的。网络动态认证中心利用各种加密和认证技术来确保整个支付过程的安全可靠性。

4.5.3　SSL协议与SET协议的比较

相对于SSL协议来说，SET协议更为安全，但是SET协议过于复杂，处理速度慢，支持SET系统的费用较高，而使用SSL较为便宜（被大部分Web浏览器所内置）。SET和SSL都要求使用密码技术和算法，都要增加计算机系统的负载，但与SSL比较，SET需要更高的处理能力。

实际上，互联网购物越来越成为一种非常普遍的现象，SET权威研究机构也一直在努力研究最大限度地减少对客户方的要求的方案。如果在不远的将来，基于SET标准的安全系统集成在通用的网络浏览器中，而且可以正确无误地运作的话，那么网上的购物者们就不用再担心商家会看到他的支付信息了，因为这些信息只有到达银行时才会被解密。另外，SET还将引入除信用卡以外的结算方式，加上先进的加密算法，SET有可能在未来的电子商务中扮演更为重要的角色。同时，由于SSL的简洁性及通用性，它也必然长期存在。

素养园地

守护网络空间的安全

—— 一家电子商务平台的安全防护之路

故事：在数字化时代，电子商务平台"惠民购"迅速崛起，成为连接城乡、服务百姓的重要桥梁。然而，随着平台用户量的激增，网络安全问题也日益凸显。平台负责人李明深知，网络空间的安全直接关系到平台的生死存亡，更关系到广大消费者的切身利益。

为了提高平台的安全性，李明带领技术团队建立了防火墙，有效抵御了外部黑客的攻击和恶意软件的侵入。随后，他们采用先进的加密技术，如RSA算法，对用户数据进行加密，确保了用户信息和交易数据的安全性。此外，平台还引入了数字证书和认证机制，为每一笔交易提供了可靠的身份验证和不可否认性。

在一次大规模的网络攻击中，"惠民购"平台凭借其强大的安全防护体系成功抵御了攻击，保障了用户数据的安全，赢得了消费者的信任和支持。这次事件也引起了政府和行业的高度关注，李明受邀在多个网络安全论坛上分享经验，推广网络安全的重要性。

总结与反思："惠民购"平台的案例展示了网络安全在电子商务中的重要性。通过建立防火墙、采用加密技术和认证机制，该平台有效保护了用户数据和交易安全，增强了消费者的信心。这也体现了企业在网络安全方面的社会责任和对国家网络安全战略的支持。在当前的网络环境下，电子商务平台如何更好地保护用户数据和交易安全？作为消费者，我们又应如何提高自身的网络安全意识和能力？这些都是值得我们深思的问题。同时，我们也应该认识到，网络安全不仅是技术问题，更是道德和法律问题，需要全社会共同努力维护网络空间的清朗和安全。

复习思考题

1）电子商务有哪些安全控制要求？
2）试述防火墙在网络安全中所起的作用。
3）什么是数字证书？它包括什么内容？
4）SET 协议包含了哪些参与方？它们是如何协同工作的？
5）SET 协议应用了哪些加密技术？它们是如何工作的？
6）试比较 SSL 协议与 SET 协议的工作原理。
7）试说明一个完整的安全电子交易过程。
8）请说明安全动态认证的工作过程。

即测即评

第 4 章即测即评

第 5 章
网络营销

学习目标

知识目标

- 理解网络营销的基本概念及在现代商业活动中的应用。
- 掌握网络营销的基本模式,包括微信营销、搜索引擎营销、电子邮件营销等。
- 学习网络营销策略的制定,包括市场分析、产品定位、服务策略等。
- 了解电子商务网站建设的步骤和技术要求。
- 认识到网络营销中存在的安全问题及其防范措施。

能力目标

- 能够分析和制订网络营销计划,以适应不同的市场环境。
- 学会运用各种网络营销工具和平台,提升企业的在线可见度和客户互动。
- 掌握网络营销中内容创作和信息传播的技巧。
- 能够评估和选择适合企业自身的电子商务建设方案。
- 培养识别和应对网络营销风险的能力。

价值塑造目标

- 强化网络诚信意识,认识到在网络营销中坚持真实、合法原则的重要性。
- 培养社会责任感,利用网络营销平台正面引导消费者,促进社会和谐。
- 树立正确的价值观,通过网络营销推动绿色消费和可持续发展理念。
- 提升网络道德规范,抵制网络营销中的不良行为,如虚假广告、侵犯隐私等。
- 增强国家安全意识,了解并遵守网络安全法律法规,维护国家网络空间安全。

互联网自20世纪90年代进入商用领域以来，已经在现实的基础上构筑并发展成一个新的时空，这种发展从根本上改变了原有的经济格局，使网络交易成为普遍的商业环境。网上营销的迅猛发展，已经打破了旧的商业习惯，创造出各种新的机会，对企业管理和行为方式形成了新的挑战。对于从事网络营销的企业来说，营销策略正确与否，关系到企业的生死存亡。本章我们将介绍网络营销的概念、商务网站的建设、网络营销的模式，以及网络营销的新特点。

5.1 网络营销的概念

电子商务是指利用互联网进行的各种商务活动，是一个较广泛的概念，而网络营销是电子商务的一项子集。全程性的电子商务必须解决与电子支付相关的技术、安全和法律问题，也要有高效率、低成本的配送系统的支撑。在具备这些条件之前，网络营销可以率先开展，并给企业带来效益。因此，网络营销是电子商务发展的一块铺路石。

5.1.1 网络与网络营销

随着互联网技术的发展和电子商务的普及，传统的营销手段已经难以适应时代的发展，一种新的营销手段——网络营销悄然产生。那么，什么是网络营销（Cyber-Marketing）呢？字典中"cyber"一词被解释为"控制复杂系统的科学"，而在实际应用中，其含义还可演化为电脑和通信实现交汇的无形"空间"。这样，"网络营销"可被解释为借助联机网络、电脑通信和数字交互式媒体的威力来实现营销目标的一种营销方式。网络营销是直接市场营销（Direct Marketing）的新形式，只是由互联网替代了诸如报刊、邮件、电话、电视、广播等中介媒体，但不是直销（Direct Selling）。

1）网络与营销

企业在其经营过程中，为了有效地把握市场以实现其营销目标，从其创意开始，直到产品、服务观念和销售渠道等商务活动的全过程都需要有悉心的规划和具体的执行。从这个角度看，互联网络实际上具备如下几种营销特质：

（1）互联网络无所不及，它超越时空限制，并具备传送文字、声音、动画和影像的多媒体能力，较之传统的媒体，在表现的可能性和内容的丰富性上要杰出得多，可以使营销人员的创意得到充分发挥。

（2）互联网络可以展示丰富的商品类型和详细的商品目录，可以和顾客做双向沟通，可以收集市场情报，可以进行产品测试与消费者满意调查等，是产品设计、商品信息提供以及顾客服务的最佳工具。

（3）互联网络上的促销是一对一的、理性的、消费者主导的、非强迫的、循序渐进的，也是一种低成本与人性化的促销，因此符合分级与直销的发展趋势。

（4）互联网络使用者数量快速增长并遍及全球，因此是一项极具开发潜力的市场渠道。互联网络上的营销可由提供商品信息开始直至收款、售后服务一气呵成，因此它也是一种全过程的营销渠道。

2）网络营销的定义、功能与优势

（1）网络营销的定义。网络营销亦称线上营销或者电子营销，指的是利用互联网进行营销的形式，是建立在互联网的基础上，以线上营销为导向、以网络为工具，由营销人员利用专业的网络营销工具，面向广大网民开展一系列营销活动的新型营销方式。其主要特点是成本低、效率高、传播广、效果好、信息及时。

（2）网络营销的功能。网络营销贯穿在企业经营的整个过程中，包括市场调查、客户分析、产品开发、生产流程、销售策略、售后服务、反馈改进等环节。网络营销的功能可以在各个环节全方位地实现，如信息搜索与发布、在线购物或交易撮合、商情调查与销售渠道开拓、品牌价值扩展和延伸、互相沟通与特色服务、理念传播与引导消费、引发共鸣与传播口碑、电子客户关系管理、经济效益及增值服务、市场及客户行为分析、渠道整合与管理、整合多种营销传播媒体等。

（3）网络营销的优势。营销模式经历了从传统直接市场营销发展到数据库营销，再到网络营销的过程。网络营销是直接市场营销的最新形式。网络营销具备其他直接市场营销形式的一切优点，诸如直接面向客户、可定向服务、可获得反馈信息、无地域限制、相对成本较低等。同时，网络营销又具有自身特有的优势：广域性——覆盖全球，交流通畅；实时性——即刻送达，即刻反馈；互动性——客户参与，充分沟通；低成本——建设费少，维护费低；可扩展；支持其他营销，可发展为电子商务。

3）网络营销活动的内容

企业通过互联网络开展的营销活动主要有以下几种：

（1）发布电子广告，传递产品信息。目前，已有为数众多的公司在互联网络上建立了自己的服务器，即时向全球发布产品信息。这些信息有声有色、图文并茂，是一种极好的广告宣传。相对于传统的广告，它无论是在宣传范围的广度方面还是内容的深度方面，都具有无与伦比的优点。目前，网上的宣传、促销工具主要有：电子邮件广告、搜索引擎注册、"旗帜"广告、公告栏广告、新闻组广告，以及有奖销售、个性化服务等。

（2）建立电子商城。将商品以多媒体信息的方式通过互联网络供全球顾客浏览、选购，由此消除运输成本和代理商中间的差价，已经发展为一种成熟的商业模式。顾客可以通过互联网络自由浏览各种商品，并对商品的图像、文字介绍、技术参数指标、价格和售后服务等各项内容一目了然。目前国内的电子商城大致分为两种：一种是以淘宝网、京东商城、苏宁易购等为代表的多元化综合性商城；另一种是以自有产品为主营业务的品牌化商城，如海尔商城、格力商城等。

（3）基于社交平台开展自媒体营销。自媒体营销指个人或企业将自身社交平台账号作为信息源与信息传播中心，吸引流量并进行信息辐射的行为。其中，社交平台是必不可少的媒介，包括微博、博客、微信、百度贴吧、论坛/BBS网络社区等。自媒体营销在2016年进入井喷期，并以微信公众号营销为典型代表。微信公众号通过开发个性化功能并定期推送内容，逐渐吸引聚集"粉丝"，并在此基础上进行广告宣传、营销推广等商业活动。

（4）获取商情动态。互联网络还提供对商业活动十分有用的信息，用户可以免费索取。例如，我国商务部建立了公共服务资源平台。该项目以社会公众为服务对象，以经贸政策、商情、经济环境等信息为主要服务内容，以开拓国内外市场、促进国内外贸易为主要目的，以网站、全球大型展览会以及国内外设立的资源中心为服务平台，以电子媒体、纸媒体和流媒体等多种信息介质为载体，免费向国内外企业提供全方位的信息产品和信息服务。

（5）开展网络服务。利用互联网络的资源为用户提供服务的企业大致可分为互联网络访问、信息检索、软件开发以及用户咨询与培训四大类。其中，第一类企业的数量最多，它们为用户提供互联网络的硬件接口，利用自己拥有的网络与通信资源，为用户提供互联网络连接。还有一些企业将互联网络的信息作为"原料"进行加工，制成"商品"后销售给用户。它不但解除了急需获得信息的用户大海捞针之苦，而且经过翻译还排除了文字上的障碍。

当然，要想顺利开展网络营销活动，创建一个好的网上商务站点是前提。

5.1.2　网上商务站点的策划

1）企业创建网上商务站点需要考虑的基本因素

创建、经营一个网上商务站点除了要有相应的技术支持，还需要考虑很多因素，其中最重要的是市场分析。企业要想通过互联网网站出售产品或提供服务，必须分析其产品与服务是否适合于电子商务。一个成功的电子商务站点应为其上网产品考虑以下六个要素：

（1）目标市场情况。首先，产品或服务的目标应与互联网用户一致，定位成功是关键。因为互联网所销售的产品或服务的消费者首先是作为互联网的用户，他们比较年轻，收入水平在中等以上，受教育水平也高于平均水平，他们喜欢创新，对新产品和新技术产品情有独钟。当然，随着上网人数越来越多，目标市场也在不断变化。国内、国外的情况也有较大差别，像京东、亚马逊这样的网上销售平台成功的原因首先在于其市场定位正确。

（2）市场环境。如果企业的竞争对手尚未使用电子商务，那么首先进入电子商务的企业无疑更可能成功。此外，良好的国际和地区经济环境、政府部门的支持以及市场所在地互联网设施的完备程度都对电子商务的成功都有影响。

（3）产品、服务与品牌。如果顾客熟悉企业的名字或其品牌，无疑会给企业电子商务的成功带来动力。此外，电子商务是否方便了顾客，有没有采用吸引顾客的高技术，有没有提供传统商务不具备的服务等都将对其成功有很大的影响。

（4）其他推动力。要采用各种方式，如利用传统的报刊、电视等广告媒介宣传企业的网站和企业的电子商务，以此推动电子商务的发展。

（5）价格。对于价格经常变动的产品与服务，电子商务无疑是报价的理想方式。

（6）送货渠道。顾客在网上购物后，企业如果有发达的送货网络迅速将产品送到顾客手中，无疑将提高电子商务的成功率。如果有国际送货渠道，则市场潜力更大。

2）网络营销的适用产品

不同的产品适合采用不同的销售渠道，网络营销也有其适用范围。准备上网的企业必须考虑：自己的产品利用网络营销这种方式是否能获得成功。这里首先应该清楚的是，并不是所有产品与服务都适于上网销售，比如那些在做出购买决策之前需要尝试或详细观察的产品或服务在网络上销售成功的可能性就不大。

据统计，网上销售中比较成功的有如下产品：

（1）电脑软硬件产品。电脑软硬件产品在网上的销售一直很活跃，其原因主要有两点：首先，网络用户大多数是电脑发烧友，对于这类信息最为热衷，而且电脑技术的发展速度可以用"突飞猛进"这个词来形容，产品的升级、更新换代使得这一市场有着永不衰退的增长点。其次，电脑软件通过网络传输是非常便利的，可以采用试用或赠送等方法引起消费者的兴趣，在使用过软件的网上试用版后，就可决定是否购买整个软件了。

（2）知识含量高的产品。通常，知识含量高的产品，如书籍、音像制品等，在网上销售易于获得成功。事实上，网络营销就是从网络书店的红火开始的，最典型的例子是早期的亚马逊网上书店。音像制品更方便借助网络音频、视频、多媒体、动画技术产生的丰富效果将产品的优点淋漓尽致地展现出来，还可以使用免费下载部分产品的方法增加顾客对产品的了解和兴趣。

（3）创意独特的新产品（"炒新"）。利用网络沟通的广泛性和便利性，创意独特的新产品的别致之处可以更主动地得以向更多的人展示，满足那些品位独特、需求特殊的顾客的"先睹为快"的心理。

（4）纪念品等有特殊收藏价值的商品（"炒旧"）。古董、纪念品或是其他有收藏价值的商品，目标顾客群非常小也比较分散，由于信息不易传递，再加上传统分销方式的局限性，使得这部分市场显得比较沉闷而保守。在网络上，可使这类商品为大众所认识，世界各地的人都能有幸在网上一睹其"芳容"，这无形中增加了许多商机，通过网上淘金收获所得的机会肯定多得多。

（5）服务等无形产品。这类产品包括旅馆预订、机票预订、鲜花预订、文艺演出票的订购、旅游路线的挑选、储蓄业务和各类咨询服务等。借助于网络，这类服务显得更加方便快捷有效，也更加人性化。例如，当你休假想出门走走时网络可以为你提供多套路线方案，甚至请你自己设计旅游路线，并在电脑屏幕上为你展现沿途的民俗风情，使你身临其境，会感觉到不虚此行。

在网络营销中，企业还必须考虑到自身产品在营销上的覆盖范围，以取得更好的营销效果。应谨防因过分依赖网络营销全球性的特点而忽视企业自身营销的区域范围，导致远距离的消费者在购买时出现无法配送而使企业的声誉受到影响或在进行配送时物流费用过大的情况。

3）服务策略

（1）服务的构成。在网络营销中，服务是构成产品营销的一个重要组成部分。企业在网上提供的服务，按其营销过程来划分，一般有售前、售中和售后服务三种。

① 售前服务，主要是指企业在进行产品销售前，通过网络向消费者提供介绍产品性能、外观等的服务，使消费者在购买产品后能迅速得到产品以及咨询回应。

② 售中服务，主要提供用户在购买过程中所遇到的问题的咨询服务。

③ 售后服务，主要解决用户在购买产品后使用过程中所遇到的问题。

（2）服务内容。提供良好的服务是实现网络营销的一个重要环节，也是提高用户满意度和树立良好形象的一个重要方面。企业在进行网络营销过程中大致可以提供以下几个方面的服务：

① 建立完善的数据库系统。以消费者为中心，充分考虑消费者所需要的服务以及可能要求的服务，建立完善的服务数据库系统。

② 提供网上的自动服务系统。依据客户的需要，自动、适时地通过网络提供服务。例如，在消费者购买产品的一段时间内，提醒他们需要注意的问题。同时，也可根据不同消费者的不同特点，提供相关服务，如提醒客户有关家人的生日时间等。

③ 建立网络消费者论坛。通过网络对消费者的意见、建议进行调查，借此掌握和了解他们对于产品特性、品质、包装及式样的想法，协助产品的研究开发和改造。在条件许可的情况下，也可根据一部分消费者对产品的特殊需求，提供相应的产品服务和个性化服务，如满足顾客对颜色、式样的特殊要求等。

4）信息策略

为用户提供完善的信息服务，是进行网络营销的一个重要组成部分。与实体产品网络营销、服务网络营销相比，在现阶段为用户提供完善的信息服务是网络营销的主要功能，也是目前网络营销的一项主要任务。企业在进行网络营销、为用户提供信息服务时可采取以下策略：

（1）建立"虚拟展厅"。用立体逼真的图像，辅之以方案、声音等展示自己的产品，使消费者如亲临其境，感受到"真实的"产品，对产品的各个方面有一个较为全面的了解。在建立"虚拟展厅"来传递信息时，为更好地满足消费者的需求，企业应在"展厅"中设立不同产品的"显示器"，并建立相应的导航系统，使消费者能迅速、快捷地寻找到自己所需要的产品信息。

（2）设立"虚拟组装室"。在虚拟的展厅中，对于一些需要消费者购买后进行组装的产品，可专门开辟一些空间，使消费者能根据自己的需求，对同一产品或不同产品进行组合，更好地满足消费者的个性化需求。

（3）建立自动化信息传递系统。在这方面，企业一是要建立快捷、及时的信息发布系统，使企业的各种信息能及时地传递给消费者；二是要建立信息的实时沟通系统，加强与消费者在文化、情感上的沟通，并随时收集、整理、分析消费者的意见和建议，在改进产品开发、生产及营销的同时，对给予企业帮助及好建议的信息提供者予以相应的回报。

5）价格策略

价格策略是企业营销策略中最富有灵活性和艺术性的策略，是企业营销组合策略中的重要内容，是企业的一种非常重要的竞争手段。一般来说，影响企业产品网上定价的因素主要有成本因素、竞争因素和供求关系。

（1）定价目标。

在网络营销中，企业定价目标主要有以下几种：①以获得理想利润为目标；②以获得适当的投资报酬率为目标；③以提高或维持市场占有率为目标；④以稳定价格为目标；⑤以应对或防止竞争为目标；⑥以树立企业形象为目标。

（2）定价程序。

在网上营销中，确定企业产品营销价格的程序一般包括八个步骤：①分析测定市场需求；②估计产品成本；③分析竞争对手营销价格与策略；④选择定价目标；⑤选择定价方法；⑥确定可能的价格；⑦征询消费者的意见；⑧确定最终价格。

其中，需求测定（分析测定市场需求）是企业确定营销价格的一项重要工作。其主要包括市场需求总量、结构的测定以及不同价格水平上人们可能购买的数量与需求价格弹性等。需要注意的是，在网络发展处于初级阶段的情况下，企业通过网络所获得的资料是有局限性的。

（3）网络定价策略。

网络定价的策略很多，既有心理定价策略，也有折扣定价策略、地理定价策略和信用定价策略等。本部分我们主要根据网络营销在国内外发展的特点，着重阐述个性化定价策略、声誉定价策略、自动调价和议价策略以及竞争定价策略。

① 个性化定价策略。消费者往往对产品外观、颜色、样式等方面有具体的内在个性化需求，个性化定价策略就是利用网络互动性和消费者的需求特征，来确定商品价格的一种策略。网络的互动性使得企业能够即时获取消费者的需求信息，令个性化营销成为可能，也使个性化定价策略成为网络营销的一个重要策略。这种个性化定价策略是网络产生后营销方式的一种创新。

② 声誉定价策略。在网络营销的初期，消费者对网上购物和订货还存在许多疑虑，比如在网上所订购的商品质量能否得到保证，货物能否及时送到等。对于形象、声誉较好的企业来说，在进行网络营销时，价格可相应高一些；反之，价格则应低一些。

③ 自动调价、议价策略。这是指根据季节变动、市场供求状况、竞争状况及其他因素，在计算收益的基础上设立自动调价系统，自动进行价格调整。同时，建立与消费者直接在网上协商价格的集体议价系统，使价格具有灵活性和多样性，从而形成创新的价格。这种集体议价策略已被很多网站采用。

④ 竞争定价策略。通过顾客跟踪系统经常关注顾客的需求，时刻注意潜在顾客的需求变化，才能保持网站向顾客需要的方向发展。许多购物网站会将网站的服务体系和价格等信息予以公开，这就为了解竞争对手的价格策略提供了方便，可以随时掌握竞争者的价格变动，调整自己的竞争策略，时刻保持同类产品的相对价格优势。

另外，网络定价的策略还有竞价策略、折扣定价策略、特有产品特殊价格策略、捆绑销售策略、产品循环周期定价策略等。

5.1.3　网络营销要领

企业信息化有两条路径：一是由内向外，即先建立和整合企业内部管理信息网络，再连接 Extranet 及互联网；二是由外促内，即先在互联网上建立富有活力的网站，根据市场和客户的反应，有步骤地解决内部管理信息网络的问题。结合我国企业目前信息化的现状，以及我们对网络营销的理解，网络营销是企业信息化恰当的目标定位，而建设商务网站只是开展网络营销的第一步。之后企业再利用这个窗口扩大影响、方便客户、提高服务质量，通过成功的网络营销促进企业的电子商务顺利展开。

商业网站的经营者必须想方设法增加消费者对网站的访问量，并且把网站的访问量转换成利润。下面介绍一些要领：

1）勤奋工作

这是通向成功的一条必由之路，这条成功的黄金定律同样适用于网站的经营。网络上，公司与个人是处于同一起跑线上的，我们经常可以发现，一个由高中生制作的个人网站要比不少公司的网站更为出色。所以，在网络上，不管有多么好的方案和构思，都必须努力去兑现。

2）正确的市场定位

一般来说，如果可以通过印刷制品来推广某种产品的话，那么这种产品也可以在互联网上进行推广，并可得到同样的推广效果。当然，要把那些必须经过试用才能促成正式购买行为的产品排除在外，因为客户显然不能从印刷制品或互联网上直接得到对相关产品的比较强的感性认识。这些感性认识包括"触觉、味觉、嗅觉，还有听觉"。

事实上，可以上网的人一般都会拥有个人的计算机或移动通信设备，所以在网上销售与计算机或移动通信设备相关的产品会获得较好的销售业绩。与此同时，一些高档消费品若在互联网上推广得力的话，也能吸引那些收入较高的消费者，得到一定的市场份额。

在这里必须说明一点，比产品类型定位更重要的是市场定位。在现实生活中，市场的地域性是非常明显的，但在互联网上，这种市场的地域性几乎不存在。市场的细分将完全按照互联网的相关法则来进行。所有想在互联网上获得成功的企业，都必须找到适合自己的细分市场。许多小型的企业最终成为互联网上的大赢家，原因之一就是它们做出了正确的市场定位。

3）网站的质量与专业性

当我们看到印刷精美的产品目录或广告的时候，或多或少会对有关的产品形成一种好感，即使不会购买，也必然对这些产品形成一定程度的认同。实际上，网站的页面就好比是"无纸的印刷品"。因此，我们可以得出一个结论：精良和专业的网站设计，如同制作精美的印刷品，会大大刺激消费者（访问者）的购买欲望。

4）把方便留给访问者

如果想促使访问者在线购买你的产品或使用你的有偿服务，那么你必须先为他们建立一条方便的通道，以便他们得到各种想要的信息，别在这条通道上设置任何障碍，任何强迫访问者进行注册的手续都应该尽可能省略。比如，在网页的顶部或左边添加快速进入网站各级页面的导航条，很多人习惯以这种方式来探索网站；在网站上加入网站内部的搜索引擎；一个简单的返回按钮肯定会使你的网站看起来更加友好。

5）更加坦诚

没有必要对你的访问者隐藏某些东西，包括你的姓名、电话号码、邮件地址、住址等。你得向他人证明你的坦诚，以便让他人认为你的产品或服务也是真实可信的。

6）强调服务质量

必须利用尽可能多的机会向访问者传达这样一种信息：你所提供的产品和服务是一流的，并且不会给客户造成任何麻烦，比如在产品的维修方面或服务的技术支持方面。当收到客户给你的邮件时，请迅速回复。

7）推广网站

优秀的网站同样需要辅之以成功的推广。可以利用搜索引擎、友情链接等方法大力宣传你的网站，具有针对性的 Banner 广告会大大提高网站的知名度。

8）关注交易额，而不是点击率

你的网站有上百万的页面访问量吗？那么，有多少访问量最终转化为销售额了呢？也许我们应该更重视财务报表而不是页面的计数器。

9）网站的更新与改版

经常更新网站内容，并定期进行网站的改版，既有利于网站的发展，也可以始终保持访问者对于网站的兴趣。我们可以用一个简单的方案来保持网站的"新鲜度"：在网站的首页摆放一张更新的列表，并经常滚动更新这张列表，可以使整个网站看起来"充满活力"。

10）互联网无国界

在互联网上，永远不会缺少潜在的需求者，客户普遍存在于世界的每个地方，所以，对于网站推广人员的要求是：思维模式的"全球化"。

5.2 电子商务网站建设

5.2.1 制订互联网站点实施计划

创建互联网站点需要做很多工作，包括：定义和确定目标顾客，进行市场评估；软硬件的选择，数据库的选择，域名的注册，ISP的选择，搜索引擎的注册，防火墙的设置；信息的收集，Web链接的组织与维护和Web页面发布策略等。当然，实施计划中还应该包括确定由谁提供和更新Web页面，Web服务器的访问记录如何分析利用；确定Web站点需要提供哪些交互性应用，做好回答用户的网上咨询的人员安排。对每一种网上应用，需要评估其能否满足顾客的要求及在时间、金钱、人员等方面可能带来的商业利益。此外，为方便顾客查找信息，还要在网上提供关键词搜索服务，对用户常见的问题可在网上公布解答。对其他问题则可提供反馈渠道，还可以建立实时的聊天室及电子邮件等交流渠道。

针对以上任务，企业应根据自己的实际情况确定哪些需要纳入实施计划，以及每项任务的时间、人员安排等。

1）互联网站点的技术层次

可以将建设互联网站点的技术分为以下九个层次（也可以说成是九个阶段）：

（1）启动阶段：这一阶段主要确定Web设计策略及目标，进行初步研究、选择ISP及安装软硬件等。

（2）数据存储阶段：将企业原有的文档转换为HTML文档在Web上发布。

（3）链接阶段：在Web页面上创建很多与其他相关资源与公司的链接。

（4）多媒体阶段：在页面上采用各种先进技术增强页面的视觉和听觉效果，如可用Real Audio技术加入声音文件，用Shockwave技术增强多媒体效果，用Java技术增强交互功能等。

（5）数据库阶段：在Web页面中增加数据库应用，提供Web与数据库的接口，这对经常更新的数据尤其有用。

（6）交互阶段：建立很多交互性应用，包括获取用户对站点和产品的反馈信息，回答顾客的提问等。

（7）高级数据存储阶段：经常性更新数据，数据源与 Web 页面及时连接，电子邮件与 Web 页面自动转换等。

（8）高级交互阶段：在该阶段，可使对常见问题的回答由程序自动完成，也可用更复杂的搜索软件自动回答用户的提问。

（9）网上安全支付阶段：确定采用的交易方式及其理论依据，采用信息加密、数字签名、信息摘要等相关技术，最大限度地确保网上交易的安全性。

以上九个阶段中前四个为基础阶段，后五个是 Web 站点的扩展阶段。

2）统计分析

建设企业级电子商务环境，远不止在网上创建网站那么简单，还需对企业状况加以分析，对其他公司进行调查，分析成功或失败的原因。采用统计报告工具协助企业进行 Web 服务器记录文档的统计，并可根据企业的要求生成各种格式的统计报告。另外，还需要提供网页统计服务。

通过统计每个季度的互联网销售量以及与传统销售量的比较，评估电子商务系统的运行情况并采取相应对策。

5.2.2　域名注册

在制定了详细的规划以后，就可以具体地开始建设商务网站了。一般而言，建设商务网站包括几个步骤：注册域名、搭建 WWW 服务器、维护与促销站点。

1）什么是域名

域名（Domain Name）是由一串用点分隔的名字组成的互联网上某一台计算机或计算机组的名称，用于在数据传输时标识计算机的电子方位（有时也指地理位置，地理上的域名，指代有行政白主权的一个地方区域）。一个域名的目的是给出便于记忆和沟通的一组服务器的地址。

国际互联网上的服务器都有一个数字化的地址，叫作 IP 地址，如果让人们记忆这些数字化的地址显然是不容易的。为此，工程师们建立了一套域名体系，其作用就在于通过便于记忆而且具有一定标识意义的域名，来免除人们记忆数字化 IP 地址的不便。因此，一般来说，当你要在国际互联网上创建服务器时，你需要注册域名。

由于域名在国际互联网中不能有字符完全相同的重复，同时它又具有一定的标识作用，因此它像商标一样具有相当的价值。即使你还没有建设网站的计划，但是为了保护你的无形资产，你也有必要先注册域名，这样就会避免域名被别人抢注的尴尬。

域名还不是网址。一般来说，在通过注册获得了一个域名之后，需要根据网址所载信息内容的性质，在域名的前面加上一个具有一定标识意义的字符串，才构成一个网址。例如，在 www.webtrends.com 中，www 标志着服务器是 Web 服务器，而 webtrends.com 则是域名。我们称这样的域名为独立域名。

2）域名选择

域名是由两段或三段字符串构成的，最长的有四段。如，webtrends.com.cn 或 webtrends.com，"webtrends" 这一段字符串是可由申请域名的人自己定义的，而 "com" 这一段则是域名体系早已规定好的，并有如下几种选择：

（1）国际顶级域名。

.com 适用于商业公司；.net 适用于网络组织；.edu 适用于教育机构；.org 适用于非营利组织；.gov 适用于政府部门等。

（2）国家级域名。

中国 .cn；澳大利亚 .au；意大利 .it；加拿大 .ca；日本 .jp；德国 .de；英国 .uk；法国 .fr；美国 .us 等。

（3）中国顶级域名。

.ac.cn 适用于科研机构；.net.cn 适用于网络组织；.edu.cn 适用于教育机构；com.cn 适用于商业公司；.org.cn 适用于非营利组织。

（4）中国顶级域名之行政区域名。

北京市 .bj；吉林省 .jl；山东省 .sd；上海市 .sh；黑龙江省 .hl；河南省 .ha；天津市 .tj；江苏省 .js；湖北省 .hb；重庆市 .cq；浙江省 .zj；湖南省 .hn；河北省 .he；安徽省 .ah；广东省 .gd；山西省 .sx；福建省 .fj；海南省 .hi；辽宁省 .ln；江西省 .jx；四川省 .sc；贵州省 .gz；云南省 .yn；广西壮族自治区 .gx；陕西省 .sn；西藏自治区 .xz；甘肃省 .gs；宁夏回族自治区 .nx；青海省 .qh；新疆维吾尔自治区 .xj；内蒙古自治区 .nm；香港特别行政区 .hk；澳门特别行政区 .mo；台湾地区 .tw。

注册国内域名与注册国际域名是有区别的。国际域名是指在美国的域名注册机构 InterNic 注册的域名，国内域名是指在 CNNIC 注册的，二者的区别在于：国际域名没有国别标识，而国内域名最后加了 ".cn" 这个 "中国" 的国别标识。从运作机制上看，二者的作用是一样的，但从标识意义上讲，二者在国别标识方面显示出了较大的区别。

定义域名除了要根据公司性质或信息内容的性质来选择之外，还要做到简洁、易记、标识性强，或具有一定的内涵。这是因为由这个名字组成的网址将是访问者通达网址的必由之路；同时，域名又像品牌、商标一样具有重要的识别作用。一个好域名显然会大大有助于将你的网址 "炒" 成人所共知的著名站点。

可以用品牌和企业名称作为域名，比如 huawei.com、haier.com；再比如 amazon.com、让人很容易联想起世界上流域面积最大的亚马孙河；还有 1688.com，与 "阿里巴巴" 有一定的谐音，还有 "一路发发" 的意思。

如果你想到了一个好的域名，为防止被别人抢注，就需要尽快去申请。

3）域名查看

一旦你决定了所要注册的域名，就得确认这个域名是否已被使用。CNNIC 和 InterNic 分别提供了检索国内域名和国外域名的免费服务。如果有人已使用了这个域名，就会告知你是谁拥有它。

国内域名查询网址：

http：//www.cnnic.net.cn/

国际域名查询网址：

http：//www.networksolutions.com/whois/index.jsp

4）非独立域名网址

有些公司没有申请独立的域名，而是采用服务商的域名形式。若服务商的域名是 cyber100.com，你的 Web 网址就可用 www.cyber100.com/~ABC 的形式，ABC 代表公司名称。

采用服务商的域名虽然是低成本的域名战略，但是有很多缺点：首先，不能在访问者中树立一个独立的形象，即使你可能是一个规模很大的公司；其次，不利于你的访问者和潜在客户记忆网址；再次，如果你要更换服务商，会让你白白多付一笔费用。如果你在名片、宣传手册和广告上印了网址，更换服务商时就只好重印这些文字材料了。如果你拥有自己的独立域名，就不会有这么多的烦恼。

因此，如果你尊重访问者和潜在客户，想经营一个网站，又不想域名被别人抢注，就需要尽快申请域名。

5）注册域名

注册国内域名可以自己到 CNNIC 办理，也可委托代理办理；注册国际域名一般都由代理办理。在确认自己希望注册的域名尚未被别人注册后，只要在网上填一个简单的申请表，CNNIC 就将把你申请的域名保留 30 天，在此期间，你只需提供有关证明，交上打印好的申请表和年费（通过代理要另收手续费）就行了。

5.2.3　网上商场的建设

要建立一个网上商场，可以根据自己的具体情况选择一种合适的方式。

1）租柜台

这是一种最简单的网上商场建设方案，它相当于在已有的网上商场中租了一个柜台，你只需要向其提供你公司及公司产品的资料，其余如网站维护等技术性较强的事，甚至促销、收款的事均由商场负责，当然，你需要负责回答顾客的提问与为顾客送货。

目前，有不少网上商场都提供这种服务，有一些商城无须你付任何租金，只在你的销售收入中提成。

著名的网上拍卖商场 eBay 也提供类似的服务，一旦你免费注册为其会员，eBay 即可为你提供主页空间供你宣传你在 eBay 上的拍卖品之用。eBay 只对你拍卖的每一件商品收取少量插入费和成交后的小额提成。亚马逊网站的合作竞争（Co-opetition）战略就是搭建一个零售平台，允许其他销售相关产品的零售商通过亚马逊网站销售他们的产品，亚马逊接受订单并从委托中获取利润分成。

正如在现实世界中一样，租柜台不仅要看租金，更重要的是看"人气"。众多零售商愿意租用亚马逊网站的柜台，正是看中了它的品牌效应。

租柜台的方式技术要求简单，启动迅速，可能立竿见影，马上得到回报，非常适合技术力量不强的小企业，但你没有自己独立的IP地址和独立域名，企业的进一步发展将受到限制。

2）独立经营商场

为了独立经营一个网上商场，需要搭建Web服务器，这也有两种方法：

（1）纯粹自建。投资大、见效慢，需要有高水平的维护队伍，运行成本高。

（2）服务器托管。租用服务商提供的空间。这种方式与自建服务器相比体现了其经济、快捷、实用的优势，而且具有独立的IP地址和独立域名，在访问者中同样可以树立独立的网上形象。

互联网的基本运作机制是用户机/服务器，其最大的特点是跨时空和跨地域。也就是说，即使是天各一方，只要大家都在网络上，双方就可以直接沟通。这就为我们提供了一个重要的技术手段：远程控制（Remote Control）。服务器托管产生的技术基础和所依赖的手段主要是"用户机/服务器"和"远程控制"等机制，即无论我们的用户在哪里，只要能上网，就可以对远在天涯的服务器进行控制，从而实现对服务器的拥有和维护。

服务器托管可分为整机托管与虚拟主机托管（Virtual Hosting）。

"整机托管"是在具有与互联网、国际互联网实时相连的网络环境的公司放置一台服务器，或向其租用一台服务器，客户可以通过远程控制将服务器配置成WWW、E-mail、FTP服务器。

"虚拟主机托管"是指将一台UNIX或NT系统整机的硬盘细分，细分后的每块硬盘空间可以被配置成具有独立域名和IP地址的WWW、E-mail、FTP服务器。这样的服务器，在被人们浏览时，看不出来它是与别人共享一台主机系统资源的。在这台机器上租用空间的用户可以通过远程控制技术，如远程登录（Telnet）、文件传输（FTP），全权控制属于他的那部分空间；或者进行信息的上下载，应用功能的配置等。通过虚拟主机托管这种方式拥有一个独立站点，其性能价格比远远高于自己建设和维护一个服务器，目前这种建立站点的方式被越来越多的企事业单位所采用。

3）选择互联网服务商

互联网服务商（ISP）会提供很多服务，可以让你访问互联网，也可让你将网站信息放到他们的主机上。选择ISP是很重要的决策，会直接影响到Web网站的成功与否。选择价格低廉的接入商的话，互联网链接的速度会很慢，访问你的页面时下载的时间会很长。而访问者不可能久等，就会终止下载。如果所选择的接入商服务不可靠，即使花再多的时间，也访问不到页面，就会影响到访问你的页面的人数，使顾客满意度下降并降低销售总额。

WWW 服务器是广告信息的驻留地，广告信息能否应访问者的调阅请求顺畅地播放出去，WWW 服务器与互联网骨干网的连接速率和是否能够保持不断线、服务器硬件的性能和是否能够保持良好的运行状态、WWW 服务器软件的配置和是否支持 CGI 和 Imagemap 等、维护 WWW 服务器的技术力量是否强大等都很关键。所以，在选择 WWW 服务器提供商时，切不可只图便宜不顾性能，不看技术支持和售后服务。在选择服务器提供商时，应该考虑以下几个方面：

（1）ISP 的技术支持环境和售后服务。

（2）Web 页面访问统计报告。

（3）安全性、可靠性和有效性。

（4）每块空间对应一个独立的域名。

（5）每块空间对应一个独立的静态 IP 地址。

（6）每个用户拥有自己的 Cgi-bin 目录，便于特殊功能的实现。

（7）在同一块空间上同时具有 Web、E-mail、FTP 三种服务器功能。

（8）通过用户名和密码的方式赋予用户义件传输（FTP）的特权，用于站点信息内容的上载和日常维护，也在技术上体现出用户对托管服务器的拥有。

（9）无限量电子邮件信箱设置。

（10）不限数据通信量。

（11）可设置路径保护以限制访问，这对建立信息站点收费栏目尤为适用。

在拥有了一个柜台或一个商场后，就需要把公司或商品资料充实上去，企业的网上商业才可以起步。接下来要做的就是设计一个美观实用的网页。

成功电子商务站点评析参见延伸阅读 5-1。

延伸阅读 5-1

成功电子商务
站点评析

5.3　网络营销模式

网络营销已经成为不可避免的商业命题，它不仅是一种新的技术或手段，更是一种影响企业未来生存及长远发展的选择。网络营销是以国际互联网为基础，利用数字化的信息和网络媒体的交互性来辅助营销目标实现的新型市场营销方式。目前的网络营销方式主要有微信营销、搜索引擎营销、电

微课 5-1

网络营销模式

子邮件营销、网络会员制营销、微博营销等各种各样的方法。本节主要介绍几种比较常用的方法。

5.3.1 微信营销

微信营销平台也是移动端的一大入口，已经演变成为一大商业交易平台，它给营销行业带来的颠覆性变化已经显现。

1）微信营销的特点

（1）点对点精准营销。一方面，企业借助移动终端、天然的社交和位置定位等优势，并结合大数据用户行为分析，可实现信息的点对点推送，继而实现精准化、个性化营销；另一方面，企业借助微信会员卡管理系统，可以实现微会员、微推送、微官网、微储值、会员推荐提成、商品查询、选购、体验、互动、订购与支付等线上线下一体化服务模式。

（2）形式灵活多样。

① 公众号营销。公众号营销是微信自媒体营销行为的重要体现。个人或企业建立自己的微信公众平台，开发个性化功能并定期推送内容，逐渐积累关注粉丝，并将微信公众号逐渐打造成信息源与信息传播中心，在此基础上进行广告宣传、营销推广等商业活动。目前，比较优秀的案例有papi酱、罗辑思维等以内容制造为主的公众号，以及金融领域的微信银行等。

② 朋友圈营销。朋友圈具有良好的互动性与信息辐射能力，而且可选择特定群组进行有针对性的营销。朋友圈营销大致有以下几种形式：第一种是个人或企业在自己的朋友圈中发布商品图片和营销优惠信息，以此吸引顾客；第二种是商家引导客户分享图文，通过集赞、助力等方式完成任务并获取优惠；第三种是微信提供的朋友圈广告位，向特定区域的用户发送营销图文链接。

③ 二维码。用户可以通过扫描识别二维码身份来添加朋友、关注企业账号；企业则可以设定自己品牌的二维码，用折扣和优惠来吸引用户关注，开拓O2O（即 Online to Offline，是指将线下的商务机构与互联网结合，让互联网成为线下交易的前台）的营销模式。

④ 开放平台。通过微信开放平台，应用开发者可以接入第三方应用，还可以将应用的标识（logo）放入微信附件栏，使用户可以方便地在会话中调用第三方应用进行内容选择与分享。例如，"美丽说"的用户可以将自己在"美丽说"中的内容分享到微信中，这样可以使一件"美丽说"的商品得到不断传播，进而实现口碑营销。

（3）强关系的机遇。微信的点对点产品形态注定了其能够通过互动的形式将普通关系发展成强关系，从而产生更大的价值。通过互动的形式与用户建立联系，互动就是聊天，可以解答疑惑、可以讲故事甚至可以"卖萌"，用一切形式使企业与消费者之间建立起朋友关系，你不会相信陌生人，但是会信任你的"朋友"。

2）微信营销的性质

微信营销不是传销。传销的本质是通过拉人入会、收取入会费作为其盈利的手段，其产品的价格是远远虚高于产品价值的。通过微信营销销售的产品以食品、化妆品、服装为主，其价值都不太高，但两者的营销对象比较类似，都是在亲戚、朋友这个圈子中发展潜在和现实的客户。

微信营销也不一定是直销。直销是直接销售渠道的简称，指产品的转移过程是直接从生产商到消费者，没有中间环节。如果产品制造商通过公司的微信公众号发布产品信息，吸引消费者进行购买，其中没有任何渠道的中间商和中介商的参与，就是典型的直销模式。如果是经销商通过自己的朋友圈发布促销信息，以提高销售业绩，就不属于直销了。因此，在微信营销实践中，实际上直销占比非常小，更多的是间接分销。

微信营销与店面销售、天猫等其他电商渠道的比较。店面销售是一种传统的零售终端，主要面向周边的社区、群体，消费人群较为受限，店面租金较高。微信营销借助微信平台推广产品，主要通过朋友圈窗口曝光信息或借朋友的转发宣传产品，消费人群不受时间、地点、空间的限制，但也仅限于圈子里的成员。天猫等电商销售平台与微信营销都属于电子商务的形式，但两者的受众和营销手段、产品售价、营销绩效存在较大的差别。

3）微信营销的关注焦点

微信营销的关注焦点有三：第一，产品是核心。初期微商应选择销售产品的功能价值，等市场稳定和品牌享有一定的知名度以后，再来着重关注产品的情感价值。第二，宣传有节制。如果频繁刷屏，朋友们未免会疲劳甚至厌烦，慢慢就会降低关注度。第三，关系的经营与维护。不可否认的是，微信营销确实会"消费关系"。先是彼此间的关系有效地促进了交易行为，而交易后的不良反应则有损于彼此间的关系，可能导致强关系转变为弱关系，甚至会有人淡出彼此的圈子。因此，微商必须精心呵护自己的圈子，只有经营好各种社会关系，才能保持关系的正向发展。

5.3.2　搜索引擎营销

搜索引擎营销（Search Engine Marketing，SEM）是根据用户使用搜索引擎的方式，利用用户检索信息的机会，尽可能将营销信息传递给目标用户。简单来说，搜索引擎营销就是基于搜索引擎平台的网络营销，它利用人们对搜索引擎的依赖和使用习惯，在人们检索信息的时候尽可能将营销信息传递给目标客户。搜索引擎营销包括以下三个方面的内容：

1）登录搜索引擎

以工作原理来划分，常见的搜索引擎技术大概有两类：

一类是纯技术型的全文检索搜索引擎，如谷歌、百度等。其原理是通过机器检索程序到各个网站收集、存储信息，并建立索引数据库供用户查询。这些信息并不是搜索引擎即时从网络检索到的，通常所谓的搜索引擎，其实是一个收集了大量网站或网页资料并按照一定规则建立索引的在线数据库，这种方法无须各网站主动登录搜索引擎。

另一类称为分类目录，这种方法并不采集网站的任何信息，而是利用各网站向搜索引擎提交网站信息时填写的关键词和网站描述资料，经过人工审核和编辑从而使各网站或网页登录到索引数据库中。在早期，因为搜索引擎技术未出现，使用的大多是第二种技术，加之其他网络营销工具的缺乏，当时的网络营销者们认为，只要可以将网址登录到Yahoo并保持靠前的排名（通过搜索引擎优化），网络营销的任务就基本完成了。无论付费登录还是免费登录，也无论登录上搜索引擎是被机器检索到的，还是网站主动提交资料实现的，作为搜索引擎营销的最底层目标，搜索引擎营销最基本的方法之一就是登录到搜索引擎。这也是实现更上层目标和其他方法的基础。

2）搜索引擎优化和竞价

网站信息在搜索结果中的排名非常重要，在一个检索结果中，往往前面几页或者第一页的前几个的点击率最高，搜索引擎优化的目的就是要通过对网站关键字、标题、网站结构的修改，使网站更符合搜索引擎的检索规则，使网站更容易被检索，排名更靠前。当然，现在的很多搜索引擎，如百度，都采用竞价排名的方法，即在同类网页或网站信息之间，采用付费竞价的形式，谁出的价钱高，谁就排在前面（需要一套信用审核机制）。

3）关键字广告

所谓关键字，就是用户所关注信息中的核心词汇，用户就是用它通过搜索引擎查找自己期望的网页或网站，现在不少搜索引擎，如百度等，充分利用用户对这些核心词汇的高度关注，在搜索结果的旁边显示关于它的产品广告，这就是关键字广告。事实证明，关键字广告是一种成功率很高的宣传媒体，成功率比其他网络广告高得多。现在也有不少网站用网页内容定位的方法，实质上，这种方法是关键字广告的一种拓展，它的基本做法是：在某些与搜索引擎关系友好的网站中的某些关键字旁，显示有关于这个关键字的广告链接。

搜索引擎营销作为一种比较成功的营销方式，已经得到了国内企业的重视，很大一部分企业已经在搜索引擎营销方面做出了很好的成绩，但搜索引擎营销的应用仍然需要做出更多的探索。

5.3.3 电子邮件营销

电子邮件营销（E-mail Direct Marketing，EDM）或称E-mail营销，是在用户事先许可的前提下，通过电子邮件的方式向目标用户传递价值信息的一种网络营销手段。E-mail营销有三个基本因素：用户许可、电子邮件传递信息、信息对用户有价值。三个因素缺少一个，都不能算是有效的E-mail营销。电子邮件营销是利用电子邮件与受众客户进行商业交流的一种直销方式，同时也广泛应用于网络营销领域。电子邮件营销是网络营销手法中最古老的一种，可以说电子邮件营销比绝大部分网站推广和网络营销手法都古老。电子邮件营销经历的主要过程如下：

1）邮件地址的选择

要针对选择的产品来选择 E-mail 的用户，比如一家公司是做儿童用品的，那么应选择什么样的 E-mail 用户群呢？根据调查，母亲最关心自己的孩子，所以要锁定在女性 E-mail 用户群，而一般有宝宝的女性年龄在 25~35 岁之间，故最终锁定在年龄在 25~35 岁之间的女性 E-mail 用户群。所以，要根据自己公司的产品来定位 E-mail 用户群，以便于宣传率达到最高。

2）重要的 E-mail 内容

首先，需要知道标题怎样写才足够醒目，吸引人看到标题去点击内容。标题对于宣传的产品是最重要的，如果标题不够吸引人，那么你的目标客户群可能不去看你的邮件，有可能会把你的邮件删除。所以，标题内容要让你的客户群知道这是他关心的内容，要有引人注目的卖点。比如，目标客户群是一些有上进心、有创业精神的人，最终就可以以"财富之路"作标题，当他们看到这个标题后，会不自觉地点击，因为他们是有创业精神的人，这是他们的渴望。

E-mail 的内容怎么写呢？就是要简洁明了，让目标客户一看就知道主旨，字数不要太多，一般在 200 字以内。要知道，目标客户因为时间的限制是不会接受长篇大论的内容的。

3）确保邮件的内容准确

写邮件的时候可以夸耀产品，但是不可太过分，网络用户通常都是受过高等教育的，所以在安排邮件内容的时候要小心不要说得过头。在发邮件之前一定要把你写的东西审核一下，还要有营销团队的人集体审核以确保无误。

4）电子邮件的发送

发送电子邮件一定要注意不要将附件作为邮件内容的一部分，而应该使用链接的形式来使他们进入你想让他们看到的网页。由于邮件系统会过滤附件或限制附件的大小，以免给客户带入病毒，所以还要掌握发信频率。

利用电子邮件可以有效地实现个性化营销。个性化营销的主要内容包括：用户定制自己感兴趣的信息内容、选择自己喜欢的网页设计形式、根据自己的需要设置信息的接收方式和接收时间等。个性化服务在改善顾客关系、培养顾客忠诚度以及增加网上销售等方面具有明显的效果。据研究，为了获得某些个性化服务，在个人信息可以得到保护的情况下，用户才愿意提供有限的个人信息，这正是开展个性化营销的前提保证，也需要在进行电子邮件营销时注意。

5.3.4 网络会员制营销

会员制营销又称"俱乐部营销",是指企业以某项利益或服务为主题将人们组成一个俱乐部形式的团体,开展宣传、销售、促销等营销活动。顾客成为会员的条件可以是缴纳一笔会费或荐购一定量的产品等,成为会员后便可在一定时期内享受到会员专属的权利。

例如,京东商城会员制营销的核心在于通过构建完善的会员体系,提供个性化的服务和权益,增强用户的归属感和忠诚度。京东通过划分不同等级的会员权益,提供个性化的服务与体验,实现用户的分层管理和深度挖掘。京东的会员体系包括普通会员、银卡会员、金卡会员、钻石会员等多个层级,每个层级对应不同的消费门槛和特权待遇,如积分回馈、优先购买权、专享折扣等。此外,京东还引入了 Plus 会员模式,为消费者提供更多元化、更高级别的增值服务,如免费快递、专属客服、优先退换货等,以此来增强会员的归属感和忠诚度。在精细化运营策略方面,京东依托强大的大数据分析能力,对会员的消费行为、购物喜好、浏览轨迹进行深度挖掘和精准画像,从而制定出符合各类会员群体特性的个性化营销策略。通过场景营销、互动沟通和长期价值培养等手段,京东不断优化会员服务和体验,确保会员在购物、售后、物流等环节都能感受到超越期待的服务质量。

5.3.5 微博营销

微博营销是指通过微博平台为商家、个人等创造价值的一种营销方式,也是指商家或个人通过微博平台发现并满足用户的各类需求的商业行为方式。每一个网友(粉丝)都是潜在的营销对象,企业利用更新自己的微博向网友传播企业信息、产品信息,树立良好的企业形象和产品形象。每天更新微博内容就可以跟大家交流互动,或者发布大家感兴趣的话题,以此来达到营销目的。企业运用微博营销有以下主要技巧:

1)传递价值

企业要改变对微博价值的观念,让粉丝觉得微博创作本身有价值。微博作为宣传与吸引浏览者的手段,不可能每天都有赠品、优惠券等,也不是只有物质奖励才有价值。企业可以借微博向目标顾客提供他们感兴趣的相关资讯、常识等。微博对目标群体的吸引力是一种价值的相互交换。

2)微博个性化

微博具有建立联系、产生互动的特点,企业的微博要让人感觉像一个人,有烦恼、有思考、有回应,甚至有感情的特点与个性,不可取代。这和品牌与商品的定位一样,在功能层面要做到差异化,在感性层面也要塑造个性。这样的微博具有不可替代的独特魅力。

3)准确定位

企业要拥有有价值的粉丝,就要围绕一些产品的目标顾客关注的信息来发布微博,吸引目标顾客的关注,同时吸引消费者的眼球,进而达到吸引大量粉丝的目的。

4）强化互动性

微博可以进行互动，这是它的魅力所在。应该注意的问题是，企业宣传和更新信息的速度越来越快，而互动性是发展的关键，因此企业微博要将更多的信息融入粉丝感兴趣的内容之中，以产生共鸣。

5.3.6　App 移动营销

企业还可以采用广告植入模式的 App、吸引用户参与模式的 App（进行体验和传播）、原有网站移植模式的 App 等方式，进行 App 营销。

1）广告植入模式的 App 营销策略

广告植入模式是最基本、最常见的 App 营销模式之一。企业将广告信息植入热门的、与产品受众相关联的移动应用中，当用户点击广告栏时便自动链接到企业的 WAP 网站，这样在用户操作 App 的同时就能方便地了解广告主的信息或参与活动，从而在潜移默化中达到营销的目的。这种模式成本较低、操作简单，只要将广告信息有针对性地投放到与产品受众高度相关联及下载量较大、用户较多的应用程序上，就能收到良好的传播效果。沃尔沃 C30 上市之际便是利用这种高度契合的 App 植入广告的方式吸引了大量的用户注册体验驾驶，提高了新车的知名度。

2）用户参与模式的 App 营销策略

该模式将广告主的营销目标与消费者需求结合，通过开发有创意的应用程序吸引用户主动参与体验互动，从而达到有效营销的目的。这一模式在调查研究目标消费群体的相关需求属性的基础上，结合产品或品牌的特点开发符合自身定位的应用程序，并将其投放到各大应用商店，供用户免费下载。通过下载安装并使用这些应用程序，用户能够在有趣的体验中了解品牌的相关信息和最新动态，逐步加深对企业和品牌的好感度，同时利用应用反馈和分享通道方便用户进行二次传播。

3）网站移植模式的 App 营销策略

网站移植模式多为购物类、社交类网站的手机客户端。它以移动智能终端为载体，将成熟的传统网站模式移植到移动终端平台，开发出符合移动平台界面的 App 应用程序，用户通过此类 App 可以随时随地浏览网站获取商品信息、进行快捷支付、开展社交活动。这种模式相对于传统网站的最大优势在于快速便捷、服务实时，它能有效地覆盖碎片化时间里人们的购物与社交需求，是品牌扩大影响、进行营销的有力补充渠道。通过这一纽带，品牌得以网罗移动互联网上的活跃用户，将营销活动进行跨媒体整合。该模式的广告主以电商品牌居多，如淘宝、京东等。

延伸阅读 5-2

中国网络营销
的新特点

素养园地

绿色营销的力量
—— 一家企业的网络营销转型之路

故事：在竞争激烈的市场中，华绿公司一直以传统方式销售其产品。随着互联网的兴起，该公司决定开展网络营销，以拓宽销售渠道和提高品牌知名度。然而，在初期尝试中，该公司发现仅仅依靠低价促销和广告轰炸并不能带来客户的长期忠诚。

该公司领导层决定转变策略，提出了以"绿色、健康、可持续"为核心的网络营销理念。他们首先对产品线进行了调整，确保所有产品都符合环保标准，并在营销传播中强调这一点。其次，该公司利用社交媒体平台，如微博和微信，发布有关环保和健康生活方式的教育性内容，与消费者建立了情感连接。

在一次重要的网络营销活动中，华绿公司推出了一款用环保材料制成的新产品，并通过网络直播的方式，向公众展示了产品的环保制造过程和使用效果。这次活动不仅获得了巨大的网络关注，也吸引了许多注重可持续消费的年轻消费者。

总结与反思：华绿公司的案例展示了企业如何通过网络营销传递正面价值观，并与国家的社会和环境发展目标相结合。通过强调绿色和可持续的产品特点，该公司不仅提升了自身的品牌形象，也推动了消费者对环保产品的认知和接受。在这个案例中，我们可以看到，网络营销不仅是一种商业行为，更是一种社会责任的体现。企业在开展网络营销时，应如何平衡商业利益与社会责任？如何利用网络营销平台传播正能量，促进社会和谐与可持续发展？这些都是值得我们深入思考的问题。同时，本案例也提醒我们，网络营销中的诚信和合法性是企业获得长期成功的关键。

复习思考题

1）分析网络营销定位的依据。

2）说明商务站点的建设过程。

3）说明目前主要的网络营销模式及其特点。

4）网络营销的主要策略和要领是什么？

5）从成功的电子商务网站的经验中我们能学到什么？

6）请举例说明网络营销的新特点。

即测即评

第 5 章即测即评

第6章
电子支付与网络银行

学习目标

知识目标
- 理解电子支付的定义及电子支付在电子商务中的核心作用。
- 掌握电子货币的概念、分类及电子货币与传统货币的联系与区别。
- 熟悉第三方支付平台的运作机制及在网络交易中的重要性。
- 了解网络银行的基本概念、运作模式和发展历程。
- 掌握互联网金融的内涵、市场价值及对传统金融模式的影响。

能力目标
- 解释电子支付的业务类型及其适用场景。
- 分析电子货币的发展趋势及对社会经济的影响。
- 评估第三方支付平台的优势和潜在风险。
- 探讨网络银行与传统银行业务的融合与创新。
- 批判性思考互联网金融带来的机遇与挑战。

价值塑造目标
- 培养对国家金融安全和网络支付规范的认识。
- 增强对金融科技创新与风险防范的意识。
- 理解金融服务在促进社会公平与经济发展中的作用。
- 激发对国家金融政策和法规的学习和遵守。
- 强化网络安全意识和个人信息保护能力。

随着电子商务的兴起，支付结算作为商务活动中最核心、最关键的环节，也必须适应网络环境的特点，因此，电子商务的支付结算过程对原有的支付结算系统提出了更高的要求，要求从发出支付信息到最后完成资金转账的全过程都是电子形式的。本章以电子支付的概念为起点，主要介绍各种电子货币、第三方支付和网络银行等电子支付所涉及的对象，以及互联网金融的创新模式和风险。

6.1　电子商务中的支付

6.1.1　电子商务、电子交易与电子支付的关系

商务必定引起交易，交易必定需要支付。相应地，在数字化的网络世界里，这一关系仍然存在。

顾名思义，电子商务包含两个方面的内容：一是电子化手段；二是商务活动。它是以商务为核心、以电子为手段和工具的。电子交易可理解为狭义的电子商务，它是电子商务的一个组成部分。电子交易活动是电子商务活动的核心内容，现代商务是电子商务，现代交易是电子交易，是通过互联网进行的商务活动。在电子交易中，电子支付又是其核心内容之一。在交易过程中，交易双方必须通过电子支付方式进行资金的转移，并完成实物的合理配送，从而实现电子商务。只有货币运动和实物运动同时完成，交易才会成功。例如，采购方通过电子手段向供应方发出订单，供应方接到订单后，通过企业内部网将订单分解到各个生产车间进行生产，双方通过电子支付方式进行资金转移，并完成实物的合理配送，从而实现电子商务。

6.1.2　电子支付的定义

电子支付是电子商务活动中最核心、最关键的环节。所谓电子支付，就是指电子交易的当事人，包括消费者、厂商和金融机构，以商用电子化设备和各类交易卡为媒介，以计算机技术和通信技术为手段，通过计算机网络系统直接或间接向银行业金融机构发出支付指令，实现货币与资金的转移。

电子支付的业务类型按电子支付指令发起方式，可分为网上支付、电话支付、移动支付、销售点终端交易、自动柜员机交易和其他电子支付。其中，最主要的是存在于互联网的网上支付，已经建立起三种不同类型的支付系统，即预支付系统、即时支付系统和后支付系统。

预支付是先付款，然后才购买到产品或服务。这是银行和在线商店首选的解决方案。由于用户预先支付，所以不再需要为这些钱支付利息，而且可以在购买商品的瞬间将钱转

给在线商店以防止数字欺骗。预支付系统的工作方式和真实商店一样，就是顾客进入商店并用现金购买商品，然后才能得到所需的商品。

即时支付系统是以交易时支付的概念为基础的。该系统是实现起来最复杂的系统。为了实现即时支付，必须访问银行内部数据库，需要采用更加严格的安全措施，它同时也是最强大的系统。即时支付是在线支付的基本模式。

后支付系统允许用户购买商品后再付款。信用卡是一种最普遍的后支付系统，但安全性较低。与信用卡相比，借记卡相对比较安全，因为它要求顾客证实是卡的真实持有者，但相关的费用太高。

电子支付结算是交易双方实现各自交易目的的重要一步，也是电子商务得以进行的基础条件。没有它，电子商务只能是一种电子商情或电子合同。离开电子商务的电子支付又会变成单纯的金融支付手段。因此，只有把电子商务和电子支付相结合，才能形成完整的电子商务过程。

6.2 电子货币

微课 6-1

电子货币

6.2.1 电子货币概述

1）电子货币的定义

简单地讲，电子货币就是电子（或数字）形式的货币。换言之，货币的形式不再是纸（纸币）和金属（硬币），而是电子载体中所包含的信息，即人们用计算机来储存货币和进行货币支付。

目前，对电子货币还没有一个权威的定义。这里给出两个典型的定义：

定义1：电子化货币是以金融电子化网络为基础，以商用电子化机具和各类交易卡为媒介，以电子计算机和通信技术为手段，以电子数据（二进制数据）形式存储在银行的计算机系统中，并通过计算机网络系统以电子信息传递形式实现流通和支付功能的货币。

定义2：用一定金额的现金或存款从发行者处兑换并获得代表相同金额的数据，通过使用某些电子化方法将该数据直接转移给支付对象，从而能够清偿债务，该数据本身即被称作电子货币。

2）电子货币与传统货币的关系

电子货币是在传统货币的基础上发展起来的，与传统货币的本质、职能及作用等存在许多共同之处。例如，电子货币与传统货币的本质都是固定充当一般等价物的特殊商品，这种特殊商品体现一定的社会生产关系。二者同时具有价值尺度、流通手段、支付手段、储藏手段和世界货币五种职能。它们对商品价值都有反映作用，对商品交换都有媒介作用，对商品流通都有调节作用。

电子货币与传统货币也是有区别的，主要表现在以下几个方面：

一是二者所占有的空间不同。传统货币面值有限，大量的货币必然要占据较大的空间；而电子货币所占空间很小，其体积几乎可以忽略不计，一张智能卡或者一台计算机可以储存无限数额的电子货币。

二是传递的渠道不同。传统货币传递花费的时间长，风险也较高，需要采取一定的防范措施。较大数额传统货币的传递甚至需要组织人员押运。而电子货币可以在短时间内进行远距离传递，借助电话线、互联网在瞬间内传到世界各地，且风险较低。

三是计算所需的时间不同。传统货币的清点、计算需要花费较多的时间和人力，直接影响交易的速度；而电子货币的计算在较短时间内就可以利用计算机完成，大大提高了交易速度。

四是匿名的程度不同。传统货币的匿名性相对来说还是比较强的，这也是传统货币可以无限制流通的原因。但传统货币都有印钞号码，同时，传统货币总离不开面对面的交易，这在很大程度上限制了传统货币的匿名性。而电子货币的匿名性要比传统货币强，主要原因是加密技术的采用以及电子货币便利的远距离传输功能。

此外，电子货币是用电子脉冲代替纸张传输和显示资金的，通过微机处理和存储，没有传统货币的大小、重量和印记，电子货币只能在转账领域内流通，且流通速度远远快于传统货币的流通速度。传统货币可以在任何地区流通使用，而电子货币只能在信用卡市场上流通使用。传统货币是国家发行并强制流通的；而电子货币是由银行发行的，其使用只能宣传引导，不能强迫命令，并且使用中要借助法定货币去反映和实现商品的价值，结清商品生产者之间的债权和债务关系。电子货币对社会的影响范围更广、程度更深。

6.2.2　电子货币的分类

1）智能卡

现代银行卡的卡片片基是由高性能 PVC 塑料制成的，数据载体有两类：一类数据存储在磁条中，相应的银行卡是磁卡；另一类数据存储在集成电路（Intergrated Circuits）中，相应的银行卡是集成电路卡，简称 IC 卡。

IC 卡将具有存储、加密及数据处理能力的集成电路芯片镶嵌于塑料卡片中，其核心部分是一块集成电路芯片，故又可称为芯片卡。IC 卡分为接触式 IC 卡和非接触式 IC 卡。接触式 IC 卡采用物理接触方式，将卡插入卡座后，集成电路芯片通过金属触点与读卡器中的金属触点相连，与外界交换信息。非接触卡没有机械触点，它通过无线方式与读写设备进行通信。

（1）接触式IC卡。

国际范围内适用的接触式IC卡国际标准是ISO/IEC7816。接触式IC卡分为三类：

① 存储器卡，含有EEPROM及控制电路，无加密逻辑，没有安全保护，适用于无保密要求的环境，最大容量可达64KB。

② 逻辑加密卡，由加密逻辑电路EEPROM组成，适用于需要保密但要求不高的环境。

③ CPU卡，常被称为智能卡（Smart Card），这种卡不仅有加密逻辑电路和EEPROM，还带有CPU和加密算法（DES或RSA）。

（2）非接触式IC卡。

射频卡即典型的非接触式IC卡，它成功地将射频识别技术和IC卡技术结合起来，解决了无源（卡中无电源）和免接触的难题，是电子领域的一大突破。射频卡中的芯片电路由射频接口、存储控制和存储器三个模块组成。射频卡的结构如图6-1所示。

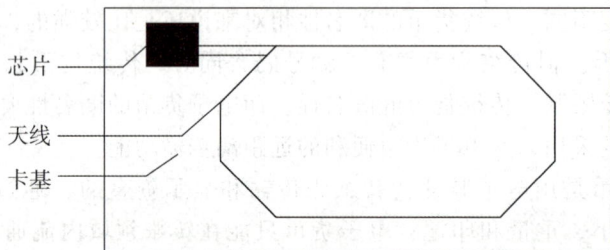

芯片
天线
卡基

图6-1 射频卡的结构

射频卡中带有射频收发及相关电路的芯片与环形天线，都在塑料基片中，进行读写时，读写设备向射频卡发出一组固定频率的电磁波，卡片内与读写设备发射频率相同的LC串联谐振电路在电磁波的作用下产生共振，从而使电容内有了电荷。这个电容与射频接口模块相接，将此电容内的电荷送到射频接口模块中的一个电容内储存。当射频接口模块中的电容上所积累的电荷达到2V或3V时，就可作为电源为其他电路提供工作电压，完成发射卡内数据或接收读写设备数据的任务。

（3）非接触卡的特点。

① 迅捷、方便。由于采用非接触无线通信，读写器对感应范围内的卡就可以进行操作，无须拨插卡，完成一次操作只需0.1秒，极大地提高了操作速度。使用时，非接触卡从任意方向掠过读写器表面，没有正反及方向和角度限制，非常方便。

② 高可靠性。非接触卡与读写器之间无机械接触，避免了由于接触读写而产生的各种故障。非接触卡芯片和感应天线完全密封在塑料卡基中，抗静电能力强，可防止油烟、灰尘、水汽等环境污染，提高了设备和卡的使用寿命。

③ 高安全性。非接触卡的序列号是唯一的，制造商在产品出厂前已固化在芯片中，

不可更改。非接触卡与读写器之间采用双向互认验证机制，即读写器要验证 IC 卡的合法性，IC 卡也要验证读写器的合法性，而且在通信过程中所有的数据都加密了。此外，卡中各个区域都有自己的操作密码和访问条件。

④ 抗干扰性强。有快速防冲突电路的非接触卡，能有效防止卡片之间出现数据干扰，在多卡同时进入读写范围时，读写设备可逐一对卡片进行处理，具有应用的并行性，也提高了效率。

⑤ 能一卡多用。非接触卡的存储结构特点使其可以做到一卡多用，能应用于不同的场合或系统。

⑥ 有多种工作距离。非接触卡系统可根据环境与应用对象的不同而做到作用距离不同。

IC 卡具有磁卡无法比拟的优越性，已经成为银行卡的主力。然而，随着移动支付、NFC 等技术的普及，IC 卡的应用场景逐渐减少，但在高安全性场景和一些基础设施尚未升级的领域，IC 卡仍然具有重要价值。

2）电子现金

（1）电子现金的特点。

电子现金（Electronic Cash）又称数字现金，是纸币的数字化。广义的电子现金是指那些以数字（电子）形式储存的货币，它可以直接用于电子购物。按照这种定义，前面提到的磁卡、智能卡以及后面要述及的电子支票、电子钱包的功能都属于这个范畴。在这里我们主要介绍狭义的电子现金。电子现金通常是指一种以数字（电子）形式储存并流通的货币，它把用户银行账户中的资金转换成为一系列的加密序列数字，通过这些序列数字来表示现实中的各种金额，用户用这些加密的序列数字就可以在互联网上那些能接受电子现金的商店购物。

电子现金兼有纸质现金和数字化的优势，具有安全、可匿名、方便灵活、处理效率高、成本低的特点，具体表现在以下几个方面：

① 安全性。随着高性能彩色复印技术和仿造技术的发展，纸币的伪造变得更容易了；而电子现金是高科技发展的产物，它融入了现代密码技术，提供了加密、认证、授权等机制，只限于合法人使用，能够避免重复使用，因此，防伪能力强。纸币有遗失、被偷窃的风险；而电子现金没有介质，不用携带，没有遗失和被偷窃的风险。

② 匿名性。纸质现金交易只具有一定的匿名性和不可跟踪性；而电子现金由于运用了数字签名、认证等技术，确保了它实现支付交易时的匿名性和不可跟踪性，维护了交易双方的隐私权。

③ 方便性。纸币支付必须定时、定点；而电子现金完全脱离了实物载体，既不用纸张、磁卡，也不用智能卡，使得用户在支付过程中不受时间、地点的限制，使用更加方便。

④ 成本低。纸币的交易费用与交易金额成正比，随着交易量的不断增加，纸币的发行成本、运输成本、交易成本越来越高；而电子现金的发行成本、交易成本都比较低，而且不需要运输成本。

电子现金也有缺点：它同纸质现金一样很难进行跟踪，因此没有付税记录，而且还会被用来洗钱；像传统现金一样，电子现金也可能被伪造。

（2）电子现金的分类。

电子现金的类型很多，不同类型的电子现金有自己的协议，用于消费者、销售商和发行者之间支付信息的交换。每个协议由后端服务器软件——电子现金支付系统和客户端的"电子钱包"软件执行。

电子现金支付已经有几种典型的实用系统可以使用，如 Netcash、E-cash、Micro Payments 等。

Netcash 是一种可记录的匿名电子现金支付系统，它利用设置分级货币服务器来验证和管理电子现金，以确保电子交易的安全性。

E-cash 是由 DigiCash 公司开发的在线交易用的无条件匿名的电子货币系统。它通过数字形式记录现金，集中控制、管理先进，是一种安全性很高的电子交易系统。

Micro Payments 是由 IBM 公司研制的一个专门处理互联网上小额交易的微支付系统。在互联网上通过微支付传输协议（Micro Payment Transport Protocol，MPTP），解决了商品交易的发送速度与低成本问题。

其他的还有 Compaq 与 Digital 开发的 Millicent、CyberCoin 等。

电子现金以其方便、灵活的特点可以用于互联网上的小额消费结算，如购买互联网上的即时新闻、软件、网上游戏、互联网电话甚至一篇文章、一首歌曲或一张图片等。

（3）电子现金的运作机制。

电子现金的运作机制如下：银行客户登录网上银行，使用口令（Password）和个人识别码（PIN）验明身份后，就在他的客户端"电子钱包"软件中随机产生一个代表一定货币价值的序列号，然后套上数字信封，发送到他的开户银行，要求制作电子货币。银行接收到客户的信息后，从他的账户中扣除所需价值的货币额，并且用银行的数字签名对他的序列号和数字信封进行加工。在这个过程中，银行不记录任何与客户的这个特定的货币或他的数字信封有关的信息，确保客户在用电子货币交易时的匿名性，加工完毕发给客户。客户接收到银行发来的制作好的电子货币后，将电子货币从数字信封中取出放在它的硬盘中，随后就可以随时匿名使用了。当客户使用该电子货币时，交易商收到以后，就将该电子货币发往客户的开户银行请求授权、认证，银行根据自己的数字签名进行确认，交易商账户上的资金额增加一个相等的量。在这个过程中，交易商只能看到银行的签字，而无法看到消费者本人的信息。

3）电子支票

（1）电子支票的定义。

传统支票是一种基于纸介质的支票，通常适用于金额比较大的交易。但传统支票的处理、兑换速度较慢，处理成本较高，占用大量的人力、物力，有大量的在途资金。随着电子商务的迅猛发展，全球电子商务交易额出现了逐年递增的趋势。通过电子商务所形成的资金流中，B2B 方式占 80%，且所占比例呈上升态势。由于 B2B 交易涉及金额较大，需要有一种新的支付模式与之相适应，因而电子支票（Electronic Checks）就成为实现 B2B 网上支付的有效支付手段。

广义的电子支票是纸质支票的电子替代物，是客户向收款人签发的、无条件的数字化支付指令，它往往通过金融网传递支票信息，加快了支票的解付速度，缩短了资金的在途时间，降低了成本，提高了效益。狭义的电子支票是指基于互联网的、用于发出支付指令和处理支付的网上服务工具。这里我们主要讨论狭义的电子支票。典型的电子支票系统有 FSTC 电子支票系统、BIPS、E-check、NetBill、NeCheque 等。

（2）FSTC 电子支票系统。

FSTC（The Financial Services Technology Consortium）即金融服务技术财团，是一个非营利组织，它的主要任务是在美国倡导电子支票服务，旨在提高美国金融服务业的竞争力。FSTC 特别强调发挥在线金融服务、支付系统和支付服务等新技术、新方法的优势，以促进金融机构效益的提高、风险和成本的降低，并不断扩展市场领域。而由 FSTC 推出的电子支票在很大程度上推动了美国电子货币支付系统的发展。

FSTC 电子支票使用标准的 E-mail 服务，利用电子邮件将支票传递给对方。该系统能够有效提高支付处理的速度，可以将原来传统支票处理所需要的一周甚至更长时间缩短到两天。它使用数字签名和自动验证技术来确定其支付的合法性、保密性、真实性、完整性和不可否认性。其中，为了确保私有密钥的安全性，FSTC 还向客户提供使用智能卡来实现对私有密钥进行保护的服务，并进一步实现用户的防伪电子签名，以确保网上传递支票的安全。在电子支票服务中不使用加密，但支付信息通常被金融服务机构、E-mail 管理机构、Web 服务商等在实现数据交易之前进行加密。

银行网上支付系统（Bank Internet Payment System，BIPS）以及电子银行卡、信用卡、电子钱包的内容参见延伸阅读 6-1 和 6-2。

<table>
<tr><td>延伸阅读 6-1</td><td>延伸阅读 6-2</td></tr>
<tr><td></td><td></td></tr>
<tr><td>银行网上支付系统（Bank Internet Payment System，BIPS）</td><td>电子银行卡、信用卡、电子钱包</td></tr>
</table>

6.2.3 电子货币的应用——比特币

2008 年 11 月 1 日，一个自称中本聪（Satoshi Nakamoto）的日裔美国人在某个密码学论坛上阐述了他对一种电子货币的构想，即利用计算机网络创造一种不受货币当局管理的"特殊货币"的方法。这种货币不像其他虚拟货币，它不由某家公司或某个金融机构发行，也不与真实的货币挂钩，却可以用来消费，用来购买现实世界中的物品和服务。中本聪给这种构想中的货币取名为"比特币"。

第二年，中本聪成为拥有比特币的第一人。当时，他手上有 50 枚比特币。一开始，比特币只流行在小范围的密码学界"潮人"中。但渐渐地，比特币借助网络的力量从中本聪的密码学圈子中突围出来，同时确保没有任何机构可以操控比特币的价值，或者增加供应量制造通胀。

因此，通俗地说，比特币本质上是一种由开源软件产生的电子货币，是一种网络虚拟货币。它通过特定算法的海量计算生成，这些计算规则非常复杂，我们不做过多阐述。基于比特币的经济是使用整个网络中众多节点构成的分布式数据库来确认并记录所有的交易行为的。

形象地说，比特币的"造币过程"是由遍布世界各个角落的计算机各自"挖矿"产生的。一个人要获得比特币，只需要安装挖矿软件，计算机就会自动开始"挖矿"，即基于一定的算法，通过大量运算获得比特币。

不管用哪一台电脑"挖矿"，在比特币诞生初期都很容易获得（50 个比特币）。早在 2012 年 1 月，50 个比特币还不值 15 美元，但在 2012 年 6 月 9 日，1 个比特币的价值就已高达 29.55 美元。这意味着 50 个比特币能够和 1 500 美元等值的物品进行兑换。到后来，"挖矿"甚至需要高性能计算机的帮助才能产生足够的规模，而一些个人开发者如果使用普通笔记本工作，据说要不停地挖上 5 年才能得到 1 个比特币。

商家和用户更关心的是，这种网上交易是否足够安全。从理论上讲，只要全球网络不瘫痪，用户的账户不被木马攻破，比特币的工作原理本身就是无懈可击的。在最新的算法机制下，相当于有两把加密钥匙存在：一把归私人，另一把是公开的。在交易中，预期接收者的那把公开钥匙用来加密付款，只有用相关联的私人钥匙才能收到付款。同时，付款人可以用私人钥匙核对任何转入接收者账户的金额。

2012 年 6 月，一个淘宝新卖家在短短半个多月时间内，售出了超过 30 万件商品，引起了人们的关注。事实上，该卖家从事的就是比特币兑换。他从国外交易所购入比特币，再转卖给国内客户，靠汇率和点差赚钱。这位卖家介绍，由于当时中国股市低迷，很多买主都是抱着低买高卖的投机目的，尝试股票以外的投资渠道。比特币成为了他们的第一选择。

比特币的价值会一路上扬吗？也不一定。以我们熟悉的贵金属为例，当贵金属内在价值高于面值时，它将退出流通，进入收藏。而比特币不同于贵金属，这个基于网络诞生的二进制数码文件，虽然制造它需要耗费较面值更高的成本，它却没有内在价值。事实上，唯有交易者找到下家时，其价值才能得到承认。

至于每个比特币应该值多少钱，在没有足够商品和服务可供购买的情况下，无法用传统的经济学常识，如购买力平价来衡量它。目前，其价格更像是一种心理预期的反映，过去的高速上涨也可视为比特币在寻找自身均衡的汇率，但这也容易让人联想到17世纪的荷兰郁金香狂热。

2013年11月，美国参议院就比特币以及其他虚拟货币的风险和威胁举行听证会，时任美联储主席伯南克虽然没有出席听证会，但他在致参议院的信中援引美联储前副主席艾伦·布林德在1995年时的表态称，美联储一直认为，在虚拟货币带来洗钱和其他风险之时，也可能带来长期益处，特别是如果这种创新能催生出一个更快、更安全、更高效的支付系统。伯南克称，美联储还不准备监管比特币，并表明了"谨慎祝福"的态度。听证会结束之后，比特币应声暴涨。

从2014年开始，由于比特币交易平台被黑客攻击，比特币被盗，加上病毒疯传，造成比特币以及相关的市场动荡，使得比特币成为公认的投机性强、安全性低的投资标的，被指为"世界最危险货币"。

2014年1月7日，淘宝网发布公告，宣布1月14日起禁售比特币、莱特币等互联网虚拟货币等商品。2017年1月11日，中国人民银行上海总部、上海市金融服务办公室等对比特币中国（BTCChina，BTCC）的情况开展现场检查，重点检查该企业是否未经许可或无牌照开展信贷、支付、汇兑等相关业务，其反洗钱制度的落实情况如何，以及其是否存在资金安全隐患等。2017年1月12日，央行营业管理部也在北京进驻"火币网""币行"等交易平台。

2017年5月12日，全球突发比特币病毒疯狂袭击公共和商业系统的事件，有接近74个国家受到严重攻击。

2017年8月1日，全球比特币交易平台暂停充值、提现服务。比特币中国数字资产交易平台从9月14日起停止新用户注册；9月30日，该数字资产交易平台停止了其所有交易业务。

2018年1月29日，比特币中国官网发布消息，称BTCC正式被中国香港区块链投资基金收购。2019年2月，比特币中国集团旗下的合约交易平台BTCC Global正式上线。

2018年11月19日，比特币自2017年10月以来首次下探5 000美元大关，原因是之前比特币现金（Bitcoin-cash，简写为BCH）出现硬分叉，且监管部门对首次代币发行（ICO）加强了审查。11月21日凌晨4点半，Coinbase平台比特币报价跌破4 100美元，创下了13个月以来的新低。

2019年4月，比特币再次站上5 000美元大关，创年内新高。5月12日，比特币近8个月来首次突破7 000美元。9月23日，加密货币交易平台Bakkt与洲际交易所（Intercontinental Exchange，ICE）的美国期货交易所（ICE Futures U.S.）和美国清算所（ICE Clear US）合作推出托管和实物交割的每日和每月比特币期货合约。

2021年1月8日，比特币涨至4万美元关口上方，最高至40 402美元。2月12日，加拿大主要证券监管机构已经批准世界首只比特币交易所交易基金（ETF），令散户投资者有更多机会接触这种飞速发展的加密货币。6月9日，萨尔瓦多通过《比特币法》，成为全世界第一个将比特币作为法定货币的国家。9月7日，该法案生效，比特币正式成为了萨尔瓦多的法定货币，萨尔瓦多也成为世界上第一个赋予数字货币法定地位的国家。9月24日，中国人民银行发布《关于进一步防范和处置虚拟货币交易炒作风险的通知》。该通知指出，虚拟货币不具有与法定货币等同的法律地位。

2021年11月9日，比特币再创历史新高，首次突破67 000美元/枚。11月13日，比特币市值超过了脸书和腾讯，挤进了世界前五。11月10日，比特币价格再创历史新高，首次逼近6.9万美元/枚。

2022年3月1日，据彭博社报道，美国财政部发布新规，禁止美国人向俄罗斯寡头和实体提供任何支持，包括通过使用数字货币或加密资产进行交易，该规则于3月1日生效。

2022年3月24日，时任俄罗斯国家杜马能源委员会主席帕维尔·扎瓦尔尼（Pavel Zavalny）在新闻发布会上表示，俄罗斯愿意接受比特币作为其自然资源出口的支付方式。

2023年2月，国际货币基金组织就各国应如何对待加密资产制定了一项九点行动计划，其中最重要的一点是"通过加强货币政策框架来维护货币的主权和稳定，不授予比特币等加密货币官方或法定货币地位"。

2023年7月，glassnode发推称，比特币长期持有者持有1 452万枚，已达历史新高，相当于比特币流通供应量的75%。

2024年3月5日，比特币突破69 000美元，创历史新高。①

6.3 第三方支付与网络银行

6.3.1 第三方支付的产生

1）网上支付

随着商品经济的繁荣，各种支付方式相继产生，使原来融为一体的交易环节与支付环节能够在时间和空间上分离开来，进一步促进了交易的繁荣。这种以银行为中介的货币收

---

① 作者根据百度百科相关资料整理。

支——包括与交易过程相分离的现金支付——已成为今天的主要支付形式。

经济的不断发展与信息技术的不断进步，使支付系统不断从手工操作走向电子化。所谓电子支付，是指通过电子信息化手段实现交易中的价值与使用价值的交换过程。自计算机和网络通信技术在 20 世纪 70 年代开始普及和应用以来，一些电子支付方式，如信用卡、电子汇兑等就开始投入使用。

随着全球范围内互联网的普及和应用，一些电子支付方式逐渐采用互联网作为运行平台，出现了网上支付方式。网上支付也称网络支付，是电子支付的一种新形式。广义地讲，网上支付是以互联网或通信网络为基础，利用银行所支持的某种支付工具，采用现代计算机和通信技术手段，使资金在购买者和销售者之间转移，从而实现从买者到金融机构、再到商家的在线货币支付、资金结算等的过程，以此为电子商务服务和其他服务提供金融支持。可以看出，网上支付是基于互联网的电子商务的核心部分。

2）第三方支付

第三方支付是近年来出现的一种新的网上支付模式，它以更加安全、稳定、快捷的支付体系等独特优势，在网上支付领域占据了重要位置，是当前最重要、发展最活跃的网上支付模式之一。

（1）第三方支付的定义。

第三方支付是指由已经和国内外各大银行签约，并具备一定实力和信誉保障的第三方独立机构提供的网上支付模式。

第三方支付平台属于第三方服务型中介机构，它主要面向开展电子商务业务的企业提供与电子商务支付有关的基础支撑与应用支撑的服务。

在第三方支付模式中，客户选购商品后，使用第三方支付平台进行支付，第三方支付平台通知商家将货款送达、进行发货，买家在验证货物之后，可以通知第三方支付平台付款给商家。

（2）第三方支付的优点。

① 第三方支付平台采用了与众多银行合作的方式，可同时提供多种银行卡的网关接口，从而大大方便了网上交易的进行。对于商家来说，不用安装各个银行的认证软件，在一定程度上降低了费用、简化了操作；对于消费者来说，网上交易将最低限度地受制于特定的银行卡，并且交易的信用度也更有保障。

② 第三方支付平台作为中介方，可以促成商家和银行的合作。对于商家而言，第三方支付平台可以降低企业运营成本；对于银行而言，可以直接利用第三方支付平台的服务系统提供服务，帮助银行节省网关开发成本。

③ 第三方支付平台可以对交易双方的交易进行详细记录，从而防止交易双方在交易过程中可能出现的抵赖以及为在后续交易中可能出现的纠纷提供相应的证据，并能通过一定的手段对交易双方的行为进行一定的评价约束，成为网上交易信用查询的窗口。

（3）第三方支付平台的工作流程。

第三方支付平台的工作流程主要分为三步：一是将买方的货款转拨到第三方支付平台所在的账户；二是转账成功后，通知卖方发货；三是接收买方的确认货物信息后，货款转拨到卖方账户。一次成功的第三方支付过程包括九个环节，其具体流程如图6-2所示。

① 买方（网上用户）进入卖方市场（电子商务网站），浏览自己所需商品的信息。

② 买方如果觉得某件商品合适，就和卖方达成交易协议，卖方发送信息通知买方到与其结盟的第三方支付平台进行支付。

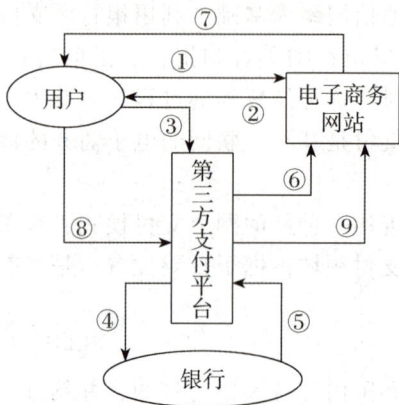

图6-2　第三方支付平台的工作流程

③ 买方进入第三方支付平台，提交其账户和密码以及所付款额等信息给第三方支付平台。

④ 第三方支付平台接收到买方提供的银行账户信息后，进入买方账户所在银行，对其提供的账户信息进行验证。

⑤ 验证成功后，第三方支付平台将买方所应支付的款额转拨到第三方支付平台所在账户，对其进行临时保管。

⑥ 第三方支付平台通知与其结盟的电子商务网站买方应付货款已到，准备发货。

⑦ 电子商务网站配送商品到买方手中。

⑧ 买方收到商品后进行验证，如果满意就发送信息给第三方支付平台，确认商品已经验收，同意付款。

⑨ 第三方支付平台接收到用户的确认信息后，将其临时保存的货款转拨给卖方。这样就完成了一次完整的支付过程。

（4）典型的第三方支付平台。

全球最早的第三方支付平台是美国的贝宝（PayPal）公司，该公司成立于1998年12月，是美国易贝（eBay）公司的全资子公司。买家确认成交后，登录PayPal网站付款，货款直接归入卖家的PayPal账户；卖家收到信息后发货，买家收货。PayPal提供的是一种直接支付的服务，能为买卖双方提供即时、安全的支付服务。PayPal 的业务建立在 PayPal 专有的反欺诈、风险控制系统基础之上，它拥有成功的网上支付经验。PayPal 利用现有的银行系统和信用卡系统，通过先进的网络技术和网络安全防范技术，在全球 200 多个国家和地区为超过 4.26 亿客户提供安全、便利的网上支付服务。但 PayPal 是在拥有成熟信用卡机制和完善信用体系的环境下发展起来的，未必适合缺乏良好信用体系的国家。

如今，阿里巴巴旗下的支付宝已经是全球最具影响力的第三方支付平台，支付宝针对网上交易特别推出了安全付款服务，其运作的实质是以支付宝为信用中介，在买家确认收到商品前，由支付宝替买卖双方暂时保管货款。这种增值服务在虚拟的网络环境和信用缺失的情况下，保证了网上交易与支付的安全与可靠。也就是说，支付宝提供的强大的担保功能和"全额赔付"策略保证了交易双方的安全交易。支付宝是专注服务于我国内地市场的网上支付平台，适应我国目前的经济、金融、信用体系等宏观环境，也符合我国人民的消费习惯和行为习惯。2019 年 6 月，支付宝及其本地钱包合作伙伴已经服务超 12 亿全球用户。仅 2019 年"双 11"期间，天猫在支付宝上就完成交易额 2 684 亿元。目前支持支付宝交易服务的线下商家超过 100 万家，支付宝已经和国内外 180 多家银行以及 VISA、MasterCard 国际组织等机构建立了深入的战略合作关系，成为金融机构在电子支付领域最为信任的合作伙伴。①

6.3.2　网络银行

无论是传统的交易还是新兴的电子商务，资金的支付都是完成交易的重要环节。所不同的是，电子商务强调支付过程和支付手段的电子化。在电子商务活动中作为支付中介的网络银行扮演着举足轻重的角色，无论是网上购物还是网上交易，都需要网络银行进行资金的支付和结算，它是电子化支付结算的最终执行者。

1）网络银行的概念

网络银行就是基于互联网和其他电子商务通信网络手段，提供各种金融服务的银行机构，其网站与各类客户使用的电子交易终端共同构成金融交易网络，是商业性金融机构的现代化发展模式。

狭义的网络银行即网上银行，属于传统银行业务的一种制度创新，就是利用计算机和互联网技术，突破传统银行业务模式，将原有业务推广到互联网上，为客户提供不需要柜台操作的各种业务，实际上并没有脱离原有的银行形态。

广义的网络银行也称虚拟银行，是银行业的一次革命，是使用电子工具，通过互联网向客户提供银行的产品和服务。网络银行没有银行大厅，没有营业网点，客户只需通过与

---

① 根据易观千帆、Big Data Research、艾瑞、猎豹智库等的数据资料整理。

互联网连接的计算机进入银行的站点，就能在任何地方、24小时享受银行提供的各种服务，如存款、取款、转账、付账等。

一般来说，网络银行是指广义的网络银行。

网络银行的业务系统包括企业银行、个人银行和网上支付三个系统。

2）网络银行的运作模式

目前的网络银行有两种运作模式：一种是建立完全依赖互联网的全新的网上虚拟银行，就是纯网络银行，即没有分支银行和自动柜员机，所有的银行业务全部通过互联网进行；另一种是网络分支机构，即传统银行在互联网上建立网站，有自己的网上分支机构，可以利用传统银行的柜台、ATM、电话、网络等多种渠道提供金融服务。这里我们介绍纯网络银行。

最早的网上银行出现在20世纪90年代。那个时候，互联网和其他数据网络的高速发展已经引起了全球性的商务革命和经营革命，电子商务成为引领全球的新趋势。由于每笔电子交易都要经过资金的支付和结算才能完成，作为资金流的载体——银行支付工具的创新至关重要，网上支付服务也因此蓬勃发展起来。

网上支付的出现进一步促进了网上银行服务的发展。网上银行不仅为电子商务的参与者提供网上支付服务，还为银行客户提供广泛的金融服务。网上银行迅速成为商业银行新的竞争手段，而电子商务的发展也给金融业的发展提供了一次大好机会。银行因此需要建立银行产品内容和销售渠道的概念，开发新市场，争夺新用户，以使银行获得新的收入源，能对市场做出更迅速的反应，降低成本。

这里所说的纯网络银行，是指完全通过互联网开展业务的虚拟银行。由于彻底脱离了实体网点，这是一种纯粹意义上的"网上银行"。

在网上银行不断发展的同时，电话银行、呼叫中心、移动银行等其他形式的虚拟银行也蓬勃发展，依赖网点的传统银行业务开始转向更多渠道、更多载体，银行的竞争力也不再以分行数量、网点数量和人员数量来衡量，信息化能力、智能化能力和虚拟化程度成为了决定银行综合竞争力的新指标。

应该指出的是，到了这个阶段，信息技术的作用已不仅是单纯的处理业务交易，而更多地表现为信息技术对传统银行的改造。在之前的阶段，商业银行信息技术的使用并不重视银行内部的业务活动和业务流程，而是只重视交易处理和输入输出格式。20世纪

延伸阅读6-3

网络分支机构
（招商银行）

90年代之后，随着商界"企业再造"潮流的涌动，用信息技术改造银行业务流程的潮流快速兴起。银行的技术部门不再对行内技术更新大包大揽，越来越多的咨询服务商、集成服务商和通信商加入银行信息技术更新的队伍中，目标只有一个——借助技术优势，从根本上改进银行的业务活动和业务流程。

我们以招商银行为例对网络分支机构进行介绍，参见延伸阅读6-3。

6.4 互联网金融

互联网金融是指依托支付、云计算、社交网络以及搜索引擎等互联网工具，开展资金融通、支付和信息中介等业务的一种新兴金融模式。

6.4.1 互联网金融的概念

互联网金融不是互联网和金融业的简单结合，而是在实现安全、移动等网络技术的基础上，被用户熟悉和接受后（尤其是对电子商务的接受），自然而然地为适应新的需求而产生的新模式及新业务。互联网金融是传统金融行业与互联网精神相结合的新兴领域。互联网金融与传统金融的区别不仅在于金融业务所采用的媒介不同，更重要的还在于金融业的参与者深谙互联网"开放、平等、协作、分享"的精髓，通过互联网、移动互联网等工具，使得传统金融业务具备透明度更强、参与度更高、协作性更好、中间成本更低、操作上更便捷等一系列特征。在理论上，任何涉及广义金融的互联网应用都应该是互联网金融，包括但不限于第三方支付、在线理财产品销售、信用评价审核、金融中介、金融电子商务等模式。互联网金融的发展经历了网上银行、第三方支付、个人贷款、企业融资等多个阶段，并且在融通资金——资金供需双方的匹配方面日益深入传统金融业务的核心。

6.4.2 互联网金融的市场价值

金融服务于实体经济的最基本功能是融通资金。

资金供需双方的匹配（包括融资金额、期限和风险收益的匹配）可通过两类中介实现：一类是商业银行，对应着间接融资模式；另一类是证券市场，对应着资本市场的直接融资模式。这两类融资模式对资源配置和经济增长有重要作用，但交易成本巨大，主要包括金融机构的利润、税收和薪酬。

互联网金融已对传统金融模式产生了根本性的影响。从广义上讲，具备互联网精神的金融业态就可称为互联网金融；从狭义的金融视角来看，互联网金融则应该定义在与货币的信用化流通相关的层面，也就是说，资金融通依托互联网的方式方法来实现的称为互联网金融。

互联网技术手段的应用，最终会令金融机构失去资金融通的主导地位，因为互联网的分享、公开、透明等理念让资金在各个主体之间游走，非常直接、自由且违约率较低，金融中介的作用会不断被弱化，从而使得金融机构回归服务性中介的地位，不再是金融资源调配的核心与主导。也就是说，互联网金融模式是一种努力尝试摆脱金融中介的行为，也即所谓的"金融脱媒"。这已引起相关各界的高度关注。

当前互联网金融的格局由传统金融机构和非金融机构组成。传统金融机构在做的主要是金融业务的互联网创新以及电商化创新等；非金融机构则主要是指利用互联网技术进行金融运作的电商企业、P2P模式的网络借贷平台、众筹模式的网络投资平台、"挖财"类的手机理财App，以及第三方支付平台等。

6.4.3　互联网金融模式

就目前来看，互联网金融包括第三方支付、P2P网络借贷、众筹融资、新型电子货币以及其他网络金融服务平台。我国目前主要的互联网金融模式有如下几种：

1）金融借助互联网渠道

互联网金融的第一种模式是传统的金融借助互联网渠道为大家提供服务。这种模式就是大家所熟悉的网银，互联网在其中发挥渠道的作用。

2）平台、金融与数据模式

互联网金融的第二种模式类似阿里金融（阿里小贷）。它具有电商平台，为它提供信贷服务创造了优于其他放贷人的条件。互联网在其中发挥的作用是依据大数据收集和分析信息进而得到信用支持。互联网金融正是阿里巴巴"平台、金融、数据"三大战略的体现之一。

3）P2P模式

互联网金融的第三种模式是P2P（Peer-to-Peer）网络借贷平台模式。这种模式更多地提供了中介服务，把资金出借方和需求方结合在一起。而由P2P的概念又衍生出了很多模式。与传统金融理财服务相比，P2P的借款人主体是个人，以信用借款为主，在借款来源一端被严格限制为有着良好记录的实体经营、能提供固定资产抵押的有借款需求的中小微企业。

我国P2P网贷平台最高峰时接近5 000家，平台模式各有不同。然而，由于起步较晚，政策法规有待完善，人员素质也亟待提升，2018年以来，国内P2P网贷平台频发"爆雷"事件，借贷双方权益均深受损害，引起了国家相关部门的高度重视。2019年9月4日，互联网金融风险专项整治工作领导小组、网贷风险专项整治工作领导小组联合发布《关于加强P2P网贷领域征信体系建设的通知》，支持在营P2P网贷机构接入征信系统。到2020年11月中旬，全国实际运营的P2P网贷机构完全归零。

4）开放共享的互联网金融平台模式

这是互联网金融的第四种模式，通过交互式营销，借助互联网手段，将传统营销渠道和网络营销渠道紧密结合，使金融业实现由"产品中心主义"向"客户中心主义"的转变，调整金融业与其他金融机构的关系，共建开放共享的互联网金融平台。由于此模式发展时间较短，平台的模式各有不同，归纳起来主要有以下三大类：

（1）专业P2P（Professional to Professional）模式。这是指在专业的金融服务人员之间建立信息交换和资源共享平台，专门从事信息匹配和精准推荐，促进线上信任的建立和交易欲望的产生。专业P2P模式从本质上符合金融监管的规则，符合当前金融机构自身发展的需求，也更符合互联网精神与特质。

（2）金融混业经营模式。这是指通过互联网平台对所有金融机构开放共享资源，为金融产品销售人员发布各种金融理财产品、项目信息，为客户打造和定制金融理财产品。在金融混业经营中使用的互联网平台定位为服务500万金融机构和非金融机构及客户经理，其中囊括了房产、汽车、奢侈品等的销售人员，为他们提供一个开放共享、综合开拓与交叉销售的平台，以便"悬赏"、交易、展示、学习以及管理和服务自己的客户。

（3）金融交叉销售模式。这是指打破理财行业的机构壁垒，通过平台上各类理财产品的展卖聚拢投资人资源，促进金融产品销售人员产品的销售。金融产品销售人员可以在平台上进行内部的交流沟通和资源置换，在不同产品领域寻找并组建自己的合作团队，达成利益分享规则后，团队内共享投资人资源，为投资人推介团队内部产品进行资产配置，从而实现金融产品销售人员间的交叉销售合作，实现共赢。

以互联网为代表的现代信息科技，特别是移动支付、云计算、社交网络和搜索引擎等，正对传统金融模式产生根本性的影响，形成一个完善的、既不同于商业银行的间接融资也不同于资本市场的直接融资的第三种金融运行机制只是时间问题。第三种金融运行模式可称为互联网直接融资市场或互联网金融模式。

在互联网金融模式下，因为有搜索引擎、大数据、社交网络和云计算，市场信息不对称程度非常低，交易双方在资金期限匹配、风险分担方面的成本也非常低，银行、券商和交易所等中介不再起作用；贷款、股票、债券等的发行和交易以及券款支付可以直接在网上完成。这个市场充分有效，接近一般均衡理论所描述的无金融中介状态。在这种金融模式下，支付便捷，搜索引擎和社交网络降低了信息处理成本，资金供需双方直接交易，可达到与资本市场直接融资和银行间接融资一样的资源配置效率，并在促进经济增长的同时大幅减少交易成本。

6.4.4　互联网金融的运行方式

互联网金融有三个核心部分：支付方式、信息处理和资源配置。

支付方式方面，以移动支付为基础。个人和机构都可在中央银行的支付中心（超级网银）开设账户（存款和证券登记），即不再完全基于二级商业银行的账户体系；证券、现金等金融资产的支付和转移通过移动网络进行，支付清算的电子化以替代现钞流通。

信息处理方面，在云计算的保障下，资金供需双方的信息可以通过社交网络揭示和传播出来，并被搜索引擎组织和标准化，最终形成时间连续、动态变化的信息序列，由此可以给出任何资金需求者（机构）的风险定价或动态违约概率，而且成本极低。

资源配置方面，在供需信息几乎完全对称、交易成本极低的条件下，互联网金融模式形成了"充分交易可能性集合"，诸如中小企业融资、民间借贷、个人投资渠道等问题就容易解决了。

总之，在互联网金融模式下，支付便捷，市场信息不对称程度非常低，资金供需双方可实现直接交易，不需要经过银行、券商和交易所等金融中介。

6.4.5 互联网金融的特点

1）成本低

在互联网金融模式下，资金供求双方可以通过网络平台自行完成信息的甄别、匹配、定价和交易，无传统中介、无交易成本、无垄断利润。一方面，金融机构可以避免开设营业网点的资金投入和运营成本；另一方面，消费者可以在开放、透明的平台上快速找到适合自己的金融产品，获取对称信息，更省时省力。

2）效率高

互联网金融业务主要由计算机处理，操作流程完全标准化，客户不需要排队等候，业务处理速度更快，用户体验更好。如网络小额贷款公司依托大数据、云计算、移动互联网等技术手段，运用互联网平台积累的客户经营、网络消费、网络交易等内生数据信息以及通过合法渠道获取的其他数据信息，分析评定借款客户信用风险，确定贷款方式和额度，并全流程在线上完成贷款申请受理、风险审核、贷款审批、贷款发放和贷款回收等环节。

3）覆盖广

在互联网金融模式下，客户能够突破时间和地域的约束，在互联网上寻找需要的金融资源，金融服务更直接，客户基础更广泛。此外，互联网金融的客户以小微企业为主，覆盖了部分传统金融业的金融服务盲区，有利于提升资源配置效率，促进实体经济的发展。

4）发展快

依托大数据和电子商务的发展，互联网金融具有快速增长的条件。以余额宝为例，当初余额宝上线18天，累计用户数就达到了250多万人，累计转入资金达到66亿元。截至目前，余额宝依然是我国规模最大的货币基金。

5）管理弱

一是风控弱。互联网金融还没有完全接入中国人民银行征信系统，也不存在信用信息共享机制，所以不具备类似银行的风控、合规和清收机制，容易发生各类风险问题，正因如此，原来的众贷网、网赢天下等P2P网贷平台均或宣布破产或已停止服务。

二是监管弱。互联网金融行业正处于快速发展阶段，但相关的监管政策和法规尚未完善。这可能导致一些互联网金融企业存在合规风险，若监管政策收紧，企业可能面临业务调整、罚款甚至被关闭的风险。

6）风险大

一是信用风险大。现阶段我国信用体系尚不完善，互联网金融的相关法律还有待完善，加之互联网金融违约成本较低，容易诱发恶意骗贷、卷款跑路等风险问题。特别是P2P网贷平台由于准入门槛低和缺乏监管，一时间成为不法分子从事非法集资和诈骗等犯罪活动的温床，各种"爆雷"事件的发生正源于此。

二是网络安全风险大。中国互联网安全问题突出，网络金融犯罪问题不容忽视。一旦遭遇黑客攻击，互联网金融的正常运作就会受到影响，危及消费者的资金安全和个人信息安全。

我国电子支付中的政策与规范参见延伸阅读6-4。

延伸阅读 6-4

我国电子支付中的政策与规范

素养园地

网络诚信与金融安全
——一个第三方支付平台的故事

故事：在数字化浪潮中，第三方支付平台"安心付"凭借其便捷性和安全性迅速崛起，成为人们日常生活不可或缺的支付工具。然而，随着用户量的激增，平台也面临着严峻的网络安全挑战。有一次，一名黑客企图利用系统漏洞进行非法转账，幸亏平台的安全监控系统及时发现并阻止了这一行为，保护了用户的财产安全。

此事件引发了"安心付"平台内部的深刻反思。平台高层认识到，技术的进步虽然带来了便利，但也带来了新的风险。为此，他们加强了与国家网络安全机构的合作，提升了安全防护措施，并定期开展员工网络安全教育，增强全员风险防范意识。同时，公司还积极参与到国家金融安全宣传活动中，通过线上线下渠道普及金融安全知识，增强公众的防范意识。

总结与反思：此案例展示了在互联网金融快速发展的背景下，第三方支付平台如何通过技术创新和社会责任实践，维护金融安全和网络诚信。它强调了企业和个人在网络安全和金融诚信建设中的责任，以及国家在制定相关政策和法规中的重要作用。通过这个案例，我们应该认识到在享受科技带来的便利的同时，也要提高警惕，共同维护一个安全、诚信的网络金融环境。

复习思考题

1) 电子货币是如何定义的?
2) 电子钱包的基本功能有哪些?
3) 电子支票与传统支票有什么区别?
4) 什么是第三方支付?
5) 第三方支付的流程是什么?
6) 纯网络银行的发展方向是什么?
7) 简述数字证书的功能及应用。
8) 了解招商银行网上银行可以向客户提供哪些服务。
9) 互联网金融的市场价值是什么?

即测即评

第 6 章即测即评

第7章
电子商务物流

学习目标

知识目标

- 理解电子商务物流的概念及在现代商业活动中的重要性。
- 掌握电子商务物流的基本功能和运作流程。
- 熟悉电子商务给物流行业带来的影响和变革。
- 了解物流外包业务的模式及其在企业中的应用。
- 认识新型物流配送中心的特点和作用。

能力目标

- 分析电子商务环境下物流服务的创新模式。
- 评估电子商务物流对企业运营效率的影响。
- 设计和优化物流配送中心的运作流程。
- 理解并运用供应链管理的基本原理解决实际问题。
- 探讨和提出物流业务外包的策略和风险管理措施。

价值塑造目标

- 培养对国家物流发展战略的认识和支持。
- 强化对物流行业在国家经济发展中作用的理解。
- 认识科技创新在提升物流效率中的重要作用。
- 激发对物流行业绿色发展和可持续发展的关注。
- 强化物流管理法治意识和社会责任感。

近年来，越来越多的传统企业开始介入电子商务领域。这些传统企业不遗余力地在互联网上构建自己的网上商店，但是对于它们而言，在这些极具吸引力的网络前端的背后还存在极大的挑战。如果没有一个高效、合理、畅通的，与网上营销配套的物流系统，电子商务所具有的优势就难以得到有效发挥。而电子商务物流是现代生产方式、现代管理手段、电子信息技术相结合在物流领域的体现，是电子商务的重要组成部分。本章将从电子商务物流的概念出发，介绍电子商务物流的特点及各种物流解决方案的实现。

7.1 电子商务物流概述

7.1.1 电子商务物流产生的背景

随着经济全球化和贸易自由化的逐步形成，特别是信息技术的飞速发展，跨国公司在国际贸易中的作用日益增大，这些跨国公司引入的现代物流不仅利用了新的技术，而且带来了新的管理理念和新的组织方式。

1) 现代物流产生的社会背景

产品需求的多样化和市场的一体化使得过去规模化、大批量的生产与运输转变为小批量、多样化。要在激烈的竞争中占据优势，生产企业必须对自己的供销业务做出决策，要么合作、要么外包。特别是国家与国家之间区域市场的形成，使竞争趋向国际化，传统物流已不能适应现代市场的运作方式。

2) 现代物流产生的技术背景

随着企业信息化建设的加速和信息产业的蓬勃发展，现代物流技术水平显著提升。智能化设备的广泛应用，如条码技术、POS 机、读码器等，使物品的流通效率大幅提高，有效减少了排队等待的情况。如今，许多跨国公司在全球范围内分散了原材料和零部件，而在产品上市销售前，运输费用和时间成本非常高。信息技术公司在增强市场快速响应能力和提升物流效率方面发挥了重要作用。此外，立体仓库的引入，使得一些大型企业实现了生产过程中的零库存目标，进一步优化了供应链管理。以小米为例，为了提高供应链效率，小米采用了一套先进的物流管理系统，确保原材料和零部件能够及时到达生产线。

3) 电子商务物流的产生

与传统商务过程一样，电子商务中的任何一笔交易，都包含四种基本的"流"，即信息流、商流、资金流和物流。过去，人们对电子商务交易过程的认识往往只局限于信息流、商流和资金流的电子化、网络化，而忽视了物流的电子化，人们认为对于大多数商品和服务来说，物流仍然可以经由传统的经销渠道来实现。随着电子商务的进一步推广与应用，物流的重要性和物流对电子商务活动的影响日益明显。如何建立一个高效率、低成本运行的物流体系来保证电子商务的顺畅发展，已成为人们关注的焦点。与此同时，为顺应电子商务的发展，传统的物流行业在运作方式、技术、管理水平上也发生了巨变。

电子商务的物流配送是根据电子商务的特点，对整个物流配送体系实行统一的信息管理和调度。这种物流配送定位在为电子商务的客户提供服务，按照用户的订货要求，在物流基地进行理货工作，并将配好的货物送交收货人。这一先进的、优化的流通方式对流通企业提高服务质量、降低物流成本、优化社会库存配置，从而提高企业的经济效益及社会效益具有重要意义。配送制作是现代物流的一种有效的组织方式，代表了物流业发展的主流方向，而以网络计算为基础的电子商务催生了传统物流配送的革命，它将使物流配送体系效率更高。

毫无疑问，物流效率影响电子商务的发展，电子商务也将改变物流，而物流体系的完善将进一步推动电子商务的发展，这样的良性循环推动着电子物流（E-Logistics）的概念在物流业中应运而生。

7.1.2　电子商务物流的概念

电子商务物流就是利用电子化手段，尤其是利用互联网技术来完成物流全过程的协调、控制和管理，实现从网络前端到最终客户端的所有中间过程，最显著的特点是各种软件技术与物流服务融合应用。

对电子商务物流，目前尚无统一的定义，有人将其理解为是与电子商务这一新兴商务模式相配套的物流，也有人将其理解为是物流企业的电子商务化。其实，我们可以从更广义的角度去理解这一个概念，既可以理解为"电子商务时代的物流"，即电子商务对物流管理提出的新要求；也可以理解为"物流管理电子化"，即利用电子商务技术（主要是计算机技术和信息技术）对传统物流管理的改造。因此，有人称其为虚拟物流（Virtual Logistics），即以计算机网络技术进行物流运作与管理，实现企业间物流资源共享和优化配置的物流方式。电子商务物流的概念是从电子商务的定义中得出的。

1）从电子商务的定义看物流

由电子商务发源地美国的IT界提出的电子商务定义多把其定位于"无纸贸易"。在这类电子商务定义中，电子化工具主要是指计算机和网络通信技术；而电子化的对象主要是针对信息流、商流和资金流，并没有提到物流。

我们必须注意这样一个事实：美国的物流管理技术自1915年发展至今已有超过百年的历史，通过利用各种机械化、自动化工具及计算机和网络通信设备，已日臻完善。同时，美国作为一个发达国家，其技术创新的本源是需求，即所谓的需求拉动技术创新。作为电子商务前身的电子数据交换技术）的产生是为了简化烦琐、耗时的订单处理过程，以加快物流的速度，提高物资的利用率。电子商务的出现最终是为了解决信息流、商流和资金流处理上的烦琐流程对现代物流过程的延缓，进一步提高现代物流速度。

可见，美国在定义电子商务概念之初，就有强大的现代化物流作为支持，只需将电子商务与其进行对接即可，而并非电子商务过程不需要物流的电子化。我国作为一个发展中国家，物流企业起步晚且水平低，在引进电子商务时，并不具备支持电子商务活动的现代化物流基础，所以，在引进电子商务时，一定要注意配备相应的支持技术——现代化的物流模式，否则电子商务就难以推广。

因此，有些专家在定义电子商务时，就将国外的定义与中国的现状相结合，扩大了美国原始电子商务定义的范围，提出了包括物流电子化过程的电子商务概念。第一，电子商务是实施整个贸易活动的电子化；第二，电子商务是一组电子工具在商务活动中的应用；第三，电子商务是电子化的购物市场；第四，电子商务是从售前到售后的各个环节实现电子化、自动化。

在这类电子商务定义中，电子化的对象是整个交易过程，不仅包括信息流、商流、资金流，而且包括物流；电子化的工具也不仅包括计算机和网络通信技术，还包括叉车、自动导向车、机械手臂等自动化工具。

可见，从根本上来说，物流电子化应是电子商务概念的组成部分，缺少了现代化的物流过程，电子商务过程就不完整。

2）从电子商务概念模型看物流

电子商务概念模型是对现实世界中电子商务活动的一般抽象描述，它由电子商务实体、电子市场、交易事务，以及信息流、商流、资金流、物流等基本要素构成。

在电子商务概念模型中，电子商务实体是指能够从事电子商务的客观对象，它可以是企业、银行、商店、政府机构和个人等。电子市场是指电子商务实体从事商品和服务交换的场所，它是由各种各样的商务活动参与者，利用各种通信装置，通过网络连接成一个统一的整体。交易事务是指电子商务实体之间所从事的具体的商务活动的内容，如询价、报价、转账支付、广告宣传、商品运输等。

电子商务中的任何一笔交易都包含几种基本的"流"，即信息流、商流、资金流、物流。其中，信息流既包括商品信息的提供、促销行销、技术支持、售后服务等内容，也包括诸如询价单、报价单、付款通知单、转账通知单等商业贸易单证，还包括交易方的支持能力、支付信誉等；商流是指商品在购、销之间进行交易和商品所有权转移的运动过程，具体是指商品交易的一系列活动；资金流主要是指资金的转移过程，如付款、转账等过程。在电子商务背景下，上面前三种流的处理都可以通过计算机和网络通信设备来实现。物流作为四流中最为特殊的一种，是指物质实体（商品或服务）的流动过程，具体指运输、储存、配送、装卸、保管、物流信息管理等各种活动。对于少数商品和服务来说，可以直接通过网络传输的方式进行配送，如各种电子出版物、信息咨询服务、有价信息软件等。对于大多数商品和服务来说，物流仍要经由物理方式传输。而一系列机械化、自动化工具的应用，准确、及时的物流信息对物流过程的监控，会使物流的速度加快、准确率提高，能有效地降低库存，缩短生产周期。

因此，在电子商务概念的建立过程中，有必要强调信息流、商流、资金流和物流的整合。人们把基于网络技术和信息系统的现代电子商务物流简称为电子物流。

电子商务中物流的作用参见延伸阅读7-1。

延伸阅读 7-1

电子商务中物流的作用

7.1.3 电子商务物流的内容

1) 电子物流的功能

电子物流的功能十分强大，它能够实现系统之间、企业之间以及资金流、物流、信息流之间的"无缝连接"，而且这种连接同时具备预见功能，可以在上下游企业之间提供一种透明的可见性功能，帮助企业最大限度地控制和管理库存。此外，由于全面应用了客户关系管理、商业智能、计算机电话集成、地理信息系统、全球定位系统、互联网、无线互联技术等先进的信息技术手段，以及配送优化调度、动态监控、智能交通、仓储优化配置等物流管理技术和物流模式，电子物流提供了一套先进的、集成化的物流管理系统，从而为企业建立敏捷的供应链系统提供了强大的技术支持。

电子物流业务使得客户可以运用外部力量来实现内部经营目标的增长，整个过程由第三方物流服务提供者来进行管理。客户能够得到量身定制的个性化服务。

2) 电子物流的服务

电子物流的服务是前端服务与后端服务的集成。目前，许多经销商面临着如何将前端的顾客订单管理、客户管理与后端的库存管理、仓储管理、运输管理相结合的问题。那么，将这两方面进行集成有什么意义呢？我们可以从以下两个例子中得到一些启示：

一个例子是：当顾客通过互联网下订单时，需要物流系统迅速查询库存清单、查看存货状况，而这些信息又需要再实时地反馈给顾客。在整个过程中，订单管理系统要同仓储系统、库存管理系统密切协同工作。

另一个例子是：当顾客的订单中包含多种物品时，物流系统应该将此订单作为一个订单处理，同时将这些物品一起包装，而不是将此订单视为多项订单需求，并将物品分别包装。

这些看似简单的工作却需要前端、后端各系统的集成协同工作。而实现各系统之间的密切协作需要巨大的投入，电子物流服务能够为客户提供系统集成服务解决方案，使客户的前端服务与后端的各项业务紧密地结合起来。

为了实现后端服务以及与其平行的服务功能，电子物流的前端服务是至关重要的。前端服务包括咨询服务（确认客户需求）、网络设计/管理、客户集成方案实施等。这部分功能是用户经常接触的，在此不再赘述。电子物流的后端服务包括六类主要业务：订单管理、仓储与分拣、运输与交付、退货管理、客户服务以及数据管理与分析（如图7-1所示）。下面我们分别描述各项业务。

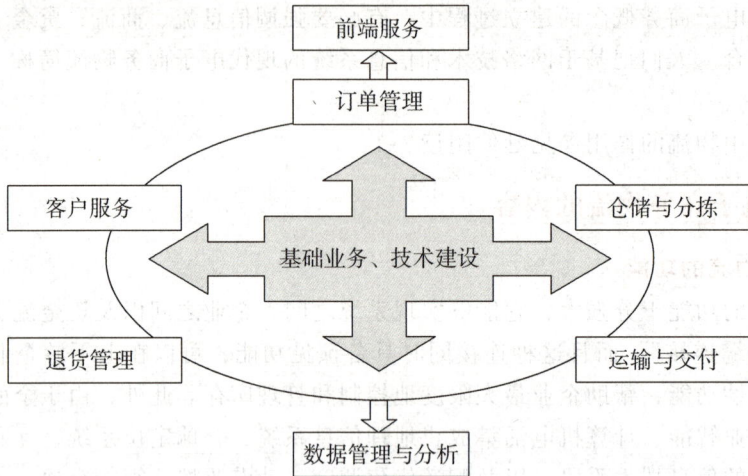

图7-1 电子物流服务结构

（1）订单管理。

此项业务包括接收订单、整理数据、订单确认、交易处理（包括信用卡结算以及赊欠业务处理）等。在电子物流订单管理业务活动中，需要通过复杂的软件应用来处理繁杂的业务环节。为了获得较高的效率，订单管理业务需要做好以下工作：

① 确认订单来源。当电子物流服务提供商接收到一份订单时，电子物流系统会自动识别该订单的来源、下订单的方式，统计顾客是通过何种方式（电话、传真、电子邮件等）完成的订单。当这一切工作结束后，电子物流系统还会自动根据库存清单检索订单上的货物目前是否有存货。

② 支付处理。顾客提交订单后，还需要输入有关的支付信息，电子物流系统会自动处理信用卡支付业务以及赊欠业务。如果客户填写的支付信息有误，电子物流系统将及时通知顾客进行更改，或者选择其他合适的支付方式。

③ 订单确认与处理。顾客的支付信息被处理后，电子物流系统会向顾客发送订单确认信息。在这一切工作就绪之后，电子物流系统会对客户的订单进行格式化，并将订单发送到离客户最近的仓储中心。

（2）仓储与分拣。

仓储中心接收到订单后，就会根据订单内容承担分拣、包装以及运输的任务。在这个阶段，有的电子物流服务提供商还会提供一些增值服务，如根据顾客的特殊需求对物品进行包装等。

仓储中心同时负责存货清单管理以及存货的补给工作，并由电子物流系统进行监测。这种服务将为制造商提供有效的库存管理信息，使制造商或经销商保持合理的库存。

（3）运输与交付。

这一步骤包括对运输的全程管理，具体包括处理运输需求、设计运输路线、实施运输等。这个过程同时还包括向客户提供通过互联网对货物运输状态进行实时跟踪的服务。电子物流服务提供商有时也会将该项业务外包给具有运输服务能力的第三方物流公司，如中远海运、中外运、厦门象屿、UPS、FedEx等。

（4）退货管理。

退货管理业务承担货物的修复、重新包装等任务，这个过程需要进行处理退货授权认证、分拣可修复货物、处理受损货物等工作。

（5）客户服务。

客户管理包括售前和售后服务，同时还包括对顾客的电话、传真、电子邮件的回复等工作，处理的内容包括存货信息、货物到达时间、退货信息以及顾客意见。

客户管理不是一个孤立的业务步骤，这项工作与订单管理、仓储与分拣、运输、退货管理等环节有着密切联系，需要相互支持。目前，许多电子物流服务提供商通过内部或者外部的呼叫中心向顾客提供"24×365"的客户管理服务。

（6）数据管理与分析。

对于顾客提交的订单，电子物流系统有能力对相关数据进行分析，产生一系列深度分析报告。这些经过分析的信息可以帮助制造商以及经销商及时了解市场信息，以便随时调整目前的市场推广策略。这项服务同时也是电子物流服务提供商向客户提供的一项增值服务。

3）传统物流服务与电子物流服务的区别

顾客在网上的购买行为与传统的购买行为有所不同，因此也就决定了电子物流服务形式、手段的特殊性。在网上购物的顾客希望在网上商店寻觅到所需的特定物品，并且希望得到实时的信息反馈，诸如是否有存货、何时能够收到货物等实时信息。顾客也十分关注如果在网上选购的物品不甚理想或者物品在运输途中受损是否能够及时、便利地办理退货等。新兴的电子物流服务就是由具备实力的电子物流服务提供商来提供最大限度地满足顾客需求的外包服务。

传统物流服务与电子物流服务的区别见表7-1。

从目前的电子物流服务市场来看，主要有四类市场参与者，分别是传统的物流服务提供商、软件供应商、集成商以及物流解决方案供应商（如图7-2所示）。从表面来看，这些市场参与者分别从事特定的服务，但是在电子物流服务市场上，大多数市场参与者向客户提供的是一种综合性的物流服务，还没有哪一个电子物流服务提供商能够提供全部电子物流服务，大部分厂商是通过利用自身的力量或者寻找业务合作伙伴来向客户提供端到端的电子物流解决方案。

表7-1　　　　　　　　　　　　**传统物流服务与电子物流服务的区别**

	传统物流服务	电子物流服务
业务推动力	物质财富	IT技术
服务范围	单项物流服务（运输、仓储、包装、装卸、配送等）	综合性物流服务，同时提供更广泛的服务范围，如网上前端服务等
通信手段	传真、电话等	大量应用互联网、EDI技术
仓储	集中分布	分散分布，仓储中心更接近顾客
包装	批量包装	个别包装，小包装
运输频率	低	高
交付速度	慢	快
IT技术应用	少	多
订单	少	多

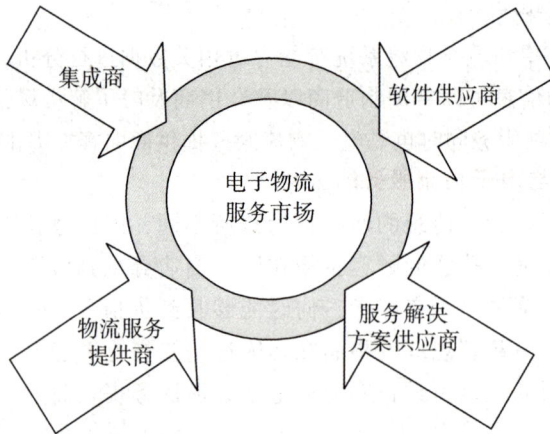

图7-2　电子物流市场的参与者

7.2　电子商务物流的发展

7.2.1　电子商务对物流的影响

电子商务是物流发展的催化剂，电子商务对物流的影响是它可以从物流的理念、系统结构、客户服务，以及材料采购、库存和运输等多方面推动现代物流的电子化和信息化。

1）对物流理念的影响

把电子商务作为商业竞争环境时，它对物流理念的影响可以从以下几个方面来理解：

（1）物流系统中的信息变成了整个供应链运营的环境基础。网络是平台，供应链是主体，电子商务是手段。信息环境对供应链的一体化起着控制和主导作用。

（2）企业的市场竞争将更多地表现为以外联网所代表的企业联盟的竞争。换句话说，网上竞争的直接参与者将逐步减少。更多的企业将以其商品或服务的专业化优势，参加到以核心企业（或有品牌优势，或有知识管理优势）为龙头的分工协作的物流体系中去，在更大的范围内建成一体化的供应链，并作为核心企业组织机构虚拟化的实体支持系统。供应链体系纵向和横向的无限扩张的可能性，将对企业提出要么是更广泛的联盟化，要么就是更有深度的专业化的要求。显然，在电子商务框架内，联盟化和专业化是互为表里并统一在物流一体化的体系之中的。

（3）市场竞争的优势将不再是企业拥有多少物质资源，而在于它能否顺畅调动、协调，最后是能整合多少社会资源来增强自己的市场竞争力。因此，企业的竞争将是以物流系统为依托的信息联盟或知识联盟的竞争。物流系统的管理也从对有形资产存货的管理转为对无形资产信息或知识的管理。

（4）物流系统面临的基本技术经济问题是如何在供应链成员企业之间有效地分配信息资源，以实现整体客户服务水平的最优化。这意味着在追求物流总成本最低的同时，还要为客户提供个性化的服务。

（5）物流系统由供给推动变为需求拉动，当物流系统内的所有方面都得到网络技术的支持时，客户对产品的可得性将极大提高。同时，将在物流系统的各个环节上极大地降低成本，如降低采购成本、降低库存成本、缩短产品开发周期、为客户提供有效的服务、降低销售和营销成本以及增加销售的机会等。

2）对物流系统结构的影响

电子商务对物流系统结构的影响主要表现在以下几个方面：

（1）由于网上客户可以直接面对制造商并获得个性化服务，故传统物流渠道中的批发商和零售商等中介将逐步淡出，但是区域销售代理将受制造商委托，逐步加强其在渠道和地区性市场中的地位，作为制造商产品营销和服务功能的直接延伸。

（2）由于网上时空的"零距离"特点与现实世界的反差增大，客户对产品可得性的心理预期变得更加积极，以致企业交货速度的压力变大。因此，物流系统中的港、站、库、配送中心、运输线路等设施的布局、结构和任务将面临较大的调整。在企业保留若干地区性仓库以后，更多的仓库将改造为配送中心。由于存货的控制能力变强，物流系统中仓库的总数将减少。随着运管政策的逐步放宽，更多的独立承运人将为企业提供更加专业化的配送服务，配送的服务半径也将加大。

（3）信息共享的即时性使得制造商在全球范围内进行资源配置成为可能，故其组织结构将趋于分散并逐步虚拟化。当然，这主要是那些拥有品牌的、产品在技术上已经实现功能模块化和质量标准化的企业。

（4）大规模的电信基础设施建设将使那些能够在网上直接传输的有形产品的物流系统隐形化。这类产品主要包括书报、音乐、软件等，即已经数字化的产品的物流系统将逐步与网络系统重合，并最终被网络系统所取代。

3）对客户服务的影响

（1）要求在客户咨询服务的界面上，能保证企业与客户之间的即时互动。网站主页的设计不仅要宣传企业和介绍产品，而且要与客户一起就产品的设计、质量、包装、交付条件、售后服务等进行一对一的交流，帮助客户拟订产品的可得性解决方案，帮助客户下订单。这就要求得到物流系统中每一个环节的即时信息支持。

（2）要求客户服务的个性化。只有当企业对客户需求的响应实现了某种程度的个性化对称时，企业才能获得更多的商机。

① 企业网站的主页设计个性化。除了视觉感官的个性化特点外，最主要的是网站主页的结构设计应当是针对特定客户群的。这里要把握一个原则，即"并不是把所有的新衣服都穿上身就一定漂亮"。所以，传统市场营销学中对客户和市场进行细分的一般性原则和方法仍然是企业设计和变换网站主页的基本依据。

② 企业经营的产品或服务的个性化。专业化经营仍然是企业在网络经济环境下竞争发展的第一要义。企业只有专业化经营，方能突出其资源配置的比较优势所在，为向客户提供更细致、更全面、更个性化的服务提供保证。同样，按照供应链增值服务的一般性原则，把物流服务分成基本的和增值的两类，并根据客户需求的变化进行不同的服务营销组合将是适用的。

③ 企业对客户追踪服务的个性化。在网络时代，客户需求的个性化增大了市场预测的离散度，故发现客户个性化服务需求的统计特征将主要依赖对客户资料的收集、统计、分析和追踪。虽然从技术层面讲这并没有什么困难，但是要涉及文化、心理、法律等诸多方面，因此建立客户档案并追踪服务本身就是一项极富挑战性的工作。

4）对物料采购的影响

企业在网上寻找合适的供应商，从理论上讲具有无限的选择性。这种无限选择的可能性将导致市场竞争的加剧，并带来供货价格降低的好处。但是，所有的企业都知道，频繁地更换供应商将增加资质认证的成本支出，并面临较高的采购风险。所以，从供应商的立场来看，作为应对竞争的必然对策，是积极地寻求与制造商建立稳定的业务关系，并在技术或管理或服务等方面与制造商结成更深层的战略联盟。同时，制造商也会从物流的理念出发，来寻求与合格的供应商建立一体化的供应链。作为利益交换条件，制造商和供应商之间将在更大的范围内和更深的层次上实现信息资源共享。事实上，电子商务对物料采购成本的降低主要体现在缩短订货周期、减少文案和单证、减少差错和降低价格等方面。因此，虚拟空间的无限选择性将被现实市场的有限物流系统，即一体化供应链所覆盖。

5）对存货的影响

一般认为，由于电子商务增加了物流系统各环节对市场变化反应的灵敏度，可以降低库存、节约成本，但从物流的观点来看，这实际上是借助信息分配对存货在供应链中进行了重新安排。存货在供应链中的总量是减少的，但结构上将沿供应链向上游企业移动，即经销商的库存向制造商转移，制造商的库存向供应商转移，成品的库存变成零部件的库存，而零部件的库存将变成原材料的库存等。因存货的价值沿供应链向上游企业逐步递减，所以将引发一个新的问题：下游企业由于减少存货而带来的相对较大的经济利益如何与上游企业一起分享。供应链的一体化不仅要分享信息，而且要分享利益。比如，海尔集团利用先进的供应链管理系统与其供应商实现了高度的无缝对接。通过 EDI 等技术手段，海尔可以实时与供应商共享产品的设计、材料需求和订单信息。在冰箱制造过程中，海尔需要采购压缩机和其他关键零部件。海尔通过系统向供应商发送产品需求，如具体型号、规格和数量。供应商根据这些需求生产并将产品交付给海尔。为了确保交货期缩短和生产流程高效化，海尔要求零部件供应商提前提交新产品的技术规格和样品，由海尔的研发团队选择适用的部件并进行设计。在此基础上，海尔再正式下单，要求供应商提供符合标准的部件。在这一过程中，海尔会优先选择那些能够快速响应需求的供应商。这些供应商要么需要加大原材料的储备量，要么需要在研发上投入更多，以确保能够及时提供符合要求的新部件。这一做法帮助海尔将产品从设计到交付的周期大幅缩短，从以往的 6 个月缩短到 3 个月甚至更短。这一模式的实施，使海尔的库存压力得到了显著减轻，也提升了供应链整体的效率。然而，对于供应商而言，这意味着他们必须在提高响应速度的同时，平衡存货和研发投入之间的关系。这时，海尔的供应链就面临着上下游利益的合理分享问题，确保整个供应链的高效运作和各方的共同收益。

6）对运输的影响

在电子商务背景下，速度已上升为最主要的竞争手段。物流系统要提高客户对产品的可得性水平，在仓库等设施布局确定的情况下，运输将是决定性因素。为了加速信息传递，就要促进信息共享。由于运输活动的复杂性，运输信息共享的基本要求就是运输单证的格式标准化和传输电子化。基本的 EDI 标准难以适应各种不同的运输服务要求，所以在物流体系内，必须发展专用的 EDI 系统才能获取整合的战略优势。专用的 EDI 系统实际上是在供应链的基础上发展增值网（VAN），相当于在供应链内部使用的标准密码，通过管理交易、翻译通信标准和减少通信联系数目来使供应链增值，从而在物流联盟企业之间建立稳定的协作关系。

为了实现运输单证，主要是货运提单、运费清单和货运清单的 EDI 一票通，实现货运全程的跟踪监控和回程货运的统筹安排，物流系统要在相关通信设施和信息处理系统方面进行先期开发投资，如电子通关、条形码技术、在线货运信息系统、卫星跟踪系统等。

7）对供应链管理的影响

（1）供应链短路化。在传统的供应链渠道中，产品从生产企业流到消费者手里要经过多层分销商，流程很长，由此常导致很多问题。现在，电子商务缩短了生产厂家与最终用户之间供应链上的距离，改变了传统市场的结构，企业可以通过自己的网站绕过传统的经销商与客户直接沟通，不需要设置多层实体分销网络（包括人员与店铺设施），也不需要存货，因此降低了流通成本，缩短了流通时间，使供应链路径短路化。

（2）供应链中货物流动方向由"推动式"变成"拉动式"。传统的供应链由于供销之间的脱节，供应商难以得到及时而准确的销售信息，因此只能对存货管理采用计划方法，存货的流动是"推动式"的。在电子商务环境下，供应链实现了一体化，供应商与零售商、消费者通过互联网连在一起，供应商可以及时且准确地掌握产品销售信息与顾客信息。此时，存货管理采用按所获信息组织产品生产和对零售商供货的方式，存货的流动变成"拉动式"的，完全可以实现销售"零库存"。

7.2.2　电子商务物流业的发展趋势

在电子商务时代，由于企业的销售方式及最终消费者购买方式的转变，送货上门等业务成为一项极为重要的服务业务，促进了现代物流行业的兴起。现代物流行业涵盖了提供全面物流服务的各类业务，包括运输配送、仓储保管、包装以及流通加工等收费服务。该行业主要由从事仓储、运输、装卸搬运、配送和流通加工的企业组成。信息化、全球化、多功能化和一流的服务水平，已成为电子商务环境下现代物流企业追求的目标。

1）多功能化——物流业发展的方向

在电子商务时代，物流发展到集约化阶段，一体化的配送中心不单单提供仓储和运输服务，还必须开展配货、配送和各种提高附加值的流通加工服务项目，也可按客户的需要提供其他服务。现代供应链管理，即通过从供应者到消费者供应链的综合运作，使物流达到最优化。企业追求的是全面系统的综合效果。

作为一个战略概念，供应链也是一种产品，而且是可增值的产品，其目的不仅是降低成本，更重要的是提供用户期望以外的增值服务，以产生和保持竞争优势。从某种意义上讲，供应链是物流系统的延伸，是产品与信息从原料到最终消费者之间的增值服务。

供应链系统物流完全适应了流通业经营理念的全面更新。以往，商品是经由制造、批发、仓储、零售各环节间的多层复杂途径，最终送到消费者手里；而现代流通业已简化为由制造环节经配送中心直接送到各零售点。它使未来的产业分工更加精细、产销分工日趋专业化，大大提高了社会的整体生产力和经济效益，使流通业成为整个国民经济活动的基础性产业之一。

2) 一流的服务——物流企业的追求

在电子商务背景下，物流业是介于供货方和购货方的第三方，是以服务作为第一宗旨的。从当前物流的现状来看，物流企业不仅要为本地区服务，而且要进行长距离服务。因为客户不但希望得到良好的服务，而且希望服务点不是一处，而是多处。因此，如何提供高质量的服务便成了物流企业管理的中心课题。

首先，在概念上变革，由"推"到"拉"。配送中心应更多地考虑"客户需要我提供哪些服务"，从这层意义上讲，它是"拉"，而不是仅仅考虑"我能为客户提供哪些服务"，即"推"。如有的配送中心起初提供的是区域性的物流服务，后来发展到提供长距离服务，而且能提供越来越多的服务项目。又如配送中心派人到生产厂家"驻点"，直接为客户发货。越来越多的生产厂家把所有物流工作全部委托配送中心去干，从根本意义上讲，配送中心的工作已延伸到了生产厂家。

如何满足客户的需要，把货物送到客户手中，就要看配送中心的作业水平了。配送中心不仅与生产厂家保持紧密的伙伴关系，而且直接与客户联系，能及时了解客户的需求信息，并沟通厂商和客户双方，起着桥梁作用。物流企业不仅要为货主企业提供优质的服务，而且要具备运输、仓储、进出口贸易等方面的专业能力，在研究货主企业的生产经营和流程设计的基础上提供全方位、优质的物流系统服务。优质和系统的服务使物流企业与货主企业结成战略伙伴关系，一方面有助于货主企业的产品迅速进入市场，提高竞争力；另一方面则使物流企业有稳定的资源。对物流企业而言，服务质量和服务水平正逐渐成为比价格更为重要的因素。

3) 信息化——现代物流业的必由之路

在电子商务时代，要提供最佳的服务，物流系统必须有良好的信息处理和传输功能。以顺丰速运为例，该公司与全国各地的仓储、运输和海关信息实现了互联互通。当货物从全球各地发送时，客户可以通过顺丰的系统实时获取预计到达时间和准确的到达地点，从而使收货方和各相关运输公司能够提前做好准备，确保商品的快速流转。良好的信息系统能提供极好的信息服务，以赢得客户的信赖。世界上最大的快递承运商与包裹递送公司UPS和专门提供全球性运输、电子商贸及供应链管理服务的FedEx，以及中国的邮政快递EMS等国内外快递公司均率先提供网上货单查询系统，客户根据运单号可以进行货物自发送地到目的地的全程跟踪，其他快递公司也都已跟进实行。

电子商务要求商品与生产要素在全球范围内快速自由流动。EDI与互联网的应用，使物流效率的提高更多地取决于信息管理技术，电子计算机的普遍应用提供了更多的需求和库存信息，提高了信息管理科学化水平，使产品流动更加容易和迅速。物流信息化包括商品代码和数据库的建立、运输网络合理化、销售网络系统化建设等，目前还有很多工作有待实施。可以说，没有现代化的信息管理，就没有现代化的物流。

4）全球化——物流企业竞争的趋势

20世纪90年代早期电子商务的出现，加速了全球经济一体化，使物流企业的发展多国化。这些企业从许多不同的国家收集所需要的资源，再加工后向各国出口。

全球化的物流模式，使企业面临着新的问题。例如，随着中国加入世界贸易组织（WTO）以及"一带一路"倡议的推进，物流配送系统不再只是国内从东部到西部的问题，还涉及从中国沿海地区向中亚、欧洲等地的跨境物流问题。其中既有仓库建设的布局问题，也面临跨国运输的挑战。另一个难点是难以找到具备高素质和丰富国际经验的管理人才，因为需要处理大量与全球贸易合作伙伴相关的问题。例如，中国企业在非洲、东南亚等地设立了大量分支机构，文化差异和商业环境的不同必然会带来管理上的挑战。此外，还存在信息共享问题，很多企业有不少内部商业秘密，物流企业很难与其打交道，因此，如何建立信息处理系统，以及时获得必要的信息，对物流企业来说仍是个难题。此外，在将来的物流系统中，能否做到尽快将货物送到客户手里，是提供优质服务的关键之一。客户往往要求发出订单的第二天就能得到货物，而不只是口头的承诺；同时，客户还在考虑"所花费用与所得到的服务是否相称，是否合适"。

全球化战略趋势，使物流企业和生产企业更紧密地联系在一起，形成了社会大分工。生产厂家集中精力制造产品、降低成本、创造价值，物流企业则花费大量时间、精力从事物流服务，其业务范围不断扩大。例如，在配送中心，对进口商品一般要提供代理报关、暂时储存、搬运和配送服务，以及必要的流通加工服务，使商品从进口到送交消费者实现一条龙服务。

7.2.3 新型物流配送中心的运作与发展

1）物流配送中心运作类型

物流配送是流通部门连接生产和消费、使时间和场所产生效益的设施，提高物流配送的运作效率是降低流通成本的关键所在。物流配送又是一项复杂的系统工程，涉及生产、批发、电子商务、配送和消费者的整体结构，运作类型也形形色色。物流配送中心运营主体的类型大致有四种：

（1）以制造商为主体的配送中心。这种配送中心的商品100%是由制造商自己生产制造的，用以降低流通费用、提高售后服务质量和及时地将预先配齐的成组元器件运送到规定的加工和装配工位。从商品制造到生产出来后条码和包装的配合等都较易控制，所以按照现代化、自动化的配送中心设计比较容易，但不具备社会化的要求。

（2）以批发商为主体的配送中心。商品从制造者到消费者手中的传统流通有一个环节叫作批发，一般是按部门或商品类别的不同，把每个制造厂的商品集中起来，然后以单一品种或搭配着向消费地的零售商进行配送。这种配送中心的商品来自各个制造商，它所进行的一项重要活动便是对商品进行汇总和再销售，而它的全部进货和出货都是社会配送的，社会化程度高。

（3）以零售商为主体的配送中心。零售商发展到一定规模后，就可以考虑建立自己的配送中心，为专业商品零售店、超级市场、百货商店、建材商场、粮油食品商店、宾馆饭店等服务。其社会化程度介于前两者之间。

（4）以仓储运输业者为主体的配送中心。这种配送中心最强的是运输配送能力，地理位置优越，如位于港湾、铁路和公路枢纽，可迅速将到达的货物配送给用户。它提供仓储位给制造商或供应商，而配送中心的货物仍归制造商或供应商所有，配送中心只是提供仓储管理和运输配送服务。这种配送中心的现代化程度往往较高。

2）物流配送模式的主要类型

（1）集货型配送模式。这种模式主要针对上家的采购物流过程进行创新而形成。其上家的生产具有相互关联性，下家相互独立；上家对配送中心的储存度明显高于下家；上家相对集中，而下家分散且具有相当多的需求。同时，这类配送中心也强调其加工功能。这种配送模式适于成品或半成品物资的推销，如汽车配送中心。

（2）散货型配送模式。这种模式主要是对下家的供货物流进行优化而形成。上家对配送中心的依存度小于下家，而且配送中心的下家相对集中或利益共享（如连锁业）。采用此类配送模式的流通企业，其上家竞争激烈，下家的需求以多品种、小批量为主要特征，适于原材料或半成品的物资配送，如机电产品配送中心。

（3）混合型配送模式。这种模式综合了上述两种配送模式的优点，并对商品的流通全过程进行有效控制，有效克服了传统物流的弊端。采用这种配送模式的流通企业，一般规模较大，进行了必要的设备投资，如区域性物流配送中心。在实际流通中，这种模式采取多样化经营，降低了经营风险。这种模式比较符合新型物流配送的要求，特别是电子商务背景下的物流配送。

3）新型物流配送中心的特征

电子商务背景下的物流配送，就是信息化、现代化、社会化的物流配送。它是指物流配送企业采用网络化的计算机技术和现代化的硬件设备、软件系统及先进的管理手段，针对社会需求，严格地、守信用地按用户的订货要求，进行一系列分类、编配、整理、分工、配货等理货工作，定时、定点、定量地交给没有地域范围限制的各类用户，满足其对商品的需求。可以看出，这种新型物流配送方式能使商品流通较传统的物流配送方式更容易实现信息化、自动化、网络化、柔性化和智能化，使货畅其流、物尽其用，既减少生产企业库存、加速资金周转、提高物流效率、降低物流成本，又刺激社会需求，有利于整个社会的宏观调控，也提高了整个社会的经济效益，促进了市场经济的健康发展，更有力地推动了电子商务的发展。

（1）信息化。

物流系统中的信息系统是指企业从订货到发货的信息处理体系。物流信息化是电子商务的必然要求。物流信息化表现为物流信息的商品化、物流信息收集的数据库化和代码化、物流信息处理的电子化和计算机化、物流信息传递的标准化和实时化、物流信息存储的数字化等。因此，条码技术（Barcode）、数据库技术（Database）、电子订货系统（EOS）、电子数据交换（EDI）、快速反应（QR）及有效的客户反应（ECR）、企业资源规划（ERP）等技术与观念在物流业中得到了普遍的应用。其中，信息化是一切的基础，没有物流的信息化，任何先进的技术设备都不可能应用于物流领域，信息技术及计算机技术在物流中的应用会彻底改变世界物流业的面貌。

（2）自动化。

企业在传统的运输、装卸、配送、保管、包装等物流过程中，引进了各种机械化、自动化的技术，而自动化的基础是信息化，自动化的核心是机电一体化，自动化的外在表现是无人化，自动化的效果是省力化。另外，自动化还可以扩展物流作业能力、提高劳动生产率、减少物流作业的差错等。物流自动化的设施非常多，如条码/语音/射频自动识别系统、自动分拣系统、自动存取系统、自动导向车、货物自动跟踪系统等。在运输等方面，因托盘、集装箱的广泛使用而发展起来的单位载荷制，提高了货物分拣的机械化水平；在保管方面，由高层货架仓库发展为自动化仓库，大大提高了保管的效率。

（3）网络化。

物流领域网络化的基础也是信息化，这里说的网络化有两层含义：

其一，物流配送系统的计算机通信网络，包括物流配送中心与供应商或制造商及下一环节顾客之间的联系也要通过计算机网络。比如，物流配送中心向供应商提交订单这个过程，就可以使用计算机通信方式，利用增值网（VAN）上的电子订货系统和电子数据技术来自动实现，物流配送中心通过计算机网络收集下游客户订单的过程也可以自动完成。

其二，产销一体网。比如，小米的"互联网直销模式"是一种依托互联网平台直接向消费者销售产品的商业模式，通过自有的小米商城、小米官网、小米有品等平台直接向消费者销售产品。这个直接的商业模式消除了中间商，减少了不必要的成本和时间，可以更好地理解和满足客户的需要。这种直接模式能以富有竞争性的价位，为每一位消费者定制并提供个性化配置的产品。

物流的网络化是物流信息化的必然结果，是电子商务背景下物流活动的主要特征之一。当今世界互联网等全球网络资源的可用性及网络技术的普及为物流的网络化提供了良好的外部环境。

（4）柔性化。

柔性化本来是为实现"以顾客为中心"的理念而在生产领域提出的，但要真正做到柔性化，即真正根据消费者需求的变化来灵活调节生产工艺，没有配套的柔性化物流系统是不可能实现的。早在20世纪90年代，国际生产领域纷纷推出柔性制造系统（FMS）、计算机集成制造系统（CIMS）、企业资源规划（ERP）以及供应链管理（SCM）的概念和技术，这些概念和技术的实质是将生产、流通进行集成，根据需求组织生产，安排物流活动。因此，柔性化的物流正是适应生产、流通与消费的需求而发展起来的一种新型物流模式，要求物流配送中心根据消费者的需求"多品种、小批量、多批次、短周期"的特色，灵活组织和实施物流作业。

（5）智能化。

这是物流自动化、信息化的一种高层次应用，物流作业过程中需要大量的运筹和决策，如库存水平的确定、运输（搬运）路径的选择、自动导向车的运行轨迹和作业控制、自动分拣机的运行、物流配送中心经营管理的决策支持等，都需要借助大量的知识才能解决。在物流自动化进程中，物流智能化是不可回避的技术难题。好在专家系统、机器人等相关技术在国际上已经有比较成熟的研究成果。为了提高物流现代化水平，物流的智能化已成为电子商务背景下物流发展的一个新趋势。随着"互联网+"的发展，快递物流行业进入了智能化时代，智能物流目前正处于快速发展阶段。我国智能物流市场呈现多巨头竞争的态势，并且随着电商巨头的入局对各自的物流平台进行整合，未来还会有更多的资本介入，整个行业会迎来战略发展机遇期。

iMedia Research（艾媒咨询）的研究数据显示，我国当前物流企业对智慧物流的需求主要包括物流数据、物流云、物流设备三大领域。2023年我国智慧物流市场规模约为7 903亿元，预计到2025年，智慧物流市场规模将超过万亿。

4）新型物流配送中心对传统物流配送的影响

（1）给传统的物流配送观念带来了深刻的革命。传统的物流配送企业需要置备大面积的仓库，而电子商务系统网络化的虚拟企业将散置在各地的、分属不同所有者的仓库通过网络系统连接起来，使之成为"虚拟仓库"，进行统一管理和调配使用，服务半径和货物集散空间被放大了。这样的企业在组织资源的速度、规模、效率和资源的合理配置方面都是传统的物流配送无法比拟的，相应的物流观念也必须是全新的。

（2）网络对物流配送的实时控制代替了传统的物流配送管理程序。一个先进系统的使用，会给一个企业带来全新的管理方法。传统的物流配送过程是由多个业务流程组成的，受人为因素影响和时间影响很大。网络的应用可以实现整个过程的实时监控和实时决策。新型的物流配送业务流程都由网络系统连接，当系统的任何一个"神经末端"收到一个需求信息的时候，该系统都可以在极短的时间内做出反应，并可以拟订详细的配送计划，通过各环节开始工作。这一切工作都是由计算机根据人们事先设计好的程序自动完成的。

（3）物流配送的持续时间在网络环境下会大大缩短，对物流配送速度提出了更高的要求。在传统的物流配送管理中，由于信息交流的限制，完成一个配送过程的时间比较长，但这个时间随着网络系统的介入会变得越来越短，任何一个有关配送的信息和资源都会通过网络管理在几秒钟内传到有关环节。

（4）网络系统的介入简化了物流配送过程。传统物流配送的整个环节极为烦琐，在网络化的新型物流配送中心里，可以大大缩短这一过程。

在网络支持下，成组技术可以在网络环境中更加淋漓尽致地被使用，物流配送周期会缩短，其组织方式也会发生变化；计算机系统管理可以使整个物流配送管理过程变得简单和容易；网络上的营销推广可以使用户的购物和交易过程变得更有效率、费用更低，可以提高物流配送企业的竞争力；随着物流配送的普及和发展，行业竞争的范围和残酷性大大增加。信息的掌握、信息的有效传播和信息的易得性，使得用传统方法获得超额利润的时间和数量会越来越少；网络的介入，使人们的潜能得到充分发挥，自我实现的需求成为多数员工的工作动力。在传统的物流配送企业中，大量的员工从事简单的重复劳动，人是机器、数字和报表的"奴隶"，劳动的辛苦是普遍存在的。在新型物流配送企业，这些机械化的工作都会交给计算机和网络，而留给人的是具有激励性和挑战性的工作。人类的自我实现需求得到了充分的满足。

综上所述，推行信息化配送制，发展信息化、自动化、现代化的新型物流配送业是我国发展和完善电子商务服务的一项重要内容，势在必行。

7.3 物流外包业务

业务外包（Outsourcing）也称资源外包、资源外置，是指企业利用外部最优秀的专业化资源，达到降低成本、提高效率、充分发挥自身核心竞争力和增强企业对环境的迅速应变能力的一种管理模式。企业为了获得比单纯利用内部资源更大的竞争优势，经常将其非核心业务交由合作企业完成。由此，业务外包就是将企业的资源集中在核心竞争力上，而将那些不属于核心的或企业不擅长的业务外包出去，利用他人的资源，包括技术、知识、时间和资金，以获取更大的投资回报和竞争优势。

7.3.1 物流外包业务的发展

物流业务外包的主要目的是通过将物流业务外包来获得高水平的服务和实现高质量的物流运作，同时减少成本，避免在物流设施建设中投入大量资金。互联网和电子商务的出现为物流业务外包提供了更好的业务交流和沟通手段。当企业利用网上商店作为新的销售渠道时，企业需要投入大量的人力、物力去管理，既要为客户提供"24×365"的服务，又要兼顾信息技术支持，当然还必不可少地涉及后台物流的一系列服务。当面临如此纷繁复杂的问题时，企业考虑的是依靠自身力量来提供这项服务还是借助外包力量来完成。市场调研机构IDC观察到，全球范围内的趋势是越来越多的传统企业以及互联网公司认识到了物流外包的重要性，因为利用外包的物流服务既能够使自己的主要精力放在生产经营上，还可以充分享受外包服务商所提供的低成本、高效率的服务便利。按照供应链理论，将非核心业务外包给从事该业务的专业公司去完成，这样从原材料供应到生产，再到产品的销售等各个环节的各种职能，都是由在该领域内具有专长或核心竞争力的专业公司互相协调和配合来完成的，这样所形成的供应链才具有最强大的竞争力，如图7-3所示。

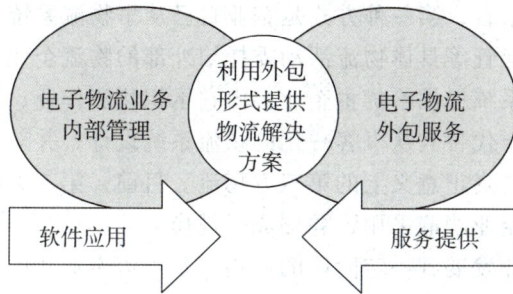

图7-3　外包力量助力企业实现经营目标

物流界的权威调查结果显示，美国、日本和韩国等在欧洲的配送中心业务中有2/3是由第三方物流公司管理的；在英国，早在1997年，配送中心与零售商间的配送业务就有近47%是由外包实现的。外包物流在中国物流市场中占据重要地位，并且渗透率逐年提升。根据灼识咨询数据，2022年中国外包物流（第三方物流）的市场规模约为7.6万亿元，占社会物流总成本的42.8%。企业由于业务外包而改进了对物流的控制。近年来，在物流业务外包的运作中，不断涌现出新的业务方式和管理模式。

7.3.2　第三方物流

1）第三方物流的概念

第三方物流（Third Party Logistics，3PL）是物流服务供给方在特定的时间段内按特定的价格向需求方提供个性化系列物流服务的交易方式，这种物流服务是建立在现代电子信息技术基础上的。物流活动和配送工作由专业的物流公司或储运公司来完成，由于它们不参与商品的买卖，只提供专门的物流服务，因此是独立于买方和卖方的第三方，故称"第三方物流"。第三方物流提供者部分或全部地利用需求方的资源，通过合约向需求方提供物流服务，它是业务外包在物流中的具体表现。生产商、销售商将其物流业务委托给专业物流公司运作，而自己集中精力发展新业务。第三方物流又称为"契约物流"或"代理物流"。

第三方物流提供者为客户提供所有的或一部分供应链物流服务，以获取一定的利润。第三方物流公司提供的服务范围很广，可以简单到只帮助客户安排一批货物的运输，也可以复杂到设计、实施和运作一个公司的整个分销和物流系统。第三方物流公司和典型的运输或其他供应链服务公司的关键区别在于：第三方物流的最大附加值是基于信息和知识，而不是只提供最低价格的一般性的无差异的服务。常用于支撑第三方物流的信息技术有实现信息快速交换的EDI技术、实现信息快速输入的条形码技术和实现网上交易的电子商务技术等。

2）第三方物流的发展

从对外委托的形式来看，第一种方式是企业自己从事物流系统设计、库存管理和物流信息管理，而将运输及保管等具体物流活动委托给外部的物流企业；第二种方式是物流企业将其开发设计的物流系统提供给货主企业，由它承担物流作业；第三种方式是由专业企业站在货主企业的角度，代替其从事客户化的物流系统设计，并对系统运营承担责任。许多人认为第三种方式才是真正意义上的第三方物流。目前，第三方物流已被企业特别是一些物流业务较多的集团企业普遍采用，并形成了规模。

第三方物流是物流业发展到一定阶段的产物，是物流专业化的重要形式，而且第三方物流的占有率与物流企业的发展水平密切相关。有关物流业的实证分析证明，独立的第三方物流至少占到社会物流总额的50%时，物流产业才能形成。所以，第三方物流的发展程度反映和体现一个国家物流业发展的整体水平。

3）第三方物流运作的分类

一般来说，第三方物流运作可以分为三类：

一类提供基本的仓储和运输服务，如公共仓库和普通货运公司。它以资产密集和标准化服务为基本特征。

另一类提供仓储和货运管理等增值服务。对仓储物流来说，可为客户提供集货物配送、分拣包装、配套装配、条码生成等业务服务；对货运物流而言，可为客户提供选择承运人、协议价格、安排货运计划、优选货运路线和货运系统监测等业务服务。

还有一类提供一体化物流管理服务。这类第三方物流除了提供普通物流服务外，还能为客户提供市场需求预测、自动订单处理、存货控制和逆向物流支持等。它的基本特征是高技术和高素质，包括专业知识、技术应用能力、沟通协调能力、创新意识、风险管理能力等。

4）国内外第三方物流

（1）国外第三方物流的发展。有关资料显示，在欧洲，第三方物流约占物流服务市场的1/4。其中，德国99%的运输业务和50%以上的仓储业务已交给第三方物流；在商业领域已从货物配送发展到店内物流，即零售店将从开门到关门、从清扫店堂到补货上架等原先由商店营业员负责的一系列服务工作，全部交给第三方物流提供者完成。在美国，大型制造企业使用第三方物流的比例占到70%以上，美国第三方物流业的收入以年15%~20%的速度持续递增。

（2）我国第三方物流的现状。在我国，提供第三方物流服务的企业主要是一些原来的国有大型仓储运输企业和中外合资、独资企业等。它们的营业范围都在不同程度上涉及全国配送、国际物流、多式联运等服务，并在不同程度上进行了综合物流代理运作模式的探索与实践。尤其是一些与外方合资或合作的物流企业，还充分发挥国外公司在物流管理经验、人才、技术、观念和理论上的优势，率先进行综合物流代理运作。另外，随着物流市场的对外开放，邮件快递业务由中国邮政一统天下的时代已经过去，国有物流企业地位整体稳固，民营物流企业也迅速崛起，这种多方竞争的格局，为国内的消费者和商家择优选择第三方物流创造了有利条件。众多物流企业采取送货上门的递送方式，提供低价位、高质量的物流服务，受益的是广大消费者，这也有力地支持了电子商务的顺利实施。民营快递企业已成为我国快递业的主力。2023 年，邮政行业寄递业务量累计完成 1 624.8 亿件，同比增长 16.8%。其中，快递业务量（不包含邮政集团包裹业务）累计完成 1 320.7 亿件，同比增长 19.4%。

另外，我国越来越多的企业开始将物流业务外包出去。例如，上海通用汽车公司将全部物流外包给第三方，而自身聚焦于汽车的设计、生产和制造。第三方物流提供者负责上千种零件的包装转换，按照上海通用汽车公司发出的指令向零部件中转地交货，甚至在该公司的生产现场设置办公室，解决现场物流问题，使上海通用汽车公司的物流系统高效、有序地运转，能更加集中精力于核心业务。

随着经济的持续增长以及全球化程度的提高，我国第三方物流市场规模增长很快。与此同时，由于石油价格的上涨和在设施、设备和技术上投入的增加，物流企业的运营成本大幅提高，而行业竞争加剧又导致物流服务收费普遍降低，因此第三方物流市场的利润率普遍下降。但是，我国企业对第三方物流的市场需求潜力仍然巨大。中国巨大的物流市场已经吸引了国际上各大货运集团的目光，外国物流企业纷纷进军中国市场，未来几年，中国物流业仍将保持快速增长态势，第三方物流市场发展前景广阔。

7.3.3　第四方物流

第四方物流（Fourth Party Logistics，4PL）出现于 20 世纪 90 年代，最初由美国 Accenture（埃森哲咨询公司）提出。针对第三方物流提供者缺乏对整个供应链进行运作的战略性观念和真正整合供应链流程的相关技术的问题，Accenture 为第四方物流提供者做出的定义是：第四方物流提供者是一个供应链的集成商，它对公司内部和具有互补性服务供应商所拥有的不同资源、能力与技术进行整合和管理，提供一整套供应链解决方案。

第四方物流正日益成为一种帮助企业实现持续运作、成本降低和区别于传统的外包业务的真正的资产转移。它依靠业内最优秀的第三方物流提供者、技术供应商、管理咨询顾问和其他增值服务商，为客户提供独特的和广泛的供应链解决方案。这是任何一家公司都无法单独提供的。

延伸阅读 7-2

第四方物流的特点、案例及局限性

尽管 Accenture 拥有"第四方物流"这个专有名词，但其他的咨询公司也开始提供类似的服务，被称为"总承包商"或"领衔物流服务商"。无论称谓如何，这些新型的服务供应商都可以通过其影响整个供应链的能力，为客户提供更为复杂的供应链解决方案和价值增值。第四方物流可以使迅速、高质量、低成本的产品运送服务得以实现。

第四方物流的特点、案例及局限性参见延伸阅读 7-2。

7.4　电子商务物流解决方案

7.4.1　国外电子商务物流模式

1）美国的物流中央化

物流中央化的美国物流模式强调"整体化的物流管理系统"，这是一种以整体利益为重，冲破按部门分管的体制，从整体视角进行统一规划管理的管理方式。美国物流管理模式在市场营销方面，包括分配计划、运输、仓储、市场研究、为用户服务五个过程；在流通和服务方面，包括需求预测、订货过程、原材料购买、加工过程四个方面，即从原材料购买直至送达顾客的全部物资流通过程。

2）日本的离散配送中心

日本人认为物流过程是"生产—流通—消费—还原（废物的再利用及生产资料的补足和再生产）"的过程。在日本，物流是非独立领域，受多种因素制约。物流（少库存、多批发）与销售（多库存、少批发）相互对立，必须利用统筹来获得整体成本最小的效果，物流的前提是企业的销售政策、商业管理、交易条件。销售订货时，交货条件、订货条件、库存量条件对物流的结果影响巨大。流通中的物流问题已转向研究供应、生产、销售中的物流问题。

3）适应电子商务的物流代理

物流代理即上节介绍的 3PL、4PL。

从广义角度以及物流运行的角度看，物流代理包括一切物流活动，以及发货人可以从专业物流代理商处得到的其他一些价值增值服务。提供这一服务是以发货人和物流代理商之间的正式合同为条件的，这一合同明确规定了服务费用、期限及相互责任等事项。

狭义的物流代理专指本身没有固定资产但仍承接物流业务，借助外部力量，负责代替发货人完成整个物流过程的一种物流管理方式。

物流代理公司承接仓储、运输业务后，为减少费用支出，同时又要使生产企业觉得有利可图，就必须在整体上尽可能地加以统筹规划，使物流合理化。

7.4.2 电子商务环境下的综合物流代理

综合物流代理是第三方物流的模式之一，即由一家在物流综合管理经验、人才、技术、理念上均有一定优势的企业，对电子商务交易中供求双方的所有物流活动进行全权代理的业务活动。利用计算机和网络通信技术，该代理系统在互联网上建立了一个多对多的虚拟市场，根据物流一体化原则，有效地对供应链上下游企业进行管理。

1）综合物流代理系统的特点

在我国的电子商务环境下，经营综合物流代理的主要思路是：低成本经营和入市原则；将主要的物流服务工作委托他人处理，注重建立自己的客户营销队伍、物流管理网络和物流信息系统，提高自身的物流综合管理素质；实行特许代理制，将协作单位视为自己的战略伙伴，可进一步将其纳入自己的经营轨道；公司经营的核心就是综合物流代理业务的协调、组织、控制等管理工作，并且注重业务流程再造和组织创新。

从图7-4中可以看出，基于互联网的综合物流代理系统就是一个通过互联网建立起来的综合物流代理的管理体系。

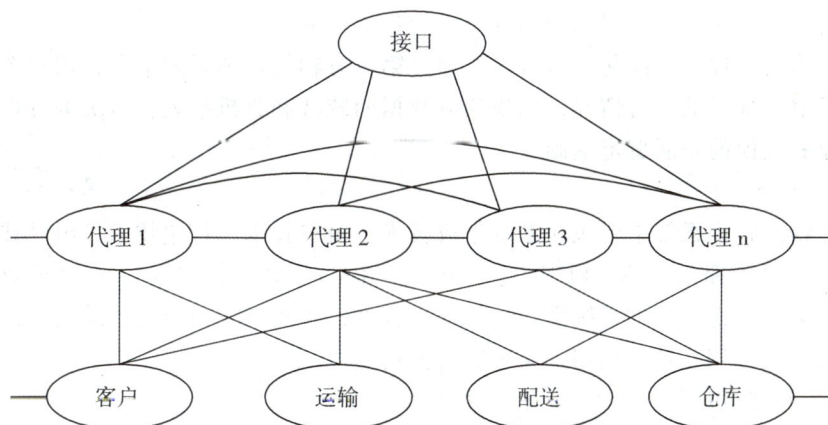

图7-4 基于互联网的综合物流代理系统

该系统建立了一个基于互联网的电子市场，在这个虚拟市场中，主要产品是物流服务。客户（电子商务的交易双方）与物流代理商以多对多的方式进行物流服务的交易活动。物流代理商作为系统中供应链的重要一环，根据物流一体化原则，对客户、运输企业、配送中心、仓储企业等进行统一的调配管理。

2）综合物流代理系统设计目标

综合物流代理系统将传统的物流业务过程通过计算机和网络技术进行业务重组，删除冗余流程，有效地控制物流的流向、提高物流过程的效率、降低物流成本，真正实现以顾客为中心的服务理念。

（1）提供个性化服务，即为客户群所提供的服务具有其他网站所不具有的特色，并能为客户所接受和喜欢，达到吸引客户的目的。

（2）在设计中通过一系列算法，对能实施物流服务的业务范围、经济地理上的网点布局是否与电子商务相应的要求相适应进行监测，形成客户需求的反应速度、送货频率、送货可靠性、相关物流文档质量、物流费用、网点分布、管理制度、货物跟踪等方面完整的物流信息和提供完善的决策支持，并通过系统评估来判断这些服务是否满足了客户的要求。

（3）建立网络化物流系统平台，以减少生产和流通中不必要的部门和环节，从而达到降低成本的目的；也可以减少物流企业组织仓储、运输环节的成本和麻烦，甩掉沉重的物流包袱，简化传统物流配送流程，方便客户使用。

3）系统平台的主要特征

（1）设计与开发的开放性和标准化。为保证各供应商产品的协同运作，同时考虑到投资者的长远利益，系统平台具有很好的开放性，并结合了相关的国际标准与工业标准。

（2）满足 B2B 电子商务中对物流管理的需求。采用 B/S 系统构架，为客户提供基于互联网方式的网上下单、货物状态查询等全面的物流服务。

（3）决策与管理的智能化。这表现在通过第三方物流管理系统平台，用户企业的管理者可实时了解各部门的运行情况，调集相应数据的统计和分析报表，为决策分析提供参考依据，为业务规模的拓展奠定基础。

4）构建技术

第三方物流管理系统平台包含系统集成技术、窗口技术、打包技术、组件技术，包含CRM（客户关系管理）、GIS（地理信息系统）、GPS（全球定位系统）、BI（商业智能）等先进功能；第三方物流管理系统平台采用通用标准，管理系统与货主、配送、运输、仓储等应用系统，既可相互独立使用，又可联合使用。

5）XML技术

第三方物流管理系统平台与其他各系统之间采用XML进行信息交换，XML交换标准同时兼容现有的行业 XML 标准，因而与其他应用系统具有良好的接口性能，保证系统的扩展性和可维护性。

6）组件技术

第三方物流管理系统平台中的每个应用系统由一个组件包提供，具有与平台无关的特性，开发商通过 API（应用编程接口）调用相应组件，实现组件提供的商务功能。

7）硬件/软件的独立性

第三方物流管理系统平台采用的开发模型继承了多层、分布式的结构特点（如图 7-5 所示），并可以跨平台应用，将 Java 的"一次编译，随处运行"的特点体现在系统中，具备操作系统独立性和数据库独立性。

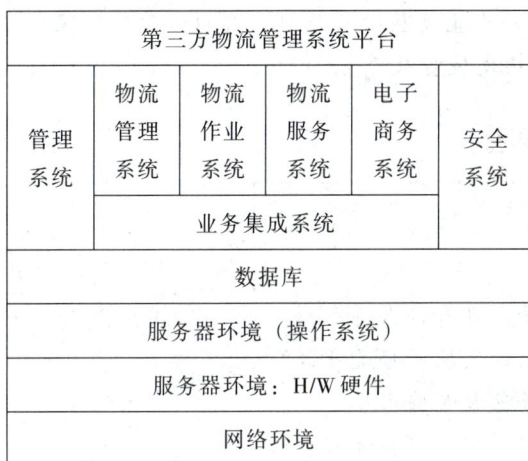

图7-5　第三方物流管理系统平台结构

　　在电子商务环境下，实现网络化物流的目标就是把电子化的物流网络和实体化的物流网络融为一体，形成真正的物流网络。

素养园地

绿色物流，可持续发展的践行者

　　故事：随着电子商务的蓬勃发展，物流行业也迎来了前所未有的增长。然而，传统的物流模式往往伴随着高能耗和环境污染问题，为了响应国家的绿色发展理念，某知名电子商务企业决定对其物流系统进行绿色改造。

　　首先，该企业对其物流配送中心进行了能效升级，采用太阳能和风能等清洁能源替代传统能源，减少了能源消耗和碳排放。其次，该企业优化了物流路径，通过大数据分析和智能算法，减少了运输过程中的空驶和迁回，提高了运输效率。此外，该企业还引入了电动运输工具，减少了物流车辆的尾气排放。

　　在包装方面，该企业采用了可降解材料，减少了对环境的影响。同时，还建立了完善的废旧包装回收体系，鼓励消费者参与到绿色物流的实践中来。

　　总结与反思：此案例展示了物流行业在国家绿色发展战略指导下的积极转型。通过技术创新和流程优化，该企业不仅提高了物流效率，降低了运营成本，还实现了对环境的保护，承担了企业的社会责任。作为电子商务的学习者和未来的从业者，我们要深入思考如何在物流管理中贯彻绿色发展理念，如何在提高物流效率的同时减少对环境的影响，以及如何在物流行业中践行社会主义核心价值观；应积极学习和探索绿色物流的理念和技术，为推动物流行业的可持续发展贡献力量。

复习思考题

1）电子商务下的物流具有什么特点？
2）电子商务物流业的发展趋势是什么？
3）电子物流的服务包含哪些内容？
4）试述新型物流配送中心所具备的条件。
5）物流业务外包的内容是什么？
6）3PL与4PL有什么区别？

即测即评

第7章即测即评

第 *8* 章
电子商务中的数据处理技术

学习目标

知识目标
- 理解数据仓库的基本概念及在电子商务中的应用。
- 掌握联机分析处理技术（OLAP）的原理和功能。
- 熟悉数据挖掘的基本原理、过程和关键技术。
- 了解现代数据库技术对电子商务的支持方式及重要性。
- 认识商业智能（BI）的内涵、特点及在企业决策中的作用。

能力目标
- 分析和设计数据仓库，以支持企业的数据分析需求。
- 运用OLAP工具进行多维度数据的分析和解读。
- 应用数据挖掘技术解决实际问题，提炼有价值的信息。
- 评估和选择适合企业需求的数据库技术和商业智能解决方案。
- 理解和实施大数据技术在电子商务中的实践流程。

价值塑造目标
- 培养对数据安全和隐私保护的意识。
- 增强对国家数据战略和政策的理解与支持。
- 认识科技创新在推动社会进步和经济发展中的作用。
- 激发在数据处理与分析中遵循伦理规范和法律法规的自觉性。
- 强化利用数据技术服务国家发展战略和社会主义现代化建设的责任感。

　　我们若想成功地进行电子商务活动，需要许多IT管理系统的支持，而数据处理技术的发展和应用是决定电子商务成功运行和有效管理的关键因素之一。数据处理一般分为两种类型：操作型数据处理和分析型数据处理。操作型数据处理也称事务处理，是指对数据库联机的日常操作。而数据仓库是从大量的事务型数据库中抽取数据，并将其清理、转换为新的存储格式，它所完成的是分析型数据处理。大数据是信息技术高速发展背景下产生的一种数据采集、管理和分析的方式，是一个发现和认识事物及其规则的新逻辑，也是一条改造和变革传统行业的新途径。本章将介绍数据仓库的概念，以及应用于电子商务中的前沿数据处理技术，包括联机分析处理技术、数据挖掘技术、现代数据库存技术、商业智能和大数据的概念及应用。

8.1　数据仓库与联机分析处理技术

8.1.1　数据仓库的概念及特点

1）数据仓库及相关概念

（1）数据仓库（Data Warehouse，DW）。

　　英蒙（W. H. Inmon）在《建立数据仓库》（Building the Data Warehouse）一书中把数据仓库定义为"用于支持管理决策的面向主题、集成、稳定、随时间变化的数据集合"。

　　建立数据仓库的目的就是解决企业遇到的"企业应用蜘蛛网"现象，并更好地支持管理决策。数据仓库技术，简单地说，就是将企业内外部的数据进行全面集成、清洗和整理，去除一些纯事务性的数据，将企业数据按主题放置到一个"仓库"中，在此基础上建立各种决策支持系统，为企业服务。

　　数据仓库中的数据是经过整理的，是面向主题的、集成的、时变的和不可修改的，所存储的数据量大、存储时间长，包括企业内外部产生的所有有用数据。

　　一个数据仓库包含多个处理流程，它们需要不同的技术来支持。首先，需要将批处理和事务处理数据从数据库中抽取出来；其次，对其进行整理，清除冗余数据，补充空白和遗漏的地方，并将这些数据组织成一致的格式；最后，将它们存入数据仓库中，供人们使用。企业可利用这些数据和报表工具（包括联机分析处理（OLAP）工具、统计建模工具、GIS及数据挖掘工具等）对数据进行整理和挖掘。

　　（2）多维数据库（Multi Dimensional Database，MDD）。

　　多维数据库就是以多维方式组织数据，也可以简单地理解为将数据存放在一个n维数组中，而不是像关系数据库那样以记录的形式存放。当维数扩展到三维甚至更多维时，多维数据库将形成类似"超立方块"一样的结构，人们可以通过多维视图来观察数据。实际上，多维数据库是由许多经压缩的、类似于数组的对象构成的，这种对象通常带有高度压缩的索引和指针结构。多维数据增加了一个时间维，与关系数据库相比，它的优势在于可以提高数据处理速度，加快反应时间，提高查询效率。目前，有两种MDD的OLAP产品：基于多维数据库的MOLAP（Multi Online Analytical Processing）和基于关系数据库的ROLAP（Relation Online Analytical Processing）。也就是说，多维数据库可以用多维结构存储，也可以用关系数据库存储。当采用关系数据库存储时，多维结构利用事实表和维表来模拟。

（3）数据集市（Data Marts）。

数据集市是一种更小、更集中的数据仓库，为企业提供了一条分析数据的廉价途径。单个数据集市是数据仓库的一块砖，它是具有特定应用的数据仓库，主要针对某个具有战略意义的应用或具体部门级的应用。数据集市是根据用户的功能范围（即特定主题）而不是根据数据集市数据库的大小来定义的。当前大多数数据集市中的数据小于100GB，但是，随着数据集市使用量的增加，其规模也将快速增长。

（4）元数据（Metadata）。

元数据是关于数据的数据，它描述了数据仓库的数据和环境。数据通常可以分为两类：一类是管理元数据，它是对源数据及其内容、数据仓库主题、数据转换及各种操作信息的描述。另一类是用户元数据，它帮助用户查询信息、理解结果、了解数据仓库中的数据和组织。元数据的使用者是系统管理员和终端用户，它能支持以下五种数据仓库管理功能：描述数据仓库的内容、定义数据抽取和转换、基于商业事件的抽取调度规则、描述数据同步需求、衡量数据质量指标。

（5）外部数据。

外部数据是不能在联机事务处理（OLTP）系统中找到，却能提高数据仓库中信息质量的数据。

2）数据仓库与数据库的区别

传统的数据库技术是以单一的数据资源（即数据库）为中心，进行事务处理、批处理、决策分析等各种数据处理工作。传统的数据库系统由于主要用于处理企业的日常事务，其数据基本符合操作型数据的特点。而为了适应数据分析处理的要求而产生的数据仓库存放的数据，则基本符合分析型数据的特点。表8-1显示了操作型数据和分析型数据的区别。数据一旦进入数据仓库，一般情况下将被长期保留，变更很少。

数据仓库组织和管理数据的方法与普通数据库不同，主要表现在以下三个方面：第一，它依据决策要求，只从数据库中抽取那些需要的数据，并进行一定的处理；第二，数据仓库是多维的，即数据仓库中数据的组织方式有多层的行和列；第三，它采用分析型数据处理而非普通的操作型数据处理方式，支持决策处理而非常规事务处理。

表8-1	操作型数据和分析型数据的区别
操作型数据的特点	**分析型数据的特点**
细节的	综合的、经过提炼的
在存取的瞬间是准确的	代表过去的数据
可更新	不更新
操作需求通常事先可知	分析需求通常事先不知道
生命周期符合SDLC	生命周期不同于SDLC
对性能（如操作时延）要求高	对性能要求较宽松
一个时刻操作一个数据单元	一个时刻操作一个数据集合
事务驱动	分析驱动
面向应用	面向分析
一次操作数据量小	一次操作数据量很大
支持日常操作需求	支持管理需求

3）数据仓库的技术支持

数据仓库需要以下数据库技术的支持：

（1）并行数据库技术。数据仓库中的数据量很大，一般能达到GB级，有的甚至达到TB级。如此大规模的数据处理，使用并行技术对提高运行效率是很有帮助的。

（2）高性能的数据库服务器。传统数据库的应用是操作型的，而数据仓库的应用是分析型的，它需要高性能的数据库服务器来配合工作，对DBMS核心的性能也有更高的要求。

（3）数据库互操作技术。数据仓库的数据来源多种多样，可能来自数据库，也可能来自文件系统。即使都来自数据库，这些数据库也往往是异构的。为了从这些异构数据源中定期抽取、转换和集成所需的数据存入库中，异构数据源之间的互操作技术是必需的。

4）数据仓库的特性

（1）数据仓库的数据是面向主题的。

主题是一个在较高层次上企业信息系统中的数据综合、归类并进行分析利用的抽象。在逻辑意义上，它对应企业中某一宏观分析领域所涉及的分析对象。

与数据库面向应用进行数据组织的特点相对应，数据仓库中的数据是面向主题进行组织的。面向主题的数据组织方式就是对分析对象的数据做出完整、一致的描述，能完整、统一地刻画各个分析对象所涉及的企业的各项数据，以及数据之间的联系。

（2）数据仓库的数据是集成的。

数据仓库的数据是从原有分散的数据库中抽取出来的，它与操作型数据有较大的区别。数据仓库的每一个主题所对应的源数据在原有的各分散数据库中有许多重复和出入，必然要经过统一与综合，将其所有的不一致，如字段的名称、单位和字长等加以统一。数据综合可以在抽取数据时生成，但更多的是在进入数据仓库以后综合生成。

（3）数据仓库的数据是不可更新的。

数据仓库的数据主要用于企业的决策分析，一般只做数据查询，并不进行修改，反映的是较长时间内历史数据的内容，是不同时点的数据库数据集合。因为数据仓库只进行数据查询操作，数据仓库管理系统比数据库管理系统要简单得多，免去了如完整性保护、并发控制等技术难点。但是，由于数据仓库的查询量往往很大，所以对数据查询提出了更高的要求，它要求采用各种复杂的索引技术，并且要为企业高层管理者提供一个友好的数据查询界面。

（4）数据仓库的数据是随时间不断变化的。

数据仓库中的数据不可更新是针对应用来说的，即在进行分析处理时不对数据进行更新。但数据从进入数据仓库到被删除的整个生存周期中，是随时间而不断变化的，它需要不断增加新的数据并不断删去旧的数据。数据的存储期限较长，一般为5~10年，一旦超过了这一期限，过期数据就要被删除。此外，数据仓库中的很多综合数据与时间有关，需要经常按照时间段进行综合或抽样等，因此，数据仓库的数据特征都包含时间标记。

数据仓库是在数据库已经大量存在的情况下，为了进一步挖掘数据资源、满足决策需要而产生的，它并不是所谓的"大型数据库"。数据仓库建设的目的是为前端查询和分析作基础，由于有较多的冗余，所以需要的存储空间也较大。

5）数据仓库的应用目标

（1）成为企业的核心业务。以核心业务为主要目标的数据仓库是关键业务驱动的。出于这种目的的企业有两类：数据仓库工具厂商和服务性的信息咨询机构。在这两类企业中，数据仓库已经成为其核心业务的重要组成部分。

（2）优化企业内部管理控制。数据仓库的第二类应用目标是对企业的管理控制进行优化，包括产品生产和人员管理。产品生产的管理控制以降低产品成本、提高产品质量为目标。人员管理以优化企业内部员工之间、部门之间的协同工作为目标。

（3）为企业提供更多商业机会。数据仓库的第三类应用目标是为企业提供更多商业机会，这主要包括帮助市场、销售部门对客户进行分析（比如应当向哪些客户群进行推销），帮助企业决策者进行辅助决策（比如应当发展哪些类型的新业务）。

8.1.2　数据仓库的结构、作用及功能

1）数据仓库的体系结构

数据仓库的体系结构可以用图8-1来表示。数据仓库和数据库应用的出发点不同，数据仓库独立于业务数据系统，但又同业务数据仓库息息相关。也就是说，数据仓库不是简

单地对数据进行存储，而是对数据进行"再组织"。

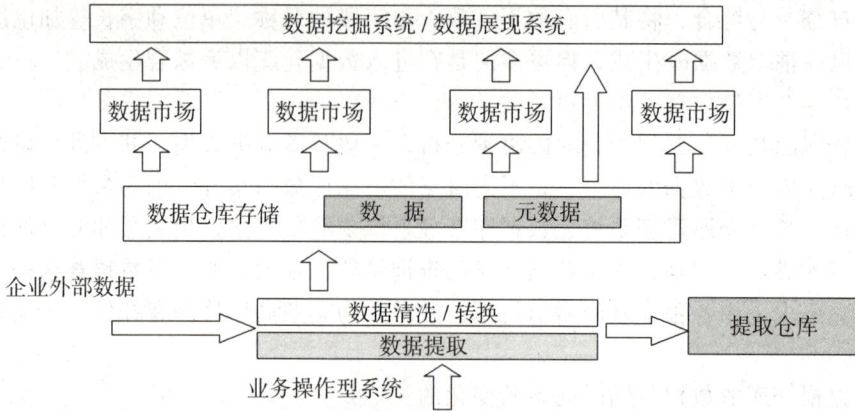

图8-1　数据仓库的体系结构

2）数据仓库的作用

数据仓库的主要作用是对数据进行处理以提高它们的质量，使企业在日常事务处理过程中记录的数据能够更好地用于更高层次的分析和得到更有效的利用，如支持客户与市场分析、支持企业或供应链的获利分析、支持财务与成本分析、支持供应链决策管理等。完成一项数据仓库的数据使用任务如同完成一个产品从设计到使用的整个周期。表8-2对比了这两个过程。

表8-2　　产品的生产制造过程与数据仓库的数据处理过程的对比

	产品的生产制造	数据仓库的数据处理
目的	为客户和消费者提供他们所需的产品	为某些分析目标提供用户所需的面向主题的、集成的、相对稳定的和随时间变化的数据集合
库存	存货：维护存货和过多的存货会导致效率低下、成本高昂	孤立的数据：孤立的数据就像存货一样维护起来成本高昂，只有将其转变成能传递给用户使用的知识，这些数据才有用
设计	设计蓝图和原材料：对产品进行概念描述和设计，研究和确定需要什么原材料、哪些原材料能生产出最好的产品	模型和数据元：对应用目标进行建模描述，研究和确定需要什么数据、哪些数据能满足目标需求，并将这些数据集合成数据元
生产	部件：将这些原材料制成部件	主题数据仓库：将数据元组合成主题数据仓库
组装	产品：将部件装配成产品	数据中心：由主题数据仓库生成数据中心
销售	分销渠道：产品经由各种渠道（批发、直销、代销、零售等）销售出去	分发途径：数据通过各种途径（互联网、局域网、报告、计算机程序等）分发出去
产品完善	产品使用过程：反馈，改进，升级，增强，淘汰	数据使用过程：调用，增强，升级，废弃

3）数据仓库的功能

为了解决数据爆炸和信息支持不足的矛盾，获得高质量的数据，以支持电子商务的运行和管理，能完成数据处理工作的数据仓库的功能应包括：数据建模，数据的抽取、转换和加载，数据的清洗、融合与集成，数据存储管理和查询，运行维护等。其中，数据建模，数据的抽取、转换和加载功能是目前工业界和学术界关注的主要问题，也是数据仓库下一步研究的主要方向。

（1）数据建模功能。该功能用以满足对数据的有效组织和管理，确定业务分析所需的模型和数据，包括确定合适的主题、相关的维度、属性和粒度划分，确定事实表和正确的表结构等。

（2）数据的抽取、转换和加载功能。抽取（Extraction）、转换（Transformation）和加载（Load）简称ETL。由于抽取过程会暴露源系统中数据的质量问题，而这些质量问题会严重影响数据仓库的可信程度，因此，在数据预处理过程中，需要通过ETL来提高数据的质量，让数据仓库使用真正有效的数据。目前有很多工具可以帮助用户完成数据的ETL工作，但是，还有相当一部分工作需要手工编程来完成。

（3）数据的清洗、融合与集成功能。该功能是把分散在企业内外部的业务数据集成起来，进行整理，清除冗余数据，补充空白和遗漏的地方，并将这些数据组织成一致的格式，以适应不同企业或不同的业务流程对匹配和合并功能的要求。

（4）数据的存储管理和查询功能。用户的需求可能只是进行一些预定义的查询、生成报表等简单操作；也可能是自定义的复杂查询，以便直接分析数据仓库中存放的各种数据。该功能为满足用户的不同查询需求提供相应的工具和友好的界面，来完成不同的任务。

（5）运行维护功能。数据仓库在运行时要不断验证分析设计是否符合用户的需求，产生新的分析要求并及时反馈，以便及时对系统进行改进，同时还要对数据仓库中的数据进行维护。

4）数据仓库解决方案的缺点

（1）数据仓库仍然不能完全解决商业用户的需求问题：许多数据仓库解决方案的一个共同缺点就是系统的开发者总是专注于软件技术，而不是商业解决方案。因此，尽管他们所提供的产品能够很好地构建和访问数据仓库，但这些产品实施起来相当复杂。数据仓库产品通常很少针对特定的产业、应用领域提供解决特定业务问题的软件包，企业所需要的恰恰是应用程序和商务解决方案而不仅仅是技术。

（2）数据仓库解决方案的另一个问题是：人们仍然过多地关心如何建立数据仓库，而不是如何对它进行访问。许多企业似乎觉得它们只需要建立起数据仓库并为用户提供合适的工具，问题就解决了，但事实上这只是个开始而已。

8.1.3 联机分析处理技术（OLAP）

1）OLAP分析

联机分析处理技术即多维分析，它是一种数据分析技术，能够完成基于某种数据存储的数据分析功能。它可简单地定义为共享多维信息的快速分析。

（1）OLAP 的产生与发展。OLAP 是在联机事务处理（OLTP）的基础上发展起来的。传统的 OLTP 应用是基于客户/服务器的两层结构体系，随着 Internet/Intranet 技术的发展，其更多应用向三层客户/服务器方向发展。

联机分析处理是针对特定问题的联机数据访问和分析，通过对信息进行快速、稳定、一致和交互式的存取，对数据进行多层次、多阶段的分析处理，以获得高度归纳的分析结果。联机分析处理是一种自上而下、不断深入的分析工具，在用户提出问题或假设之后，它负责提取出关于此问题的详细信息，并以一种比较直观的方式呈现给用户。它从多角度观察问题，比较接近业务模型。联机分析处理技术的发展很快，在数据仓库的概念提出后不久，联机分析处理的理论及相应的工具就相继推出。

（2）OLAP 的特点。联机分析处理要求按多维方式组织企业的数据，传统的关系数据库难以胜任，为此，人们提出了多维数据库的概念。正是这一技术的发展，使决策分析中的数据结构和分析方法相分离，才可能研制出通用而灵活的分析工具，并使分析工具产品化。"维"是人们观察现实世界的角度，决策分析需要从不同的角度观察分析数据，以多维数据为核心的多维数据分析是决策的主要内容。多维数据库是以多维方式组织数据的。目前，联机分析处理的工具可分为两大类：一类是基于多维数据库的，另一类是基于关系数据库的。二者的相同点是基本数据源乃至数据库和数据仓库都是基于关系数据模型的，都向用户显示多维数据视图。二者的不同点在于，前者是把分析所需的数据从数据仓库中抽取出来，物理地组织成多维数据库；后者则是利用关系表来模拟多维数据，并不是物理地生成多维数据库。

（3）OLAP 服务器。OLAP 服务器是一个高容量和多用户的数据操作引擎，用于支持和操作多维数据结构。OLAP 服务器既可以暂存处理过的多维信息以向终端用户提交一致的、快速的响应，也可以将用户的多维数据暂存在 OLAP 服务器中。

2）OLAP分析工具

OLAP 系统上要执行的任务，为交互和在日常业务中处理面向事务的任务而优化；而OLAP 分析工具在专用数据仓库服务器上执行任务，需要更高的批处理性能以处理许多聚合、预计算和查询任务。

（1）数据源。

商业智能系统的数据源可以是操作型数据库、历史数据（通常存放在磁带上）、外部数据（如从市场调查公司或从互联网所得的数据）或从已有的数据仓库环境所得的信息。

数据源也可以是业务应用的关系数据库。它们可以留在许多不同的平台上，可包含结构化信息（如表、电子表格）或非结构化信息（如纯文本文件或图片及其他多媒体信息）。

数据在处理过程的不同阶段，聚合有 OLTP 数据、ODS 连接模式和数据集市。

要使数据仓库包含最新的数据，处理方法主要有抽取/传播、转换/清洗、数据提炼、表示和分析等。

（2）抽取/传播。

数据的抽取/传播是从各种数据源和不同的平台收集数据并将它们移动到数据仓库的过程。数据仓库环境中的数据抽取是一个可选的过程，这个过程会与决策相关的信息一起导入到数据仓库中。

要从数据源抽取/传播数据，首先需要访问数据源。对数据源有两种访问模式：只读模式和读写模式。如通过 DB2 Rational Connect 以只读模式访问 Oracle、Sybase、SQL Server 等数据库，或通过 IBM Data Joiner 产品以读写模式访问 Informix、Oracle、Sybase 等数据库。

数据抽取/传播不只是从一个数据库系统中把数据镜像或复制到另一个数据库中，这个过程可以是拉（抽取）——Pull 或者推（传播）——Push。

推的技术是从高度安全的系统获取数据的最常用技术，对于一般的数据源则可采用拉的技术。

（3）转换/清洗。

在整个数据仓库建立的过程中，都有转换发生，通常不止一步。数据转换通常包括使用映射表来解析代码（如在性别域将 0 转换为女性、1 转换为男性）及发现数据域隐藏的业务规则。在该过程的较早阶段，转换更多地用于合并不同数据源的数据，但是，在后面的阶段，数据转换主要针对特定的问题和/或工具。

数据仓库一方面将数据转换成信息，另一方面进行数据清洗以确保数据仓库具有正确的、有用的和有意义的信息。数据清洗还可以描述为数据的标准化，如纠正业务和客户名以及纠正和验证地址等。

当谈及数据转换/清洗时，主要有两种获取结果的不同方法，它们分别是：

① 数据聚合（Aggregation）：修改信息内的粒度级别。例如，原始数据基于天存储，数据集市只存放周的值，因此，数据聚合导致更少的记录。

② 数据汇总（Summarization）：信息的某个组合计值。例如，数据转换过程生成包含特定产品组的税额，导致更多的记录。

（4）数据提炼。

数据提炼过程生成数据集市（数据仓库）中的数据，它所完成的任务是创建数据仓库的一个子集、创建计算域/虚拟域、汇总信息和聚合信息，该数据仓库可以组织成多维或关系模式。

（5）数据存储与访问。

数据仓库中的操作细节数据一般用关系数据库系统进行存储和管理，但对于汇总数据等分析型数据的存储有以下两种方式：

① 建立专用的多维数据库系统，即 MOLAP。

② 利用现有的关系数据库来模拟多维数据，即 ROLAP。

两个数据库结构都可以用来创建部门数据集市，但访问数据库中数据的方式是不同的：要从关系数据库中访问数据，可使用通常的访问方法，如 SQL 或中间件产品 ODBC；多维数据库通常具有专有的数据库结构，需要使用专门的 API 来访问。

3）OLAP分析中的维度与事实

数据仓库通常采用三层结构：底层是数据仓库服务器，一般是一个关系数据库系统；中间层是 OLAP 服务器，它面向的是关系 OLAP 模型（ROLAP）或多维 OLAP 模型（MOLAP）；顶层是客户。模型中的事实一般用维表来描述。

维表的本质是多维分析空间在某个角度上的投影，多个维表共同建立一个多维分析空间。维表包含记录中包含的诸多因素。比如，超市中的"销售"事件涉及的因素可能包括时间、地点、销售员、客户和产品类型等。对于销售员，通过"销售员"维表记录销售员的员工标识号、姓名、电话、年龄、地址等信息，来刻画销售员的属性；对于时间，可以建立年、季度、月、周、日这样的层次信息，来描述时间的属性。

在 OLAP 分析中，有一些维度是常用的，主要包括：

（1）时间维。时间维是最常见的维度，数据仓库保留的是系统历史的数据，OLAP 分析的最基础的一个维度就是时间维。

（2）地理维。地理维在 OLAP 中也是常见的，如国家、区域、城市等。

（3）机构维。机构维通常是指实施商业智能项目的企业的组织机构情况。有些企业可能需要在企业的各个部门或者各个分公司之间进行对比，这时就需要建立机构维。

（4）客户维。任何公司都是服务于客户的，因此客户维通常是必不可少的。分析客户的背景信息对客户消费行为的影响、通过客户背景信息对客户群体进行合理的分类，能给企业的市场策略等方面的决策提供有效的指导。

（5）产品维。在许多商业智能系统中，产品维有时也是重要的分析维度。

（6）事实表。事实是各个维度的交点，是对某个特定事件的度量。同维表相比，事实表具有如下特征：①记录数很多。②事实表中除了度量变量外，其他字段都是同维表或者中间表的关键字。③如果事实相关的维度很多，则事实表的字段数也会很多。

4）多维OLAP分析

我们以对服装销售的分析为例，看如何从产品、时间、财务的角度，用多维方法观察数据（多维分析）。此例中，数据模型等同于业务模型，如图 8-2 所示。

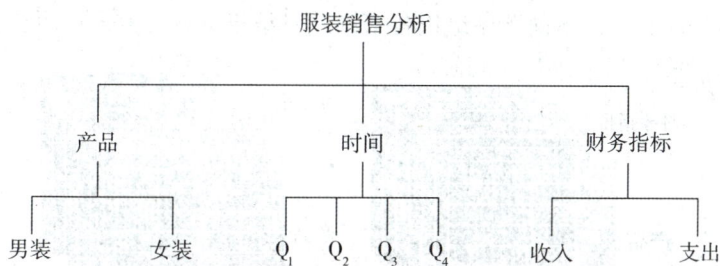

图8-2 多维OLAP分析图

多维OLAP分析有如下特性：

（1）钻取：在一个维度内部沿着层次从上到下或从下到上的方向考察数据。钻取分为上钻（Drill Up）和下钻（Drill Down）。

如查找的产品为雅戈尔正装，则钻取到的各级数据层次如图8-3所示。

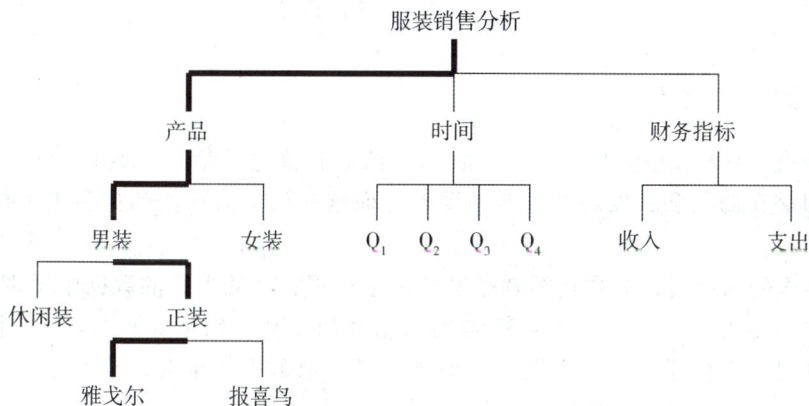

图8-3 钻取

（2）切片/切块（Slice/Dice）：固定某些维成员，用切片或切块的方法对其他维进行观察。如图8-4所示，在三维数据库中固定一维，对其余的两维做切片观察。

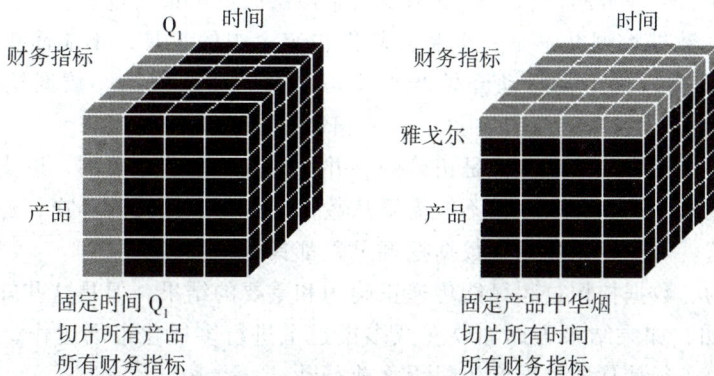

固定时间 Q₁
切片所有产品
所有财务指标

固定产品中华烟
切片所有时间
所有财务指标

图8-4 切片

（3）旋转（Pivot）：按不同顺序组织各个维，对结果进行考察，如图8-5所示。

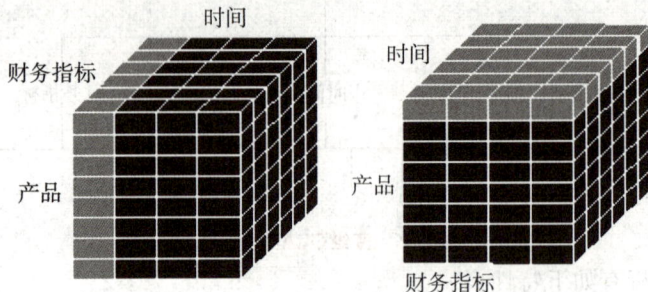

图8-5 旋转

8.2 数据挖掘技术

8.2.1 数据挖掘概述

数据挖掘（DM）的基本思想是从数据中抽取有价值的信息，其目的是帮助决策者寻找数据间潜在的关联，发现被忽略的要素，而这些信息对预测趋势和决策行为也许是十分有用的。

从数据库的角度看，数据挖掘就是这样一个过程：从数据库的数据中识别出有效的、新颖的、具有潜在效用的并最终可理解的信息（如规则、约束等）。这是一个非平凡过程。非平凡是一个数学概念，即数据挖掘既不是抽取数据的全部，也不是一点儿也不抽取，而是抽取出隐含的、未知的和可能有用的信息。

1）数据挖掘的定义

一个比较正式的数据挖掘的定义是：数据挖掘是从数据中抽取正确的、有用的、以前未知的和综合的、可理解的信息，并使用该信息做出商业决策的过程。

（1）过程。数据挖掘并不是一个装在软件包装盒中的工具，不能简单地买到并运行在商业智能环境中，也不会自动开始产生值得注意的商业规律。数据挖掘是一个工作过程。

（2）正确的。提取的信息应该是正确的，并且在统计上是重要的，以支持有依据的决定。正确意味着确证性和完整性，不但需要从数据库中得到正确的客户，还希望得到所有正确的客户。这就需要原始数据和数据挖掘过程都具有正确性。

（3）有用的。数据挖掘过程可能传递正确的和重要的结果，但是这些知识必须是对商业有用的。比如，如果结果告诉你要在众多渠道上进行多样化市场运作，这可能无法办到。同样，结果必须使你能抢在竞争对手之前行动。

（4）未知的。数据挖掘要产生新的信息。如果过程只是传递一些无关紧要的结果，那么数据挖掘的商业动力就会消失。这就要区分验证和探索的性质。

（5）综合的。数据挖掘过程的结果必须能用业务术语来解释，如果做不到这一点，那么那些结果就只是一个用来区分用户等级的统计模型而已。模型本身至少应该能给出客户评定等级的方法要点和影响评定的因素。要提供这些要点，在有些国家需要关于私有权法律的知识。

以上定义显示了数据挖掘的最低要求，可以用它来评价数据挖掘是否给业务环境增加了附加的价值。

2）数据挖掘的意义

数据挖掘是在有了数据后才兴起的技术。数据库在建造时，并不是设计以供人们来挖掘的，它存储大量的数据，但要从中寻找有价值的数据，则是一件相当困难的事情。然而，市场竞争迫使企业从大量的数据中去寻找价值、挖掘利润，这就需要一种新技术帮助企业快速地、方便地从数据中找出那些隐藏模式，并利用这些模式对业务进行预测和分析，以便更好地开展业务。例如，在进行新产品市场前景分析、竞争对手分析和制定销售策略时，人们不得不奔波于企业内各部门和外部相关单位之间，沟通交流、搜集资料，在堆积如山的数据和无数的计算机窗口之间费尽心机地寻找。在信息资源高度丰富的同时，人们也为如何快速、有效地整合资源、提取信息而困惑不已。

这种对数据价值的渴望驱动着企业不断地借助信息技术改进对数据的处理和挖掘。与此同时，数据库技术和人工智能技术也得到了长足的发展，人们将它们与其他技术结合起来，从大量数据中发现和挖掘数据与知识，经过人们的不断探索和尝试，数据挖掘技术便诞生了。数据挖掘技术可以快速地挖掘、存储和管理数据，帮助企业更有效地利用数据，找出以前无法探知的隐藏着重要业务数据的信息，从中获取有价值的信息，并凭借它们洞察先机、获取利润。

从决策支持的角度看，数据挖掘是一个决策支持过程，它主要基于人工智能、机器学习、统计学和数据库等多种技术，能自动地分析企业原有的数据，对数据进行归纳推理，从中挖掘出潜在的模式，预测客户的行为，帮助企业决策者调整市场策略，从而降低风险，辅助决策者做出正确的决策。它是提高商业和科学决策过程中质量和效率的一种新方法。

3）数据挖掘与联机分析处理的比较

数据挖掘和联机分析处理都可以在数据仓库的基础上对数据进行分析，以辅助决策，那么，它们之间是否有差别呢？答案是肯定的。从某种意义上来说，联机分析处理还是一种传统的决策支持方法，即在某个假设前提下，通过数据查询和分析来验证或否定这个假设，所以，联机分析处理是一种验证型分析。

一般来说，验证型分析有如下局限性：

（1）常常要以假设为基础。用户的假设能力是有限的，往往只局限于对几种变量进行假设。

（2）联机分析处理需要对用户的需求有全面而深入的了解，然而在实际工作中，有些时候用户的需求并不是确定的。

（3）抽取信息的质量依赖于用户对结果的解释，而这容易导致错误。可以看出，联机分析处理是由用户驱动的，在很大程度上受到用户自身水平的限制。

与联机分析处理不同，数据挖掘是数据驱动的，是一种真正的知识发现方法。使用数据挖掘工具，用户不必提出明确的要求，系统就能够根据数据本身的规律性，自动地挖掘数据潜在的模式，或通过联想建立新的业务模型，帮助决策者调整市场策略，并做出正确决策。这显然有利于发现未知的事实。从数据分析深度角度来看，联机分析处理位于较浅的层次，而数据挖掘处于较深的层次。所以，联机分析处理和数据挖掘的主要差别就在于是否能自动地进行数据分析。

8.2.2 数据挖掘的功能、应用、过程与技术

数据挖掘技术，就是对海量的数据进行精加工，从大量的数据中抽取出潜在的、不为人知的、有价值的信息、模式和趋势，然后，将它们以可视化形式和易于理解的方式表达出来，为人所用。其目的是提高预测的精确性、分析与决策的准确性，及时发现意外事件和控制可预见的风险，通过竞争情报分析加强对竞争对手的了解，及时调整竞争战略。许多金融机构都采用了这一技术，它们在挖掘客户、降低成本和进行风险控制方面获得了显著的成功。

1）数据挖掘的功能

数据挖掘的功能主要有以下几种：概念描述、关联分析、分类和预测、聚类、检测、演变分析。在进行挖掘之前，首先要明确挖掘的任务，比如要进行分类、聚类或寻找关联规则等，再根据这些任务来对所选择的数据进行处理；其次选择具体的算法进行挖掘；最后要对挖掘出来的模式进行评价，消除其中重复的部分，将最终结果展现出来。其具体功能如下所述：

（1）概念描述功能。它用来明确挖掘任务，对挖掘任务进行特征化和区分，即用汇总的、简洁的和精确的方式描述每个类和概念。例如，对销售增加15%的产品的特征进行研究。

（2）关联分析功能。它可用来找出存在于各个条目之间的相关性，而对记录集进行操作。相关性可用某些规律来表示或发现关联规则，这些规则展示了属性值频繁地在给定数据中一起出现的条件。例如，超市营销可以通过对数据的分析，得出啤酒与婴儿尿布在摆放位置与相关销售中的关联规则，来获得这两种商品的销售关系。

（3）分类和预测功能。它是指对数据进行分类和预测，并通过对数据的分类找出描述

和区分数据类或概念的模型（或函数），并使用模型预测类别，即未知的对象类。预测包含值预测和基于可用数据的分布趋势预测。例如，在销售活动中，根据对商品的描述特性，如价格、品牌、产地、类型和种类等进行分类，然后，对每一类提供有组织的数据集，进行预测和判断，其结果可以帮助企业理解它们对销售活动的影响，以便今后设计更有效的销售活动。

（4）聚类功能。它能对挖掘对象根据最大化类内相似性和最小化类间相似性原则进行聚类或分组，所形成的每个簇（聚类）都可以看作一个对象类，由它可以导出特定的规则。聚类能够很容易地实现分类编制，将观察到的内容组织成类分层结构，把类似的事件联系在一起。

（5）检测功能。该功能实现对孤立点的检测，数据偏差常常导致挖掘出含有错误信息的数据，因此必须在执行数据挖掘之前进行检测和排除。

（6）演变分析功能。数据演变分析描述了某一行为随时间变化的规律或趋势，借助该功能，通过对某项业务进行演变分析，可以得到它的发展趋势。例如，对房地产交易数据的演变分析可以识别整个房地产市场和行情的演变规律，认识和把握这种规律可以帮助企业预测市场价格的未来走向，为投资和市场开发做出决策。

2）数据挖掘技术的应用

（1）在金融领域中，DM技术应用的价值还在于帮助金融企业分析影响其业务的关键因素，将市场和服务分成有意义的群组，挖掘出如"平均一个优质/不良客户能盈利/亏损多少，创新客户的成本是多少"等信息，从而帮助企业增加收入、降低成本，使管理决策更加科学、客户分析更加精确。

（2）在银行业，通过对客户偿还能力和信用的分类与分析，评出等级，减少放贷的盲目性，提高资金的使用效率，制定正确的金融政策；通过对数据的深层次挖掘，可发现洗黑钱以及其他犯罪活动，以便采取措施加以防范。

（3）在保险业，采用DM技术可以对索赔数据进行挖掘，防止欺诈行为的发生；通过预测何种客户将购买何种险种来开发新的保险业务；通过挖掘客户消费习性来策划市场活动和制定战略。如利用DM技术可以了解哪些客户很可能在未来半年内取消保单、哪些客户是能带来最大利润的客户细分群，并预测每个客户的保单理赔数据，进行客户理赔分析等。

（4）在零售业，DM技术有助于识别和找出客户人口统计特征间的联系和购买行为特征，发现顾客的购买模式和趋势，以改进服务质量，提高客户满意度，减少商业成本，增加利润。

（5）在医药与保健业，可以采用DM技术找出病人的行为特征，找出各种疾病的成功治疗与预防方法，预测医生的工作量，并对药品和医疗仪器治愈数据进行挖掘，以提高治愈率等。

（6）在物流业，借助DM技术对运输路径、物流运行方式等作业数据进行挖掘，可以支持SCS优化物流网络，在各条路线间制订合理的运输与配送计划和最佳的物流作业方式，为客户提供及时、可靠和满意的物流服务。

（7）在电信业，利用DM技术对呼叫源、呼叫目标、呼叫量以及每天使用的模式等信息进行分析和挖掘，能够更好地理解商业行为，确定电信模式，捕捉盗用行为，进行异常模式识别，更好地利用资源和提高服务质量，降低成本和创造盈利。

上述只是DM技术应用的典型行业，其他的还有税务、能源、房地产、证券、教育、制造业和政府等，DM技术几乎可用于所有行业。目前，DM技术提供商、研究机构和应用企业正致力于各种挖掘算法和评价方法的研究，以努力提高各种算法的性能，扩展数据挖掘的应用领域。

3）数据挖掘的过程与技术

数据挖掘的过程如图8-6所示。

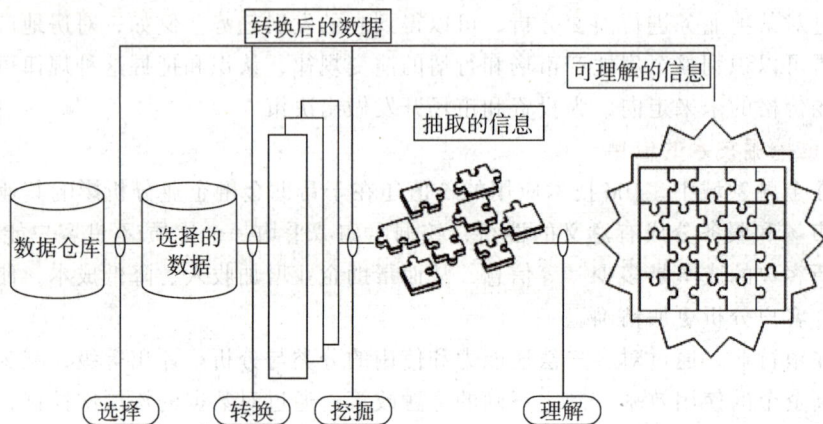

图8-6　数据挖掘的过程

先将选择的数据组织成一致的格式，再用ETL工具完成数据的抽取、转换和加载功能，数据挖掘过程中抽取的信息经过去粗取精处理，最终转换为可以支持企业关键性决策的信息。

数据挖掘所用到的关键技术主要有以下几项：

（1）关联技术。

若两个或多个变量的取值之间存在某种规律性，就称为关联。从大量的商务事务记录中发现潜在的关联关系，可以帮助人们做出正确的商务决策。

①关联规则。关联规则是寻找在同一个事件中出现的不同项的相关性。比如在一次购买活动中所购买的不同商品的相关性，又如在购买计算机的顾客中有30%的人也同时购买了打印机。

② 关联分析。这是指利用关联规则进行数据挖掘，发现一个事件和其他事件之间依赖或关联的知识。如果两项或多项属性之间存在关联，那么其中一项属性值就可以依据其他属性值进行预测。在商业应用中采用关联分析最典型的例子就是一家超市通过数据挖掘发现了婴儿尿布和啤酒之间有着内在的联系，即"啤酒与尿布"的故事。在美国，一些年轻的父亲下班后经常到超市去买婴儿尿布，超市也因此发现了一个规律，在购买婴儿尿布的年轻父亲中，有30%～40%的人同时要买一些啤酒。超市随后调整了货架的摆放，把婴儿尿布和啤酒放在一起，明显增加了销售额。

③ 购物篮分析。此类关联分析在零售业，如超市得到广泛应用。企业可以获得产品间的关联信息，或者产品类别和购买这些类别产品的顾客的统计信息之间的关联规则，因此关联分析又称为购物篮分析，在销售配货、商店商品的陈列设计、超市购物路线设计、产品定价和促销等方面得到广泛应用。

（2）分类。

分类要解决的问题是为一个事件或对象归类，即预测一个特定的对象属于哪一类。分类模型是通过已知的历史数据建立起来的。用于建立模型的数据称为采样集，通常是已经掌握的历史数据。在采样集中，为每个对象赋予一个类别的标记，不同的类别有不同的标记。

分类就是通过分析采样集中的数据，为每个类别做出准确的描述，建立分析模型或挖掘出分类规则，然后用这个分类规则对其他数据对象进行分类。

如果对数据库进行分类，可以用属性来寻找记录的分组。在每个分组中，记录有相似的属性，各组之间的区别是明显的。比如，可以根据客户的行为来给客户分组，作为预测模型的准备步骤。在进行分类的过程中，要处理的数据按照分类规则分入不同的类别组，用户知道数据可以分为几类。

（3）聚类。

聚类就是根据一定的聚类规则，把整个数据分成不同的组，即将具有某种相同特征的数据聚在一起，并使组与组之间的差距尽可能大，使组内数据的差异尽可能小。与分类不同，在开始聚集之前，用户并不知道要把数据分成几组，也不知分组的具体标准是什么，聚类分析的数据集合特征是未知的。

数据挖掘不仅是一个工具，而且是一个过程，应该被整合到它所支持的商业活动中去。同时，这个过程又是循环往复的，每一步都要从前几步得到更多的信息，并不断重复这一过程。这种循环保证了最后的结果是完全为业务量身定制的。

8.2.3 现代数据库技术

1）现代数据库技术的优越性

在传统的决策支持系统中，数据库、模型库和知识库往往被独立地设计和实现，因而缺乏内在的统一性。而以数据仓库为中心、事务处理和数据挖掘为手段的现代数据库技术很好地解决了这个问题，如图8-7所示。

现代数据库技术的优越性在于：

（1）数据仓库解决了数据不统一的问题。数据仓库自底层数据库收集大量事务级数据的同时，对数据进行集成、转换和综合，形成面向全局的数据视图，形成整个系统的数据基础。

（2）联机分析处理从数据仓库中的集成数据出发，构建面向分析的多维数据模型。利用这个带有普遍性的数据分析模型，用户可以使用不同的方法，从不同的角度对数据进行分析，实现了分析方法和数据结构的分离。

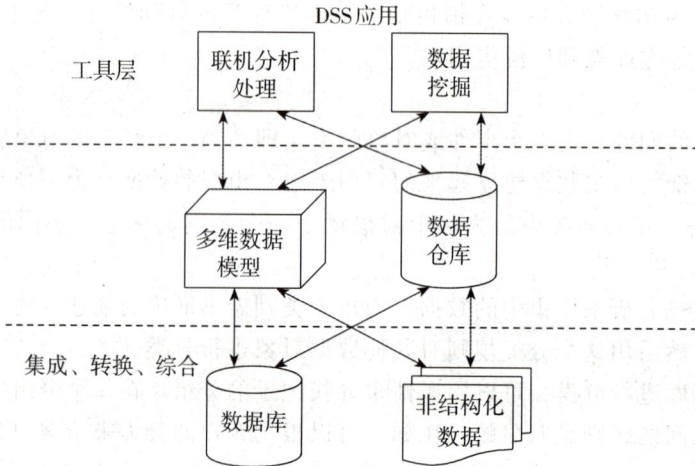

图8-7 以数据仓库为中心的商务数据库系统

（3）数据挖掘以数据仓库和多维数据库中的大量数据为基础，自动地发现数据中的潜在模式，并以这些模式为基础自动做出预测。数据挖掘反过来又可以为联机分析处理提供分析模式。正是由于数据仓库、联机分析处理和数据挖掘这三种技术的联系性和互补性，它们才可以从不同的角度为决策支持服务。

2）数据库技术对电子商务系统的支持

数据库技术对电子商务系统的支持是全方位的，电子商务从底层的数据基础到上层的应用都涉及数据库技术。其结构如图8-8所示。

数据库技术对于电子商务系统的支持可以概括为以下几部分：

（1）数据的收集、存储和组织。

这是传统数据库系统的主要功能。对于开展电子商务的企业而言，其数据不仅来源于企业内部管理信息系统，还有大量的数据来自企业外部。数据是企业的重要资源，是决策的依据，是进行各类生产经营活动的基础及结果。

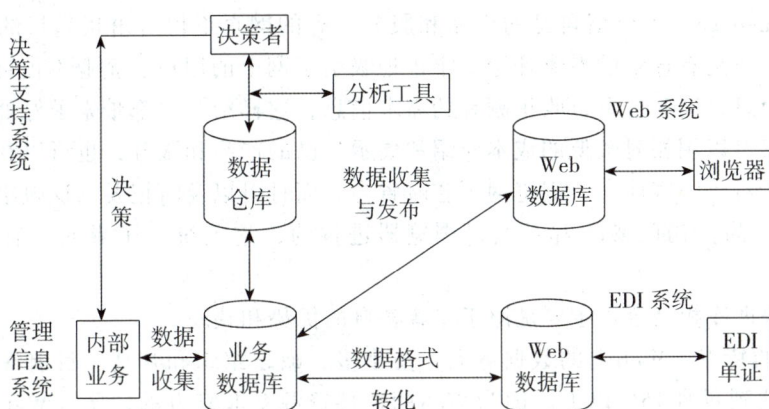

图8-8　商务企业数据库系统结构

（2）决策支持。

这就要用到前面所提到的数据仓库解决方案。当然，企业也可以采取其他方式，但数据库中存储的数据依然是决策的依据。决策是关系到企业未来成败的关键。对于开展电子商务的企业而言，由于它们的信息更灵通、工作过程更规范，这就为决策支持打下了良好的基础。

由于电子商务是利用网络来做生意的，网络将时空距离对商务的影响降到了最低，所以，开展电子商务的企业所面对的市场是一个全球化的市场。一方面，由于电子商务的介入，企业可以得到更多的有用信息，有利于企业的生产经营。例如，企业可以在全球范围内采购原材料，货比三家，选择性能价格比最佳的。另一方面，由于电子商务交易的全球化，某地区或厂商的价格变动就会影响其他地区或厂商，迟早会波及全球市场，从而使得电子商务市场变化频繁。这就加大了企业预测市场动向和规划经营管理策略的难度。在这样的环境中，电子商务决策就变得更加重要了。企业应该充分利用电子商务的海量数据进行分析，并依据分析结果做出正确的决策，随时调整经营策略，以适应市场的需求。

（3）对EDI和Web的支持。

EDI是电子商务的重要组成部分，要成功地实现EDI，企业的基础设施建设是关键，而数据库系统建设是其中重要的一环。如果有良好的数据库系统的支持，企业就可以实现EDI。这一过程是：企业内部的管理信息系统依据业务情况自动产生EDI单证，并传输给贸易伙伴；而对方传来的EDI单证也可以由系统自动解释，并存入相应的数据库。整个过程无须人工干预。因此，业务数据库和EDI系统之间的接口就变得非常重要。这个接口的功能可以概括为：①提供标准的信息格式定义。②与数据库管理系统的无关性。③自动抽取数据库中的相关数据，转化为EDI单证格式。④自动抽取EDI单证的关键数据，并存储到数据库中。⑤对Web的支持。

随着万维网的不断扩展，越来越多的企业加入Web中。许多企业在Web上开发自己的主页（Homepage）来介绍自己的产品和服务。有的网页不仅有琳琅满目的产品信息和优惠的价格，还配有详细的专家评论，牢牢地吸引了网上的用户。企业不仅可以通过Web发布自己的信息，同时也可以收集顾客的需求信息，这样给双方都带来了好处。对于企业而言，这不仅可以用相对较低的成本介绍和展示自己的产品和服务，也可以获得准确的客户需求信息。对于顾客而言，浏览网页省时省力，而且可以及时把要求反映给厂家，定制自己喜欢的产品。访问Web都是通过浏览器进行的，这就统一了界面，有利于行业标准化。

Web与数据库相结合，主要是源于二者各自的优势和缺陷。

① Web的特点。Web上的数据量大、类型多、缺乏组织和管理。目前Web中字节量的增长速度达到每月15%以上。因为Web的链接资源是非官方的，所以Web上的数据缺乏规范。Web上的数据主要由静态HTML表达，其优点是表现能力强，链接跳转灵活，与平台无关。但由于Web的页面结构自由性高，Web上的信息又多又混乱。就管理角度而言，Web的数据管理只相当于20世纪70年代的文件管理水平，而且HTML文件动态更新特性差，用户很难得到最新消息。

② 数据库技术的特点。当前的数据库管理系统已发展到相当成熟的阶段，能高效、高质、安全地管理数据。与Web相比，数据库管理系统显得严谨有余而灵活不足。

Web与数据库相结合，可以集Web和数据库的诸多优点于一身。前端有界面友好的Web浏览器，后台则有成熟的数据库技术作支撑，这无疑会带给企业一个良好的应用环境。

数据库是企业管理信息系统中用来管理信息的工具，所以数据库技术是渗透在其中无处不在的。电子商务作为新型的企业经营管理模式，当然也离不开数据库技术的支持。如今，数据库技术正在为推进电子商务应用发挥巨大的作用，随着数据库技术的飞速发展，它一定会为优化企业管理模式做出更大的贡献。

8.3 商业智能

8.3.1 商业智能的内涵

1）商业智能的概念

商业智能（Business Intelligence，BI）系统使组织能够利用客户、供应商以及内部业务操作的有关信息来提高商业性能。BI系统的最终目标是使用户消费大量有关数据，对其进行分析，从而使企业有机会增加收入或者节省成本。BI系统通常有以下需要：

（1）从多个来源收集数据，如整个公司的事务数据库和诸如客户关系管理与供应链管理的不同应用程序。

（2）集结、组织以及标准化数据仓库和数据集市中的信息。

（3）提供分析工具，以支持专家进行数据查询以及发现模式和潜在的诊断问题。

（4）BI系统的绩效信息架构能根据基础指标设定企业目标，计算关键绩效指标（Key Performance Indicators，KPIs），并及时对指标信息进行智能处理，将处理后的信息提供给管理人员，以便其进一步分析和做出决策。

从实现的角度讲，BI是指企业的决策者以企业中的数据仓库为基础，经由OLAP工具、数据挖掘工具等，加上决策规划人员的专业知识，从数据中获得有用的信息，帮助企业获取利润。

从应用的角度看，BI帮助管理人员对商业数据进行OLAP分析和数据挖掘，如预测发展趋势，进行辅助决策，对客户进行分类，挖掘潜在客户，及时将绩效指标与企业目标相比较，根据差距采取和调整对策等。

从数据的角度看，BI使得很多事务性的数据经过抽取、转换之后存入数据仓库，再经过聚集、切片或者聚类、分类等操作形成有用的信息、规则，来帮助企业的决策者进行正确的决策。

2）商业智能的组成

支持商业智能和商业智能系统的三大支柱是数据仓库、联机分析处理和数据挖掘技术。商业智能系统的组成如图8-9所示。

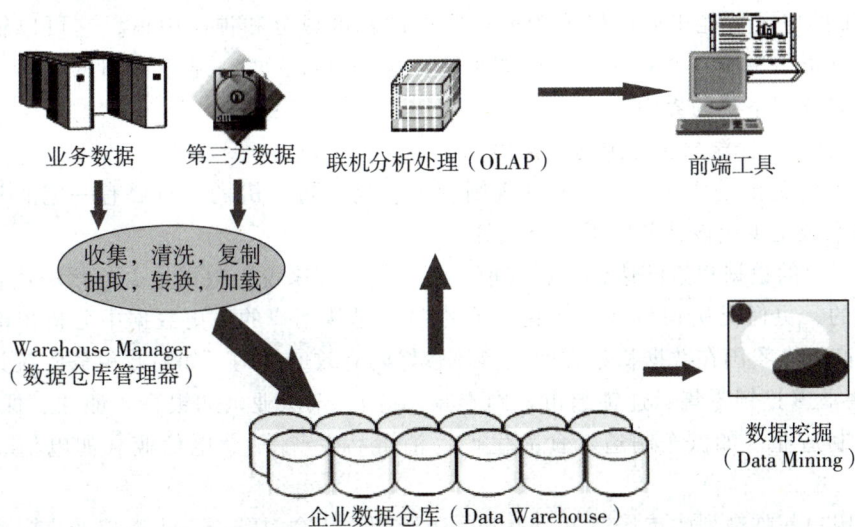

业务数据　第三方数据　联机分析处理（OLAP）　前端工具

收集，清洗，复制
抽取，转换，加载

Warehouse Manager
（数据仓库管理器）

企业数据仓库（Data Warehouse）

数据挖掘
（Data Mining）

图8-9　商业智能系统组成图

从图8-9中可以看出，数据仓库是BI的基础，联机分析处理和数据挖掘是数据仓库两类不同目的的数据增值操作。联机分析工具是数据汇总/聚集工具，它提供切片、切块、上卷和旋转等数据分析操作，并能简化数据分析工作。数据挖掘支持知识发现，包括找出隐藏的模式和关联，构造分析模型，进行分类和预测，并用可视化工具提供挖掘结果。数据分析工具和数据挖掘工具可以配合使用，数据分析为数据挖掘提供预期的挖掘对象和目标，避免了挖掘的盲目性。因此，数据仓库、OLAP和数据挖掘技术是商业智能系统的三大支柱。

人们在谈论BI时，会很自然地将它与数据仓库联系在一起，而它们二者的关系却是：有数据仓库不一定有BI，但如果没有数据仓库，BI工具就无法完全发挥其功效。BI必须有数据仓库的支持，才能完成既定的目标，因此，BI是在数据仓库基础之上的一个很好的应用。这是因为数据库的数据是未经加工和修饰的原料，它是交易的记录；而数据仓库的信息是含有一定商务信息和意义的数据，是经过了提炼、加工和集成的数据。数据仓库的商业智能是把信息提高到了一个更高的层次。数据和信息是无生命的，而智能是有机的，在对业务的深入分析和见解被更多的人分享后，就会形成一种非常强大的力量。

通过数据仓库，商业智能系统可获取并载入原始资料，并以Web界面为管理人员提供分析与查询信息。当从其他系统载入信息时，可能需要对信息进行格式转换，以合并至单一数据库。为了支持BI，数据仓库本身要能管理大量数据，并具备对复杂数据进行高效能查询的功能。数据分析与查询可应用各种先进技术，如随意查询、多维度分析和假设性问题分析等。除此之外，商业智能系统还要建立安全机制，赋予不同使用者不同的权限，使其可以获得不同程度的信息。随着电子商务的不断发展，融合了OLAP、DW和DM技术的电子智能中心已经成为商业智能的标准成分和神经中枢，它可以辅助企业进行商业分析与决策，并且为商业智能解决方案提供统一的、基于Web的、易于融合多种数据源和应用系统的界面。

3) 实现商业智能的业务规则和条件

部署BI的关键是建立灵活的业务规则管理系统，同时BI的运行要有一定的基础。企业应用BI系统至少应该具备以下三个条件：

（1）用户的数据积累已达到一定规模。从分析角度来说，数据量少是无法达到分析的预期结果的，更何况从BI的角度来说，它本身就是从用户的历史数据中分析出潜在的问题，找出商机。我国在数据积累方面做得比较好的有政府机构（如财政税务、统计、工商等）、零售业（连锁零售、连锁超市、网上零售等）、金融业（如银行、证券、保险）、大型现代化制造业（如汽车制造、食品生产、消费品生产等）、电信业（如电信、移动通信等）。

（2）用户面临激烈的市场竞争。由于竞争激烈，用户对分析历史数据产生了直接的兴趣，这往往是应用BI和数据仓库的原因。就国内而言，面临激烈竞争的行业大体包括大型制造业、零售业、电信业和金融业等。

（3）用户在 IT 方面必须有足够的资金。BI 和数据仓库这类系统需要投入大量资金，只有这样才能顺利建立 BI 和其他相关的系统，完成其功效。从这一点来说，政府部门、大型制造业、零售业、电信业、金融业等才具有这种资金优势。

8.3.2 商业智能的优点、管理方式、功能和作用

1）商业智能的三个主要优点

（1）作为第三代业务信息系统，商业智能不仅支持最新的 IT 技术，同时也提供了一系列的应用解决方案。

（2）商业智能着眼于终端用户对业务数据的访问和业务数据的传送，它同时为信息提供者和信息消费者提供支持。

（3）商业智能支持对所有格式的商务信息的访问，而不仅是那些存储在数据仓库中的信息。

2）商业智能的管理方式

一般来说，商业智能采用的是协助管理模式，它主要有以下三种方式：

（1）基于目标的管理方式。这种管理方式是商业智能系统基于企业内部所有业务的数据，以及取自企业外部的相关业务资料，根据企业的多种战略和策略目标，分析和计算跨组织的绩效指标，并将这些指标与同行业或工业标准相比较，以及时对企业战略和目标进行调整，使企业具有持续发展的竞争优势。

（2）基于例外的管理方式。这种管理方式是商业智能系统持续地分析和计算各种绩效目标，通过监测它们与计划目标的偏差来对例外事件进行监控和管理。当偏差过大时，商业智能系统立即以各种通信方式通知管理人员，采取相应的措施加以解决。例外管理可与工作流技术相结合，以实现整个例外管理的自动化。

（3）基于事实的管理方式。无论是目标管理还是例外管理，背后支持的力量皆来自企业的事实。维持企业运营的 ERP 或其他管理系统在日常业务处理中都累积了无数的事实与信息。基于事实的管理方式就是将企业目标与例外事实相结合，对日常业务事件进行检测，使管理人员得以进一步分析原因或趋势，查询并探测相关信息。

3）商业智能的功能

由于市场竞争越来越激烈，企业不能再无视离线数据集成所造成的局限性和不利因素，必须将其客户的资料智能化地融入其操作环境，以协同的方式满足客户各个方面的需求。实施 BI 不仅是为了数据的集成，更是真正地关注客户，使自己转型为更具竞争优势的企业。为此，商业智能系统必须具有如下功能：

（1）预定义查询与报告。这是指根据业务智能处理的目的、所需数据的特点以及输出形式，预先定制查询与报告。

（2）查询和分析。这是指可以利用 SQL 来获取查询和报告的数据，并利用各种分析工

具对数据进行分析。例如，以报告或图表形式查看和分析潜在客户及其业务可能带来的收入，并通过预定义的图表工具（柱状图、饼图和表处理工具等）进行潜在客户和业务的传递途径分析。

（3）数据传输。这是指将数据传送到企业或供应链其他组件中，为其他业务提供信息。例如，送至SCS去支持决策和优化业务，送至APS和SCP的预测和计划组件去完成计划的制订和优化，送至企业运行状态显示器去监视业务过程和提供预警信息等。

此外，商业决策要求决策系统要以最快的速度、最简便的方式对各个层次的数据进行分析、查询等多种操作。传统的方法已经不能为企业带来新的商机与业务模式，BI的功能不仅是简单地提取数据，而是以经营业绩为导向，将信息从数据中提取出来，并及时地发布出去，为商务决策和其他供应链业务提供支持和服务。

4）商业智能的作用

商业智能是一种具有智能及优化功能的管理思想，它打破了以往那些面向事务处理，不能对异常事件做出反应的管理模式的局限性，发挥了一系列新的作用。

（1）支持智能化信息处理。

商业智能不仅能为企业管理提供信息分析，还能支持智能化的信息处理，帮助企业从简单的数据处理业务提升到智能的信息分析，使管理人员可以按照设定的目标去寻找一个最佳方案并迅速执行。这样就可以紧紧跟踪市场，甚至可以超前于市场的需求变化，科学、快速地做出决策，调整和改变原有的计划，并以最快的速度执行。例如，业务智能处理功能可以对日常业务做出智能化过滤和处理，它对所有的业务进行自动识别，将普通业务与异常业务区分开来，把普通业务留给系统，按设定好的流程和方法正常处理；把过滤出来的异常业务和特例业务进行提升，作为例外进行手工处理。

在处理异常业务和特例业务的过程中，商业智能利用神经网络技术、自学习/自适应技术、知识管理和学习曲线等技术，可使异常业务和特例业务向普通业务转化，并从经验中学习和获得知识及处理方法，为这些业务在系统中设置好处理流程和解决方法，交由系统自动完成处理。

（2）帮助处理海量数据。

在先进的信息技术为人们提供了广泛查询信息的便利条件的同时，信息技术所带来的巨大信息量也是人力处理所不能完成的，许多管理者每天都被淹没在信息的海洋中。因此，信息管理系统必须具有对大量数据进行智能化处理的功能，才能协助人们有效地完成各项管理工作。智能化数据分析功能可以自动对大量数据信息进行分析，再对分析的结果做出判断，对于超出正常值范围的异常状况（包括好坏两方面）给出解释和说明，并对异常状况进行预测和分析，判断它将对企业的业务产生何种影响，随之给出应对措施和建议。对内，商业智能可以提供对采购、生产、销售、人事和财务等业务的分析功能，这些功能可以进行交叉分析和多维分析以提高它们的效率；对外，由于外部环境的变化会影响企业计划的制订，变数增多和变化加快都给企业制订各种计划带来难度，如果没有智能工具，就无法实现有效管理和快速响应。

因此，BI能够帮助进行供应商、客户、竞争对手和市场等动态分析，不断地调整原有的计划，支持企业的管理决策活动。同时，商业智能也为企业实现整体供应链的协同运作提供了支持和帮助。

商业智能的应用参见延伸阅读8-1。

延伸阅读8-1

商业智能的
应用

8.4 大数据

8.4.1 大数据的内涵

就像电子商务一样，目前世界上并没有机构或组织对大数据给出公认的、权威的定义，不同的个人和机构对大数据有不同的定义。本书基于大数据的多种属性（技术属性、社会属性、哲学属性、科研属性和其他属性）对大数据的概念内涵进行梳理和归纳。

微课8-1

大数据

1) 技术属性

麦肯锡全球研究所对大数据（Big Data）给出了如下定义："大数据指的是规模已经超过了传统数据库软件获取、存储、管理和分析能力的数据集，并不是大于一个特定数据量的数据才能被定义为大数据，因为随着技术的不断发展，符合大数据标准的数据集规模也会增长，并且该定义在不同的行业中也会有变化，这依赖于在一个特定行业中的常用软件和数据集的规模。"

EMC公司则这样描述大数据："大数据并不是一个准确的术语，相反，它是对各种数据（其中大多数是非结构化的）永不休止地积聚的一种表征。它用以描述那些呈指数级增长，并且因太大、太原始或非结构化程度太高而无法使用关系数据库方法进行分析的数据集。"

2) 社会属性

艾伯特-拉斯洛·巴拉巴西在其著作《爆发：大数据时代预见未来的新思维》中指出，大数据赋予人类社会更强的流动能力（社会化增强），能使每个人都成为自媒体（个性化增强），能带来更大范围的连接（网络化增强）。涂子沛在《大数据：正在到来的数据革命》一书中也指出："大数据时代是一个更开放的社会、一个权力更分散的社会、一个网状的大社会。"唐斯斯等人认为，要以全面、系统的大数据意识定义大数据，不可单单局限于其技术属性，还应考虑大数据在创造社会价值、变革人类行为方式上的社会属性，"大数据只有与人发生了关系，展示了人类行为的规律性，才真正具有了意义，大数据的社会属性是指大数据受社会影响所衍生出来的属性"。大数据的社会属性主要体现在以下四个方面：

（1）新权益中心：数据作为"新的石油"，蕴藏着前所未有的巨大价值。这就意味着此种新兴资源的所有者对经济社会和人类发展具有一定的影响力。在某种程度上，这些个体、组织会成为新的权益中心，利用海量数据创造新的价值，拥有更多的话语权。同时，有关各方将更加重视数据资产保护以及数据所有者的知情权。

（2）交互回应性：大数据体现了回应与双向交互性。摄像头、传感器等设备与蓝牙、定位等技术相结合，在社交网络、移动互联和电子商务运营过程中的每个交互点中生产数据；低投入、高性能的大规模云服务出现，使得采集、存储、处理数据的手段不断增多；先进的分析和互动性数据可视化技术赋予人们将数据转化为知识的能力。

（3）事物关联性：在大数据时代，人们特别强调事物之间的关联性，这是由于大数据的预测和决策往往是基于相关关系而不是因果关系进行的。人们身处一张"大网"之中，每个个体都是网络中的节点，个体的行为都与周围的人与物相互关联，个人与个人、组织和社会相互之间的影响力不断增强。

（4）需求个性化：在大数据时代，信息技术的进步使过去无法测量和记录的数据得以量化，这些数据累积到一定程度时，将会呈现一定的秩序和规律。系统化收集的成片数据经由数据管理和算法分析，能够针对服务对象的个人喜好、特质和需求，为其提供量身定制的个性化服务。

3）哲学属性

2012年，著名摄影师兼作家里克·斯莫兰（Rick Smolan）在EMC公司的赞助下开展了一个名为"大数据的人类面孔"（The Human Face of Big Data）的项目。该项目全球性的，旨在通过视觉化的手法，展示大数据目前已经并且将给未来人们的生活、学习、管理、工作和娱乐方式带来的革命性改变。

与该项目同名的图册《大数据的人类面孔》是该项目的成果之一。图册中以鲜活的图片描述了大数据对人类世界的影响，比如南非比勒陀利亚大学展示了一张头顶触角状传感器的海象照片，意图借此揭示人类探索海洋的行动；从2007年起，澳大利亚的海洋和气候科学家通过集成海洋观测系统，携手收集和共享了来自传感器浮子、水下自动机器人、科学监测站、远程卫星感应和动物标签等的万亿字节网络数据。

作为该项目发起的活动之一，斯莫兰的团队将全球数以百万计的人聚集到一起，要求他们充当一天的"人体传感器"：在一个24小时的时间段内，提供有关他们的思想、行为、意见和经验的信息。自此，斯莫兰意识到，大数据对人类社会的意义甚至可以比肩互联网，通过采集、过滤、分析来自传感器、手机、软件和网站的海量数据，大数据将成为"人类的第二只眼"。斯莫兰从哲学角度出发，对大数据做出如下定义：大数据的产生是帮助地球构建神经系统的一个过程，每个人用自己的智能手机都可以为这个神经系统贡献各种各样的数据和信息，我们人类"不过是这个系统中的一种传感器"。

4）科研属性

从大数据的价值角度出发，也可以将其理解为一种新的研究方法。在科学研究中，科学家群体共同遵从的理论基础、实践规范和行为方式并不是固定不变的，而是在特定的外部环境中，随着科学技术的发展而变化。2007年，图灵奖得主、数据库专家吉姆·格雷（Jim Gray）在一次演讲中指出，在信息技术高速革新和进步、数据量不断增长和累积的今天，传统的科学研究范式已经无法适应一些新的研究领域，需要全新的范式来指导新时代背景下的科学研究。格雷进一步提出，大数据将成为继以观察和实验为依据的经验范式、以建模和归纳为基础的理论范式和以模拟复杂现象为基础的模拟范式之后的科学研究的第四范式（the Fourth Paradigm）。格雷将其称为"数据密集型科研（Data Intensive Scientific Discovery）"，即以数据考察为基础，联合理论、实验和模拟于一体的数据密集计算的范式。科学家不仅通过数据采集和分析解决难以解决的科学问题，还将数据视为科学研究的对象和工具，加以思考、设计并进行研究。科学研究的第四范式呼吁研究者关注数据的采集、描述、保存、分析和复用，同时发挥互联网的交互性和开放性，是一种基于数据的、开放协同的研究与创新模式。

微软研究院于2009年出版了《第四范式：数据密集型的科学发现》一书，书中以格雷的理论为基础，从研究模式变化的角度，解析大数据及其对科学研究领域的革命性影响。该书的内容涵盖地球、环境、海洋、空间等领域的大数据科学应用，以及医学、生物系统、医疗服务等领域的数据密集型科学发现；数字信息与科学计算基础设施在大数据时代面临的挑战；数字化学术信息交流等基于海量数据的科研活动、过程和方法；把握第四范式的内涵和方法，如不间断采集科研数据、建立系统化工具和设施治理数据生命周期、开发基于科学研究问题的数据分析及可视化工具等。

5）其他属性

大数据的特性和内涵在其演变过程中不断扩展和延伸，因此其定义也呈现出语义丰富、维度多元等综合性特点。除了上述从大数据的技术属性、社会属性、哲学属性和科研属性等进行的概念阐述外，还有基于以下几个方面所做的定义：

大数据是不同的数据类型。大数据处理公司Hortonworks的战略副总裁肖恩·康诺利（Shaun Connolly）认为，过去的数据多为人工录入，现在由机器记录的交易数据、网络点击、停留、评论和反馈等人与系统的互动数据以及可穿戴设备及智能家居产品等存储的由机器自动生成并累积的数据等大幅增加。康诺利将上述内容概括为一个公式："Big Data= Transactions + Interactions + Observations"，即大数据是由交易数据、互动数据和观察数据组成的新数据形态。

大数据是新的信号。SAP公司的高管史蒂夫·卢卡斯（Steve Lucas）从目的和时机的视角诠释大数据。过去，企业只能采集那些代表既定事件的数据。例如，作为衡量金融企业的重要指标的利润表和资产负债表，其中的各项指标记录的都是已经发生的事件，即使这些数据对未来的决策和治理具有一定的指导作用，但仍是一种陈旧和落后的信号。而如今，企业所采集的数据是一种"新的信号"，如基于客户对新产品广告体现出的社会情感分析，企业可以做出对产品销售量的预期。大数据在事件发生之前给出先兆或提示，便于人们采取行动，干预事态的发展。

大数据是新的机遇。权威研究机构 451 Research 的数据专家马特·阿斯利特（Matt Aslett）形容大数据为"过去因科技限制而被忽略的数据"。阿斯利用"暗数据（Dark Data）"一词描述以前无法采集、分析和处理的信息，并指出这意味着企业错失了全方位了解消费者的机遇。阿斯利呼吁各企业雇用数据专家"点亮"这些暗数据，探索和推动新的分析技术和方法，留意过去不曾关注的数据类型，把握更全面的信息，进行更有效的运营决策，实现大数据价值的最大化。

综上所述，从技术角度来看，大数据是信息技术革命与人类社会活动的交融所催生的规模巨大、种类繁多、增长极快、潜藏价值的复杂数据；从社会角度来看，大数据是增强交互性、关联性和个性化，创造社会价值，变革人类行为方式的新型驱动力；从哲学角度来看，大数据是通过信息载体贡献数据，经由适当的编码处理，实现事物信息传递和表达的一个过程；从科研角度来看，大数据是以数据考察为基础，结合理论、实验和模拟于一体的新的研究范式。此外，还有一些基于大数据的语义丰富、维度多元等特点做出的定义，如"大数据是新的信号"等。在本书中，我们将大数据概括为信息技术高速发展背景下产生的一种数据采集、管理和分析的方式，一个发现和认识事物及其规则的新逻辑，一条改造和变革传统行业领域模式的新途径。

8.4.2 大数据的特征

1）规模巨大（Volume）

在地球上，我们每天都会产生数以亿计的数据。2018 年，全世界创建、捕获、复制和消耗的数据总量为 33 泽字节（ZB），相当于 33 万亿 GB。2020 年，这一数字增长到59ZB，预计到 2025 年将达到令人难以置信的 175ZB。《全国数据资源调查报告（2023年）》显示，2023 年，中国数据生产总量达 32.85ZB（泽字节），同比增长 22.44%。物联网的快速发展将进一步推动大数据积累，交通流量监控系统、视频采集系统随时都在产生巨大的视频数据，温室大棚里的温度传感器、工厂中的各种探测器也是大数据的制造者。可以说，今天的我们每分每秒产生的数据量，在过去都是无法想象的。现在，大数据需要处理的数据规模在继续增长，达到了在小数据时代无法想象的数量级。

2）种类繁多（Variety）

在大数据时代，除了数据规模不断增长外，人们需要处理的数据类型的量也开始大增，各种各样的数据类型繁多、千奇百怪，只有极少数能用传统技术处理，绝大部分属于传统技术无法处理的非结构化数据，而且这一趋势将是长期的。2024年1月，IDC DataSphere数据显示，到2027年，全球非结构化数据将占到数据总量的86.8%，达到246.9ZB。例如优酷网的视频库，社交网站的照片、录音等，甚至是RFID信息、移动运营商的通话录音、视频监控录像、微博、微信上发布的状态等，来源广泛的数据在大小、格式、类型上可能都不相同，现有的数据处理技术毫无用武之地。

3）价值密度低（Value）

通过前两个特征可知，大数据的数据量和数据种类都十分惊人，但是并不代表获取大数据的价值很容易。面对天量数据，要挖掘出其中隐藏的"宝藏"，使用性能强大的云计算系统进行分析处理只是其中一个方面，甚至不是主要方面。根据需求从创新的角度对大数据进行分析，用大数据的思维看待大数据，才能挖掘出令人难以想象的经济价值和社会价值。比如视频监控系统，每天24小时连续产生数据，但是对警察破案而言，也许只有几秒钟的镜头是有用的。只有将技术与创新相结合，才能挖掘出大数据的价值，否则再多的数据也没用。

4）处理速度要求高（Velocity）

这是大数据时代区别于小数据时代、概率统计时代最主要的特征。在传统的经济普查、人口普查等领域，数据延迟几天甚至一年之久也可以忍受，因为此时得出的数据仍然具有参考意义。当时，受技术手段的限制，收集到的数据已经具有滞后性，统计分析结构就更加滞后，但也不得不接受。而在大数据时代，数据的生成和收集速度极快，数据量每时每刻都在巨量增长，得益于先进的技术手段，人们可以实时地收集数据。在大多数场合，如果数据的处理不及时，那么先进的收集、整理手段将失去意义，大数据也就没有必要存在。例如，IBM提出了"大数据流式计算"的概念，致力于对数据进行实时分析并得出结果，以提高其实用价值。因此，能够对数据进行及时、快速处理并得出所需的结果，是大数据最为重要的特征。

8.4.3　大数据应用的关键技术

大数据应用主要基于分布式文件处理系统的实现，主流技术是Hadoop+MapReduce。一个典型的大数据应用总体架构包括大数据存储框架、大数据处理框架、大数据访问框架、大数据业务流程处理框架、大数据分析和展现框架、大数据连接框架，以及大数据管理、安全和备份恢复框架。各框架层次中涉及的关键技术如下：

（1）大数据存储框架。这是指Hadoop分布式文件系统（Hadoop Distribute File System，HDFS）。HDFS运行于通用硬件（Commodity Hardware）集群之上，采用元数据集中管理与数据块分散存储相结合的模式，实现高度容错。

（2）大数据处理框架。这是指分布式并行计算软件框架MapReduce，它用于大规模算法图形处理和文字处理。基于MapReduce编写的应用程序能够运行在分布式系统上，并以高可靠性的方式处理 TB 级别以上的数据集。

（3）大数据访问框架。实现大数据访问的关键技术包括 Pig、Hive、Sqoop 等。Pig 是基于 Hadoop 的并行计算高级编程语言，该语言的编译器把数据分析请求转换为一系列经过优化处理的 MapReduce 运算；Hive 是由 Facebook 提供的数据仓库工具，用于查询和分析储存在 Hadoop 中的大规模数据；Sqoop 是由 Cloudera 开发的开源工具，支持在 Hadoop 与传统数据库之间的数据传递。

（4）大数据业务流程处理框架。实现大数据业务流程处理的关键技术包括 HBase、ZooKeeper、Flume 和 Oozie 等。HBase 是面向列存储的高性能非关系型数据库，能够支持大规模数据集的实时读取和写入；ZooKeeper 是分布式应用程序的集中配置管理器，提供分布式应用的高性能协同服务；Flume 是由 Cloudera 开发的日志收集系统，提供分布式流数据收集服务；Oozie 是基于服务器的工作流引擎，负责调度和运行 Hadoop 作业的工作流。

（5）大数据分析和展现框架。实现大数据分析和展现的关键技术包括 Mahout 和 Hama 等。Mahout 是 Apache 软件基金会旗下的一个开源项目，提供分布式机器学习和数据挖掘库，帮助开发人员创建智能应用程序；Hama 是基于 BSP（Bulk Synchronous Parallel，大容量同步并行）的计算技术，用于矩阵、图论、网络等大规模的科学计算。

延伸阅读 8-2

大数据应用的
实践流程

（6）大数据连接框架。ELT 是连接大数据平台和传统关系型数据库与数据仓库的平台，为数据的导入和导出提供专门的结构，广泛支持元数据、数据质量、文档和系统构建的可视化风格的应用。

（7）大数据管理、安全和备份恢复框架。实现大数据管理、安全和备份恢复的关键技术包括 Ambari、Chukwa 等。Ambari 是一种基于 Web 的 Hadoop 管理工具，支持 Hadoop 集群的供应、管理和监控；Chukwa 是一个开源的大规模数据收集系统，用于数据的展示、监控和分析。

大数据应用的实践流程参见延伸阅读 8-2。

素养园地

数据的力量
——在电子商务中维护消费者权益

故事：在一家知名的电子商务企业中，数据分析团队通过构建数据仓库，积累了大量的用户交易数据。该团队运用 OLAP 和数据挖掘技术，对用户行为进行深入分析，旨在优化用户体验和提高服务质量。然而，在一次数据分析中，该团队意外发现某个商品存在大量退货记录和负面评价。

进一步的调查揭示了该商品存在质量问题，但商家为了追求利润，故意隐瞒了这一情况。数据分析团队立即将此发现报告给企业管理层，并建议采取行动。该企业迅速响应，下架了问题商品，并对受影响的消费者进行了补偿。此外，他们还加强了对商家的监管，确保商品质量，保护消费者权益。

总结与反思：此案例展示了数据分析技术在电子商务中维护消费者权益方面的重要作用。通过数据仓库和数据挖掘技术的应用，企业能够及时发现并解决潜在问题，保护消费者利益，体现了企业的社会责任感和对诚信经营原则的坚守。同时，此案例也提醒我们，在处理和分析数据的过程中，必须遵守相关法律法规，尊重消费者隐私权，确保数据的安全和合法使用。

复习思考题

1）与数据库相比，数据仓库的特点是什么？
2）ETL工具的主要作用是什么？
3）举例说明OLAP分析工具的应用。
4）试述数据挖掘所采用的关键技术。
5）说明商业智能的组成与功能。
6）试述商业智能在企业电子商务实施过程中的应用。
7）简述大数据的内涵。
8）试述大数据应用的关键技术。

即测即评

第 8 章即测即评

第 *9* 章
电子商务的供应链管理

学习目标

知识目标

- 理解供应链管理的基本概念及在电子商务中的重要性。
- 掌握电子商务供应链管理的特点和运作方式。
- 了解供应链管理类型及其在不同情境下的应用。
- 熟悉供应链管理系统的体系结构和关键技术。
- 了解信息技术如何支持供应链管理的各个环节。

能力目标

- 分析和设计电子商务环境下的供应链管理策略。
- 评估不同供应链管理类型的优势和局限。
- 运用供应链管理工具提高企业运营效率。
- 理解和实施供应链中的信息共享和流程协调。
- 探索信息技术在供应链管理中的创新应用。

价值塑造目标

- 培养对国家供应链发展战略的认识和支持。
- 强化供应链管理中的社会责任和道德规范意识。
- 认识信息技术在推动国家供应链现代化中的作用。
- 激发对供应链管理创新和国家产业升级的贡献意识。
- 强化在供应链管理中注重环境保护和可持续发展的责任感。

9.1　电子商务供应链管理基础

电子商务发展的真正突破是 B2B 电子商务，即企业对企业的电子商务，是在上下游企业之间从事的网络商务活动，也是网络经济的基础。从参与企业的数量、涉及的金额、交互信息的规模来看，B2B 都是电子商务的主体。在这种环境下，企业不仅要协调企业内部计划、采购、制造、销售的各个环节，还要与包括供应商、承销商等在内的上下游企业紧密配合。

供应链管理作为新型管理技术，能够有效地拆除企业的围墙，将分散的企业信息孤岛连接在一起，建立一种跨企业的协作，通过互联网与电子商务技术把过去分离的业务过程集成起来，实现从生产领域到流通领域一步到位的全业务过程，以实现企业间的优势互补和全社会的资源整合。

9.1.1　供应链管理产生的背景

1）横向一体化管理的需要

多年以来，企业出于管理和控制的目的，对为其提供原材料、半成品或零部件的其他企业一直采取投资自建、投资控股或兼并的纵向一体化（Vertical Integration）管理模式，因为这样可以加强核心企业对原材料供应、产品制造、分销和销售全过程的控制，增强竞争力。在市场一体化趋势日益增强的今天，这种管理模式已逐渐凸显出种种弊端：无法快速响应市场机会、过重的投资负担、过长的建设周期、效率低下的管理机制等。在这种情况下，充分利用企业外部资源来发展自身就成为必然，于是出现了横向一体化（Horizontal Integration）思想，供应链管理就是一个典型的代表。供应链包含所有加盟的节点企业，它不仅是一条连接从供应商到用户的物料链、信息链、资金链，而且是一条增值链。它更加注重企业之间的合作，使各企业分担的采购、生产、分销和销售的职能协调发展。电子商务时代的供应链管理把企业资源的范畴从过去的单个企业扩展到全球，使企业的结盟对象从本地延伸到外地，从本国延伸到外国，从有限延伸到无限。可以说，现代市场竞争已经完全把企业抛在一个没有庇护、没有依赖的环境中，有的只是供应链上各节点企业之间的联合式竞争。迫使供应商相互压价，固然能使企业在价格上受益，但相互协作，可以降低整个供应链的成本。

2）企业实施电子商务的需要

今天，大部分电子商务企业所实现的还只是企业经营方式的部分改变，在保留并发展原有业务模式的基础上，通过建立企业的 Web 站点，扩大企业的宣传范围，通过互联网向用户推荐产品并提供咨询服务，建立电子表格的订单输入系统并接受用户的反馈。在企业内部则引入 EBP 处理流程，合理分配并调度企业现有的资源，制订采购、生产、制造、检验、供货、运输等计划，辅助财务、统计管理，而同企业的合作伙伴、原料供应商及销售商之间仍通过传统方式联系。这种应用模式虽然在很大程度上提高了企业的市场竞争力和运作效率，但仍没有达到完整的电子商务企业的要求。

完整的电子商务企业实施 B2B 业务不局限于 Web 站点和 EBP 的运用，而是在企业同客户的接触方式上，企业内部的人员、生产、管理和统计分析上，以及企业同合作伙伴、供应商、服务商的关系处理上，全部采用电子化的方式，通过互联网来完成企业的大部分业务。客户可以通过网络直接同企业接触，了解企业的产品和市场信息，并通过交互式访问来选择自己需要的产品和服务。在企业内部，则不仅实现 ERP 的自动生产管理计划，而且充分应用内部员工的自助服务程序，使雇员能够随时了解企业的整体情况和自己的任务，高效地实现自己的目标，并加强雇员之间、雇员同管理层之间、雇员与客户之间的沟通，提高企业的整体运转效率。另外，通过广泛采用业务智能系统，把企业积累的大量客户信息、生产经营数据和内部管理信息等充分加以利用，很方便地进行客户分析、市场分析和统计分析、财务分析等，从而为企业的管理决策提供科学依据，使企业能够及时调整战略方向，抓住市场机会，争取获得更多的利润。在企业外部，同合作伙伴、供应商、服务商也通过电子化渠道建立更好的联系方式，及时沟通信息，降低成本，互助发展。这样，一个真正的、完整的电子商务企业就成功地建立起来了。

3）ERP 的缺陷

从 20 世纪 60 年代起，制造业企业开始了管理信息化的应用，从 MRP、MRP Ⅱ 一直到 ERP，逐步实现了对采购、库存、生产、财务和人力资源等业务的管理，使企业业务流程和事务处理实现了自动化。早在 20 世纪八九十年代，ERP 作为企业管理信息化的代表曾经历了极为辉煌的时期。虽然 ERP 为企业的内部和纵向一体化管理创造了不可磨灭的功绩，但在 21 世纪经济全球化蓬勃发展的今天，ERP 在供应链和横向一体化的管理方面，从管理范围、技术、基础和功能上都显得力不从心，对许多业务的处理已是无能为力，出现了很多的缺陷，具体表现在以下方面：

（1）ERP 在管理范围上无法满足当前的需求。

20 世纪 90 年代后期，随着经济全球化和市场竞争加剧，形成了产品定制化生产和交货期不断缩短的趋势，企业面对的经营环境越来越复杂和多变，一些领先的企业开始将管理的焦点转移到超越企业之外的供应链管理和上下游企业的业务协同上，以适应环境的变化。而 ERP 在管理范围和功能上都不具备协调多个企业间资源的观念和能力，因此，ERP 无力承担企业之间的集成和协同任务。

同时，ERP 难以对市场需求的复杂和多变做出快速响应。需求与供给在不断地变化，这就要求系统做出快速的响应，使企业对客户的要求如交货日期等做出确切的承诺。ERP 缺少对客户实际需求的可预见性和将客户的实际需求与自己的资源供给相匹配的功能，结果是对客户的承诺难以兑现。

（2）ERP在业务处理上无法满足当前的需求。

由于其计划管理的模型仍然是MRP，而MRP在生产较为稳定、订单提前期长于累计提前期和工序比较简单的情况下还算可用，但对提前期较短，特别是定制化生产的订单和需要复杂工序的生产环境则力所难及，特别是在企业资源常常出现短缺的情况下，失误就更是明显增多。然而，当今的趋势是客户要求的提前期越来越短，生产负荷极不稳定，特别是在一片"客户化服务"的呼声中，越来越多的订单是定制型的。因此，企业常常为这种计划的准确性而头疼，希望使用更好的工具来制订计划。此外，ERP缺少优化和决策支持、业务伙伴关系管理、上下游业务协同管理和物流管理等功能，无法实现供应链上企业间的协同运作，也无法更有效地利用企业外部资源。

（3）ERP在理论方法上无法满足当前的需求。

ERP的理论模型过于简单和陈旧，它的计划模型和提前期的计算方法等都无法模拟今日复杂多变的业务过程。例如，计划模型没有基于约束理论，产品提前期的计算一般只是最简单的线性公式。一般来说，每一种物品的每一次采购的提前期都可能不同，甚至差别很大，因此用一个简单的公式是不可能准确计算的。它还缺少常见的用于优化和决策的多种数学解析方法、模型和算法，因此就无法对企业或供应链中发生的问题进行有效模拟，不能满足今天这种复杂多变的经营环境。

（4）ERP在技术支持上无法满足当前的需求。

ERP在制订计划时运算速度较慢，通常需要较长的时间，在重排计划时更是如此。这样的速度很难对市场需求的变化进行快速响应，必将失去市场机会。导致这种状况的原因是ERP采用了在主服务器内的计算技术。

同时，ERP对某些事务的处理，如所有意外变化造成的影响，采用的是批处理方式，即在一个批处理模式下判定和处理，这要经过一段时间间隔之后，将一批任务集中起来才能处理，这显然不能很好地对业务实现实时处理。

此外，ERP采用的仍旧是一种串行的、按顺序进行的处理方式，无法实现对并发业务的并行处理；在可视化方面，也未能提供较好的支持，同时也缺少类似GIS、GPS等的信息技术对物流业务加以支持等。因此，人们为了应对这些棘手的、ERP无法解决的问题，需要采用更加先进和全面的解决方案，即供应链管理（Supply Chain Management，SCM）系统。

9.1.2　供应链管理系统的特点

SCM系统正是为了适应上述新环境的变化，满足企业实现供应链和横向一体化运作的要求而出现的，它能够较好地解决ERP无法解答的问题，帮助企业更好地参与新环境的竞争，因而具有优越性。

1）理论基础与模型方法

首先，它基于约束理论，因而其均衡更符合实际并切实可行。

其次，它采用多种数学解析的优化算法，对不同的目标可以通过不同的规则来体现，因而具有更坚实的理论基础和更科学的指导方法。

2）提供优化和决策支持

SCM 系统除了能做出准确可行的计划和完成部分事务处理外，更主要的是它能够提供优化和决策支持，有效地利用和整合外部资源，与上下游企业建立合作伙伴关系，实现信息共享和业务集成，达成协同运作。SCM 系统的能力覆盖了供应链计划过程的全部关键工作，如供应链的需求、供给和履行计划，生产计划和排程，运输与装载计划、配送计划、多供需点的复杂网络的分销计划，服务场所、部件和人员配置计划，以及用于生产或运输作业进度的排产、排序和排程等。这种计划模型可以做到足够详细，覆盖了长、短周期；可以实现倒排、顺排和中间排，其精细程度可从年、月、周一直到天、小时甚至分钟。在做长期规划时，它的模型可以根据总体资源和产品族进行长达数年的预测。

3）供应链的协同操作

SCM 系统在优化和决策过程中考虑了包括客户和供应商在内的整个供应链，在资源约束前提下的优化与决策技术的支持下，实现了多目标决策。通过采用对需求和订单承诺的能力检查等技术，以及扩展的生产可用性检查等手段，对包括供应商和服务商在内的资源进行调配优化，实现了资源的平衡利用和优化。同时，SCM 系统的计划范围也扩展到核心企业之外，与供应链上的业务伙伴共享信息，共同制订兼顾各方利益的联合计划，实现供应链协同，并实时了解合作伙伴的业务变化情况，及时重排计划，保持高度的灵活性和预见性，以快速响应生产需求。

4）更快的运算速度和响应能力

采用脱离主服务器常驻内存运行的计算机技术，SCM 系统具有更快的运算速度和响应能力，可以支持其进行快速运算和快速决策。它执行相同的运算要比 ERP 快 300 倍，能尽快捕捉和把握市场商机，先人一步抢占市场；可视化的 GUI 技术支持先进的供应链导航功能，为企业提供可视的图形化用户界面，将实际的供应链网络结构、供需关系和连接路线等尽显眼前，使管理人员能更容易地做出决策，实现盈利。

5）供应链管理与物流管理的区别

美国物流管理协会（CLM）于 1998 年明确宣布物流管理是供应链管理的一部分，它对物流的定义是：物流是供应链过程的一部分，它计划、执行和控制从源点端到消费端的快速、有效的货物、服务以及相关信息的存贮和流动，以满足客户的需求。

基于供应链与物流之间的明显区别，我们可以理解为，供应链上关键业务流程的集成和管理是建立在供应链上的物流集成的基础之上的。供应链管理不仅把物流纳入了企业间互动协作关系的管理范畴，而且要求企业在更广阔的背景上考虑自身的物流运作。企业不仅要考虑自己的客户，而且要考虑自己的供应商；不仅要考虑到客户的客户，而且要考虑到供应商的供应商；不仅要致力于降低某项具体物流作业的成本，而且要考虑使供应链运作的总成本最低。

总之，从 CLM 对物流的定义中可以看出，物流管理与供应链管理的区别反映了随着供应链管理思想的出现，物流界对物流的认识更加深入，对二者关系的了解也趋于明了：物流是供应链的一部分，是供应链流程中实物的流向，物流管理是为供应链流程管理服务的，物流的效率、效果、质量和速度将直接影响供应链运作的流畅性。

9.2　供应链管理与电子供应链管理

9.2.1　供应链管理的运作

1）全球制造战略

20世纪90年代以来，消费者的需求特征发生了前所未有的变化，整个世界的经济活动也出现了以前未曾有过的全球经济一体化特征。这些变化对企业参与竞争的能力提出了更高的要求，原有的只考虑企业内部资源利用问题的管理思想已不能完全满足新的竞争形势。

微课 9-1

供应链管理与电子供应链管理

人们认识到，任何一个企业都不可能在所有业务上成为世界上最杰出的企业，只有优势互补，才能共同增强竞争实力。因此，国际上一些先驱企业摒弃了过去那种从设计、制造直到销售都自己负责的经营模式，转而在全球范围内与供应商和销售商建立最佳合作伙伴关系，形成一种长期的战略联盟，结成利益共同体。例如，比亚迪公司在推出新能源汽车时，也采用了类似的全球合作模式。比亚迪负责核心技术的研发和整车设计，动力电池由比亚迪自产，部分关键零部件如自动驾驶系统由德国的博世公司提供，电子元件则来自日本和韩国的供应商。整车在中国组装，随后出口到欧洲、美国等国际市场。通过这一全球化的供应链协作，比亚迪能够确保高质量的产品，同时降低成本，增强在全球市场的竞争力。这正是全球制造战略的典型体现。

2）供应链管理原理

比亚迪公司整个汽车的生产过程，从设计、制造直到销售，都是由制造商在全球范围内选择最优秀的企业来完成的，形成了一个企业群体。在体制上，这个群体组成了一个主体企业的利益共同体；在运行形式上，构成了一条从供应商、制造商、分销商到最终用户的物流和信息流全球网络。由于这一庞大网络上的相邻节点（企业）间形成了一种供应与需求的关系，因此称之为供应链。为了使加盟供应链的企业都能受益，并且使每个企业都有比竞争对手更强的竞争实力，就必须加强对供应链的构成及运作研究，由此形成了供应链管理这一新的经营与运作模式。供应链管理强调核心企业与最杰出的企业建立战略合作关系，委托这些企业完成一部分业务工作，自己则集中精力和各种资源，通过重新设计业务流程，做好本企业能创造特殊价值、比竞争对手更擅长的关键性业务工作，这样不仅大大地提高了本企业的竞争能力，而且使供应链上的其他企业都能受益。

3）供应链管理运作方式

敏捷制造和供应链管理的概念都是把企业资源的范畴从过去单个企业扩大到整个社会，使企业之间为了共同的市场利益而结成战略联盟，这个联盟要"解决"的往往是具体顾客的特殊需要（至少有别于其他顾客）。例如，供应商就需要与顾客共同研究，如何满足他的需要，还可能要对原设计进行重新思考、重新设计，这样在供应商和顾客之间就建立了一种长期的依存关系。供应商以满足顾客、为顾客服务为目标，顾客当然也愿意依靠这个供应商。当原来的产品用完或报废需要更新时，顾客还会找同一个供应商。这样，随着敏捷制造战略的实施，供应链管理也得到了越来越多人的重视，成为当代国际上最有影响力的一种企业运作模式。

4）供应链管理优势

供应链管理利用现代信息技术，通过改造和集成业务流程、与供应商以及客户建立协同的业务伙伴联盟、实施电子商务，大大提高了企业的竞争力，使企业在复杂的市场环境中立于不败之地。根据有关资料统计，供应链管理的实施可以使企业总成本下降10%，供应链上的节点企业按时交货率提高15%以上，订货-生产的周期缩短25%～35%，供应链上的节点企业生产率增加10%以上。这些数据说明，供应链上的企业在不同程度上都取得了发展，其中以"订货-生产的周期缩短"最为明显。能取得这样的成果，完全得益于供应链上各企业相互合作、相互利用对方资源的经营策略。试想一下，如果制造商从产品开发、生产到销售完全自己包下来，不仅要背负沉重的投资负担，而且要花相当长的时间。采用供应链管理模式，可以使企业在最短的时间里寻找到最好的合作伙伴，用最低的成本、最快的速度、最好的质量赢得市场，受益的不只一家企业，而是一个企业群体。因此，供应链管理模式吸引了越来越多的企业。

有人说，21世纪的竞争不是企业和企业之间的竞争，而是供应链与供应链之间的竞争。那些在零部件制造方面拥有独特优势的中小型供应商，将成为大型装配主导型企业追逐的对象。日本一名学者将其比喻为足球比赛中的中场争夺战，他认为，谁能拥有这些具有独特优势的供应商，谁就能赢得竞争优势。显然，这种竞争优势不是哪一个企业所具有的，而是整个供应链的综合能力。

9.2.2　供应链管理的概念及内容

1）供应链管理的概念

关于供应链管理的定义，有多种不同的表述：

（1）伊文斯（Evens）认为："供应链管理是通过前馈的信息流和反馈的物料流及信息流，将供应商、制造商、分销商、零售商，直到最终用户连成一个整体的管理模式。"

（2）菲利浦（Phillip）认为："供应链管理不是供应商管理的别称，而是一种新的管理策略，它把不同企业集成起来以增加整个供应链的效率，注重企业之间的合作。"

（3）全球供应链论坛（1993年成立的一个世界性的非营利组织和学术研究机构，它定期举办研讨会议，对供应链管理进行研究和探讨，以进一步完善供应链的理论和实践）给出的定义为："供应链管理是从提供产品、服务和信息来为用户和股东增添价值的，从原材料、供应商一直到最终用户的关键业务过程的集成管理。"

（4）美国供应链协会对供应链的概念给出的解释为："供应链，目前国际上广泛使用的一个术语，它囊括了涉及生产与交付最终产品和服务的一切努力，从供应商的供应商到客户的客户。供应链管理包括管理供应与需求，原材料、备品备件的采购、制造与装配，物件的存放及库存查询，订单的录入与管理，渠道分销及最终交付用户。"

虽然上述定义的措辞有别，但基本思想是一致的，都强调一种集成的管理思想和方法，把供应链上的各个环节有机结合起来，实现供应链整体效率最高的目标。

近年来，供应链的概念更加注重围绕核心企业的网链关系，如核心企业与供应商、供应商的供应商乃至与一切前向的关系，与用户、用户的用户及一切后向的关系。此时，人们对供应链的认识形成了一个网链的概念，这个概念同时强调供应链的战略伙伴关系问题。通过建立供应链中的战略伙伴关系，可以与重要的供应商和用户更有效地开展合作。

因此，供应链又可以定义为：供应链是围绕核心企业，通过对信息流、物流、资金流的控制，从采购原材料开始，制成中间产品以及最终产品，最后由销售网络把产品送到消费者手中的，将供应商、制造商、分销商、零售商直到最终用户联成一个整体的功能网链结构模式。它是一个范围更广的企业结构模式，包含了所有加盟的节点企业，从原材料的供应开始，经过链中不同企业的制造加工、组装、分销等过程直到最终用户。它不仅是一条连接供应商到用户的物料链、信息链、资金链，而且是一条增值链，物料在供应链上因加工、包装、运输等过程而增加其价值，给相关企业都带来收益。

根据以上供应链的定义，供应链的结构可以简单地归纳为如图9-1所示的模型。

从图9-1中可以看出，供应链由所有加盟的节点企业组成，一般会有一个核心企业（可以是产品制造企业，也可以是大型零售企业），节点企业在需求信息的驱动下，通过供应链的职能分工与合作（生产、分销、零售等），以资金流、物流或/和服务流为媒介实现整个供应链的不断增值。

供应/供应商 → 制造 → 装配 → 分销 → 零售 → 需求/用户

（需求和设计）　　信息流

需求拉动 —————————————→ 销售点信息

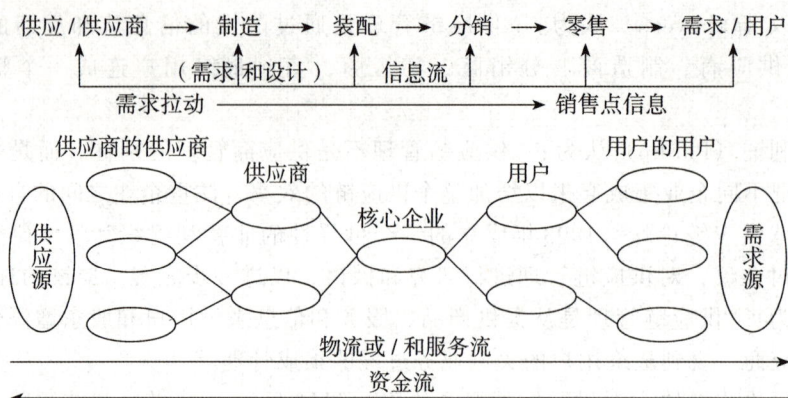

图9-1　供应链结构模型

2）供应链管理的内容

供应链管理是指对整个供应链系统进行计划、协调、执行、控制和优化的各种活动和过程，供应链管理的内容是提供产品、服务和信息来为用户和股东增添价值，是从原材料供应商一直到最终用户的关键业务过程的集成管理，其目标是要将客户所需的正确的产品（Right Product），在正确的时间（Right Time），按照正确的数量（Right Quantity）、正确的质量（Right Quality）和正确的状态（Right Status），以正确的价格（Right Price）送到正确的地点（Right Place），并实现总成本最小。

（1）供应链管理涉及的主要领域。

供应链管理涉及四个主要领域：供应、生产作业、物流、需求。

图9-2描述了一个简单供应链的网络结构，包括企业内部关键供应链业务流程、流程上各环节的功能，以及集成化供应链管理的含义。

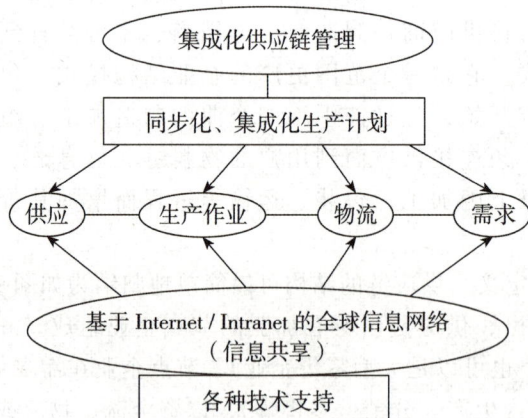

图9-2　供应链的网络结构

由图9-2可见，供应链管理是以同步化、集成化生产计划为指导，以各种技术为支持，尤其以 Internet/Intranet 为依托，围绕供应、生产作业、物流（主要指制造过程）、需求来实施的。供应链管理主要包括计划、合作、控制从供应商到用户的物料（零部件和成品等）和信息。供应链管理的目标在于提高用户服务水平和降低总的交易成本，并且寻求两个目标之间的平衡（这两个目标往往存在冲突）。

在上述四个领域的基础上，我们可以将供应链管理细分为职能领域和辅助领域。职能领域主要包括产品工程、产品技术保证、采购、生产控制、库存控制、仓储管理、分销管理；而辅助领域主要包括客户服务、制造、设计工程、会计核算、人力资源、市场营销等。

（2）供应链管理的具体内容。

供应链管理是新型的管理理念，是从供应商、供应商的供应商，到企业自身、到分销商、到客户，以及最终客户之间的关系，是合作、协同、信息共享、全程优化、利益均沾、风险分担的盈利伙伴关系。从20世纪80年代末到现在，供应链管理的内容发生了很大变化，这个变化首先是理念和关注点的变化。供应链管理突破了传统管理方法的狭窄视野，从客户的需求开始，关注储运商、销售商和供应商；而传统管理方法的视野主要集中在自己的企业、部门，对与其联系的其他企业关注不够。供应链管理是对整个供应链系统进行计划、协调、操作、控制和优化的各种活动和过程，它本身又是一个为客户生产产品和提高服务的过程。一条完整的供应链既可以存在于一个单独的企业中，也可以横跨多个企业，直到最终的用户。我们可以想象一下，当供应链上的成员不断增加时，该供应链的管理也变得非常复杂。供应链中的每个环节都能利用上下游之间的相关信息来协同地进行管理，实现产品从起点开始就以尽可能快的速度、最小的成本和更为完美的供需平衡流向客户的最终目标。

由此可见，供应链管理关心的不仅是物料实体在供应链中的流动，除了企业内部与企业之间的运输问题和实物分销以外，供应链管理还包括以下主要内容：①战略性供应商和用户合作伙伴关系管理。②供应链产品需求预测和计划。③供应链的设计（全球节点企业、资源、设备等的评价、选择和定位）。④企业内部与企业之间的物料供应与需求管理。⑤基于供应链管理的产品设计与制造管理、生产集成化计划、跟踪和控制。⑥基于供应链的用户服务和物流（运输、库存、包装等）管理。⑦企业间资金流管理（汇率、成本等问题）。⑧基于 Internet/Intranet 的供应链交互信息管理等。

供应链管理注重总的物流成本（从原材料到最终产品的费用）与用户服务水平之间的关系，为此要把供应链各个职能部门有机地结合在一起，从而最大限度地发挥出供应链整体的作用，达到供应链企业群体获益的目的。

9.2.3　供应链业务流程

一条集成的供应链需要连续不断的信息流，并要精确地、及时和快速地处理链上的信息，来控制不确定的客户需求、生产过程和供应商绩效，随时应客户需求的变化满足他们的愿望，并帮助企业形成最好的产品流。全球供应链论坛给出了关键的供应链过程的定义，它包括：客户关系管理、需求/供给管理、订单执行、生产流程管理、采购和供应商关系管理、产品研发、退货与逆向物流。下面分别介绍这七个过程：

1）客户关系和客户服务管理过程

面向集成供应链管理的第一步是定义关键的客户或客户群，这一目标是企业经营的核心和关键，产品开发和服务的协议等都是建立在这些关键的客户群之上的。它是一种以客户为中心的管理思想和经营理念，旨在改善企业与客户之间的关系，在市场、销售、服务与技术支持等与客户相关的领域内，通过提供更快速和周到的服务吸引和保有更多的客户，并通过对营销业务流程的全面管理来降低产品的销售成本，通过完善的客户服务和深入的客户分析来满足客户的需求，保证客户价值的实现。

2）需求/供给管理过程

需求/供给管理过程是将客户的需求与企业的供应能力相匹配和平衡的过程，一个好的需求/供给管理系统采用"销售点"（Point of Sale）和关键客户数据来减少供应链上的不确定性，并为供应链提供有效的信息流和产品流。到目前为止，客户需求是可变性的最大影响因素，它是从不规则订单中滋生的，因此，接收订单时需要进行多资源和多路径选择。由于这种客户订单的可变性，市场需求和产品计划应该使企业在广泛的基础上进行协同运作，以实现最后的平衡。在现有的供应链管理中，需求/供给管理是非常重要的一个环节。

3）客户订单履行过程

它实际上是一个根据市场和客户的需求，最大限度地利用自己手中的和供应链上其他成员能整合的资源和供给能力，按时、按质和按量地满足客户订单需求的过程。该过程将企业各相关部门的计划集成在一起，并与供应链上的有关成员企业的业务紧密联系起来，结成伙伴关系，在尽量减少总交货成本的情况下满足客户需求，将货物送到客户手中。

4）生产流程管理过程

在企业传统的 ERP 管理的生产和面向库存的生产过程中，产品是由 MRP 计划推动生产的，这就常常会出现生产出不符合市场和客户需求的产品的情况，造成不必要的库存，而过多的库存又导致了成本增加。有了 SCM，产品生产是由基于客户需求的计划拉动的，生产制造过程必须能灵活地响应市场的变化。这种灵活性能够快速地执行所有的变化了的计划以适应客户的要求。在供应链管理模式下，企业的生产计划人员可以与客户的计划人员一同在线协同工作，为客户提供策略性的需求满足，缩短生产制造周期和改进生产过程的柔性，这就意味着节约了客户的时间。

5）采购和供应商关系管理过程

这一过程实现了策略性管理与供应商的关系和获得策略性的资源，并与供应商一同支持制造过程和新产品开发。该流程将供应商在不同的范围内进行分类，如按供应商对企业的贡献和关键性程度等。长期的伙伴关系被发展成一种小的、核心的供应商团体，从传统的招标和购买系统转变为使关键供应商在产品设计早期就参与进来，在设计工程和采购过程中实现协同运作，这使产品开发周期显著缩短，并将产品尽快投放市场。这种与供应商的长期稳固的关系是一种利益均沾的、双赢的伙伴关系，如果企业需要在全球范围内扩展业务，则资源也需要在全球范围内进行管理。

6）产品开发管理过程

为了缩短新产品投放市场的时间，必须将客户和供应商的相关业务流程集成到新产品开发的过程中。由于产品生命周期不断缩短，企业为了保持其竞争力，必须不断开发出新产品，并成功地在缩短设计时间的前提下将产品推向市场。产品开发和商品化过程需要采用客户关系管理和供应商管理技术，协同确定客户的需求，选择最合适的供应商和物料，将产品开发、生产制造流程与市场相结合，为市场和客户提供最好的产品。

7）退货与逆向物流管理过程

管理退货与逆向物流作为一个业务过程，同样提供了取得持续竞争优势的机会。逆向物流是由多种原因造成的，在许多国家，这可能是一个环境问题，也有一些是由于产品包装品的回收引起的，但最普遍的是退货。有效的退货渠道管理能够使企业改善市场形象并获取市场机会，改善与客户之间的关系，提高资产的利用率，降低成本。

9.2.4　电子供应链管理

1）电子供应链管理的概念

供应链管理是进入21世纪后企业适应全球竞争的一条有效途径，作为一种新的管理模式，它从整个供应链的角度对所有节点企业的资源进行集成和协调，强调战略伙伴协同、信息资源集成、快速市场响应及为用户创造价值等。由于信息技术应用和网络环境发展相对滞后于这种先进的管理模式，传统的基于纸张和传真的供应链难以实现企业与合作伙伴间信息实时的、同步的共享，不能充分支持和体现供应链管理的战略优势和系统特征。

电子商务是企业提高国际竞争力和拓展市场的有效方式，它的出现对现代供应链管理产生了深远的影响，这不仅是因为它改变了商品交易的形式，更是因为它同时改变了物流、信息流和资金流。在电子商务环境下，供应链实现了一体化，供应商与零售商、消费者通过Internet连在了一起，通过POS（销售点终端）、EOS（电子订货系统）等，供应商可以及时且准确地掌握产品销售信息与顾客信息。按所获信息组织产品生产和对零售商供货，存货的流动变成了"拉动式"的，并使销售方面的"零库存"成为现实。

供应链管理与电子商务相结合，产生了供应链管理领域新的研究热点——电子商务环境下的供应链管理（E-Supply Chain Management，E-SCM），也可简称电子供应链管理，其实质就是利用电子商务技术，以中心制造厂商为核心，将供应商、经销商、物流企业结合为一体，构成一个面向最终顾客的完整的电子商务供应链，降低企业的整体成本，提高企业对市场和最终顾客需求的响应速度，从而提高企业的市场竞争力。

当前，供应链管理和电子商务结合的研究引起了国内外学者的关注，已有一些杂志和学术会议设立了相关的专题。这些研究大致可分为两类：一类是利用电子商务手段将供应链上的各种异构系统集成为一个整体，以提高业务流程效率，降低供应链的总成本。如ERP与CBM的集成、接口与标准、EDI的战略应用、电子商务技术采纳模型的研究等，这些都侧重于信息技术的应用与管理。另一类是研究电子商务环境下供应链管理的特征和管理方法，如重新设计分销流程、减少流通中间层、避免价格差异、供应链的重组、供应链的e化战略研究等，侧重管理模式的创新。电子商务供应链管理在国外企业中的应用现在已相当广泛，许多大公司已拥有了自己的电子商务供应链管理系统，如京东、拼多多、思科、戴尔等公司；另有一些公司提供专业的电子商务供应链解决方案。

当前，我国越来越多的电子商务服务企业明显加强了对供应链布局建设的重视，积极投入到供应链协同合作和数字化改造升级中。加强供应链布局、提升供应链整合能力，成为许多电子商务服务企业的战略选择。

2）电子供应链的特征与电子商务供应链管理的集成体系

电子商务供应链管理的根本优势就在于通过网络技术，可以方便、迅捷地收集和处理大量供应链信息。有了这些信息资源，供应商、制造商和销售商就可以制订切实可行的需求、生产和供货计划，使信息沿着整个供应链顺畅流动，有助于整个企业群体运行的组织和协调。通过电子商务应用，可以对供应链上大量的信息资源进行有效管理，提高整个供应链的运作效率。电子商务供应链管理可以提供诸如信息自动处理、客户订单执行、采购管理、存货控制以及流动配送等服务系统，以提高货物和服务在供应链中的流动效率。联想公司通过实施供应链管理使生产的盲目性得到避免。完整的欧洲区供应链管理系统给联想公司带来的益处是：帮助联想公司随时掌握各网点的销售情况，充分了解、捕捉与满足顾客的真正需求，并按订单制造、交货，没有生产效率的损失，在满足市场需求的基础上，增进与用户的关系。

延伸阅读 9-1

具体内容参见延伸阅读 9-1。

3）传统供应链和电子供应链的比较

电子供应链的特征与电子商务供应链管理的集成体系

供应链是信息流、物流和资金流三流合一的系统，因此，传统供应链与电子供应链相比，主要有以下三个方面的差别：

（1）信息流通模式不同。在传统的供应链上，信息一般是逐级传递的。这种逐级传递方式势必造成信息传递的迟滞和不准确，进而导致物流效率降低，物流成本增加。

在电子供应链环境下，信息的传递是通过互联网实现了各单元之间信息系统的无缝集成，提高了信息传递的效率和准确程度。它以核心企业为中心，供应链上的节点企业及最终顾客可以核心企业为中心实现信息直接交换，提高了各环节预测工作的准确性。

（2）物流运作模式不同。传统供应链由于信息共享程度低，成员之间基本上是需求-供应关系，物流系统合作程度较低。电子供应链对信息流进行了整合，这必将促进对物流的整合，供应链成员之间物流创新合作成为趋势。

（3）资金流传递方式不同。电子供应链使用的是电子支付方式，供应链企业之间可以通过银行的网上支付平台实现快速的资金转账与结算，虽然资金流的流动方向依然是沿着供应链依次向上游企业流动，但资金的流动速度得到显著提高。

4）电子供应链管理实施模式

在实施电子供应链管理时，由于各成员的信息技术应用水平以及管理模式不尽相同，因此应根据具体情况灵活地采用不同的模式。根据整合程度不同，电子供应链管理可分为以下四种模式：

（1）类ASP（应用服务提供商）模式。这是一种同ASP相似而不完全相同的模式，因此称为类ASP模式。它是针对一些还不能与核心企业信息平台对接的成员企业而采用的一种模式，由核心企业提供一个信息平台，上下游企业可以使用终端，通过互联网连接到该平台，处理自己同核心企业的业务，包括订单处理、库存管理、查询统计分析数据等。这是一种初级模式，优点是成员企业除了必备的硬件外，不用追加任何投资即可处理相关业务。但其缺陷也是很明显的，它只能在此平台上实现同核心企业相关业务的电子化处理，不能实现企业需要的所有功能，也不能实现企业所有数据的完全汇总和集成，无法进行对数据的进一步分析和挖掘。如果一个企业同时参与了几条供应链，它就不得不登录不同的系统来处理业务，无法实现业务处理集成化。

（2）ASP模式。对于一些目前还没有建立起完善信息系统的中小企业来说，ASP模式是一个可行的模式。它是由相关供应链成员确定了业务处理模式后，共同确定一个ASP来开发信息系统，供成员企业使用。它是针对行业特点开发的，具有较强的针对性，能够比较好地适应企业的管理需求。企业不必对信息系统进行复杂的维护和升级，核心企业也可以和ASP系统对接，能够实现上下游企业的完全集成。另外，它还能满足企业在参加多条供应链时的业务处理要求。

（3）B2B模式。B2B模式即B2B集成模式，也就是在企业自己具备成熟的ERP、CRM系统或电子商务平台的情况下，通过Web服务实现企业信息平台的集成，连接供应链中上下游各企业的信息，使上下游企业的信息系统实现完整的集成。实现对接后，各方可以实现完全的信息交互，使各自的生产、销售计划更加高效有序。

（4）战略联盟模式。它是在B2B信息集成的基础上，实现了物流和信息流的集成和联盟，成为真正意义上的供应链。在该模式下，上下游企业根据自己的物流能力和需求以及核心竞争力，对物流系统和价值链进行重组，以达到提高物流服务水平、降低物流成本、提高供应链竞争力的目的。例如，家电生产厂商和山东省某大型零售企业 A 确立战略合作关系后，鉴于企业 A 在山东省有比较强的物流运输能力，家电厂商就把原先设在山东省的物流分销部门全部取消，把这些业务全部交给企业 A 来做，从而提高了物流服务水平，同时降低了物流费用。

在实施这些模式时，企业需要考虑的因素包括技术兼容性、数据安全性、合作伙伴的可靠性以及转变过程中可能遇到的文化和管理挑战。同时，企业应该根据自身的业务需求、信息技术能力、预算限制和供应链合作伙伴的状况做出决策。随着技术的发展，如区块链、人工智能和机器学习等新兴技术可能对电子供应链管理产生重大影响，提供新的实施模式和机会。

5）电子商务与电子供应链的关系所涉及的三个层面

第一个层面是电子贸易。电子贸易是一种特别的电子商业新构想，是以个别商业交易作为中心，以网络为交易媒介，主要形式包括企业对企业（B2B）和企业对消费者（B2C）两种类型。电子贸易在企业主要表现为建立电子门店、介绍并销售产品、发布新闻和采购信息。但是，这个阶段没办法实现全程的电子交易。现在大家都认识到，电子贸易没有企业后台电子化的支持就没法运行下去。

第二个层面是电子企业。电子企业是内外部都实现电子化交易的新企业，无论这些新型互动关系是指企业对消费者、企业对企业、企业内部，还是消费者对消费者。现在企业的管理者如果还以为电子企业只是在网络上销售产品，那就是片面理解，真正的电子企业是促进整个组织的效率、速度、创新以及创造新价值的一种全新的经营模式。

现在，国际上每一个成功的企业都是电子企业。例如沃尔玛，大家都把它划归传统企业，而其实，沃尔玛已经是电子化程度相当高的企业了。沃尔玛自己拥有天网和地网，天网是通过 GPS 来传送数据的，地网则通过其物流系统来实现货物的快速传送。再如，我国的京东集团，作为一家电子商务巨头，它通过自建的物流体系和数字化平台实现了全程电子化管理。京东的"亚洲一号"智能仓储中心广泛应用人工智能、物联网和自动化设备，极大地提高了库存管理和订单处理的效率。此外，京东还利用大数据分析优化采购、销售和物流布局，增强了企业运营的速度和敏捷性。所以，今天成功的企业都是已经基本实现了电子化的企业。

第三个层面是电子经济。电子经济就是在虚拟的电子市场可以进行实际的商业行为、创造并交换价值、发生交易，并且一对一关系已经成熟。这些业务流程可能与传统市场的活动有关，但彼此是独立的。电子经济是建立在电子企业之间，形成于供应链和供应链网络的基础上，配合政治、法律和经济环境来实现的。

9.3 供应链管理类型

9.3.1 按管理范围划分的类型

供应链管理有多种类型，按其管理的范围分类，有如下四种：

1）企业内部供应链管理

企业内部供应链管理实现了企业内部各职能部门间的业务和信息集成，形成了一条内部集成的供应链。最初，企业信息化管理是从各个单独的业务单元开始的，相对于整个企业，它们是一些信息孤岛。为了使企业的经营运作更为有效，需要将这些信息孤岛集成起来，形成业务流程和信息连贯的信息化管理链。MRP II /ERP较好地解决了这一问题，它们通过企业内联网和统一的数据库将企业内部的业务，如订单、采购、库存、生产、销售、财务和人力资源等单元连接起来，并将制度体系的建立、组织结构的改造、业务流程的调整以及绩效考核的标准等都纳入一条业务链内进行管理，实现了有效的企业业务经营过程的自动化事务处理和内部流程的贯通性与信息共享。这种企业内部的供应链管理如图9-3所示。

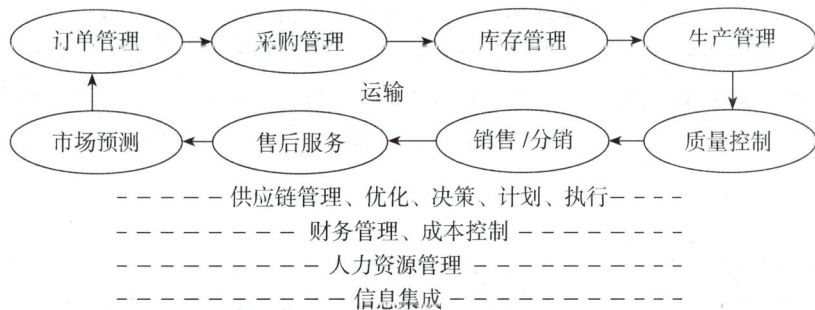

图9-3 企业内部的供应链管理

这种供应链管理关注企业内部资源的调配，实现各种业务和信息的高度集成、共享、控制、管理和协调运营，供应链管理系统和ERP通过基于事件的集成技术紧密连接在一起，编制出基于物料和能力约束的企业计划，如需求计划、供给计划、采购计划、库存计划、物料和能力计划、生产作业计划和排序/排程计划、分销计划、运输计划、订单履行计划和服务计划、供应链分析以及供应链计划的执行与控制。它消除了企业内部业务流程中无效的环节和影响业务流程运行的因素，减少了企业的库存，有效地集成了企业内部供应链中的主要计划和业务决策。这种管理的核心是内部集成化供应链管理的效率问题，主要考虑在优化资源、能力的基础上，以最低的成本和最快的速度生产多品种的产品或提供多种服务，快速地满足用户的需求，提高企业的反应能力和效率。

2）企业外部上下游供应链管理

企业在社会和市场大环境中都不是孤立的，它的供应商是它上游的业务提供者，而它的客户是它下游的业务需求者。每一个企业都有其上游和下游供应链，合成在一起就是完整的企业外部上下游供应链。因此，一个企业同时要与其上游和下游的供应链上的成员进行业务往来，下游的需求拉动了它的业务，而它的业务又拉动了上游的业务。

企业在与供应链上的直接上游企业打交道时，可以借助供应链管理中的供应商关系管理系统（Supplier Relationship Management，SRM）更好地获得所需的、由上游提供的产品和服务，并利用所得到的产品和服务与自己的能力及资源相配合，在企业内部供应链管理系统的控制下高效率和高效益地产出；在与供应链上直接的下游企业打交道时，企业可以借助供应链管理中的客户关系管理系统（CRM）更好地了解下游客户的需求，并在企业内部供应链管理下，快速响应和匹配其需求，为其提供产品和服务。这种企业上下游之间的供应链管理如图9-4所示。

图9-4　企业上下游之间的供应链管理

在企业下游供应链上，必须以"使客户满意"为战略中心点，通过信息集成和共享及时掌握客户的需求及其变化，通过协同运作充分利用自己手中的资源，甚至整合其他资源来最大限度地为客户提供优质和及时的服务，从而扩大客户群和市场，提高销售额和增加利润。

在企业上游供应链上，必须以"双赢"的经营理念为指导思想，与供应商结成长期的、稳固的和互惠互利的共赢伙伴关系，以最低的成本、在最短的时间内获得策略性资源，并将供应商的技术、知识和创新能力集成进自己的业务流程中，与供应商共享信息、协同运作，使它们快速和高效地响应自己的需求，从而节约成本、缩短产品投放市场的时间、增强产品和服务的创新能力，以及自己响应市场和客户需求的能力，从而赢得市场，获得利润。

3）产业供应链或动态联盟供应链管理

企业内部的供应链管理集成了企业内部各个业务部门的信息孤岛，实现了内部业务流程的连贯性和连续性整合，使企业各部门、各环节能够更好地共享信息和有限的资源。虽然单个企业实现了信息化，但对于整个行业、整个市场或整个社会来说，它仍然是一个信息孤岛，急需进一步将这些孤岛连接起来，将其集成为产业供应链或动态联盟供应链。这种供应链管理是将企业内部供应链管理思想从上游供应链和下游供应链双向延伸扩展，一直从产品线的"源端"开始，终止于"终端"的消费者。同时，先进网络技术和通信技术的发展，特别是互联网和电子商务技术的发展，为企业实现这种供应链运作提供了环境支持和技术基础，这就使得众多的企业可以从全局和整体的角度考虑产品的竞争力，使资源从企业内部的管理规划扩展到企业外部的行业或动态联盟供应链上的调配和规划。

在这种供应链上，每一个企业都是一个不可缺少的节点，而每一个节点都体现了"供"和"需"的关系，因此，这种供需关系贯穿了整个供应链。在21世纪，市场竞争不再体现为单个企业之间的竞争，而是变成供应链与供应链之间的竞争，因此，每一个企业都必须将自己完全融入供应链中，任何一个企业的业务失误或流程延迟都会影响整个供应链的运作。

这种业务关联紧密、环环相扣的供应链使链上的成员能够在一个统一的供应链管理体系下实现协调运作，共同实现在外部市场上的竞争，以各自的优势共同满足客户的需求。一个典型的产业供应链或动态联盟供应链管理体系如图9-5所示。

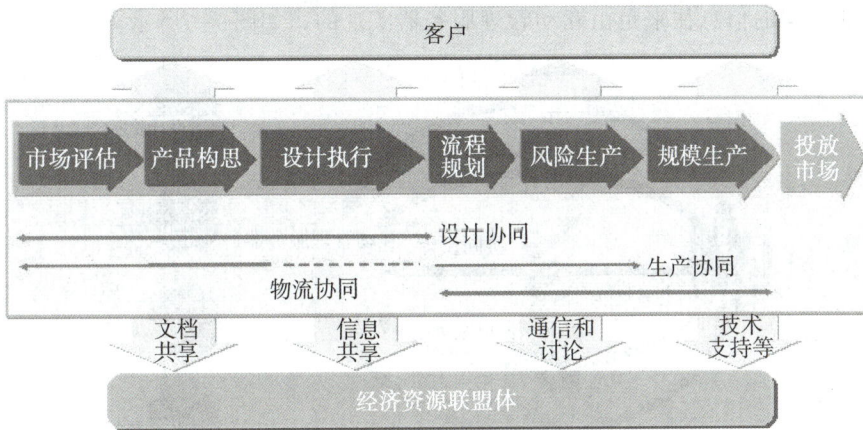

图9-5　产业供应链或动态联盟供应链管理体系

在产业供应链上，存在市场、原料、零件、加工、制造、分销、配送、运输、仓储、流通加工和零售等环节。当然，产业供应链与动态联盟供应链也有差别。产业供应链贯穿整个行业，从业务源头一直到终端客户的全部流程，一般来说，其结构较为稳固，有明确的上下游供应链的划分；而动态联盟供应链则是虚拟的，常常不具备产业供应链那种稳固的结构，它是一种"市场机会驱动型"的灵活组织，从组成到消失完全取决于市场机会的存在与否。它的优点是避免重复投资，可在短时间内形成较强的竞争能力，实现对市场需求的敏捷响应；其缺点是供应链运行的最优目标和效率难以清晰定义，运作过程可能有较高的风险。

4）全球网络供应链管理

随着世界经济全球化和一体化的发展，资源的获取和使用更趋于在全球的企业之间调配。《2023年度中国对外直接投资统计公报》显示，自21世纪初以来，尤其是在"一带一路"倡议推动下，越来越多的中国企业积极开展海外投资，截至2023年末，中国对外直接投资存量达2.96万亿美元，连续7年排名全球前三。同时，各企业之间、合作伙伴之间，甚至是竞争对手之间的业务交流也越来越多，从本土迅速发展到海外，这使得业务过程越来越复杂。因此，企业需要将自己最强的力量放在最擅长做的事情上，其他不擅长的业务则采取外包的策略。这意味着企业与上下游业务伙伴之间的交往越来越多，形成了一种全球范围内协作的供应链运作模式。

促进供应链全球化的其他原因是信息技术的全球化和互联网、电子商务技术的蓬勃发展，它们为全球供应链提供了信息和业务集成的基础支持。在这种供应链中，企业的形态和边界将产生根本的改变，全球资源随着市场的需求可以动态组合，以响应不断变化的客户需求。全球供应链包括全球范围内的产品开发、采购进货、货物运送、加工/制造、分销/配送、产品销售/服务、信息收集和共享，以及全球范围内的资金流动等。在全球供应链中，企业之间的信息往来是由互动管理服务器实现的，如图9-6所示。

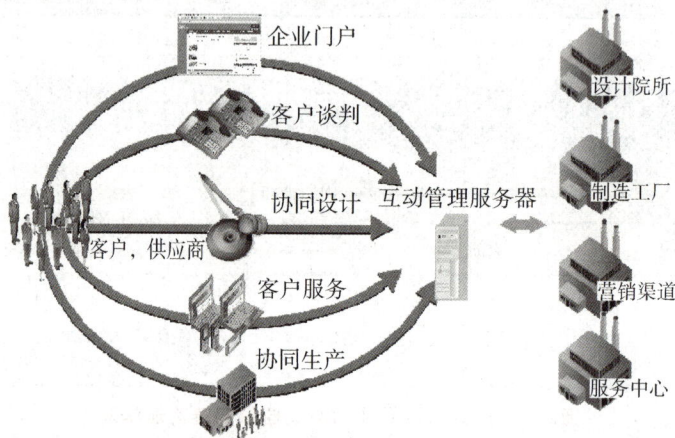

图9-6　全球供应链中的信息互动管理服务器

这种供应链的运作需要准确的预测、科学的决策、高度的协同、精确的计划、有效的执行和可衡量的绩效标准，供应链网络信息交流层次的沟通与协调将采取交互的、透明的、无对象的方式，生产的组织和实现超越了空间和时间的概念与限制，可以用网络信息为依托，在更广阔的范围内选择合作伙伴，采用灵活有效的管理组合模式，从而更加方便、有效地实现多种企业的资源优势互补。这种供应链以及产业供应链或动态联盟供应链的管理需要借助一套供应链协同管理的技术与工具，如供应链计划（Supply Chain Planning，SCP）、协同计划（Collaborative Planning，CP）、预测和补给FR（Forecasting and Replenishment，FR）、物流信息系统（Logistics Information System，LIS）、供应链决策（Supply Chain Strategist，SCS），以及CRM、SRM、电子商务等，并与企业内部供应链的管理系统和工具相配合，彻底除去企业间的围墙，实现供应链上的资源根据市场和客户的需求进行优化配置，快速响应市场需求，提高服务水平和降低总的交易成本，并且寻求两个目标之间的动态平衡。

9.3.2　按运作方式划分的类型

1）推式供应链

推式供应链（Push Supply Chain）的运作是以产品为中心，以生产制造商为驱动源点。这种传统的推式供应链管理以生产为中心，尽量提高生产率，降低单件产品的成本，获得利润。通常情况下，生产企业根据自己的MRPⅡ/ERP计划从供应商处购买原材料，生产出产品，并将产品通过各种渠道，如分销商、批发商、零售商一直推至客户端。在这种供应链上，生产商对整个供应链起主导作用，是供应链上的核心或关键成员；其他环节，如流通领域的企业则处于被动地位，这种供应链的运作和实施相对较为容易。然而，由于生产商在供应链上远离客户，对客户的需求远不如流通领域的零售商和分销商了解得清楚。在这种供应链上，企业之间的集成度较低，反应速度慢，在缺乏对客户需求了解的情况下生产出来的产品和驱动供应链运作的方向往往是无法匹配和满足客户需求的。

同时，由于无法掌握供应链下游，特别是最末端的客户需求，一旦下游有微小的需求变化，反映到上游时，这种变化将被逐级放大，这种效应被称为"牛鞭效应"。为了应对这种效应，响应下游，特别是最终端客户的变化，在供应链的每个节点上，都必须采取提高安全库存量的办法，保持较多的存货，因此，整个供应链上的库存量较大，响应客户需求变化的速度较慢。传统的供应链管理几乎都属于推式供应链，如图9-7所示。

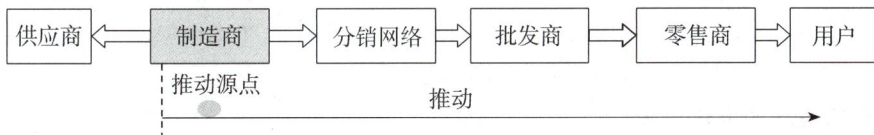

图9-7　推式供应链

2）拉式供应链

20世纪90年代初，工业化的普及使生产率和产品质量不再成为生产企业的绝对竞争优势，为了更好地进行市场竞争，企业纷纷把满足客户的需求作为经营的核心，因此，供应链的运营规则也从"推式"转变为以客户需求为原动力的"拉式"运作。拉式供应链（Pull Supply Chain）管理的理念是以顾客为中心，通过对市场和客户的实际需求以及对需求的预测来拉动产品的生产和服务。因此，这种供应链的运作和管理被称为拉式供应链管理。这种运作和管理需要整个供应链更快地跟踪甚至是超前于客户和市场的需求，以此提高整个供应链上的产品和资金流通的效率，减少流通过程中的浪费，降低成本，提高对市场需求的适应能力。特别是对于下游的流通和零售行业来说，要求供应链上的成员有更强的信息共享、协同、响应和适应能力。例如，目前很多企业采用协同计划、预测和补货策略系统，来实现对供应链下游成员需求拉动的快速响应，使信息的获取更及时，信息集成和共享程度更高，数据交换更迅速，缓冲库存量以及使整个供应链上的库存总量更低、获利能力更强等。拉式供应链虽然整体绩效表现出色，但对供应链上企业的管理和信息化程度要求较高，对整个供应链的集成和协同运作的技术和基础设施要求也较高。

以汽车公司为例，其对汽车市场的预测和汽车的订单是企业一切业务活动的拉动点，生产装配、采购等的计划安排和运作都是以它们为依据和基础进行的，这种典型的面向订单的生产运作可以明显地减少库存积压和零部件的库存量，并根据用户的需求实现定制化生产和服务，满足客户的个性化和特殊配置需求，并加快资金周转。然而，这种供应链的运作和实施相对较难，其原理如图9-8所示。

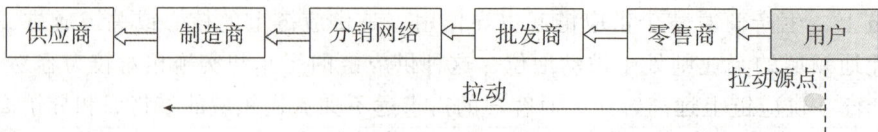

图9-8　拉式供应链原理

在一个企业内部，对于有些业务流程来说，有时是推式和拉式运作共存的。例如，海尔集团在开展大规模定制业务时，采用了推拉相结合的供应链模式。一方面，海尔通过产品模块化、流程模块化和模块化采购实现标准化生产。这种标准化模块的应用使得海尔能够进行大规模生产，有效降低生产成本。另一方面，海尔同时具备快速响应客户需求的能力，能够根据不同客户在不同时间点的个性化需求，进行定制化生产。这一部分是基于需求拉动的，海尔通过与客户直接互动，感知市场的差异化需求，从而进行灵活的定制化生产。这种推式和拉式结合的供应链模式，让海尔既能通过标准化模块的批量生产来提升效率、降低成本，又能通过灵活的定制化服务满足不同客户的需求。

3）有效客户响应供应链

传统供应链管理以生产为中心，力图提高生产率，降低单件产品成本，获取利润。而现代供应链管理是以客户为中心，通过对客户的实际需求和对客户未来需求的预测来拉动产品的生产和服务。基于这种思路，产生了多种供应链管理的策略。有效客户响应（Efficient Consumer Response，ECR）就是20世纪90年代初美国食品杂货行业为提高竞争能力和快速响应市场需求采用的一种有效的策略。它是供应商和销售商为消除供应链上各环节中不必要的成本和费用，给客户带来更大的效益而进行密切合作的一种战略，并在美国和英国得到了广泛的应用。当时，美国的供货商具有支配地位，而零售商则是分散的、小规模的，处于从属地位，它们通过与品牌供应商的数据交流与合作来缩短市场反应时间，降低销售成本，以产生更大的利润空间。但零售商的最终任务并不是到订货为止，为了进一步开拓市场，零售商需要将详细的信息与供应商共享，这就要求双方超越传统意义上的各自为政、相对独立的关系，不再是零售商掌握大量的销售数据、供应商掌握单纯意义上的市场份额数据，而是两者的统一。只有这样，供应商才能对消费者的需求做出快速反应，同时促进零售商的市场销售。

这种零售商与供货商共享客户销售数据的系统，以客户为基础，提高流通效率，其目的在于通过减少流通过程中的浪费，降低销售成本，提高商品的市场适应能力。共享数据对提高产品的品牌和改善产品的质量都有很大的帮助。ECR 的应用体现在以分析消费者的需求为基础，为了增加顾客的利益而按计划生产，丰富产品的多样性，生产与市场相适应的产品，降低整个供应链上的个别成本和转换成本，提高供应效率。实际上，原材料供应商、生产商、批发商和零售商之间就商品供应过程形成了一种协作策略，它的前提是广泛应用信息技术，特点是超越了单个企业范围，以顾客的消费为龙头，以商品从生产者到消费者的全过程为对象，建立了一种使产品和资金流通效率大大提高、实现快速响应市场的新型系统。

4）快速响应供应链

快速响应（Quick Response，QR）系统是美国纺织与服装行业为了提高产品的竞争力，在 20 世纪 80 年代发展起来的一种供应链管理策略。1982 年，一份对该行业的研究表明，服装在供应链上的长时间滞留不仅成本高昂，而且造成了巨大的浪费，也无法精确预测实际的市场需求量。因此，要减少供应链上因产品过多或过少引起的损失，必须缩短产品在供应链上的时间。QR 策略是贸易伙伴的共同策略，采用 QR 策略的贸易伙伴通过共享 POS 信息，预测未来需求，可以做出快速反应。当时，美国许多企业开发和实施 QR 系统来处理产成品的流通，这些系统通常被认为是库存控制系统，也常和广泛应用于生产中的物料管理系统 JIT 联系在一起，但是，这些系统更多地被看作供应链战略的范畴。

QR 系统的应用虽然起源于服装与纺织业，但现在已扩展到许多消费品行业，特别是零售业。采用 QR 系统的零售企业经营的全部商品都有条码，并且在日常业务中采集所有交易中的 POS 数据。采用 QR 系统的零售企业与采用 QR 体系的重要供应商一同共享商品每日的销售数据和库存数据，零售企业向供应商保证定期订货。由于供应商了解整个企业的库存目标、现有存货和实际销售数据，它就很容易把握订货数量，并利用这些信息制订自己的生产和分销计划。每次订货之后，供应商将货物在固定的时间运送到零售商店的配送中心。

一旦货物到达配送中心，零售企业就考虑下一期的销售情况。零售商的目标是既保证商店的商品品种是"齐全和丰富"的，又不产生多余的存货。在 QR 系统帮助零售企业取得了显著成效的同时，零售企业的重要供应商也从订货的稳定性和实现库存数据共享所带来的订货可预见性上获得了收益。由于频繁补货，配送中心的周期订货量较低；同时，因为预测期缩短，安全库存量也相应较低。当然，这会带来较高的运输成本，增加数据系统费用。通过配送中心的库存成本节约和系统带来的补充订货的"合适度"提高，节省了商店的货物处理费用,这可以抵补那些增加的成本。此外,系统运转所需的销售数据对有效的商品经营极为有用,与供应商的密切联系使得价格下降并实现了其他采购费用的节约。

ECR策略与QR策略既有相同之处,又有不同之处。不同之处是:ECR的目标是使供应商和零售商为消除系统中不必要的成本费用,给客户带来更大效益而进行密切的战略性合作;而QR的主要目标是对客户的需求做出快速反应,这是由于食品杂货业和纺织与服装业经营产品的特点不同所导致的。杂货业经营的产品多是一些功能型产品,每一种产品的寿命相对较长,预测订购产品数量过多或过少的损失相对较小;而纺织与服装业经营的产品多属于创新型产品,每一种产品的寿命相对较短,预测订货产品数量过多或过少造成

延伸阅读 9-2

信息技术对
供应链管理的
支持

的损失相对较大。但二者也有两个共同点:一是它们都以贸易伙伴间的密切合作为前提;二是它们都需要信息共享和共同的技术支持。

每种供应链类型都有其特定的优势,都面临不同和挑战,企业在选择供应链类型时,需要考虑自身的业务模式、市场环境、资源能力和长期战略目标。随着市场需求的不断变化和技术的进步,供应链管理也在不断地演进和创新。

信息技术对供应链管理的支持参见延伸阅读9-2。

素养园地

绿色供应链的引领者

故事:在经济全球化背景下,一家中国电子产品制造企业面临着供应链管理的挑战。为了响应国家的绿色发展政策,该企业决定对其供应链进行绿色改造,以减少对环境的影响,提高资源利用效率。

该企业首先对其供应商进行了环境影响评估,选择那些符合环保标准和拥有良好社会责任记录的供应商进行合作。同时,该企业优化了物流路径,采用节能减排的运输方式,减少了物流过程中的碳排放。

在生产过程中,该企业采用了循环经济理念,通过减少废物产生、提高原材料的循环利用率,实现了生产过程的绿色化。此外,该企业还建立了完善的废旧产品回收体系,鼓励消费者参与到电子废物的回收中来。

通过这一系列措施,该企业不仅降低了运营成本,提高了市场竞争力,还赢得了消费者和社会各界的广泛认可。

总结与反思:此案例展示了企业如何通过供应链管理的绿色化改革,响应国家的可持续发展战略。它强调了企业在供应链管理中应承担的社会责任和环境责任,体现了企业对

国家绿色发展理念的实践。在供应链管理中融入绿色、环保理念，不仅有助于企业自身的长远发展，也是对国家和社会负责的表现。

复习思考题

1）为什么说 ERP 是 SCM 的基础？
2）供应链管理与传统的企业管理有什么区别？
3）试述供应链管理与物流管理的关系。
4）解释产业供应链、动态联盟供应链和全球供应链。
5）试述快速响应供应链和有效客户响应供应链之间的区别。
6）现代信息处理技术是如何支持供应链管理的？

即测即评

第 9 章即测即评

第 *10* 章
移动商务与移动支付

学习目标

知识目标

- 掌握移动商务的基本概念、特点及与传统电子商务的区别。
- 理解移动商务的关键技术，包括WAP、WPKI、3G/4G等。
- 了解移动支付的安全标准、应用协议和运营模式。
- 了解移动商务与移动支付面临的安全威胁和隐私保护问题。
- 掌握机器学习和人工智能技术在移动商务中的应用。

能力目标

- 能够分析移动商务的商业模式和市场趋势。
- 能够评估移动商务技术的发展对企业运营的影响。
- 能够设计和实施移动商务安全策略。
- 能够探讨移动支付的创新应用和服务。
- 能够理解和实践数据保护和用户隐私权的维护。

价值塑造目标

- 培养对国家网络安全和数据保护政策的认识和支持。
- 增强在移动商务活动中的法治意识和道德责任感。
- 认识技术进步与社会责任的平衡。
- 激发对促进社会公平正义和数字普惠的思考。
- 强化在移动商务与移动支付领域的国家安全意识。

10.1　移动商务

10.1.1　移动商务及其发展

1）移动商务的出现

网络对人类生活造成巨大的影响。在我们周围，越来越多的企业支持网上交易方式，越来越多的人开始接受网上购物等电子商务模式。与此同时，我们也注意到，互联网的使用方式正在悄悄地发生变化。人们除了继续使用台式电脑访问有线网络外，也开始通过手机、平板电脑（Tablet Personal Computer，TPC）、掌上电脑（Palmsize Personal ComPuter，PPC）、个人数字助理（Personal Digital Assistant，PDA）等移动设备获得

微课 10-1
移动商务

互联网信息。2008 年时这一比例就已占到所有上网方式的 26%。越来越多的人因为职业或生活的需要，希望随时随地收发电子邮件、查阅新闻、订购各种商品，即实现移动互联。截至 2024 年 6 月，我国网民使用手机上网的比例达 99.7%；使用台式电脑、笔记本电脑、电视和平板电脑上网的比例分别为 34.2%、32.4%、25.2% 和 30.5%；使用智能网联汽车、智能家居设备和个人可穿戴设备上网的比例分别为 10.4%、21.9% 和 24.2%。由于移动设备本身较小，容易随身携带，人们几乎可以在任何时间、任何地点与任何人进行通话、收发信息，还可以移动上网、移动办公、移动付费、移动游戏、移动聊天、移动定位等。显然，这种新型的沟通和商务模式与传统基于互联网的电子商务模式有所不同。为区别于传统的基于互联网的电子商务，人们称这种新型商务模式为移动商务。

2）移动商务的内涵

移动商务（M-Commerce）是由电子商务（E-Commerce）的概念衍生出来的。传统意义的电子商务以 PC 机为主要界面，是"有线的电子商务"；而移动商务则是利用手机、平板电脑、掌上电脑等无线终端进行的 B2B、B2C 或 C2C 的电子商务。互联网技术、移动通信技术、短距离通信技术及其他技术的不断完善和组合创造了移动商务。

移动商务使用便携式终端设备，通过移动电话网络或无线局域网（WLAN）和原有的固定网络相互连接，实现了一种不受时间和空间限制的商务模式。

移动商务是电子商务的一个新的分支，也是电子商务发展的新形态。从应用的角度来看，由于借助移动网络，移动商务相对于传统的互联网电子商务活动有明显的优势，是对互联网电子商务的扩充和延伸。传统的基于互联网的电子商务活动要通过一台计算机来完成，而移动电子商务可以为移动设备的拥有者随时随地提供商务信息，完成商务交易，将

商务活动的市场目标定位到个人。

3）移动商务与互联网电子商务的区别

（1）承载的网络不同。互联网电子商务指的是基于互联网的商务活动，而移动电子商务的承载网络为无线网络。无线网络包括无线 ATM 网、无线令牌环网、无线广域网和无线区域网等。

（2）使用的网络协议不同。互联网电子商务所使用的网络协议包括 TCP/IP 和 HTTP，而移动商务所使用的网络协议主要是无线应用协议 WAP。

（3）使用的安全协议不同。互联网电子商务所使用的安全协议有 SSL、SET、TLS（Transport Layer Security，传输层安全），而移动商务所使用的是无线传输层安全协议（Wireless Transport Layer Security，WTLS）等。WTLS 是 WAP 通信协议下的四个层次之一，是根据工业标准 TLS 而制定的安全协议。

（4）终端不同。互联网电子商务的终端一般为 PC 机，移动商务的终端一般为智能手机或 PDA。终端不同导致计算能力的差异。PC 机计算速度快且屏幕大，处理复杂加密算法所需时间较短；智能手机或 PDA 计算能力差、速度慢，不适宜进行复杂的密码运算，且屏幕小。

（5）操作系统不同。互联网电子商务的终端 PC 机通常采用通用桌面操作系统，如 Windows、macOS 或 Linux 等；而移动商务的终端通常为手机或平板电脑，采用被广泛使用的移动操作系统，如 Android 和 iOS。

（6）移动商务的优势。移动商务是移动信息服务和电子商务融合的产物，与传统电子商务相比，移动商务具有随时随地和个性化的优势。另外，从计算机和移动电话的普及程度来看，移动电话远远超过了计算机，同时，移动商务手机号码具有唯一性，因此有较好的身份认证基础。移动商务还能有效规避传统电子商务出现的泡沫。

随着技术的发展，移动商务和互联网电子商务的界限越来越模糊，两者之间的差异也在逐渐减少。例如，多数电子商务平台现在都提供了移动应用，用户可以通过智能手机进行在线购物。

4）移动商务的相关技术

移动商务作为新兴的商务模式，既隐含着巨大的市场增长潜力，同时也代表当代最新技术的应用。除了先进的移动通信网络以外，各种新兴的无线技术不断成熟，也为移动商务的发展奠定了坚实的基础。

（1）移动 IP 技术。移动 IP 技术提供了一种 IP 路由机制，它可以屏蔽不同网络接口层的差别，无论终端设备连接到哪个网络接口层的接入点，它仍使用原来的 IP 地址，这使得用户端可以用一个永久的 IP 地址连接到任何链路上。移动 IP 技术实现了移动终端在互联网上的无缝漫游，这是它对移动商务的杰出贡献。

（2）无线应用协议（WAP）。这是一个由 WAP 论坛提出的语言、通信协议及工具的规范集。WAP 首次定义了一个开放的全球无线应用框架和网络协议标准，实现了互联网的无线接入访问。WAP 融合了移动通信与互联网这两种目前发展最为迅猛的技术，使手机等移动终端能方便地与互联网连接，为无线增值服务业创造了一个巨大的全球性新市场。

（3）蓝牙技术（Bluetooth）。这是一种无线局域网技术，它可以使移动电话、个人电脑、打印机及其他设备在一定的范围内实现无线连接，并实现信息传输。可以传输的内容包括语音、数据、图像。在移动商务中应用蓝牙技术，可以把个人携带的移动设备连接到局域网，从而可以无线访问互联网。

（4）通用分组无线业务技术（General Packed Radio Service，GPRS）。GPRS 是一种无线广域网技术，它为用户提供端到端的分组交换，使用户可以做到随时在线。GPRS 还可以充分利用用户的现有网络资源，在小型办公室内为用户提供无线局域网络的通信服务。

（5）移动定位系统（Mobile Positioning System，MPS）。移动定位系统是对手机终端进行实时位置捕捉的新型技术，只要手机开机又能收到网络信号，那么手机所有者所处的位置便随时能被掌握。移动定位系统在地理信息数据库的支持下，借助电子地图，可以实时地显示、跟踪、处理单个、多个、群组的人、车或物，它被广泛地应用在大众无线数据信息及娱乐服务等行业领域。

（6）WPKI（Wireless PKI）技术。WPKI 是无线网络中应用的 PKI 技术，用于保障移动商务的安全，即交易过程的保密性、交易文件的完整性和真实性，以及不可抵赖性。WPKI 技术根据移动通信的特点，对互联网应用的 PKI 技术进行了改进，使得无线安全机制同样可以应用身份认证和数字签名等技术，从而保障商务活动的安全，降低了移动交易的风险。

（7）3G、4G 以及更高端的移动通信技术。3G 移动通信技术支持高质量的声音、数据、图像和多用户通信，为用户提供了高速的宽带多媒体业务。3G 移动通信技术把手机变为集语音、图像和数据传输等诸多应用于一体的多功能多媒体通信终端，这一技术的出现和推广会促进全方位移动商务的实现和广泛开展。新一代的移动商务系统还融合了 3G 移动技术、智能移动终端、虚拟专用网络（VPN）、数据库同步、身份认证和 Web Service 等多种移动通信、信息处理和计算机网络的最新前沿技术，以专网和无线通信技术为依托，为用户提供了一种安全高效的现代化移动商务环境。

3G 和 4G 技术提供了更高的数据传输速度和更广泛的服务能力，这对于视频会议、流媒体和复杂的移动应用至关重要。随着 5G 技术的普及，移动商务将受益于更高的速度和更低的延迟，这将进一步推动移动商务的发展。

（8）机器学习和人工智能技术在移动商务中的应用正日益增长，它们为企业提供了深入理解客户需求、优化营销活动和提升个性化服务的能力。通过分析大量的客户数据，机器学习算法能够帮助企业识别客户的购买习惯、偏好和行为模式，从而使企业能够更精准地预测客户需求并提前做出调整。同时，人工智能技术还能够根据客户的行为和喜好，为企业提供个性化的推荐和服务，从而提升客户满意度和忠诚度。此外，机器学习还能够帮助企业实时优化营销活动，根据客户的行为和反馈，调整推送的内容、时间和方式，提高营销效果。

5）中国的移动商务

在我国，与通过互联网开展的电子商务相比，移动商务拥有更为广泛的用户基础。第52次《中国互联网络发展状况统计报告》显示，截至2023年6月，我国网民规模达10.79亿人，较2022年12月增长1 109万人，互联网普及率达76.4%。

延伸阅读10-1

根据易观分析，2023年，随着疫情防控较快平稳转段，线上线下商业恢复明显，我国移动支付业务量增长显著。作为我国移动支付业务重要补充力量的第三方移动支付市场全年交易规模为346.2万亿元人民币，同比增长12.0%。分季度来看，2023年第一、第二、第三、第四季度受益于国内出台的一系列稳增长政策落地见效，第三方移动支付业务始终保持稳中有升的发展态势，环比分别增长8.97%、2.17%、1.02%、6.59%。

移动商务服务

移动商务服务参见延伸阅读10-1。

10.1.2 移动商务的安全

1）移动商务面临的安全威胁

移动商务在给我们的商务活动带来便捷的移动性的同时，也给我们带来了更多的移动商务安全方面的挑战。移动商务由于利用了很多新兴的技术和设备，因此也带来了很多新的安全问题，而这些安全问题能否有效解决就成为移动商务发展与繁荣的关键。同时，和安全问题息息相关的另一个移动商务中的重要话题就是隐私问题。由于移动商务的一些独特之处，隐私问题比在传统电子商务中显得更加突出。

移动商务运用移动通信，而移动通信必须采用无线方式。无线通信网络之所以得到广泛应用，是因为无线通信网络的建设不像有线网络那样受地理环境的限制，无线通信用户也不像有线通信用户那样受通信电缆的限制，而是可以在移动中通信。无线通信网络的这些优势都来自它所采用的无线通信信道，而无线通信信道是一个开放性信道，它在赋予无线通信用户通信自由的同时也给无线通信网络带来了一些不安全因素，如通信内容容易被窃听、可以被更改，以及通信双方的身份可能被假冒等。

（1）无线窃听。

在无线通信网络中，所有网络通信内容（如移动用户的通话信息、身份信息、位置信息、数据信息以及移动站与网络控制中心之间的信令信息等）都是通过无线信道传送的，而无线信道是一个开放性信道，任何具有适当无线终端设备的人均可以通过窃听无线信道而获得上述信息。虽然有线通信网络也可能遭遇搭线窃听，但这种搭线窃听的窃听者需要接触被窃听的通信电缆，还需要对通信电缆进行专门处理，这样就很容易被发现。而无线窃听相对来说就比较容易，只需要有适当的无线接收设备即可，而且很难被发现。

无线窃听可以导致信息泄露，还可能导致其他一些攻击，如传输流分析，即攻击者可能并不知道消息的确切内容，但他知道这个消息确实存在，并知道这个消息的发送方和接收方地址，从而可以根据消息传输流的这些信息分析通信目的，并可以猜测通信内容。

（2）假冒攻击。

在无线通信网络中，移动站必须通过无线信道传送其身份信息，以便网络控制中心以及其他移动站能够正确鉴别它的身份。由于无线信道传送的任何信息都可能被窃听，当攻击者截获一个合法用户的身份信息时，他就可以利用这个身份信息来假冒该合法用户，这就是身份假冒攻击。

另外，主动攻击者还可以假冒网络控制中心实施攻击。例如，在移动通信网络中，主动攻击者可能假冒网络基站来欺骗移动用户，以此手段获得移动用户的身份信息，从而假冒该移动用户。

（3）信息篡改。

信息篡改在一些"存储-转发"型有线通信网络（如互联网等）中是很常见的，而在一些无线通信网络，如无线局域网中，因为两个无线站点之间的信息传递可能需要其他无线站或网络中心转发，这些"中转站"就可能篡改转发的消息。

对于移动通信网络来说，当主动攻击者比移动用户更接近基站时，主动攻击者发射的信号功率要比移动用户的信号功率强很多倍，这会使基站忽略移动用户发射的信号而只接收主动攻击者的信号。这样，主动攻击者就可以篡改移动用户的信息后再传给基站。

（4）服务后抵赖。

这种威胁在电子商务中很常见，假设客户通过网上商店选购了一些商品，然后通过电子支付系统向网络商店付费。这个电子商务应用中就存在两种服务后抵赖的威胁：①客户在选购了商品后，否认他选择了某些或全部商品而拒绝付费；②商店收到了客户的货款，却否认已收到货款而拒绝交付商品。

此外，无线通信网络与有线通信网络一样，也面临着病毒攻击、拒绝服务等威胁，这些攻击的目的不在于窃取信息和非法访问网络，而是阻止网络的正常工作。

移动商务的安全需求参见延伸阅读 10-2。

延伸阅读 10-2

移动商务的
安全需求

2）移动商务隐私问题

如前所述，与移动商务安全问题息息相关的另一个移动商务中的重要话题就是隐私问题。

　　早在移动商务出现以前，隐私问题就已经是困扰电子商务发展的关键瓶颈问题。美国曾经的一个调查显示，大约有90%的受调查者认为，隐私问题是影响电子商务发展的关键问题之一；79%的受调查者不使用需要提供个人信息的网站，而使用者中又有42%提供虚假的个人信息。一般来说，人们都比较担心通过互联网来提供个人的电话、地址、信用卡号码等涉及个人隐私的信息会有负面影响，而电子商务要得以进行和顺利发展就必须使用户通过网络来提供这些信息。移动商务作为电子商务的延续和拓展，同样需要这样的条件才能发展，而且由于移动商务的一些特性，隐私问题比在传统电子商务中显得更突出。

　　移动设备的价值在于让用户在适当的时间和地点获得其所需的相关信息，而实现这一点需要对用户的偏好进行设置，这就很容易泄露用户的消费行为、个人喜好以及位置和行踪等隐私信息，尤其是基于位置的服务的应用更将带来严重的个人信息泄露问题。随着客户保护隐私的意识越来越强，没有足够的隐私保护，那些移动商务中最为重要的、个性化的、基于场景的增值服务就无法提供。

　　由于移动设备功能的提升和用户使用移动商务的日益频繁，人们已开始习惯将大量的隐私信息存储于移动设备中。现在，随着技术的发展，越来越多更可靠和更安全的保护措施已经开始在移动设备上得到应用，比如生物识别技术和高级加密算法可以保护移动设备中的隐私，移动设备防火墙技术可以防止病毒引起的隐私泄漏，多因素认证（MFA）技术可以防止因单一认证机制的弱点而导致隐私泄露，等等。

　　对于消费者隐私的保护，单从技术层面来保证是不够的，技术只是提供了隐私不被侵犯的可能性，它并不能有效遏止侵犯隐私的行为以及解决侵犯隐私的问题。侵犯隐私涉及社会道德甚至法律问题，所以对于移动商务中可能出现的侵犯隐私问题，还需要有法律上的规范。随着传统电子商务多年的发展和消费者对隐私问题的日益重视，各国纷纷出台多项与保护隐私相关的法律法规，这些法律法规也成为移动商务领域隐私保护的基础。

　　我国在个人隐私保护方面的立法工作虽然起步较晚，但已经取得了一定的进展。目前，我国已经制定了一些涉及个人隐私保护的法律法规，如《中华人民共和国网络安全法》和《民法典》中的隐私权保护条款，这些法律法规为个人隐私保护提供了基本框架。然而，随着信息技术的快速发展和个人信息保护意识的提高，现有的法律体系仍需进一步完善。

3）移动商务安全现状：网络诈骗

　　网络诈骗是指以非法占有为目的，利用互联网，采用虚构事实或者隐瞒真相的方法，骗取数额较大的公私财物的行为。网络诈骗与一般诈骗的主要区别在于，网络诈骗是利用互联网实施的诈骗行为，没有利用互联网实施的诈骗行为便不是网络诈骗。

　　为了有效打击电信诈骗犯罪，提高公安机关冻结诈骗资金的效率，切实保护社会公众的财产安全，我国已经建立了紧急止付和快速冻结机制。同时，中国人民银行、公安部也联合建立了电信诈骗交易风险事件管理平台，该管理平台通过与公安部门、银行、获得网络支付业务许可的支付机构的连接，实现电信诈骗犯罪涉案银行账户的紧急止付、快速冻结、涉案账户信息共享和涉案账户快速查询等功能。这一机制的建立为公安机关快速执法提供了完整的资金监管追踪逻辑体系，在对涉案诈骗账号进行拦截，提高公安机关冻结诈骗资金效率，减少案件发生和群众损失，维护百姓合法权益，营造和谐、稳定的社会局面方面发挥了重要作用。

10.2　移动支付

移动支付，是指通过移动设备，采用无线方式所进行的银行转账、缴费和购物等商业交易活动。通常移动支付所使用的移动终端是手机、掌上电脑、个人商务助理和笔记本电脑。我们这里指的移动支付就是在交易活动中以手机作为支付手段。简单的移动支付是将支付款项直接计入移动电话账单中，这样的支付通常发生在支付费用比较低的情况下。目前比较完善的移动支付业务是将手机与信用卡号码绑定，每次交易实质上是通过手机代替信用卡来支付费用。

作为新兴的电子支付方式，移动支付拥有随时随地和方便、快捷、安全等诸多特点，消费者只要拥有一部手机，就可以完成理财或交易，享受移动支付带来的便利。应用领域一般包括充值、缴费、小商品购买、银证业务、商场购物和网上服务等。

10.2.1　移动支付概述

1）移动支付业务分类

移动支付业务可以根据交易结算的即时性来划分。

（1）非现场支付。非现场支付是通过远程数据传输实现的支付，通常通过终端浏览器或者基于 SMS/MMS 等移动网络系统，采用操作订单进行处理。

（2）现场支付。现场支付是指现场近距离交易支付行为，使用近距离无线通信技术，比如蓝牙、红外线、射频识别等在商场广泛应用的支付技术。现场支付包括接触性支付和非接触性支付。

以上两者的区别是：一般大额支付采用现场支付方式，对支付的安全级别要求较高，有必要通过可靠的金融机构进行交易鉴权；而对于小额支付来说，可以采用非现场支付方式，使用移动网络本身的 SIM 卡的鉴权机制就足够了。

2）移动支付的产业链成员

移动支付业务的产业链由移动支付标准的制定者、设备制造商、移动运营商、银行、移动支付服务提供商、商家、用户等多个环节组成。其中，移动支付标准的制定者是指国家独立机构、国际组织和政府，它们负责标准的制定和统一，协调各个环节的利益。

（1）用户。用户即移动支付者。支付者必须首先注册成为某个移动支付网络的手机支付业务用户，获得经支付网络认可的数字证书，将手机或其他移动终端通过移动网络与商家或支付网关相连，然后就可以利用手机完成方便、快捷的在线支付了。用户的需求是推进移动支付发展的主要动力。

（2）商家。参与移动支付的商家在商场和零售店安装了移动支付系统，能为客户提供移动支付服务。对商家来说，这样做能在一定程度上减少支付的中间环节，降低经营、服务和管理成本，提高支付的效率，获得更高的用户满意度。

（3）移动运营商。移动运营商的主要任务是搭建移动支付平台，为移动支付提供安全的通信渠道。移动运营商是连接用户、金融机构和服务提供商的重要桥梁，在推动移动支付业务的发展中起着关键性作用。目前，移动运营商能提供语音、SMS、WAP等多种通信手段，并能为不同级别的支付业务提供不同等级的安全服务。

（4）金融机构。移动支付系统中的金融机构包括银行、信用卡发行（银联）等组织，主要为移动支付平台建立一套完整、灵活的安全体系，从而保证用户支付过程的安全通畅。显然，与移动运营商相比，银行不仅拥有以现金、信用卡及支票为基础的支付系统，还拥有个人用户、商家资源。

（5）移动支付服务提供商，也叫作移动支付平台运营商。它作为银行和移动运营商之间的衔接环节，在移动支付业务的发展中发挥着十分重要的作用。独立的第三方移动支付服务提供商具有整合移动运营商和银行等各方面资源并协调各方面关系的能力，能为手机用户提供丰富的移动支付服务，以此吸引客户。

（6）移动设备制造商。移动设备制造商在向移动运营商提供移动通信系统设备的同时，还推出了包括移动支付业务在内的数据业务平台和业务解决方案，这为移动运营商开展移动支付业务奠定了基础。从终端的角度来看，支持各种移动数据业务的手机不断推向市场，为移动支付业务的发展创造了条件。

3）移动支付的商业模式

有正确的商业模式，才能推动移动支付业务的成熟和发展。一个成功的移动支付商业模式必须能为用户、商家、移动运营商和金融机构的共同利益提供保证。

（1）按移动商务的参与方划分。基于对移动支付参与方的角色需求，可将移动支付分为如图10-1所示的四种模式。

① 简单的封闭支付模式。模式A代表了最简单的封闭支付模式，被大多数移动运营商所接受。在此模式下，消费者直接从移动运营商或以移动运营商作为前台的商家购买小额的内容服务（通常是数字内容，如铃声下载、小游戏、天气预报、小额点卡等）。移动

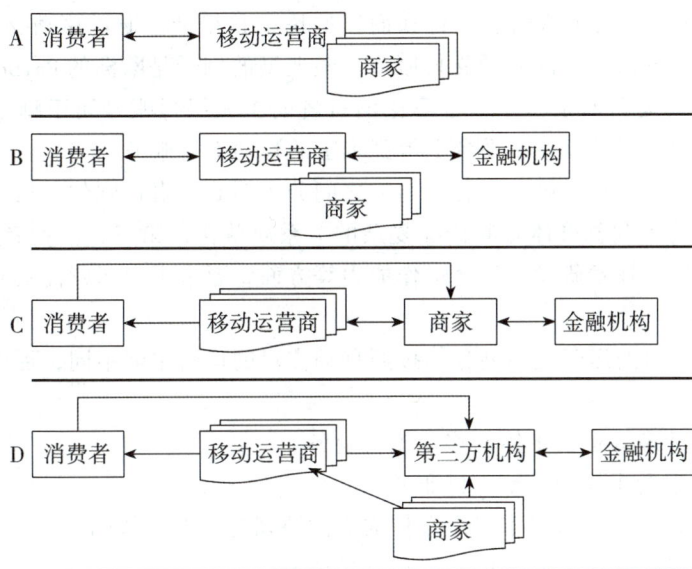

图10-1　移动支付的四种商业模式

运营商会以消费者的手机费账户或专门的小额账户作为移动支付账户，消费者所发生的移动支付交易费用全部从消费者的手机费账户或小额账户中扣减。这种模式不需要银行参与，技术实现简便。移动运营商需要承担部分金融机构的责任，如果发生大额交易则不符合国家的有关政策，因为无法对正规的交易业务出具发票、税务处理复杂等。

② 有银行参与的移动支付。模式 B 中的移动运营商可以提供非数字内容的业务，且交易额可以较大。在这种模式下，移动运营商需要与银行合作，支付是通过传统的银行账号（如银行卡）而不是移动话费账单来进行，典型的应用如缴纳水、电、煤气费。虽然这种模式为消费者提供了更多的支付选择，但移动运营商需要考虑消费者的支付注册问题，并且要建立与金融机构的关系和支付业务接口。模式 B 可以被认为是模式 A 的自然扩展，但其移动支付的内容比较受限，目前主要集中于缴费业务领域。

③ 直接购买的移动支付方式。模式 C 类似于基于 PC 的在线商店支付，可以称为"直接购买"的支付方式。在该模式下，消费者与商家直接联系，由商家来处理和多个银行之间的支付接口。商家为了向更多的消费者提供服务，必须能够接受多个移动运营商接入。如果采用这种模式，移动运营商将不能从支付中取得任何收益，就如同固定电话网的运营商在基于 PC 的互联网支付中扮演的角色一样。当然，随着参与的移动运营商和可能的支付选项的增加，这种模式显得缺乏灵活性。

④ 第三方机构参与的移动支付模式。模式 D 提供了一种由第三方机构参与的移动支付模式，可以称为"中介"模式。移动支付平台运营商是独立于银行和移动运营商的第三方经济实体（也可以是由移动运营商或银行或移动运营商同银行合作创立的移动支付平

台），同时也是连接移动运营商、银行和商家的桥梁和纽带。通过移动支付平台运营商，消费者可以轻松实现跨银行的移动支付服务。最典型的例子是欧洲的 Paybox，不论为消费者提供服务的移动运营商是哪家，也不论消费者的个人银行账号属于哪家银行，只要在 Paybox 登记注册后，就可以在该平台上得到丰富的移动支付服务。

该模式具有如下特点：第一，各参与方之间分工明确，责任到位；第二，平台运营商发挥中介作用，将各利益群体之间错综复杂的关系简单化；第三，消费者有了多种选择；第四，在市场推广、技术研发、资金运作能力等方面，要求平台运营商具有很高的行业号召力。

（2）按移动支付的运营主体划分。按照移动支付的运营主体不同，可以分为以下四类商业模式：

① 以移动运营商为运营主体的移动支付业务。

② 以银行为运营主体的移动支付业务。

③ 以移动运营商和银行或卡组织合作成立的公司为运营主体的移动支付业务。

④ 以独立的第三方为运营主体的移动支付业务。

这四类模式各有优缺点。以移动运营商为运营主体的移动支付可以说是移动支付的早期模式，类似于上面提及的封闭支付模式，只局限于小额支付。目前，以银行为运营主体的移动支付业务大量推出，各家银行都借助各自的银行网络优势提供手机银行服务，并采取优惠措施，鼓励消费者用手机支付。

事实上，在移动支付产业价值链中，移动运营商、银行、第三方服务提供商拥有各自不同的资源优势，只有彼此合理分工、密切合作，建立科学合理的移动支付业务运作模式，才能推动移动支付业务的健康发展，实现各个环节之间的共赢。

10.2.2 国内外移动支付的发展

延伸阅读 10-3

国外的移动支付

移动支付业务于 20 世纪 90 年代初期始于美国，随后在日本和韩国出现并得到了迅速发展，如移动钱包、移动信用卡的正式商用最早都出现在日本和韩国。现在，日韩的很多公司已经成为世界上移动支付领域的领跑者，如 NTT DoCoMo，SK Telecom 等。这里我们主要介绍中国移动支付的发展，国外的移动支付（美国、欧洲）参见延伸阅读 10-3。

1）中国移动支付的特点

（1）移动用户规模大，手机上网用户多。第 52 次《中国互联网络发展状况统计报告》显示，截至 2023 年 6 月，我国网民规模达 10.79 亿人；我国域名总数为 3 024 万个；IPv6 地址数量为 68 055 块/32，IPv6 活跃用户数达 7.67 亿户；互联网宽带接入端口数量达 11.1 亿个；光缆线路总长度达 6 196 万公里；移动电话基站总数达 1 129 万个，其中累计建成开通 5G 基站 293.7 万个，占移动基站总数的 26% 以上。

（2）手机支付份额大。《中国互联网发展报告 2020》的数据显示，2019 年年底，我国移动互联网接入流量消费达 1 220 亿 GB，较上年增长 71.6%；电子商务交易规模为 34.81 万亿元，已连续多年占据全球电子商务市场首位；网络支付交易额达 249.88 万亿元，移动支付普及率世界领先；全国数字经济增加值规模达 35.8 万亿元，稳居世界第二位。

（3）以扫描二维码为主的移动支付。2014 年，扫码支付在我国兴起，但兴起没多久就被监管叫停，之后又再兴起并得到央行认可，后来逐渐普及。《2020 中国第三方移动支付市场报告》的数据显示，2019 年第四季度，中国第三方移动支付市场保持平稳发展，交易规模达 59.8 万亿元，同比增速为 13.4%。移动消费板块表现亮眼，板块占比由上季度的 22.2% 增加至 24.5%。支付宝、财付通分别占据了 55.1% 和 38.9% 的市场份额。

2）中国移动支付应用模式的发展趋势

（1）近距离非接触式技术的应用。2006 年以来，随着经济社会对 IC 卡的应用需求进一步加大，无线射频识别技术（RFID）作为 21 世纪最有发展前途的信息技术之一，已得到全球业界的高度重视，RFID 市场进入快速增长阶段。RFID 市场全面启动的动力来自 RFID 技术的成熟、政府对电子标签标准化的支持、电子标签芯片及相关设备的降价以及最终用户的广泛接受。随着金卡工程建设和 IC 卡应用的发展，RFID 技术得到越来越广泛的应用，如采用 RFID 技术制作中国第二代居民身份证，就是 RFID 技术最成功的应用范例。

（2）第二代手机电子钱包支付。手机庞大的用户群和 IC 卡应用持卡人有较大范围的重叠，手机固有的无线通信方式是 IC 卡应用的渠道之一。如果将 IC 卡应用加载在手机上，就可以实现原来用卡片实现不了或者不方便实现的功能，即"刷"手机消费。第二代手机电子钱包可以用在超市结账、餐饮娱乐付费等方面。使用的时候，只需把手机靠近终端 POS 机，就可以立即结账，由于不需要输入密码，结账时间不到 1 秒。

（3）银信通业务。银信通是中国移动为银行业提供的行业解决方案，基于移动终端，利用中国移动的应用网关（短信、彩信等功能）、移动代理服务器等网络资源和服务能力，让银行及银行的个人客户、企业客户能随时随地、经济快捷地享受金融信息服务。中国移动为银行业提供了一个接入全网服务的电信级通信平台，通过移动代理服务器与银行现有的办公自动化、电子银行、信用卡等应用系统进行耦合。系统提供提醒、沟通、通知、催告等业务服务，有利于银行业构建新型管理系统和客户服务体系，增加产品功能并拓宽服务领域，以便进一步提高金融机构的核心竞争力。

2006 年 2 月，当时的中国银监会颁布了《电子银行业务管理办法》和《电子银行安全评估指引》；2015 年，中国人民银行发布《网上银行信息系统安全通用规范》，首次将手机银行业务纳入监管体系。这些都有助于规范手机银行业务，规避金融风险，保障消费者的合法权益，同时也确保金融机构在手机支付、手机银行产业链上处于核心地位。

3）移动支付的商业运营模式

移动支付最核心的问题是商业运营模式，国内主要有四种：银行主推的"手机银行"模式、移动运营商主推的"手机钱包"模式、金融机构与移动运营商合作的手机智能金融卡植入模式，以及第三方支付平台模式。

（1）移动运营商。

①中国移动。在手机支付技术的选择上，中国移动采用的是"全卡策略"，即运用RF-SIM卡技术，用户只需要更换一张SIM卡，就可以在指定的POS机上刷卡消费。但中国移动的手机支付推出伊始就面临两个难题：其一，在打通商铺终端上进展缓慢。只有地铁、麦当劳、星巴克等部分商铺安装了RF-POS机，支持移动手机刷卡。其二，由于没有金融资质，没有大额支付权限，只能用于1 000元以下的小额支付。

2010年3月10日，中国移动宣布以398亿元入股浦发银行。中国移动除了规避了其金融资质问题以外，其与银行的密切合作也使得其手机支付由小额业务转向大额业务成为可能。

2011年6月，中国移动顺应央行监管的政策要求，委托湖南移动出资设立了全资子公司——中移电子商务有限公司，注册资本5亿元人民币。该公司作为中国移动旗下唯一一家提供支付清算服务的公司，网罗了网络、IT通信、金融、互联网及第三方支付等各个领域的专业人才。

2013年7月19日，中国移动手机钱包业务在北京率先投入使用，该手机钱包适用于北京市所有的公交线路、地铁线路，支持北京市政交通一卡通消费的商铺。同年，中国移动确定手机支付业务品牌名为"和包"，年交易量突破1 000亿元。

2014年，中国移动获得基金销售支付结算许可，推出互联网金融品牌"和聚宝"；同年，获得互联网支付、预付卡发行与受理（线上）牌照；年交易量突破3 000亿元。

2015年，中国移动的手机支付用户规模超过1.5亿户，交易总额突破6 000亿元。

2020年3月2日，iiMedia Research（艾媒咨询）数据显示，中国移动支付的交易规模在2019年第三季度已经达到252.2万亿元，用户规模年底超过了7亿户。

据央广网2021年12月29日消息，中国移动互联网金融统一平台入口——"和包"已发展成为拥有支付、消金、保险、电商、超级SIM、征信等六大核心服务能力的综合型数智化生活服务平台。2021年11月，和包整体月活跃用户规模已突破1亿户。

2023年6月，中国移动和包发文称，和包App支持扫描微信付款码，只需通过和包App"扫一扫"，扫描微信支付个人收款码时，可选择和包红包、余额或银行卡等方式完成付款。

②中国联通。中国联通也积极开展与金融部门的合作，积极推动移动支付业务的发展。

2004年12月，中国联通就以中国建设银行"e路通"电子银行平台为依托，推出了基于CDMA1X网络和BREW技术的手机银行业务，能够为用户提供转账、账务查询、汇款、外汇买卖等多项服务，支持在线手机金融交易服务，具有全国开通、全国漫游、24 小时在线、全功能支持等特点，使手机成为"随身携带的银行"。中国联通与中国工商银行、交通银行、中国银行、平安银行和广东发展银行达成战略合作意向，与各合作伙伴在移动支付领域开展全面合作。

2011 年，联通支付有限公司成立。该公司在承接中国联合网络通信有限公司原有支付业务的基础上，充分发挥中国联通的优势，创新发展新型支付服务，为个人和企业用户提供跨互联网、移动网络、POS 网络的支付解决方案。该公司业务范围涵盖快捷支付、网银支付、沃支付账户、移动电话支付、固定电话支付、POS 收单、手机钱包、手机公交卡、企业综合支付解决方案等领域。联通支付有限公司在业务发展过程中，一直持续关注并完善移动支付产品，并使其与移动电子商务相融合，为提升广大群众的信息化生活水平提供有力的支付支撑。

"沃支付"是中国联通支付的服务品牌，为个人与企业用户提供了一系列支付工具与服务，可以帮助用户利用不同网络和多种途径方便、快捷、安全地进行支付交易和资金管理。

中国联通与金融业界的合作一直在不断持续和不断出新中平稳发展。

③中国电信。中国电信对于移动支付业务也不甘落后。

2011 年，中国电信出资成立天翼电子商务有限公司；同年 5 月，翼支付客户端上线。

2013 年，中国电信成为支付清算协会互联网金融专业委员会成员单位，也成为支付清算协会移动支付工作委员会副主任委员单位。中国电信手机支付的全年交易额超 1 500 亿元，累计用户数达 5 800 万户，累计商户数超过 4 万家。

2016 年，中国电信互联网金融板块的翼支付业务月均活跃用户同比增长超过 3 倍，全年交易额同比增长近 30%，金额超过人民币 1 万亿元。

2018 年，中国电信财报显示，该年末，翼支付平均月度活跃用户超过 4 300 万户，同比增长 31.5%；全年累计交易额 1.6 万亿元。

到 2019 年上半年，中国电信互联网金融业务收入同比增长 112.2%，累计交易额同比增长 40.4%。此事引发极大关注。

（2）中国银联。

中国银联是经国务院同意、中国人民银行批准设立的中国银行卡联合组织，成立于 2002 年 3 月，总部设在上海。作为中国的银行卡联合组织，中国银联处于我国银行卡产业的核心和枢纽地位，对我国银行卡产业发展发挥着基础性作用，各银行通过银联跨行交易清算系统，实现了系统间的互联互通，进而使银行卡得以跨银行、跨地区和跨境使用。在建设和运营银联跨行交易清算系统、实现银行卡联网通用的基础上，中国银联积极联合商业银行等产业各方推广统一的银联卡标准规范，创建银行卡自主品牌；推动银行卡的发展和应用；维护银行卡受理的市场秩序，防范银行卡风险。银联跨行交易清算系统实现了商业银行系统间的互联互通和资源共享，保证银行卡跨行、跨地区和跨境的使用。据新浪财经报道，作为全球三大国际银行卡公司之一，截至 2020 年 11 月底，银联全球网络已延伸至 179 个国家和地区，境内外累计发行超过 90 亿张银联卡。

作为中国最大的银行卡组织，中国银联早在 2010 年就开发了二维码支付、声波支付等创新的支付方式，但因监管限制一直没有推向市场。在移动支付市场上，最为公众熟知的仍是以支付宝和微信为主的二维码支付。2016 年 12 月，中国银联正式发布"银联二维码支付标准"，这也是自 2015 年 12 月中国银联联合商业银行、支付机构等发布了"云闪付"功能一周年后，再次推出的二维码支付产品，标志着中国银联加入了扫码支付行列。2017 年 1 月，中国银联同京东金融签署战略合作协议，宣布后者旗下的支付公司正式成为银联收单成员机构，可以开展银联卡线上线下收单业务。

2020 年 8 月，中国银联首款数字银行卡——"银联无界卡"正式发布。

2021 年 7 月 13 日发布的《中国互联网发展报告 2021》指出，中国银联将银行业移动统一支付 App、云闪付作为数字化转型的重要载体，注册用户已经超过 4.3 亿户。

2023 年 5 月，尼尔森公布的报告显示，2022 年银联借记卡的交易份额首次超过 Visa。据悉，银联借记卡的份额为 40.03%，而 Visa 为 38.78%。

（3）商业银行。

从 2004 年起，国内多家大中型商业银行开始推广自己的手机银行。用户开通手机银行后，即可用手机登录银行网页享受金融服务。在这种方式的初期，移动运营商只相当于一个通道。但在移动运营商加入移动支付市场后，虽然移动支付市场竞争加剧，但银行与移动运营商各自发展的移动支付是存在明显区别的。银行更专注于做转账等远程支付，而移动运营商更专注于做近端支付和小额远程支付。

近端支付就是用手机在 POS 机上刷卡支付。移动运营商做不了大额支付，是因为移动运营商通过 SIM 卡和 STK 卡直接从用户的话费中扣除的移动支付额度受限于用户预存的话费总额。由于大部分用户不会把大量资产预存到手机话费中，所以在进行大额支付时，人们还是习惯去银行。这说明在手机支付产业链中，各个角色都有自己的位置，银行和移动运营商谁更有优势现在还很难说。无疑，近端支付是移动运营商占据主导地位，远端支付则是银行更有优势，但移动支付发展的关键取决于双方是否采用共赢合作模式。

在移动互联网时代，手机银行作为各家商业银行重要的业务触角为各大银行所重视，易观千帆的数据显示，截至 2020 年 6 月，手机银行服务应用行业活跃用户规模为 3.3 亿户，环比增长了 3.8%；2020 年第二季度，手机银行交易额上升至 87.39 万亿元。

（4）第三方支付平台。

在移动支付市场，除了移动运营商、银行和中国银联之外，还有第三方支付平台。随着 4G 的普及，传统互联网应用迅速地向手机转移，第三方手机支付便是将网上支付平台平移至手机的典型。

例如，支付宝推出的手机客户端，可实现查询、交费及转账等支付服务。财付通手机支付也支持账户查询、手机话费充值、电影票购买等功能，用户可通过手机登录财付通WAP 页面进行操作。

第三方支付机构在中国零售支付中发挥着重要作用。近年来，借力电子商务的兴起，支付机构运用互联网、移动通信等新型信息技术，充分发挥自身机制灵活的优势，为社会公众提供小额、快捷、便民的零售支付服务。

10.2.3　微信支付

随着互联网应用的发展，第三方支付已经成为发展最快并且最具生命力的支付方式，得到广大消费者与商户的认可。其中，应用最广的就是微信支付，可以说微信支付促进了第三方支付的进一步发展，让网民进一步感受到网上购物与支付的方便及高效。下面对微信支付的产生、发展、支付方式、支付优势、发展方向等进行介绍。

1）微信支付的产生与发展

微信是腾讯公司于 2011 年年初推出的一款移动互联网即时通信工具，它融合了文字、表情、语音、图片、视频等沟通方式，只要是智能手机都可以下载安装并使用。由于微信的用户体验良好，平台开放，微信的用户数量在短短的两年之内就迅速膨胀，2014 年年底已达到 4 亿户，创造了移动互联网的奇迹。

微信支付正是在这样的大环境下发展起来的。2013 年 8 月，微信在 5.0 版本中正式推出支付功能。2014 年 9 月 26 日，腾讯公司发布微信支付 5.1 版，独创了"微信支付加密"功能，大大提高了移动支付的安全性。由于微信支付软件具有良好的兼容性及操作上的便利性，能为用户提供安全、快捷、高效的支付服务，吸引了越来越多的用户加入使用者的行列。

2015 年春节期间，微信红包因设计简单、流行迅速、具有私密机制等特色登上"年夜饭"的"主菜单"，小小的红包甚至不小心抢了春晚的风头。微信官方公布的数据显示，2015 年除夕当日，微信红包收发总量达 10.1 亿次；春晚微信摇一摇互动总量达 110 亿次。腾讯的数据显示，除夕到正月初八，800 多万用户共领取了 4 000 万个红包，总价值超过 4 亿元人民币。在除夕夜，0 点前后出现峰值，每分钟有 2.5 万个红包被打开。据统计，当时的阿里巴巴在支付宝红包补贴了 2 亿元人民币，最终还是输给了微信红包。微信支付特色项目，如微信红包、AA 收款等引起了新一波移动网络支付的热潮。随后几年，微信支付持续保持强劲的增长势头。截至 2024 年，微信支付的用户数量已突破 10 亿大关，覆盖了全球多个国家和地区，成为国内外商户和消费者广泛使用的支付方式。微信支付不仅支持传统的扫码支付，还推出了刷脸支付、无感支付等多种创新支付方式，进一步提升了支付的便捷性和安全性。

微信支付之所以能吸引大量商户和银行合作，不仅是因为微信拥有规模巨大的用户群体，还因为微信支付提供了多种多样的支付模式。

2）微信支付的方式

使用微信支付非常简单，用户只需要在微信中关联一张银行卡，并完成身份认证，即可将装有微信 App 的智能手机变成一个全能钱包，之后便可以购买合作商户的商品及服务，进而采用微信支付完成交易，整个过程简便流畅。微信支付正在以其方便、快捷、高效等诸多方面的优势吸引了越来越多的用户。目前，微信支付主要通过以下方式实现：公众号支付、App 支付、扫码支付、刷卡支付，以及近年来备受欢迎的刷脸支付和无感支付。这些支付方式可以为客户实现快速付款、为商户实现高效"收款"目的。

（1）公众号支付。

微信公众号是开发者或商家在微信公众平台上申请的应用账号，该账号与 QQ 账号互通，通过公众号，商家可在微信平台上实现与特定群体的文字、图片、语音、视频的全方位沟通、互动，形成一种主流的线上线下微信互动营销方式。

商家首先要注册公众平台账号，可以选择账号类型为服务号，然后填写相关资料并通过微信支付认证。在资料提交后，微信支付会向商户的结算账户中打一笔数额随机的验证款，进行商户验证。待资料审核通过后，查收款项，登录商户平台，只要填写的款项、数额正确即可通过验证。验证通过后，在线签署线上协议。开户完成之后，商户即可上线产品进行售卖。

公众号支付在微信内的商家页面上完成支付，首先进行公众号内的商品消息推送，其次在公众号内选购商品，然后下单自己想购买的商品，再输入个人微信密码，就可以实现微信支付。

（2）App 支付。

首先，商家要注册微信开放平台账号，通过开发者资质认证；然后提交 App 基本信息，通过开放平台应用审核；填写相关资料，再进行商户验证及签署线上协议。开户完成后，就可以在 App 内调用微信支付来发起支付。

其次，用户在相关的 App 内选择自己想购买的商品，然后放入购物车提交订单，再进行商品信息的确认，输入微信支付密码，即支付成功。

（3）扫描二维码支付。

商户首先要注册，在公众平台选择账号类型为服务号，填写相关资料并通过微信支付认证；然后商户再填写自己的资料信息，进行商户验证，验证通过后在线签署线上协议；开户完成之后，即可上线产品进行售卖。用户先选好商品，然后扫描商品二维码，再进行商品信息确认，用户输入自己的微信支付密码，支付成功。

（4）刷卡支付。

商户也是要注册公众号，然后填写相关企业资料，再进行商户验证；验证通过后，在线签署线上协议，即可上线产品进行售卖。用户打开微信，点击"我—我的钱包—刷卡"，然后向收银员出示条码，即支付成功。

（5）刷脸支付。

刷脸支付是微信支付近年来推出的一种新型支付方式，它利用生物识别技术，通过扫描用户的面部特征来完成支付。用户只需在首次使用时进行面部识别绑定，之后即可在支持刷脸支付的商户处，通过扫描面部特征快速完成支付，无须携带手机或银行卡。

（6）无感支付。

无感支付是基于车牌识别技术或设备识别技术，通过绑定用户的支付账户，实现自动扣费的一种支付方式。它主要应用于停车场、高速公路等场景，用户只需在首次使用时进行绑定，之后即可在相关场景内实现自动扣费，无须停车、取卡、缴费等烦琐操作，大大提高了通行效率。

这些支付方式共同构成了微信支付的多元化支付体系，为用户提供了更加便捷、高效的支付体验。

微信支付与传统支付模式对比、微信支付的发展方向和风险规避策略参见延伸阅读 10-4。

延伸阅读 10-4

微信支付与传统支付模式对比、微信支付的发展方向和风险规避策略

素养园地

移动支付与国家安全——守护个人隐私的防线

故事：随着移动支付技术的飞速发展，中国已成为全球最大的移动支付市场。在享受移动支付带来的便利的同时，个人隐私和国家安全问题也日益凸显。某大型移动支付平台因其庞大的用户基础和交易数据，成为国内外不法分子的目标。

某日，该平台安全团队监测到异常访问行为，疑似有黑客试图窃取用户数据。该平台立即启动应急预案，与国家网络安全机构协同作战，成功抵御了这次网络攻击，保护了数亿用户的财产和隐私安全。这一事件引起了国家相关部门的高度重视，促使政府出台更加严格的网络支付安全法规，加强了对移动支付行业的监管。

通过此次事件，该平台深刻认识到作为行业领军者在维护国家网络安全和用户隐私方面的责任。该平台加大了对安全技术的研发投入，建立了更为完善的用户隐私保护机制；同时，开展了一系列用户教育活动，提高用户的安全意识和自我保护能力。

总结与反思：此案例凸显了移动支付平台在维护国家安全和个人隐私方面的重要性。在数字经济时代，移动支付不仅关系到个人的财产安全，更与国家金融安全紧密相连。企业和个人都应提高安全意识，加强安全防护措施。政府、企业和用户三方应协同合作，共同构建安全的移动支付环境，保障国家和个人的利益。

复习思考题

1）说明移动商务提供的服务内容。
2）简述移动商务用到的主要技术手段。
3）说明移动商务与互联网电子商务的区别。
4）移动商务的安全需求有哪些？
5）移动支付的运营模式有哪些？
6）简述微信支付的方式及特点。

即测即评

第10章即测即评

第*11*章
电子商务的法律问题

知识目标

· 理解电子商务法的基本概念、定义及与电子商务的关系。

· 掌握电子商务法的基本原则，包括中立原则、意思自治原则、功能等同原则和安全原则。

· 了解电子商务立法的现状，包括国际、区域和国家层面的立法概况。

· 学习电子商务交易过程中的法律问题，包括交易主体、交易行为和电子合同等。

· 掌握网络市场秩序的法规问题，特别是在线不正当竞争和消费者权益保护。

能力目标

· 分析电子商务中的法律风险，并提出相应的法律防范措施。

· 运用电子商务法的原则解决实际生活中的电子商务纠纷。

· 理解和评估不同国家和地区电子商务立法的特点和差异。

· 探讨和提出电子商务中消费者权益保护的有效机制。

· 识别和应对电子商务中的不正当竞争行为。

价值塑造目标

· 培养法治意识，增强遵守电子商务法律法规的自觉性。

· 尊重知识产权，培育创新驱动发展的法治环境。

· 激发保护消费者权益、维护市场秩序的责任感。

· 强化在电子商务活动中的道德规范和法律伦理。

· 提升运用法律手段解决国际电子商务问题的能力。

　　自 20 世纪 90 年代以来，国际社会和世界各国都在积极努力地探索，以解决传统法律体制与信息网络时代的矛盾和冲突，从而创造出一个有利于电子商务运行的良好的法律环境。本章以电子商务法的概念、原则和作用为起点，梳理国内外电子商务立法的现状，重点介绍电子商务交易过程的法律问题、网络市场秩序的法规问题，以及其他相关法律问题，如知识产权保护、电子支付等。

11.1　电子商务法概述

11.1.1　电子商务法的定义

　　与电子商务的概念相对应，大部分国内外法律法规、文件或著述都对电子商务法有广义和狭义两种解释。

　　广义的电子商务法与广义的电子商务相对应，包含所有调整以数据电文方式进行的商务活动的法律规范。其内容广泛，是具有形式意义的电子商务法，包括调整以电子商务为交易形式和以电子信息为交易内容的法律法规，如联合国的《电子商务示范法》。

　　狭义的电子商务法对应狭义的电子商务，是调整以数据电文为手段而形成的由交易形式所引起的商事关系的法律法规。这是实质意义上的电子商务法，也是部门法意义上的电子商务法。它不仅包括以电子商务命名的法律法规，还包括其他各种制定法中有关电子商务的法律法规，如《民法典》中关于数据电文的规定、《中华人民共和国刑法》中关于计算机犯罪的规定等。

　　本书采用狭义的电子商务法的概念，并从狭义电子商务法的角度来研究相关的法律问题。电子商务是依托计算机及网络进行货物贸易和服务贸易，并提供相关服务的商业形态。也就是说，只有通过互联网进行的商业活动才归属于电子商务，相应地，电子商务法所解决的问题均集中于计算机领域所发生的商事活动，如网络通信记录与电子签名效力的确认、认证机构及其权利和义务的确立等。

11.1.2　电子商务法的基本原则

　　电子商务是新兴的立法领域，电子商务法除了遵循法律的一般原则外，还应该符合网络环境的新的法律原则。

1）中立原则

　　电子商务法的基本目标就是在电子商务活动中建立公平的交易规则。为了实现各方利益的平衡，达到公平的目标，就必须确立电子商务法的中立原则。中立原则包括以下几个方面：

　　（1）技术中立。电子商务法对电子商务中各种现行技术不应该有任何歧视性要求。同时，还要给未来技术的发展留下法律空间。例如，新计算机的问世、新一代高速网络的出现等，都将考验电子商务法的技术中立性。当然，技术中立原则在实施过程中势必会遇到许多困难，而克服这些具体困难的过程也就是技术中立原则的实现过程。

（2）媒体中立。媒体中立是中立原则在各种通信媒体上的具体表现。技术中立侧重于信息的控制和利用手段，媒体中立则侧重于信息依赖的载体。电子商务法应以中立原则对待媒体，允许各种媒体根据技术和市场的发展规律相互融合、相互促进。只有这样，才能使各种资源得到充分的利用，避免人为的行业垄断。开放性互联网的出现正好为各种媒体发挥其作用提供了理想的环境，进而可以达到兴利除弊、共生共荣的目的。

（3）实施中立。实施中立是指电子商务法与其他相关法律在实施上不可偏废，在本国电子商务活动与国际性电子商务活动的法律待遇上应一视同仁。特别要指出的是，不能将传统书面环境下的法律规范的效力置于电子商务法之上，而应中立对待，根据具体环境的需求决定法律的实施。

2）意思自治原则

当事人意思自治是民事法律中的一项基本原则。在民事活动中，除法律有强制性规定外，各民事主体可以自主决定自己的行为，交易各方可以自愿约定双方之间的权利义务关系。当事人意思自治的核心是尊重当事人自主的意思选择，从法律上承认当事人可以自由决定相互之间的法律关系。电子商务本质上是一种商业活动，仍未脱离民法的调整范围。所以，电子商务交易活动虽然是通过电子形式进行的，但在本质上与一般的民事交易活动没有区别，因此同样应当遵循意思自治原则。参加电子商务交易的各方能够自主选择电子方式，能够按照双方各自的意愿确定交易协议的条款，不应该含有被强迫的成分和由国家强制执行。电子商务活动主体有权决定自己是否进行交易、和谁交易，这就体现了电子商务主体的意思自治。

3）功能等同原则

功能等同原则指的是法律效力应保持一致。电子商务法应尽可能为商家与消费者、国内当事人与国外当事人提供平等保护。这是因为电子商务市场本质上是全球性的，现代通信技术的发展使得割裂和封闭的电子商务市场无法持续运作。电子商务法应基于这一认识：传统书面文件的法律规定已成为利用现代信息技术发展商务活动的主要障碍。为此，电子商务法通过扩大"书面形式""签字"和"原件"等概念的涵义，将以计算机为基础的技术纳入其中，避开了传统国内法律对电子商务使用的限制。因此，在电子商务立法过程中，必须依赖"功能等同"这一新方法，该方法通过分析传统书面要求的目的和功能，确定如何利用电子商务技术达到相同的效果或实现相同的功能。

4）安全原则

保障电子商务活动的安全既是电子商务法的重要任务，也是电子商务法的基本原则。电子商务以其高效、快捷的特性，在各种商事交易中脱颖而出，具有强大的生命力。而这种高效、快捷的交易工具必须以安全为前提，它不仅需要技术上的安全措施，同时也离不开法律上的安全规范。例如，强化安全电子签名的标准、规定认证机构的资格及职责等具体制度，都是为了在电子商务条件下形成一个较为安全的环境，至少其安全程度应与传统纸质形式相同。

11.1.3 电子商务法的作用

随着电子商务的广泛应用，电子商务法的作用也变得越来越重要，主要表现在以下几方面：

1）为电子商务的规范发展提供法律环境

电子商务是经济和信息技术发展并相互作用的必然产物，如何为电子商务创造一个良好的法治环境，并以此来规范电子商务交易各方在虚拟网络下进行交易的规则，保证整个交易活动的有序进行，是电子商务法的根本任务。同时，如何保护电子商务主体（电子商务交易的交易方和电子商务交易服务提供者）的权利义务也已经成为电子商务法的主要内容。电子商务活动可以按照法律规定的程序进行，明确双方的责任，使双方发生纠纷时可以按照电子商务法的有关规定加以解决，从而使电子商务活动有法可依、有据可查，保障电子商务活动按照规范顺利进行。

2）促进新技术在电子商务中的广泛应用

电子商务法平等地、开放地对待基于书面文件的用户和基于数据电文的用户，充分发挥高科技手段在商务活动中的作用，为电子商务的普及创造了便利条件。同时，电子商务法也旨在鼓励交易的参与者有效利用现代信息技术手段进行快速、方便、安全的交易，并以此促进经济增长和提高国际、国内贸易的效率。

3）有效地遏制破坏电子商务交易安全的行为

目前企业发展电子商务的最大顾虑是安全问题，信息的安全性是当前发展电子商务迫切需要解决的问题。电子商务网上交易的安全不仅要依靠技术保障措施，更重要的是依靠电子商务立法来规范，只有依法管理信息网络，才能保障和促进我国信息技术和信息网络健康有序发展。

11.2 电子商务立法概况

11.2.1 国际社会电子商务立法概况

电子商务的发展对各国以及国际组织的法律规范都产生了很大的冲击，为此，世界上已有许多国家和国际组织在电子商务活动的法律规范制定与调整方面进行了有益的尝试。

1）联合国的电子商务立法

（1）《电子商务示范法》。1991年，联合国国际贸易法委员会下属的国际支付工作组，开始负责制定一部世界性的电子数据交换（EDI）统一法。1993年，该工作组全面审议了《电子数据交换及贸易数据通信手段有关法律方面的统一规则草案》，这是世界上第一部EDI统一法草案。为了解决全球电子商务所遇到的法律冲突，适应各国对EDI立法的迫切要求，制定时采取了灵活的"示范法"（Model Law）形式，并决定标题中不再使用"电子数据交换"字样，而是代之以"电子商务"（EC），并将示范法草案的名称改为《电子商务示范法》。

1996年12月16日，联合国国际贸易法委员会第85次全体大会通过了《电子商务示范法》，该法是世界上第一部电子商务的统一法规，其目的是向各国提供一套国际公认的法律规则，以供各国法律部门在制定本国电子商务法律规范时参考，促进使用现代通信和信息存储手段。

《电子商务示范法》共17条，分为两部分：第一部分为电子商务总则，包括一般条款、对数据电文的适用法律要求、数据电文的传递；第二部分为电子商务的特定领域，主要涉及货物运输中的运输合同、运输单据、电子提单的效力和证据效力等问题。

该法是对电子商务的一些基本法律问题做出的规定，有助于填补国际上电子商务的法律空白。虽然它既不是国际条约，也不是国际惯例，仅仅是电子商务示范的法律范本，但它有助于各国完善、健全其有关传递和存贮信息的现行法规和惯例，并给全球化的电子商务创造出统一的、良好的法律环境。

作为示范法，该法的内容对各国不具有直接的法律效力，只有各国在立法过程中将这些内容明确规定于法律法规中，才对各国当事人具有约束力。但是，它对于各国的电子商务立法具有很强的指导作用，在电子商务法律领域具有不可忽视的重要意义。

（2）《电子签名示范法》。《电子商务示范法》的出台，加速了各国电子商务立法的进程。随着电子商务的大规模推广，交易安全问题越来越突出。电子签名作为保障电子商务交易安全的重要手段，受到国际社会和各国政府的高度重视。2001年，联合国国际贸易法委员会择机通过了《电子签字示范法》，这是联合国国际贸易法委员会继通过《电子商务示范法》之后通过的又一部专门针对电子商务活动的示范法。该法的通过体现了国际社会对电子商务交易安全的重视。电子签名是确保交易安全性和完整性的关键技术，它允许交易双方以电子方式进行身份验证和文件签署。

（3）《联合国国际合同使用电子通信公约》。各国在采纳《电子商务示范法》后，并不需要通知联合国或者其他国家，也不需要任何形式的签字或者承认形式。不过联合国国际贸易法委员会并不满足于这样的效果，而是积极推进制定国际公约，以提高国际电子商务法律的确定性和可预见性水平，于2005年联合国大会通过了《联合国国际合同使用电子通信公约》。虽然联合国在电子商务方面的立法朝着国际公约方向发展，但是，截止到

2015年,《联合国国际合同使用电子通信公约》只有20多个国家签署,并没有成为具有约束力的国际公约。该公约的目的是提供一个更加确定和可预见的国际电子商务法律环境。尽管它的签署国数量有限,但它仍然是一个重要的国际法律文件,旨在促进国际合同中使用电子通信的统一法律规则。

2)世界贸易组织的电子商务立法

1986年开始的关贸总协定乌拉圭回合谈判最终制定了《服务贸易总协定》;《服务贸易总协定》的谈判产生了一个《电信业附录》。这一附录的制定开启了全球范围内电信市场的开放时代。WTO成立后,立即开展了信息技术的谈判,并先后达成了三大协议。

(1)《全球基础电信协议》。该协议于1997年2月15日达成,主要内容是要求各成员方向国外公司开放其电信市场并结束垄断行为,这是全球电信业自由化的重要里程碑。

(2)《信息技术协议(ITA)》。该协议于1997年3月26日达成,协议要求所有参加方自1997年7月1日至2000年1月1日将主要的信息技术产品的关税降为零。这些产品包括计算机、半导体、软件和通信设备等。ITA的目的是促进全球信息技术产品和服务贸易的自由化。

(3)《开放全球金融服务市场协议》。该协议于1997年12月31日达成,协议要求成员方对外开放银行、保险、证券和金融信息市场,以促进全球金融服务贸易的自由化和透明化。

1998年5月,WTO的132个成员方签署了《全球电子商务宣言》,规定至少一年内免征互联网上所有贸易活动的关税。1998年9月,WTO通过了一个极具影响力的《电子商务工作方案》;1999年9月,通过了《数字签名统一规则草案》,就电子合同实施中的电子签名问题做了初步规定。2013年以来,随着电子商务的发展,现有的国际商务惯例已不能满足国际商业往来的需要,WTO正投入大量精力,集中制定有关电子商务的交易规则,以促进国际贸易的安全进行。

3)区域性组织的电子商务立法

目前,已经或者正在制定电子商务法律政策的区域性组织主要有经济合作与发展组织(OECD)、欧盟等。

(1)OECD的电子商务立法。OECD在电子商务政策与立法方面起到了先锋模范作用。1992年,OECD制定了《信息系统安全指导方针》;1997年,发布了《电子商务:税务政策框架条件》《电子商务:政府的机遇与调整》等报告;1998年,发布了《电子商务:互联网上提供的数字化产品的贸易政策问题》的报告。1998年10月7—9日,OECD在加拿大渥太华召开了题为"一个无国界的世界:发挥全球电子商务的潜力"的电子商务部长级会议,发布了《全球电子商务行动计划》《有关国际组织和地区性组织的报告:电子商务的活动和计划》,并通过了《在全球网络上保护个人隐私宣言》《关于在电子商务条件下保护消费者的宣言》《关于电子商务身份认证的宣言》以及新的《电子商务:税务政策框架条件》的报告。1999 年 12 月 9 日，OECD 制定了《电子商务消费者保护准则》，提出了保护消费者的三大原则和保护消费者的七个目标，并于 2002 年和 2003 年公布了《信息系统与网络安全准则》和《在跨国界特别是互联网商务欺诈行为中保护消费者准则》等重要法律文件。

（2）欧盟的电子商务立法。在全球性电子商务发展浪潮中，欧盟致力于在其内部促进电子商务的发展。法律是电子商务发展的重要软环境，欧盟从 1997 年起就颁布了一系列保障和促进内部电子商务发展的重要法律文件。

欧盟委员会于 1997 年发布了《欧洲电子商务行动方案》，为规范欧盟电子商务活动制定了框架；1998 年，又发布了《关于信息社会服务的透明度机制的指令》；1999 年 12 月 13 日，通过了《关于建立有关电子签名共同法律框架的指令》（简称《电子签名指令》）；2000 年 5 月 4 日，又通过了《关于内部市场中与信息社会的服务，特别是与电子商务有关的若干法律问题的指令》（简称《电子商务指令》）。

《电子签名指令》和《电子商务指令》这两部法律协调与规范了电子商务立法的基本内容，构成了欧盟各国电子商务立法的核心和基础。

经过艰难的谈判，欧盟在 2011 年 11 月 22 日公布了《消费者权利指令》，该指令重点突出了对互联网交易问题的关注，包括数字内容消费问题、经营者的告知义务问题和消费者的后悔权问题，有望解决互联网交易带来的一系列难题，从而使网络交易市场得以规范，并增加网络消费的信心。

需要说明的是，这些区域性组织的电子商务立法不仅影响了其成员国，也对全球电子商务的发展产生了重要影响。OECD 和欧盟的立法经常被视为国际电子商务法律发展的风向标，对其他国家和地区的电子商务立法产生了示范效应。

延伸阅读 11-1

一些国家的电子商务立法

此外，随着电子商务的不断发展，这些组织也在不断更新和修订相关的法律和政策，以适应新的技术发展和市场变化。因此，了解最新的立法动态对于理解国际电子商务法律环境的至关重要的。

一些国家，如美国、英国、新加坡、韩国的电子商务立法参见延伸阅读 11-1。

11.2.2　我国电子商务的法治建设

为促进电子商务的发展，我国先后制定了一系列电子商务法律、法规、规章。[①]1999 年颁布的《中华人民共和国合同法》第一次承认了数据电文的效力。2000 年 9 月，国务院通过《中华人民共和国电信条例》，以规范电信市场秩序，加强对互联网服务内容的监督

---

① 本章中提及的所有立法机关、机构名称均与时间相匹配。

管理。2002年1月，信息产业部发布《电信业务经营许可证管理办法》，规定了在我国境内电信业务经营许可证的申请、审批和管理。2002年8月，信息产业部又出台《中国互联网络域名管理办法》。从2001年起，国家相继发布了一系列关于电子商务的法律法规。2001年8月，全国人大常委会通过《中华人民共和国电子签名法》，这是我国电子商务领域的第一部法律，该法于2004年颁布施行。2005年3月，信息产业部发布《非经营性互联网信息服务备案管理办法》，要求所有非经营性网站进行备案。2005年11月7日，信息产业部通过《互联网电子邮件服务管理办法》。2006年2月，中国银监会发布《电子银行业务管理办法》。2009年2月4日，工业和信息化部通过《电子认证服务管理办法》。2010年5月31日，国家工商行政管理总局发布《网络商品交易及有关服务行为管理暂行办法》。2011年4月12日，商务部颁布《第三方电子商务交易平台服务规范》。2012年4月，中国人民银行发布《支付机构反洗钱和反恐怖融资管理办法》；2012年11月，发布《支付机构预付卡业务管理办法》；2013年7月，又发布《银行卡收单业务管理办法》。2013年年底，全国人大财政经济委员会召开"电子商务法"起草组成立暨第一次全体会议，首次划定中国电子商务立法的时间表。从起草组成立至2014年12月，进行专题调研和课题研究并完成研究报告，形成立法大纲；2015年1月至2016年6月，开展并完成法律草案起草工作，这标志着中国电子商务法立法工作正式启动，同时也意味着2014年成为了中国电子商务法的"元年"。2016年12月，十二届全国人大常委会第二十五次会议对电子商务立法进行了常委会一审；2016年12月27日至2017年1月26日，通过中国人大网向全国公开征求对电子商务立法的意见；2018年8月31日，十三届全国人大常委会第五次会议表决通过了《电子商务法》，自2019年1月1日起施行；2021年8月31日，国家市场监督管理总局起草了《关于修改〈中华人民共和国电子商务法〉的决定（征求意见稿）》，向社会公开征求意见。

微课 11-1

11.3 电子商务交易过程的法律问题

电子商务交易过程的法律问题

11.3.1 电子商务交易主体的法律问题

1）电子商务主体的定义

电子商务主体，是指以营利为目的，借助计算机技术、互联网信息技术实施商业行为并因而享有权利和承担义务的法人、自然人和其他组织。

广义的电子商务主体就是电子商务交易主体，是指能够从事电子商务活动的客观对象，既包括商事主体，也包括消费者、政府采购人等非商事主体。

狭义的电子商务主体仅指电子商务的商事主体，即电子商务企业。

2）自然人主体的网络形象与人身权

在现实生活中，自然人除了用名字来标示身份外，还有其他辅助识别信息，如该人的肖像、性别、年龄、国籍等。在网络环境中，这些信息同样重要，但是其表现形式发生了变化，主要有网页、域名、网站及电子邮箱等表现形式。网络是一种信息载体和传播媒介，所以，通过网络虽然不会对他人实体形态的生命权、健康权等构成侵犯，但是很容易对他人的姓名权、肖像权、隐私权等构成侵犯。

（1）姓名权。对任何自然人来讲，姓名权是其人格权的重要内容。《民法典》规定，自然人享有姓名权，任何组织或者个人不得以干涉、盗用、假冒等方式侵害他人的姓名权或者名称权。可见，干涉、盗用、假冒他人姓名的行为，是侵害他人姓名权的行为，应承担相应的法律责任。在网络时代，侵害姓名权的行为有很多，如使用他人姓名作为域名、网上假冒他人姓名等。因此，在网络环境中，有必要扩充姓名权的外延，在立法未成现实的情况下，也可以结合姓名权的内涵与《民法典》的基本原则予以扩充解释，将其纳入保护范围。

（2）肖像权。肖像权是指自然人对自己的肖像享有的制作、使用以及排斥他人侵害的权利。它保护的客体是肖像上所体现的人格利益，是自然人所享有的一项重要的人格权。由于在互联网上上传照片、图像非常便捷，通常存在于现实生活中的肖像权纠纷也同样出现在网络上，成为网络侵权的一种重要表现形式。

（3）隐私权。

①隐私权的定义。隐私权是指自然人依法享有的私人信息不被非法刺探、搜集和公开，私人生活不被非法侵扰的独立的人格权。

网络隐私权是指未经当事人同意而在互联网上以不正当手段获取、披露他人隐私或非法侵入他人私人领域而构成的侵权。在网络中，个人隐私主要是以"个人数据"的形式体现的。个人数据的网上保护已成为人们普遍关注的一个焦点，许多国家已将个人数据纳入法律保护的范围。

②我国隐私权保护的法律基础。中国隐私权保护的法律基础主要由以下几部法律和相关法规构成：

第一，《民法典》：2021 年正式实施，其"人格权编"明确规定隐私权及个人信息保护的相关条款。第一千零三十二条至第一千零三十九条具体阐述了隐私权的内容及侵权责任，为隐私权的保护提供了全面的法律依据。

第二，《中华人民共和国网络安全法》：自 2017 年起实施，旨在加强对网络空间中个人信息的保护，明确了网络运营者在处理个人信息时的义务，并规定了相关的法律责任。

第三，《个人信息保护法》：2021 年正式生效，是中国首部系统性规范个人信息保护的专门法律。它规定了个人信息处理的基本原则和个人权利，详细列出了信息处理者的义务，并设置了严格的处罚机制。

第四，《中华人民共和国数据安全法》：2021 年生效，进一步规范了数据处理活动，特别是在国家安全和个人隐私保护之间的平衡。

其他相关法规和规范性文件还有《消费者权益保护法》《电子商务法》《刑法》等，也对隐私权和个人信息保护做了相应的规定。这些法律和法规共同构成了中国隐私权保护的法律框架，随着互联网和数字技术的发展，立法和执法实践也在不断完善，以应对新的挑战。

③网络服务提供商的隐私权保护责任。网络经营者需要告知客户其所执行的隐私权政策，以便客户了解经营者的隐私权政策，更好地保护自己的隐私权。所以，网站的主页应该明确地标出有关隐私权政策的链接。

网络经营者收集个人资料时，必须明确告知客户收集的目的，同时，在征得客户同意之前，不得为促销目的使用数据。

延伸阅读 11-2

法人主体的
形象设置及
人格权益

网络经营者应该采取适当的步骤和技术措施保护个人资料的安全，应该采取合理的措施保证网络和基于网络提供服务的物理上和逻辑上的安全，并应该对因为故意或过失造成的客户个人资料泄露负责；侵害客户隐私权的，应该承担相应的法律责任。除非法律另有规定，未经客户的明确同意，网络经营者不得向第三方提供客户的个人资料，不应当与其他经营者共享客户的个人资料。网络经营者之间应该特别禁止数据文档的互联和比较。

法人主体的形象设置及人格权益参见延伸阅读 11-2。

11.3.2　电子商务交易行为的法律问题

1）电子合同

（1）电子合同的特征。

《民法典》第四百六十四条规定："合同是民事主体之间设立、变更、终止民事法律关系的协议。"电子合同又称电子商务合同，是合同的一种表现形式，其表现形式的特殊性在于其记载当事人意思表示内容的方式或手段被电子化了。

电子合同的特征表现在两个方面：

① 电子合同是合同的一种，具有合同的共同特征。

② 电子合同又是特殊的合同，具有一些独有的特征：第一，电子合同的要约和承诺过程均是通过计算机互联网进行的。第二，有些电子合同的签订常常自动完成，没有传统意义上的合同签订时当事人的协商过程。第三，电子合同的成立不需要经过传统的签字环节，只要每一方采用电子密码签名即可，这种电子签名方法是电子合同的基本特征。

（2）电子合同的效力。

对于以电子方式存在的合同的效力问题，《民法典》第五百一十二条已有明确规定，承认其法律效力。联合国国际贸易法委员会《电子商务示范法》也明确规定："对于合同的订立而言，除非当事人有其他约定，要约及对要约的承诺可以通过数据信息表达。"

2）电子签名

（1）电子签名的含义。

2001 年 7 月 5 日，联合国国际贸易法委员会通过了《电子签名示范法》，其中第二条（a）款对电子签名做了以下定义：以电子形式表现的数据，该数据在一段数据信息之中或附着于或与一段数据信息有逻辑上的联系，该数据可以用来确定签名方与数据信息的联系并且可以表明签名方对数据信息中的信息的同意。

电子签名具有以下几个特征：第一，确认主体身份；第二，确认内容的完整性和准确性；第三，收付方验证过程是公开的。

电子签名的目的是利用技术手段对签署文件的发件人身份进行确认以及有效保障传送文件内容不被当事人篡改，不能冒名顶替传送虚假资料以及事后不能否认已发送或已收到资料等网上交易的安全性问题。

（2）电子签名的效力。

对电子签名效力的认可同对电子合同本身的有效性认定是紧密相关的，大多数国家通过立法途径来进行。我国有关电子签名的立法主要包括 2003 年 6 月 1 日起生效的《中华人民共和国电子签章条例》与 2005 年 4 月 1 日起施行的《中华人民共和国电子签名法》。这两部立法为我国政府和商务活动中的各种文件的数字化传输提供了法律保障，使得数字化的信息传输在一个更加安全的网络环境中进行。

3）电子认证

（1）电子认证的概念。

电子签名对判定公共密钥的确定性以及私人密钥持有者否认签发文件的可能性等问题是无能为力的。在电子交易过程中，还需要一个具有权威性、公信力的第三者行使作为电子认证机构（CA）对公开密钥进行辨别及认证等的管理职能，以防止发件人抵赖或减少因密钥丢失、被偷窃或被解密等的风险。

（2）电子认证机构。

一般来说，CA 设立的形式有两类：第一类是由国家有关责任部门的下属单位直接设立，或是由政府的相关部门扮演 CA 体系中最高一层认证中心的角色；第二类是由政府相关部门授权，规定严格的审批条件和程序签发认证证书，同时行使监督权，以确保网络交易的安全性。

CA 申请从事电子认证服务牌照时，需满足一定的审批条件。政府主管部门在审核及批准发放许可证时，除了要审查申请人的硬件设施（如办公场所的选定）、软件条件（如公司中人员的技术专业知识）外，还要审查主体资格、承担损害赔偿的能力等多方面的条件。

（3）电子认证的效力。

电子认证的效力一般通过两种途径得到保障：第一种是最直接的，通过法律授权政府机关主管部门制定相应的规则，从而达到保障电子认证的效力具有法律上的依据和保障的目的；第二种是当事人之间通过协议方式来解决电子认证的效力问题，相对第一种途径，这种电子认证的效力相对薄弱。

11.4　网络市场秩序的法规问题

11.4.1　在线不正当竞争行为

1）不正当竞争的含义

《反不正当竞争法》中所指的"不正当竞争"，是指经营者违反该法规定，损害其他经营者的合法权益，扰乱社会经济秩序的行为。

国家工商行政管理总局于1993年12月24日颁布了《关于禁止有奖销售活动中不正当竞争行为的若干规定》，国务院于1998年4月18日发布了《国务院关于禁止传销经营活动的通知》。我国也就商业秘密保护的专门立法进行了讨论，国家市场监督管理总局2020年9月4日就《商业秘密保护规定》向社会征求意见，目的是制止侵犯商业秘密的行为，加强商业秘密保护，保护商业秘密权利人和相关主体的合法权益，激励研发与创新，维护公平竞争、优化营商环境，促进社会主义市场经济健康发展。此外，《中华人民共和国反垄断法》（简称《反垄断法》）已于2008年8月1日实施，其宗旨是维护公平竞争，保护消费者、经营者的合法权益，促进经济的健康发展。2021年11月9日，十三届全国人大常委会第三十一次会议对《中华人民共和国反垄断法（修正草案）》进行了审议，并于10月23日向社会公开征求意见。2022年6月24日，第十三届全国人民代表大会常务委员会第三十五次会议通过修改《中华人民共和国反垄断法》的决定，自2022年8月1日起施行。

2）在线不正当竞争行为的类型

电子商务只是交易方式或手段的改变，并没有改变商业行为的本质，传统商业行为中的不正当竞争行为也会延伸到电子商务领域。

网络环境中的不正当竞争行为包括两类：一类是传统企业利用互联网进行的不正当竞争行为；另一类是网站之间在开展信息服务、技术服务、在线交易过程中发生的不正当竞争行为。

（1）域名抢注引起的不正当竞争行为。域名是互联网上识别和定位计算机的层次结构式的字符标识，与该计算机的互联网协议（IP）地址相对应，具有标识性、唯一性和排他性的特征。随着信息技术的发展，域名的价值变得越来越重要，因此出现了将他人企业的名称、商号或企业商标作为域名进行抢先注册的行为。

（2）利用网络进行虚假宣传构成不正当竞争。企业经营者利用互联网进行虚假宣传，抬高自己、欺骗客户，或捏造、散布虚假"事实"，损害竞争对手的商业信誉和商品声誉。

（3）关于网页的不正当竞争。网站设计者将他人注册商标的图像、图形并入自己的网页，或将他人的商品装潢纳入自己的网页，以及模仿他人的网页设计，以吸引更多浏览者的行为，构成了关于网页的不正当竞争。

（4）利用网络技术进行的不正当竞争。引起不正当竞争的网络技术主要有图形超链接、框传输、埋字串等。其中，超链接又可以分为链入、链出、深层链接、图像链接等。网络的这些特有技术可以将不同民事主体或同一民事主体的不同网站提供的信息连接在一起，使市场上的不同竞争主体在虚拟世界中有机会进行直接交锋，使他人的商业利益发生碰撞或冲突，从而引发不正当竞争。

（5）搜索引擎优化（SEO）滥用。一些企业通过操纵搜索结果，例如通过关键词堆砌、隐形文本、链接购买等手段，提高自己的网站在搜索结果中的排名，从而吸引更多的访问者，这可能损害那些遵循公平竞争规则的网站的利益。

（6）网络水军和虚假评论。雇佣网络水军发布虚假评论、评分或者操纵在线舆论，以此来提升自己产品的声誉或者损害竞争对手的形象，这种行为在网络环境中尤为常见。

（7）侵犯商业秘密。在电子商务领域，商业秘密的泄露和盗用问题也日益突出。通过网络手段获取、使用或披露他人的商业秘密，不仅违反了《反不正当竞争法》，还可能触犯刑法。

（8）滥用市场支配地位。具有市场支配地位的经营者通过网络手段实施不公平的价格竞争、拒绝与竞争对手交易、限定交易条件等，滥用市场支配地位，损害了市场的公平竞争。

11.4.2　消费者权益保护

1）消费者权利

（1）消费者的知情权。《中华人民共和国消费者权益保护法》（以下简称《消费者权益保护法》）第八条规定："消费者享有知悉其购买、使用的商品或者接受的服务的真实情况的权利。"法律赋予消费者知情权，就是要让其明明白白地掏钱买东西。

（2）消费者的公平交易权。公平交易，是指交易双方在交易过程中获得的利益相当。在消费性交易中，就是指消费者获得的商品和服务与其交付的货币价值相当。电子商务法律法规赋予消费者公平交易的权利，是指消费者在网上进行交易时，享有获得公平的交易条件的权利。这种公平的交易条件包括商品质量保障和合理价格。

（3）消费者的自由选择权。《消费者权益保护法》第九条规定："消费者享有自主选择商品或者服务的权利。消费者有权自主选择提供商品或者服务的经营者，自主选择商品品种或者服务方式，自主决定购买或者不购买任何一种商品、接受或者不接受任何一种服务。"网上购物的最大特征就是消费者主导性，购物意愿掌握在消费者手中，他们可以根据自己的意志加以选择，择优购买。

（4）消费者的安全权。安全，就是指没有危险、不受威胁、不出事故的状态，是消费者在整个购物过程中的一种最基本的心理需求。对于网上购物的消费者来说，其安全权具体包括人身安全、财产安全、隐私安全三个方面。人身安全是指消费者在网上所购买的物品不会对自己的生命和健康造成威胁；财产安全是指消费者的财产不受侵害；隐私安全是指私人信息不被非法刺探、搜集和公开，私人生活不被非法侵扰。

（5）消费者的损害赔偿权。消费者的损害赔偿权又称求偿权或索赔权，行使这种权利的前提就是消费者在网上进行交易的过程中或使用商品和服务后，对其人身或财产造成了一定的损害。这是利益受损时所享有的一种救济权，可以通过这种权利的行使对消费者的损害予以适当的补偿。

2）网络服务经营者的义务和责任

在探讨如何确保消费类电子商务健康发展，并规定网络服务经营者的义务和责任时，确实需要权衡法律的严格性与电子商务发展的灵活性。

（1）网络服务经营者的基本义务。《消费者权益保护法》第十六条规定："经营者向消费者提供商品或者服务，应当依照本法和其他有关的法律、法规的规定履行义务。"基本法律义务要求经营者严格履行其与消费者约定的义务。

（2）提供商品信息的义务。《消费者权益保护法》第二十条规定："经营者向消费者提供有关商品或服务的质量、性能、用途、有效期限等信息，应当真实、全面，不得作虚假或者引人误解的宣传。经营者对消费者就其提供的商品或者服务的质量和使用方法等问题提出的询问，应当做出真实、明确的答复。经营者提供商品或者服务应当明码标价。"

（3）商品质量保障及售后服务义务。商品质量好坏是网络商场发展的基础，也是消费者是否愿意在网上进行购买活动的关键。所以，网络服务经营者一定要保证向消费者提供的商品有质量保障，还要保证其广告和商品介绍方式向消费者提供的质量状况和商品实际的质量状况相符。《消费者权益保护法》第二十三条规定："经营者以广告、产品说明、实物样品或者其他方式表明商品或者服务的质量状况的，应当保证其提供的商品或者服务的实际质量与表明的质量状况相符。"网络服务经营者的售后服务主要体现为履行法律规定的强制性义务。《消费者权益保护法》第二十四条规定："经营者提供商品或者服务不符合质量要求的，消费者可以依照国家规定、当事人约定退货，或者要求经营者履行更换、修理等义务。没有国家规定和当事人约定的，消费者可以自收到商品之日起七日内退货；七日后符合法定解除合同条件的，消费者可以及时退货，不符合法定解除合同条件的，可以要求经营者履行更换、修理等义务。依照前款规定进行退货、更换、修理的，经营者应当承担运输等必要费用。"

（4）不得不当免责的义务。网络服务经营者一般采用格式合同与消费者订立购买协议。格式合同的全部内容都是由网络服务经营者一方订立的。《消费者权益保护法》第二十六条规定："经营者不得以格式条款、通知、声明、店堂告示等方式，做出排除或者限制消费者权利、减轻或者免除经营者责任、加重消费者责任等对消费者不公平、不合理的规定，不得利用格式条款并借助技术手段强制交易。格式条款、通知、声明、店堂告示等含有前款所列内容的，其内容无效。"

（5）保护消费者个人数据的责任。全世界都在呼吁对消费者在互联网上的个人数据及隐私权加以保护，网络服务经营者的责任也相对加重了，其具体责任集中表现为保证消费者的个人信息不滥用、不泛用、不被第三者非法使用。

11.4.3　争议解决方式

1）网络管辖权

管辖权问题决定了哪一个国家的法院可以对争议案件加以审理判决，也决定了该国公民是否可以在该国法院对外国网站提起诉讼。原则上，对于刑事案件，各国法院都会因主张国家主权而对网络犯罪案件有审判权与管辖权，但是如果是民事案件，则各国均有不同的原则。如果各国法院不断扩大其管辖权，网络使用人与网站经营者就可能面临在各国被起诉的困扰。

2）网上民事侵权纠纷管辖权的确定

根据《中华人民共和国民事诉讼法》（以下简称《民事诉讼法》）的规定，侵权之诉管辖地主要依据侵权行为人住所地、侵权行为地和侵权结果发生地来确定。

（1）侵权行为人住所地。

依照《民事诉讼法》第二十八条的规定，侵权纠纷案件由侵权行为地或者被告住所地的人民法院管辖。

网络侵权行为人大致可以分为两种：一种是网站经营者，另一种是登录网站的任何第三人。网站的设立人是自然人，那么，其地址为其住所地或经常居住地；如果是法人或其他组织，那么，其注册地或主要办公地就是其住所地。至于第三人利用自己的终端设备，通过他人网站服务器实施侵权行为，侵权人所在地适用一般的《民事诉讼法》的住所地认定规则，即侵权人法定住所地或经常居住地为被告所在地。

（2）侵权行为地。

根据《民事诉讼法》第二十八条的规定，侵权纠纷案件可由侵权行为地人民法院管辖。根据《最高人民法院关于适用〈中华人民共和国民事诉讼法〉若干问题的意见》第28条的规定，侵权行为地包括侵权行为实施地和侵权结果发生地。

（3）侵权结果发生地。

网络侵权行为可以在服务器所在地或任何一个地方的计算机终端上进行，因此，很难确定其行为发生地。由于网络的无地域性特点，我们也不可能在互联网上寻找侵权结果发生地。

综上所述，网上民事侵权纠纷的管辖地最易确定的首先是侵权人所在地，其次是依据侵权结果发生地而引致的受害人所在地，两地法院均具有管辖权，以原告选择起诉的法院为有管辖权的受诉法院。

3）在线替代性争议解决方式

（1）替代性争议解决方式的特点。

替代性争议解决方式（ADR）又称选择性争议解决方式，是除诉讼方式以外的其他各种解决方式或技术的总称，主要包括传统的仲裁、法院附属仲裁、建议性仲裁、调解仲裁、调解、微型审判、简易陪审审判、中立专家认定事实等。其具有如下特点：

① 相较诉讼程序而言，ADR更加迅速、便捷。

② ADR灵活多样，从在第三方协助下进行谈判到正式的仲裁，当事人可以根据争议的性质选择不同类型的ADR。

③ 在专家中立者的帮助下，当事人更容易获得"双赢的解决办法"。

④ 维护个人或组织的声誉。对有名誉、有地位的人或机构来说，发生争议后，他们更愿意私下解决，而不是公开处于大众的监督下。

（2）替代性争议解决方式的主要方式。

① 仲裁。仲裁是指双方当事人自愿把他们之间的争议交给第三者进行评判或裁决，并约定自觉履行该裁决的一种制度。

② 调解。调解是双方当事人在共同选择的中立者的帮助下，对争议的问题相互妥协与让步，以达成协议解决争议的方法。

（3）在线争议解决方式。

所谓在线争议解决方式（ODR），是指争议解决的全部或主要程序在互联网上进行的争议解决方式。它主要有四种：在线仲裁、在线清算、在线消费者投诉处理及在线调解。

① 在线仲裁。在线仲裁也称网上仲裁，目前我国主要的在线仲裁提供者有中国国际经济贸易仲裁委员会、深圳国际仲裁院、北京仲裁委员会/北京国际仲裁中心、上海国际经济贸易仲裁委员会/上海国际仲裁中心、广州仲裁委员会、上海仲裁委员会等。

② 在线清算。Cybersettle是最早提供在线清算服务的，主要针对保险索赔。Clicknsettle紧随其后，针对各种金钱纠纷。

③ 在线消费者投诉处理。它致力于以在线方式处理消费者投诉。

④ 在线调解。其基本原理同传统调解一样，只是其从程序的发起至争议解决协议的达成全部在线完成。

（4）在线仲裁面临的主要法律问题。

① 在线仲裁的主要形式要件之一——书面要求。《承认及执行外国仲裁裁决的公约》

要求仲裁协议是书面的，而且提交法院的仲裁裁决必须是经正式签署的原件或复印件并附以同样方式提交的仲裁协议才是可执行的。网络通信文件是否符合书面的要求，实际上是一个法律条款的解释问题。

② 在线仲裁的形式要件之二——签字要求。《承认及执行外国仲裁裁决的公约》规定仲裁协议要有双方当事人的签字。在实践中，许多国家和国际组织已经接受数字签字作为有效的电子签名方式，用于在线仲裁等电子商务活动。

③ 在线国际商事仲裁地空缺的法律问题。由于在线仲裁是在网上进行的，因而缺乏仲裁地，而仲裁地在法律上的意义是不言而喻的。作为一项法律选择原则，仲裁适用的准据法由双方当事人确定，仲裁地法具有辅助作用。如果仲裁机构和当事人自由选择了准据法而准据法并不包含仲裁实际所需的一切规则，在此情况下，根据国际私法理论，仲裁地法将作为第二性的准据法在决定仲裁协议的效力、仲裁庭的组成、仲裁程序等方面发挥作用。另外，在确定什么法院有权干预仲裁、有权执行或拒绝执行仲裁的问题上，确定仲裁地也是必需的。

④ 在线仲裁裁决的承认与执行问题。《承认及执行外国仲裁裁决的公约》规定，任何一个加入该公约的国家和地区都必须承认和执行仲裁裁决，这个国家（地区）并不是指做出仲裁裁决的国家。同时该公约也规定，要求申请执行仲裁裁决的当事人应当出具裁决书正本或被依法认证的复印件。在线仲裁裁决在满足形式要求（如电子文书认证）和保障被告基本权利（如适当通知和公正性）方面存在困难。要确保在线仲裁裁决在全球范围内顺利执行，需要各国法律体系适应在线裁决的特殊性，并推动制定统一的技术和法律标准，保障各方当事人的合法权益。

11.5　电子商务其他相关法律问题

11.5.1　知识产权保护

1）知识产权的概念和特征

从广义上来看，知识产权可以包括一切人类智力创作的成果；而狭义或者传统的知识产权则包括工业产权与著作权。其中，工业产权又包含专利权、商标权、商业秘密、集成电路布图设计等；著作权又包括狭义的著作权与邻接权等。知识产权有以下几个突出特点：

（1）知识产权是无形财产。知识产权的"无形"特点给知识产权保护、知识产权侵权的认定等带来了比有形财产复杂得多的问题。知识产权作为人类的智力成果是无形的，但记载知识产权的载体可能是有形的，可以对知识产权客体本身和知识产权的载体进行区分。

（2）知识产权具有专有性。如果两个人分别有相同的发明，则只能由其中一个人获得专利权，获得专利权的人将有权排除另一个人将自己的发明许可或者转让给第三人使用。但这一特点也有例外，比如承认商业秘密属于知识产权的范畴，但相同的商业秘密可以为多人同时拥有。

（3）知识产权具有地域性。这是指知识产权只能依照一定国家的法律产生，并只在该国地域内有效。

（4）知识产权具有时间性。这是指知识产权仅在法律规定的时间内有效，超过时间期限，它们就不再属于知识产权制度保护的客体，这些知识产权就进入公共领域。当然，知识产权中的精神权利不受时间性的约束，如作者的署名权、发表权等。

2）网络著作权问题

就目前而言，网络著作权纠纷一般涉及下面几个方面：

（1）网络作品的著作权问题。从广义上讲，在计算机网络上发表的作品都是网络作品。网络作品同样具有作品的三个构成要件：第一，具有文学、艺术或科学的内容，是作者人格的延伸与思想和情感的表现；第二，具有原创性，由作者依法独立创作完成；第三，能够以某种物质形式加以固定的表现。因此，世界各国普遍承认网络作品是受著作权保护的客体。

（2）计算机软件。根据计算机软件自身的特点，在适用版权法对计算机软件进行保护时，补充和调整了一些原则。我国 2013 年修订的《计算机软件保护条例》对计算机软件进行了特殊保护，软件著作权自软件开发完成之日起产生。软件著作权人可以向国务院著作权行政管理部门认定的软件登记机构办理登记。软件登记机构发放的登记证明文件是登记事项的初步证明。自然人的软件著作权，保护期为自然人终生及其死亡后 50 年，法人或者其他组织的软件著作权，保护期为 50 年。

（3）网络数据库的保护问题。《中华人民共和国著作权法》（以下简称《著作权法》）为保护数据库提供了一定的法律依据。如果数据库的内容是由作品汇编而成的，可以作为汇编作品适用《著作权法》第十四条对编辑（汇编）作品的规定。但是，如果数据库是由不受著作权保护的数据或材料汇编而成的，即使"内容的选择或安排构成智力创作"，要作为汇编作品得到著作权保护还有一定的困难，因为《著作权法实施条例》第五条（十一款）对"编辑"（汇编）一词的解释，要求汇编的内容必须是"作品或者作品的片段"，这个问题已随着中国加入相关的国际著作权条约部分地得到了解决。《实施国际著作权条约的规定》第八条规定，外国作品是由不受保护的材料编辑而成的，但是在材料的选取或者编排上有独创性的，依照《著作权法》第十四条的规定予以保护。由此可见，为了全面、充分、有效地保护作为汇编作品的数据库，《著作权法》还要做相应的修改。

（4）多媒体。多媒体就是将传统的单纯以文字方式表现的计算机信息在程序的驱动下，以文字、图形、声音、动画等多种多样的方式展现出来的制品。多媒体作为一种汇编作品，其组成内容有的可能是受到《著作权法》保护的作品和材料，这时汇编作品就是一种有双重版权的作品，除了可分的作品内容的版权由各自的版权人享有之外，整个多媒体作为一个整体也是享有自己版权的客体。多媒体作品所使用的素材数量很大，有的材料是多媒体制作者自己创造的，有的材料是从他人那里获取的，还有一些材料属于公共领域，因此，多媒体制作者可以根据材料的不同来源决定作品的版权问题。

（5）数字版权管理（DRM）。数字版权管理技术是保护网络作品版权的一种手段，它可以帮助版权所有者控制其作品的使用和分发。然而，DRM技术也可能限制合理使用和隐私权，因此在实施DRM时，需要平衡版权保护和其他权利。

11.5.2　电子商务税收

1）电子商务面临的主要税收法律问题

目前，国际社会对电子商务税收还没有一致的看法，仍处于探索阶段。

（1）对纳税人身份的认定问题。

由于电子商务削弱了商品或劳务提供者与消费者之间地理位置上的联系，使商品或劳务的交易活动由固定的场所转移到没有固定场所的、开放的国际互联网上，同时，由于消费者和制造商都可以隐匿其名称和居住地，所以，如何确认电子商务中从事经营活动的公司或个人的居民身份就成为一个新的难题。

（2）对征税客体的认定问题。

征税客体又称征税对象，在税法中主要是指纳税人的应税所得。电子商务作为一种通过互联网进行的商业交易形式，包括不需要发生实物转移的数字产品和服务交易，这就使政府难以掌握全面的有关纳税人活动的信息。同时，电子商务进行的产销直接交易减少了传统的中介机构，也就减少了可以代为扣缴税款的途径。由于电子商务的使用，尤其是电子货币的广泛采用，可能使税务机构无法跟踪，也难以查清纳税人的收支情况。

（3）电子商务交易过程的可追溯性问题。

电子商务交易过程的可追溯性，关键在于明确纳税主体后，能否获取充分的依据以确保税款的顺利征收，同时考察相关证据是否完备且具备可核查性。电子商务交易过程中的各种凭证均可在计算机网络中以电子形式填制，而这些电子凭证可能被修改而不留下任何痕迹、线索；随着电子银行的出现，一种非记账的电子货币可以在税务部门毫无知觉的情况下完成纳税人之间的收付业务，无纸化的交易没有有形合同，这也使税收征管稽查工作失去了基础，再加上随着计算机加密技术的发展，纳税人可以利用超级密码隐藏有关信息，这些都使纳税机关收集信息更加困难。

（4）电子商务过程的税务稽查问题。

由于电子商务是通过大量无纸化操作达成交易的,税收审计稽查失去了最直接的实物凭证,如电子发票。如何对网上交易进行监管以确保税收收入及时足额地入库是网上税收的又一难题。

(5)电子商务面临的流转税问题。

①增值税、关税问题。《中华人民共和国增值税暂行条例》规定,在我国境内销售货物或者加工、修理修配劳务(以下简称劳务),销售服务、无形资产、不动产以及进口货物的单位或个人就其取得的货物或应税劳务金额,以及进口货物金额计算税额。在电子商务中,因为在线交易完全通过网络进行,税务机关无法进行有效的监督和征管。电子商务对关税的影响与对增值税的影响类似。目前,国际上对电子商务的关税政策基本上采取免税的态度。

②消费税问题。我国对消费税的征管采取间接税征管方式,即通过对产品的生产和流通环节征税。电子商务的出现消除了商品生产者与消费者之间的中间环节,对消费者间接税政策已经不再适用,只能用直接税的方式才能保证税收对经济的调节。

(6)电子商务面临的所得税问题。

①电子商务对所得来源地的认定问题。目前,我国对非居民仅就其来源于国内的所得征税,而对居民则对其境内外所得全部征税。在电子商务环境下,所得的来源地很难判断。

②电子商务对所得税分类的影响。我国实行分类所得税制,不同种类的所得适用不同的税率。在电子商务时代,经营所得、特许权使用费所得、劳务报酬等所得之间的分类变得模糊不清。

(7)电子商务税收管辖权的确定问题。

所谓税收管辖权,是指一国政府对一定的人或对象征税的权利。确定税收管辖权的前提是确定纳税人的居民身份和某一所得的来源地。在电子商务环境中,纳税人的居民身份和某一所得的来源地的判断面临重重困难,在处理相关问题的过程中,极易出现重复征税或偷税漏税现象。

(8)电子商务的转移定价问题。

在电子商务环境中,企业可通过互联网或内部网络进行转移定价,这势必给传统的转移定价调整方法带来挑战。

(9)跨境电子商务的税收问题。

随着跨境电子商务的迅猛发展,如何确定跨境交易的税收管辖权、如何避免双重征税和漏税问题,以及如何简化跨境税收征管流程成为亟待解决的问题。这需要国际合作和协调,以及统一的国际税收规则。

2)我国对电子商务税收的政策

(1)关于电子商务税收政策的基本原则。首先,在制定和完善税收政策的出发点上,应坚持税收中性原则。税收政策应在加强征管、防止税收流失的同时，不阻碍网上贸易的发展。其次，应采取适度优惠的原则。所谓适度优惠的原则，即对目前我国电子商务暂时采取适度优惠的税收政策，以促进电子商务的发展，开辟新的税源。再次，应坚持居民税收管辖权和来源地管辖权并重原则。

（2）就我国现阶段而言，还应加强信息技术和电信基础设施建设，加强对电子商务税收技术性规范的研究和规定。

（3）应通过对电子商务交易特征的总结，找出应对电子商务征税的有效手段，并据以征税，保证国家对网络经济税收调节功能的实现。

（4）应该加强税务机关与金融机构、电子商务网络服务商的联系与合作，根据电子商务的交易特点加强对电子商务的监控，保证国家税收调控手段的有效性。

11.5.3 电子支付法律问题

电子支付又称网上支付，是指电子交易当事人，包括消费者、厂商和金融机构，使用安全电子支付手段，通过网络进行的货币支付或资金流转。电子支付是电子商务得以进行的基础条件。

1）电子支付关系中有关当事人的权利和义务

（1）商家在电子支付中的权利和义务。

商家在电子支付中享有两项基本权利：第一，得到支付的权利，即商家根据其与消费者订立的买卖合同，享有通过电子方式得到支付的权利；第二，得到通知的权利，即商家根据消费者与银行之间的金融服务合同，享有从金融机构处得到支付通知的权利。

商家在电子支付中的基本义务包括：第一，按照电子商务合同中双方约定的交付条件交付标的物及单据的义务；第二，承担对标的物权利担保的义务；第三，承担质量担保的义务。

（2）金融机构在电子支付中的权利和义务。

金融机构在电子支付中的基本权利包括：第一，接受或拒绝交付指令；第二，要求付款人或指令人按时支付所指令的资金并承担因支付而发生的费用；第三，只要能证明由于指令人的过错而致其他人假冒指令人通过了安全程序和认证程序，就有权要求指令人承担指令引起的后果。

金融机构在电子支付中的基本义务包括：第一，审查客户的指示是否为一项合法、有效的支付指令，支付方式是否正确；第二，按照指令人的指令完成资金支付；第三，信息公开和详尽告知；第四，建立并遵守电子支付的安全程序，防止未经授权的人向银行传送指令；第五，保留电子支付过程中相关的交易记录；第六，回赎其发行的电子货币。

（3）消费者在电子支付中的权利和义务。

消费者在电子支付中的基本权利是：有权要求银行按照指令的时间及时将指定的金额支付给指定的收款人；如果银行没有按指令履行义务，消费者有权要求其承担违约责任，赔偿因此造成的损失。

消费者在电子支付中的基本义务是：第一，签发正确的支付指令；第二，支付义务；第三，在符合商业惯例的情况下，接受认证机构的认证；第四，不得以易于识别的方式记录其个人识别码或其他密码；第五，挂失和通知义务。

2）电子支付的安全交易标准和认证

SSL安全协议主要用于提高应用程序之间的数据安全系数。SSL安全协议的使用可以确定三个方面的法律事实：第一，在认证机构和用户之间，它能确信数据将被加密并隐藏发送到正确的客户机和服务器上；第二，在指令人和接收银行之间，它可以保持数据的完整性，确保数据在传输过程中不被更改；第三，在付款人和收款人之间，提供后者对前者的信息保密承诺。SSL安全协议的基本特点是商家对客户信息保密的承诺，客户的信息首先传到商家，商家阅读后再传到银行。SSL安全协议的缺点是缺少客户对商家的认证。

SET安全协议克服了SSL安全协议的缺点。SET安全协议在付款人和收款人之间确定了以下权利义务关系：第一，付款人必须向收款人公开相关信息；第二，收款人必须确认付款人的信息与基础交易有关；第三，付款人发出指令时，必须进行数字签字；第四，收款人必须请求付款人银行的支付认可；第五，付款人和收款人之间的基础交易必须确认。SET安全协议同时也确定了认证机构的法律地位，在电子支付的每一个环节，消费者、在线商店、支付网关都通过认证机构来验证通信主体的身份，以确保通信的安全进行。

3）我国电子支付的立法状况

我国电子支付的立法状况近年来逐步完善，相继颁布了《中华人民共和国票据法》《电子签名法》《非金融机构支付服务管理办法》等法律法规。《中华人民共和国民法典》总则部分肯定了电子数据交换的法律效力，赋予电子交易与传统纸质合同相同的法律效力。

延伸阅读11-3

电子商务法律救济与电子政务法律

展望未来，我国将继续完善电子支付领域的法律法规体系，加强监管与风险防范，推动技术创新与应用，并更加注重保护消费者的合法权益。通过不断适应电子支付业务的发展和创新，我国将努力构建一个更加安全、高效、便捷的电子支付环境，促进电子商务和数字经济的繁荣发展。

电子商务法律救济与电子政务法律参见延伸阅读11-3。

素养园地

创新之盾
——电子商务中的知识产权保护

故事： 在全球化电子商务浪潮中，知识产权成为企业竞争力的核心。某国内创新型企业 A 公司历经数年研发，推出了一款具有自主知识产权的智能穿戴设备。该产品凭借其独特的设计和先进技术，迅速赢得了市场的青睐。

然而，不久后 A 公司发现，一家国外企业 B 公司在未经授权的情况下，公然仿造并销售了功能和设计高度相似的产品，严重侵犯了 A 公司的知识产权。A 公司立即启动法律程序，向法院提起诉讼，要求 B 公司停止侵权行为，并索赔经济损失。

在诉讼过程中，A 公司得到了国家知识产权局和行业协会的大力支持。法院经过审理，认定 B 公司侵犯了 A 公司的专利权和著作权，判决 B 公司立即停止销售侵权产品，并赔偿 A 公司巨额经济损失。此外，法院还要求 B 公司在相关平台上公开道歉，消除影响。

此案的胜诉不仅为 A 公司挽回了损失，更在国内外产生了强烈反响。它展示了我国企业在国际市场中维护自身合法权益的决心和能力，也彰显了我国法律对知识产权保护的坚定立场。

总结与反思： 此案例深刻体现了知识产权在电子商务中的重要作用。通过此案例，我们认识到在电子商务活动中知识产权保护的重要性。我们应深入学习和理解相关法律法规，提高自身的法治意识和维权能力。同时，我们还应加强道德修养，尊重他人的知识产权，为营造公平、诚信的网络环境贡献力量。

复习思考题

1) 简述电子商务法的概念及原则。
2) 简述国内外电子商务立法的现状。
3) 电子商务主体的概念是什么？
4) 什么是在线不正当竞争？在线不正当竞争行为都有哪些？
5) 简述知识产权的概念和特征。

6）网络著作权纠纷一般涉及几个方面？

7）电子商务面临的主要税收法律问题有哪些？

8）简述电子支付的概念及特点。

即测即评

第 11 章即测即评

第 *12* 章
电子商务的新发展

学习目标

知识目标

·理解跨境电商的基本概念及在全球化经济中的重要性。

·掌握跨境电商的常见模式，包括B2C、C2C和B2B等，并了解它们的特点与区别。

·学习跨境电商的发展历程，包括不同阶段的标志性变化和发展趋势。

·了解农村电商的发展背景、主体关系和运营框架，以及农村电商在我国农业现代化中的作用。

·掌握电子商务中的支付、物流等关键环节的基本知识和操作流程。

能力目标

·分析跨境电商成功案例，培养商业分析能力和创新思维。

·评估不同跨境电商模式的优劣势，以制定有效的市场进入策略。

·运用电子商务工具和平台，提高解决实际商务问题的能力。

·通过农村电商案例学习，理解信息化对农业发展的影响和贡献。

·掌握电子商务法律法规，培养合法合规的电子商务经营意识。

价值塑造目标

·培养国际视野，理解电子商务在推动构建人类命运共同体中的作用。

·强化法治意识，了解电子商务活动中的法律法规和道德规范。

·通过学习跨境电商和农村电商的发展，激发服务国家战略、投身国家建设的责任感。

·践行社会主义核心价值观，在电子商务实践中坚持诚信、公平、共享的原则。

·培养创新精神和创业能力，在电子商务领域积极探索和实践。

最近十几年来，我国电子商务的各个领域都发生了巨大的变化，从形式到内涵，各个方面都更加丰富和完善，在国民经济中的作用也逐渐增强。随着经济全球化的发展和信息技术的普及，跨境电商和农村电商在我国也逐渐发展起来。跨境电商作为网络化的新型经济活动，正以前所未有的速度迅猛发展，现已成为各国增强经济竞争力、配置全球资源的有效手段。在"互联网+"的影响下，农村电子商务逐渐成为我国电商行业发展的重点方向之一。那么，什么是跨境电商？跨境电商的交易流程是什么？什么是农村电商？农村电商的主要模式有哪些？我们将通过本章的学习来帮助大家了解这些内容。

12.1 跨境电子商务

12.1.1 跨境电商的概念

1）什么是跨境电商

跨境电商是指分属于不同国家的交易主体，通过电商手段将传统进出口贸易中的展示、洽谈和成交环节电子化，并通过跨境物流及异地仓储送达商品、完成交易的一种国际商业活动。

我国跨境电商主要分为跨境零售和跨境B2B贸易两种模式，而跨境零售又包括B2C和C2C两种模式。

跨境B2C是指分属不同关境的企业直接面向消费者个人在线销售产品和服务，通过电商平台达成交易，进行支付结算，并通过跨境物流送达商品、完成交易。跨境C2C是指分属不同关境的个人卖方对个人买方在线销售产品和服务，由个人卖家通过第三方电商平台发布产品和服务的售卖信息，如品种、价格等，个人买方进行筛选，最终通过电商平台达成交易，进行支付结算，并通过跨境物流送达商品、完成交易。B2C和C2C都是国际性商业活动。在B2C模式下，我国企业直接面向国外消费者，以销售个人消费品为主，物流方面主要采用邮政物流、商业快递、专业及海外仓储等方式，其报关主体是邮政企业或者快递公司，目前大多还未纳入海关统计。

跨境B2B同样是一种国际性商业活动，指分属不同关境的企业对企业，通过电商平台达成交易，进行支付结算，并通过跨境物流送达商品、完成交易。目前，跨境B2B已经纳入海关的一般贸易统计。

跨境电商发展的历程参见延伸阅读12-1。

延伸阅读 12-1

跨境电商发展的历程

2）跨境电商发展规模和趋势

（1）跨境电商发展规模。

据海关测算，2023年，我国跨境电商进出口总额为2.38万亿元，增长15.6%。其中，出口为 1.83 万亿元，增长 19.6%；进口为 5 483 亿元，增长 3.9%。跨境电商快速发展，既满足了国内消费者多样化个性化需求，又助力我国产品通达全球，成为外贸发展的重要动能。

从分国别的消费需求来看，我国跨境电商零售出口增长最快的市场为新兴市场国家，其中，增长较为突出的是东南亚和拉美地区的一些国家。另外，销售额增长较快的为家居、美妆、母婴和 3C 电子类产品。我国跨境电商零售出口交易额较高的 15 个目的地市场依次为：美国、英国、加拿大、澳大利亚、德国、法国、日本、韩国、意大利、西班牙、荷兰、波兰、新加坡、巴西、墨西哥。凭借跨境网购观念普及、消费习惯成熟、整体商业文明规范程度较高、物流配套设施完善等优势，美国、英国、加拿大、澳大利亚、德国等成熟市场依然是我国跨境电商卖家的业务重点。

跨境电商的业务模式不断创新，从海淘到跨境电商进口再到跨境电商出口，从 B2C 到 B2B 再到 B2B2C 以及更多新模式不断涌现。跨境电商出口使中国商家直接面对外国消费者，这种结构的改变有效地提升了中国相关行业的制造与服务水平。跨境电商进口让中国消费者能购买到更多物美价廉的外国商品。

（2）当前跨境电商发展出现的新特点。

跨境电商经过十多年的发展，经历了信息发布平台的探索、交易平台运营、B2C 兴起及快速发展三个阶段，各阶段的特点各不相同。近年来，跨境电商呈现出以下新特点：

① 参与主体多元化。2012 年以前，跨境电商的参与者主要以小微企业、个体工商户及网商为主。2013 年以来，传统贸易中的主流参与者参与跨境电商的规模不断扩大，外贸企业、工厂和品牌商家也纷纷进入，并逐渐走向规模化运作。

② 支撑体系日益完善。我国已经初步建立起跨境电商的支撑和配套服务体系，并出台了一系列促进跨境电商发展的配套政策。同时，跨境电商企业及服务企业不断向产业链其他环节延伸，提供一体化服务，产业链和生态系统的服务链日益完善。

③ 交易模式多样化。目前的跨境电商交易中，B2B 交易是主流，但随着跨境贸易主体越来越小，跨境交易订单趋于碎片化和小额化，B2C 交易占比也会不断提高。随着越来越多的传统外贸企业开展跨境电商业务，更多的专业类细分跨境电商平台和新的交易模式不断出现。

（3）当前跨境电商发展存在的问题。

跨境电商不同的贸易方式所存在的问题有一定的差异。按照一般贸易方式进出口的大额交易，目前尚未完全实现贸易无纸化，这在一定程度上影响了贸易的便利化及电商在贸易中的应用。从小额碎片化的贸易来看，它除了受到未实现的贸易无纸化的影响外，在产品、物流、通关等方面也存在一些行业性难题，这些都成为制约跨境电商发展的重要因素。

① 产品同质化严重。近几年，跨境电商发展迅速，吸引了大量的商家涌入，行业竞争加剧。一些热销且利润空间较大的产品，如 3C 产品及附件等，众多跨境电商公司都在

销售，产品同质化现象严重，行业内甚至出现了恶性的价格战。

②品牌化尚未实现。跨境电商的发展在很大程度上源于中国制造大国的优势，主要是以价格低廉的产品吸引消费者。跨境电商行业的很多产品是从一些小工厂出货的，包括一些 3C 产品、服装等，产品质量控制相对来说还有一定的问题，大部分跨境电商企业还未进入品牌化建设阶段。

③物流时间长且浮动范围大。跨境电商由于涉及跨境交易，比较复杂，且各国之间政策差异较大，很难像内贸电商一样通过自建物流的方式来解决物流问题。跨境电商的物流时间通常很长，从中国到美国和欧洲一般要 7～15 天，到南美、巴西等需要更长的时间。除了物流时间长之外，物流还存在投递时效性不强的问题，收货时间波动很大。

④通关结汇难。随着跨境贸易逐渐向小批量碎片化发展，除了 B2C 以外，小额贸易 B2B 企业同样面临通关问题。由于小额 B2B 和 B2C 跨境贸易与一般出口贸易一样，所以在出口过程中存在难以快速通关、规范结汇、享受退税等问题。虽然目前国家针对跨境电商零售出口提出了"清单核放、汇总申报"的通关模式，但该政策仅针对 B2C 企业，大量从事小额 B2B 的外贸中小企业仍存在通关困难的问题。在进口过程中，也存在以非法进口渠道逃避海关监管，以及进口商品品质难以鉴别、消费者权益得不到保障等问题。

⑤跨境电商人才缺口大。跨境电商在快速发展的同时，逐渐暴露出综合性外贸人才缺口严重的问题。其主要原因在于：一是语种限制。目前做跨境电商的人主要来自外贸行业，懂英语的居多，一些小语种电商人才缺乏。事实上，对于巴西、印度、俄罗斯、蒙古国等国家，跨境电商具有很大的发展潜力。二是能力要求高。除了语种的限制外，从事跨境电商业务的人还要了解国外的市场状况、交易方式、消费习惯等；此外，还要了解各大平台的交易规则和交易特征。基于这两点，符合跨境电商要求的人才很少，跨境电商人才缺乏已经成为业界的常态。

⑥贸易保护主义和合规要求的挑战。随着全球贸易保护主义的抬头，跨境电商面临着更多的关税和非关税壁垒。此外，各国对跨境电商的法律法规要求也越来越严格，企业应了解和遵守相关法律法规，确保合规经营。

（4）未来跨境电商的发展趋势。

①产品品类和销售市场更加多元化。随着跨境电商的发展，跨境电商交易产品存在向多品类延伸、交易对象向多区域拓展的趋势。

从销售的产品品类来看，跨境电商企业销售的产品品类从服装服饰、3C 电子产品、计算机配件、家居园艺用品、珠宝、汽车配件、食品药品等运输便捷的产品向家居、汽车等大型产品拓展。不断拓展销售品类已经成为跨境电商业务扩张的重要手段。品类的不断拓展，不仅使得"中国制造"产品与全球消费者的日常生活联系得更加紧密，而且有助于跨境电商企业抓住最具消费潜力的全球跨境网购群体。

从销售目标市场来看，以美国、英国、德国等为代表的成熟市场，由于前面述及的原因，如跨境网购观念普及、消费习惯成熟、整体商业文明规范程度较高、物流配套设施完善等，在未来仍是跨境电商零售出口的主要目标市场，且保持高速增长。与此同时，不断崛起的新兴市场也正在成为跨境电商零售出口的新增长点。

②在交易结构上，B2C占比提高，B2B和B2C协同发展。跨境电商B2C模式逐渐受到企业重视，近几年呈现爆发式增长，究其原因，主要是跨境电商B2C具有一些明显的优势。相对于传统跨境贸易模式，B2C模式可以跳过传统贸易的所有中间环节，打造从工厂到消费者的最短路径，从而赚取高额利润。国内一些不再满足于做代工的工贸型企业可以利用跨境电商将中国品牌推向国际市场。在B2C模式下，企业直接面对终端消费者，有利于企业更好地把握市场需求，为客户提供个性化的定制服务。与传统产品和市场单一的大额贸易相比，小额的B2C贸易更为灵活，产品销售不受地域限制，市场空间巨大。

③在交易渠道上，移动端成为跨境电商发展的重要推动力。移动技术的进步使得线上和线下商务之间的界限逐渐模糊，以无缝、互联、多屏为核心的全渠道购物方式呈快速发展态势。从B2C方面来看，移动购物使消费者能够随时随地、随心购物，极大地拉动了市场需求，增加了跨境零售出口电商企业的机会。从B2B方面看，全球贸易小额碎片化发展趋势明显，移动端可以让跨国交易无缝完成，实现实时销售。

④行业生态体系更完善，各环节协同发展。跨境电商涵盖实物流、信息流、资金流、单证流。随着跨境电商的不断发展，软件公司、代运营公司、在线支付平台、物流公司等配套企业都开始围绕跨境电商企业集聚，服务内容涵盖网店装修、图片翻译描述、网站运营、营销、物流、退换货、金融服务、质检、保险等，整个行业生态体系越来越健全，分工更加明确，并逐渐呈现出生态系统的关联化特征。

⑤供应链优化和智能化。随着跨境电商的发展，供应链的优化和智能化成为关键竞争因素。利用大数据分析、云计算等技术，企业能够更好地预测市场需求、优化库存管理、提升物流效率，进而实现供应链的自动化和智能化。

12.1.2　跨境电商的特征

1）跨境电商与国内电商的区别

（1）业务环节的差异。较之国内电商，跨境电商的业务环节更加复杂，需要经过海关通关、检验检疫、外汇结算、出口退税、进口征税等。在货物运输上，跨境电商通过邮政小包、快递方式出境，货物从售出到送达国外消费者手中的时间更长，因路途遥远，货物容易损坏，且各国邮政派送的能力不同，急剧增长的邮包量也容易引起贸易摩擦。国内电商发生在国内，以快递方式将货物直接送达消费者，路途近、到货速度快、货物损坏率低。

（2）交易主体的差异。国内电商的交易主体一般在国内，而跨境电商的交易主体肯定是跨境的，交易主体遍布全球，有不同的消费习惯、文化心理、生活习俗，这就要求跨境电商对国际化的流量引入、网络营销、国外品牌等有更深入的了解，也要对国外贸易、互联网、分销体系、消费者行为有很深的了解，要有"本土化"思维。

（3）交易风险的差异。国内生产企业知识产权保护意识比较薄弱，再加上 B2C 市场上的产品多为不需要高科技、大规模生产的日用消费品，很多企业缺乏产品定位，什么热卖就上什么，使得侵权现象时有发生。这种行为在商业环境和法律体系较为完善的国家，很容易引起知识产权纠纷，后续的司法诉讼和赔偿程序很复杂。国内电商的交易行为发生在同一个国家，交易双方对商标、品牌等知识产权的认识比较一致，侵权引起的纠纷较少；即使产生纠纷，处理起来也相对容易。

（4）使用规则的差异。一般来说，跨境电商比国内电商所需遵循的规则更多、更细、更复杂。首先是平台规则。跨境电商经营借助的平台除了国内平台，还可能有国外平台，各个平台均有不同的操作规则。开展跨境电商业务需要熟悉国内外不同平台的操作规则，具有针对不同需求和业务模式进行多平台运营的技能。其次是一般的电商规则。国内电商只需要遵循一般的电商规则，但跨境电商要以国际通用的系列贸易协定或双边贸易协定为基础。跨境电商需要有很强的政策、法规敏感性，要及时了解国际贸易体系、规则，了解进出口管制、关税细则和政策的变化，对进出口形式也要有更深的了解和更强的分析能力。

2）跨境电商和传统国际贸易的区别

跨境电商和传统国际贸易相比，受到的地理范围的限制更少，受各国贸易保护措施的影响也较小；交易环节涉及的中间商少，因而价格低廉、利润率高。同时，跨境电商也存在明显的通关、结汇、退税的障碍，以及贸易争端处理不完善等劣势。通过对比（见表12-1），即可看出其差异。

表12-1　　　　　　　　　跨境电商和传统国际贸易的对比

项目	传统国际贸易	跨境电商
交易主体交流方式	面对面，直接接触	通过互联网平台，间接接触
运作模式	基于商务合同的运作模式	需借助互联网电商平台
订单类型	大批量、小批次、订单集中、周期长	小批量、多批次、订单分散、周期相对较短
价格、利润率	价格高、利润率相对低	价格实惠、利润率高
产品类目	产品类目少、更新速度慢	产品类目多、更新速度快
规模、速度	市场规模大但受地域限制，增长速度相对缓慢	面向全球市场，规模大，增长速度快

续表

项目	传统国际贸易	跨境电商
交易环节	复杂（生产商—贸易商—进口商，批发商—零售商—消费者），涉及中间商众多	简单（生产商—销售商—消费者，或生产商—消费者），涉及中间商较少
支付	正常贸易支付	需借助第三方支付
运输	多通过空运、集装箱海运完成，物流因素对交易主体影响不明显	通常借助第三方物流企业，一般以航空小包的形式完成，物流因素对交易主体影响明显
通关、结汇	按传统国际贸易程序，可以享受正常通关、结汇和退税政策	通关缓慢或有一定限制，无法享受退税和结汇政策（个别城市已尝试解决）
争端处理	具有健全的争端处理机制	争端处理不畅，效率低

12.1.3　跨境电商的商业模式

1）跨境电商常见的模式

（1）以交易主体类型分类。

① B2B 跨境电商或平台。B2B 跨境电商或平台所面对的最终客户是企业或者集团客户，提供企业、产品、服务等相关信息。目前，中国跨境电商市场的交易规模中，B2B 跨境电商市场的交易规模占到 80% 以上。在跨境电商市场中，企业级市场始终处于主导地位，代表企业有敦煌网、中国制造网、阿里巴巴、环球资源网。

② B2C 跨境电商、3C 类跨境电商或平台。B2C 跨境电商所面对的最终客户是个人消费者，针对最终客户以网上零售的方式，将产品售卖给个人消费者。3C 类跨境电商或平台在不同垂直类目的商品销售上有所不同，如兰亭集势在婚纱销售上占有绝对优势，FocalPrice 主营 3C 数码电子产品。未来，3C 类跨境电商市场将迎来大规模增长，代表企业有速卖通、亚马逊、DX、兰亭集势、米兰网、大龙网等。

③ C2C 跨境电商或平台。C2C 跨境电商所面对的最终客户为个人消费者，商家也是个人卖方。由个人卖家发布售卖的产品和服务的信息，个人买方进行筛选，最终通过电商平台达成交易、进行支付结算，并通过跨境物流送达商品、完成交易。代表企业有 eBay、速卖通。

④ 跨境电商综合平台。跨境电商综合平台是指那些提供多种类型交易服务的平台，既包括 B2B 也涵盖 B2C，甚至 C2C 业务。这些平台为不同类型的交易主体提供全方位的服务，如阿里巴巴集团旗下的淘宝网和天猫国际，它们既服务于企业客户，也服务于个人消费者。

⑤ 跨境电商 O2O（Online to Offline）。O2O 平台是指那些将线上交易与线下实体店相

结合的跨境电商模式。通过线上平台引流，结合线下实体店的体验和服务，提供无缝的购物体验。

（2）以服务类型分类。

① 信息服务平台。信息服务平台主要是为境内外会员商户提供网络营销平台，传递供应商或采购商等商家商品或者服务信息，促成双方的交易。代表企业有阿里巴巴、环球资源网、中国制造网。

② 在线交易平台。在线交易平台不仅提供企业、产品、服务等多方面的信息展示，而且可以通过平台完成搜索、咨询、对比、下单、支付、物流、评价等全部购物链环节。在线交易平台模式正逐渐成为跨境电商中的主流模式。代表企业有敦煌网、速卖通、米兰网、大米网等。

③ 物流服务平台。物流服务平台专注于为跨境电商提供物流解决方案，包括仓储、包装、运输、清关等服务。这些平台通过技术手段优化物流流程，提高物流效率，降低成本。代表企业有顺丰速运、DHL、UPS 等。

（3）以平台运营方分类。

① 第三方开放平台。平台型电商通过线上搭建商城并整合物流、支付、运营等服务资源，吸引商家入驻，为其提供跨境电商交易服务。同时，平台以收取商家佣金以及增值服务佣金作为主要盈利模式。代表企业有速卖通、敦煌网、环球资源网等。

② 自营型平台。自营型电商通过在线搭建平台，整合供应商资源，通过较低的进价采购商品，然后以较高的售价卖出商品。自营型平台主要以商品差价作为盈利模式。代表企业有兰亭集势、米兰网、大龙网等。

③ 外贸电商代运营服务商模式。这种模式是服务提供商不直接也不间接参与任何电子商务的买卖过程，而是为从事跨境贸易的中小企业提供不同的服务模块，如市场研究模块、营销商务平台建设模块、海外营销解决方案模块等。服务提供商能够提供一站式电商解决方案，并能帮助外贸企业建立定制化、个性化电子商务平台，盈利模式是赚取企业支付的服务费。代表企业有四海商舟、锐意企创等。

2）典型的跨境电商平台

目前，中国跨境电商平台企业已经超过 5 万家，通过这些平台开展业务的企业已经超过 30 万家。在众多跨境电商交易平台中，阿里巴巴、亚马逊全球开店、eBay、速卖通等平台占据了较大的市场份额。此外，其他一些知名度和市场占有率较高的跨境电商平台包括 Shopify、Wish、环球资源网、兰亭集势、中国制造网等。

阿里巴巴包括 B2B 和 B2C 业务，敦煌网、环球资源网和中国制造网主营 B2B 业务，兰亭集势主营 B2C 业务。根据艾瑞咨询（iResearch）的统计，2016 年中国第三方 B2B 总营收市场份额中，阿里巴巴以 48% 独占鳌头，环球资源网、金泉网、慧聪网等企业紧随其后。

3）跨境电商平台的选择和使用

各种类型的跨境电商平台各有优势和劣势，外贸企业和个人需要根据自己的实力进行权衡，以选择最适合自己的模式。

（1）企业目标市场和产品定位。首先，外贸企业要明确目标市场，如美国市场、欧洲市场、非洲市场等。其次，要明确企业产品的类别、数量、特点等。电子商务平台分为综合型和垂直型两种，外贸企业应该根据自身的特点进行合理选择。那些专业性较强的企业应该选择垂直型电子商务平台，如果选择综合型的反而不合适。

（2）跨境电商平台的规模和影响力。起步早、规模和影响力大的跨境电商平台，具有丰富的平台运营经验，在会员管理、信息管理、网站宣传推广等方面拥有丰富的资源，可以为卖家提供较好的服务。

（3）跨境电商平台自身的宣传推广能力。跨境电商平台只有大力进行宣传推广，才能让更多的海外卖家和采购商熟悉和了解，吸引海外卖家和采购商通过平台进行销售和采购。跨境电商平台主要通过参加国际著名展览、搜索引擎推广、广告投放、对外合作等方式进行宣传推广。外贸企业和个人在选择跨境电商平台时，要考虑平台进行宣传推广的力度。

（4）跨境电商平台提供的附加值。如果跨境电商平台提供的附加值大而且优惠多，外贸企业可以充分利用附加值和优惠降低成本，获取较大的收益。

（5）跨境电商平台服务项目的收费情况。购买各类商品和服务，最后总是会考虑价格。目前，各类跨境电商平台都提供多种收费服务，价格从一两万元到几十万元不等。尽管各类跨境电商平台都有免费的会员服务，但对照片、认证、排名等服务都有各种限制，企业要根据是否需要和自身的购买能力来选择合适的平台和服务项目。

12.1.4　跨境电商的交易流程

跨境电商必须做好交易前的准备工作，先要确定目标市场、选择目标客户（通过发出询价盘与信息反馈，对潜在的客户进行筛选）；选定目标客户以后，要建立客户关系进而进行实质性业务洽谈，即进入交易磋商和订立合同阶段。交易磋商环节包括询盘、报盘、还盘和接受。交易双方对所洽谈的各项贸易条件达成一致意见，交易即成立，还要签订合同。以上各项工作均主要通过互联网完成，接下来就是履行合同。这一阶段的工作包括很多业务环节，按照工作落实的顺序主要有备货、落实信用证（在信用证支付方式下）、订舱、制单和结汇。这个阶段的一些工作也是通过互联网完成的。

以 CIF 价格成交、信用证支付的出口业务为例，其整个交易的全部环节是按照各项工作的流程（如图 12-1 所示）进行的。

```
                        ┌─────────────────┐
                        │  交易前的准备工作  │
                        └────────┬────────┘
          ┌──────────────────────┼──────────────────────┐
   ┌──────────────┐      ┌──────────────┐      ┌──────────────┐
   │  目标市场调研  │      │  选择目标客户  │      │  建立客户关系  │
   └──────────────┘      └──────────────┘      └──────────────┘
                        ┌─────────────────┐
                        │     交易磋商      │
                        └────────┬────────┘
   ┌────────┐    ┌────────┐    ┌────────┐    ┌────────┐
   │  询盘   │ →  │  发盘   │ →  │  还盘   │ →  │  接受   │
   └────────┘    └────────┘    └────────┘    └────────┘
                        ┌─────────────────┐
                        │    签订交易合同   │
                        └────────┬────────┘
                        ┌─────────────────┐     ┌──────────────────┐
                        │     履行合同      │     │   催证 审证 改证  │
                        └────────┬────────┘     └──────────────────┘
   ┌──────────────┐      ┌──────────────┐      ┌──────────────┐
   │ 备货 加工 包装 │      │   租船定舱    │  →   │   办理保险    │
   └──────┬───────┘      └──────┬───────┘      └──────────────┘
                        ┌──────────────┐      ┌──────────────┐
                        │ 货物出运 出口报关│  →   │  制作有关单据  │
                        └──────┬───────┘      └──────────────┘
   ┌──────────────┐      ┌──────────────┐
   │   商品报检    │      │ 海关检验装运货物 │
   └──────┬───────┘      └──────┬───────┘
                        ┌──────────────┐
                        │    向买方发    │
                        │    装船通知    │
                        └──────┬───────┘
   ┌──────────────┐      ┌──────────────┐
   │   检验证书    │  →   │  编制相关单据  │  ←
   └──────────────┘      └──────┬───────┘
                        ┌──────────────┐
                        │ 将全套单证提交银行│
                        └──────────────┘
```

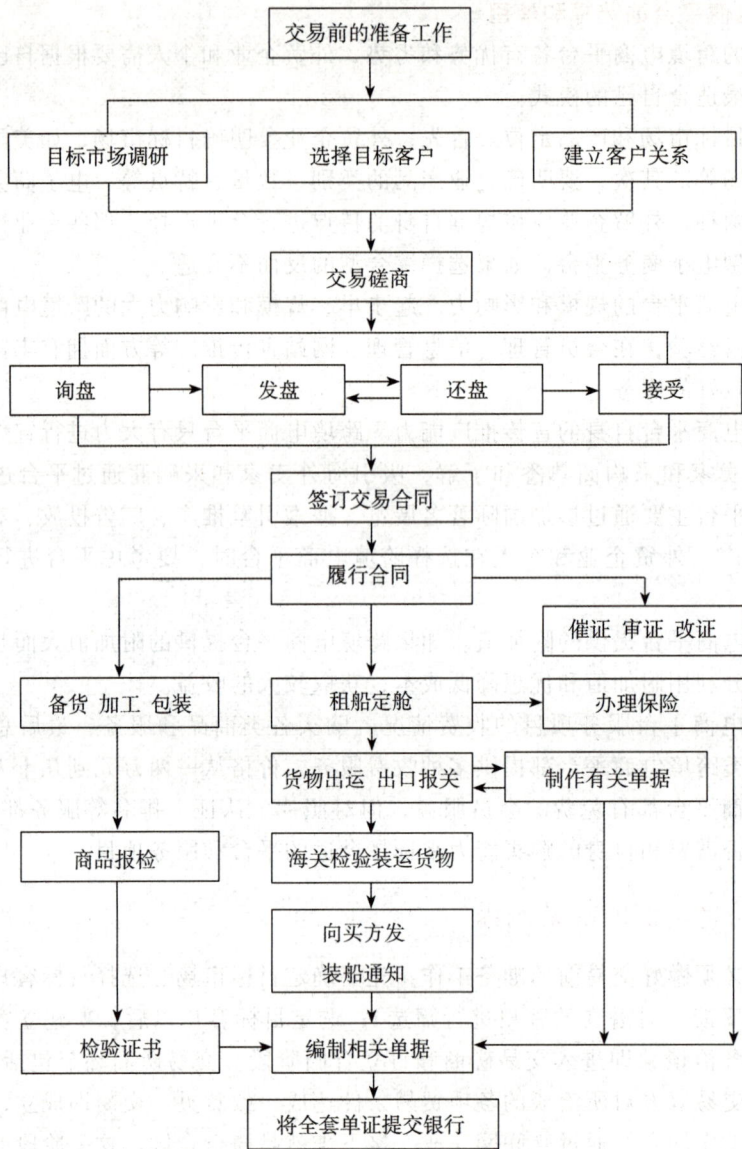

图12-1 跨境电商的出口交易流程

进口交易在交易准备阶段和交易磋商阶段的各个环节与出口交易的程序是相同的，买卖双方通过谈判达成买卖协议后，多以出口合同的形式规定买方和卖方的责任与义务。此后，进入履行合同阶段，一方履行出口合同意味着另一方履行进口合同，履行进口合同与履行出口合同的程序相反，工作重点不一样。例如，按照 FOB 条件和信用证付款方式成交，买方履行合同的一般程序是：开立信用证、派船接收货物、办理保险、审单付款、接货报关、检验、拨交、违约处理。这些环节的工作是由进出口公司、运输部门、商检部门、银行、保险公司以及用货部门等有关方面分工负责、紧密配合而共同完成的。

12.1.5　跨境电商的物流

1）跨境物流的定义

跨境物流就是把货物从一个国家通过海运、空运或陆运，运到另外一个国家，其实质是按照国际分工协作的原则，依照国际惯例和标准，利用国际化的物流网络、物流设施和物流技术，实现货物在国家之间的流动和交换，以促进区域经济协调发展和世界资源优化配置。

2）运输方式的选择

国际运输一般采用陆运和海运相结合的混合运输方式，跨境电商在选择运输方式的时候，要考虑每种方式在运输时间、可预测性、成本和非经济因素方面的利弊。

（1）运输时间。海洋运输从出发地到目的地的时间远远长于航空运输。如果转换成空运，45 天的海运时间可以缩短为 12 小时。运输时间的长短对企业的整个物流运作有很大影响。如果由于运输原因，产品无法在规定时间内送达目标市场，那么为了按时交货，企业将选择空运以取代一直以来的海运。

（2）可预测性。无论是海运还是空运，都会受到自然因素的影响，甚至会出现延误。准确预测有助于海外分销商为客户提供一个准确的到货时间。

（3）成本。在选择国际运输方式时，成本是企业需要考虑的一个重要因素。国际运输价格通常取决于运输服务的成本和货物的价值。为了降低成本，货运企业可以结成联盟，协商合作运输。同时，为了减少总成本和时间，企业也可以选择使用混合运输方式。

（4）非经济因素。在选择运输方式时，跨境电商企业还需要考虑一系列非经济因素。这些因素包括运输的安全性、环保性以及对企业品牌形象的影响等。

3）主要跨境物流方式

目前，跨境物流方式主要有国际快递、邮政快递 EMS、国际专线、海洋运输、铁路运输、空运、国际多式联运等。我国对外贸易中使用较多的方式是海洋运输和集装箱联运。

12.1.6　跨境电商的支付与结汇

1）国际货款结算方式

跨境电子商务中非常重要的环节是支付，伴随着海淘的兴起以及跨境 B2B 出口的提速，多样化的结算方式为我们所用。国际结算方式很多，如汇款、托收、信用证、银行保函、备用信用证等。

值得关注的是，国际货款的结算方式在向小额化、电子化方向发展，这也反映了当前跨境电子商务发展的趋势：众多小型批发商在线通过跨境 B2B 平台进行订购和支付，销售渠道向扁平化方向发展。

汇款结算方式有四个当事人，分别是：

（1）汇款人（Remitter），或称债务人，即付款人，通常是国际贸易中的进口商。

（2）收款人（Payee），或称债权人，在国际贸易中通常为出口商。

（3）汇出行（Remitting Bank），是受汇款人委托汇出汇款的银行，在国际贸易中通常是进口方所在地银行。

（4）汇入行（Receiving Bank），又称解付行（Paying Bank），是受汇出行委托，解付汇款的银行。在国际贸易中，汇入行通常为出口地银行。

根据汇款过程中所使用的支付工具不同，汇款的结算方式可以分为电汇、信汇和票汇。

（1）电汇。电汇（Telegraphic Transfer）是汇款人将一定款项交存汇款银行，汇款银行通过电报或电传给目的地的分行或代理行（汇入行）指示汇入行向收款人支付一定金额的汇款方式。

（2）信汇。信汇（Mail Transfer）是指汇款人向当地银行交付本国货币，由银行开具付款委托书，以航空邮寄方式寄交国外分行或代理行，办理付出外汇的业务。采用信汇方式，由于邮程需要的时间比电汇长，银行有机会利用这笔资金，所以信汇汇率低于电汇汇率，其差额相当于邮程利息。

（3）票汇。票汇（Demand Draft）是指汇出行应汇款人的申请，代汇款人开立以其分行或代理行为解付行的银行即期汇票（Banker's Demand Draft），支付一定金额给收款人的一种汇款方式。

2）结算方式的选择

信用证（Letter of Credit，L/C）是指开证银行应申请人（买方）的要求并按其指示向受益人开立的载有一定金额、在一定期限内凭符合规定的单据付款的书面保证文件。信用证是国际贸易中最主要、最常用的支付方式。

在国际贸易中，买卖双方可能互不信任，买方担心预付款后，卖方不按合同要求发货；卖方也担心在发货或提交货运单据后，买方不付款。因此，需要两家银行作为买卖双方的保证人，代为收款交单，以银行信用代替商业信用。银行在这一活动中所使用的工具就是信用证。

信用证的运作流程如下：

（1）开证申请人根据合同填写开证申请书并交纳押金或提供其他保证，请开证行开证。

（2）开证行根据申请书的内容，向受益人开出信用证并寄交出口人所在地通知行。

（3）通知行核对印鉴无误后，将信用证交受益人。

（4）受益人审核信用证的内容与合同规定相符后，按信用证的规定装运货物、备妥单据并开出汇票，在信用证有效期内送议付行议付。

（5）议付行按信用证条款审核单据无误后，把货款垫付给受益人。

（6）议付行将汇票和货运单据寄开证行或其指定的付款行索偿。

（7）开证行核对单据无误后，付款给议付行。

（8）开证行通知开证人付款赎单。

3）结汇和退税

我国出口业务中使用议付信用证的比较多，这种信用证的出口结汇办法主要有以下三种：

（1）受托结汇，又称收妥付款。议付行收到受益人提交的单据后，经审查确认与信用证条款的规定相符后，将单据寄交国外付款行索汇。待付款行将货款划给议付行后，即议付行从国外付款行收到该行账户的贷记通知书时，才按当日外汇牌价将货款折算成人民币拨入出口企业的指定账户。

（2）定期结汇。议付行根据国外付款行索偿所需的时间，预先确定一个固定的结汇期限，并与出口企业约定该期限到期后，无论是否已经收到国外付款行的货款，都主动将票款金额折算成人民币拨交出口企业。

（3）买单结汇，又称押汇。议付行在审单无误的情况下，根据信用证的条款买入出口企业的汇票和单据，从票面金额中扣除从议付日到估计收到票款之日的利息，将余款按议付日外汇牌价折算成人民币，付给出口企业。议付行向受益人垫付资金买入跟单汇票后，即称汇票持有人，可凭票向付款行索取票款。银行做出口押汇，是为了给出口企业提供资金融通，以有利于出口企业的资金周转。

出口货物退税（Export Rebates）简称出口退税，其基本含义是对出口货物退还其在国内生产和流通环节实际缴纳的增值税、消费税。

出口退税的申请条件如下：

（1）必须经营出口产品业务，这是企业申办出口退税登记最基本的条件。

（2）必须持有市场监督管理部门核发的营业执照。营业执照是企业法人营业执照的简称，是企业或组织合法经营权的凭证。

（3）必须是实行独立经济核算的企业单位，具有法人地位，有完整的会计工作体系，独立编制财务收支计划和资金平衡表，并在银行开设独立账户，可以对外办理购销业务和货款结算。

凡不同时具备上述条件的企业单位，一般不予以办理出口退税登记。

办理出口退税的基本程序如下：

（1）有关证件的送检及登记表的领取。企业在取得有关部门批准其经营出口产品业务的文件和市场监督管理部门核发的工商登记证明后，应于30日内办理出口退税登记。

（2）出口退税登记的申报和受理。企业领到"出口退（免）税备案表"后，即按要求填写，加盖企业公章和有关人员印章后，连同出口产品经营权批准文件、工商登记证明等资料一起报送税务机关，税务机关经审核无误后，即受理登记。

（3）填发出口退税登记证。税务机关接到企业的正式申请，经审核无误并按规定的程序批准后，核发给企业出口退税登记证。

（4）出口退税登记的变更或注销。当企业经营状况发生变化或某些退税政策发生变动时，应根据实际需要变更或注销出口退税登记。

延伸阅读 12-2

跨境电商物流
保险

跨境电商物流保险参见延伸阅读12-2。

12.1.7　跨境电商平台典型案例之敦煌网

1）企业背景

敦煌网是全球领先的在线外贸交易平台，其CEO王树彤是中国最早的电子商务行动者之一。1999年，王树彤参与创立卓越网并出任第一任CEO，2004年他创立敦煌网。敦煌网致力于帮助中国中小企业通过跨境电子商务平台走向全球市场，开辟了一条全新的国际贸易通道，让在线交易变得更加简单、更加安全、更加高效。

创办之初，敦煌网的目标是打造一个全球贸易的专业化、便捷化的平台，突破性地提供网上直接销售服务及基于销售的更多的服务。一开始，这样的模式并不被业内看好，当时的外贸企业仍然沉醉于中国刚刚加入WTO所带来的红利当中，它们大多是来料加工企业，也由于中国低廉的劳动力成本而完全不担心全球订单。这导致了敦煌网在创建之初不被大多数外贸企业所关注，商户的规模非常小，有外贸企业甚至把他们的模式看成骗子的把戏。

但敦煌网认为，这种缺乏品牌和技术支撑的繁荣是短暂的，要实现传统外贸企业转型升级，摆脱低附加值加工的困境，就必须建立起一条"网上丝绸之路"。要布局网上丝绸之路，让传统外贸企业的产品能够通过互联网途径走出去，对于传统外贸企业来说，就意味着它们必须改变被动等待订单的现状，借助敦煌网这类跨境电商平台，足不出户地拿到全球采购订单。

2）为成功付费

传统的跨境电商平台属于信息服务平台，以网络信息服务为主、线下会展交易为辅，通过提供一个让买卖双方发布自己意向的途径，减少双方信息搜寻的成本，但交易双方仍然是在线下达成交易，其交易的资金并没有流经平台，平台也没有提供更多的服务。平台的主要盈利来自会员费，只有达到相应级别的会员才能获得相应的平台服务。阿里巴巴无疑是其中的佼佼者，20多年前，阿里巴巴的网站上就拥有超过210万中小企业用户，占据了中国跨境电商市场份额的90%。如果敦煌网和阿里巴巴做同样的事情，那无疑是行不通的。

　　在王树彤看来，阿里巴巴的模式并没有摆脱线下交易的影响，没有触及"跨境交易这个根本话题"，更没有真正构建成"网上丝绸之路"。王树彤选择将敦煌网打造成新时代的B2B跨境电商交易平台。因为有交易，平台上有资金流动，敦煌网得以降低门槛，不收会员费，开创了"为成功付费"的在线交易模式。它采用佣金制，免费注册，只在交易成功后才收取"交易佣金"，佣金一般是交易额的3%～12%（即动态佣金，总体平均水平大概是7%）。佣金的收取比例会根据行业、交易额的不同而有所变化。品类利润越高，佣金比例就越高。也就是说，敦煌网必须集中大部分资源，用于促进买卖双方达成交易。这种与服务效果挂钩的收费模式无疑更能满足中小企业卖家的需求，也让中小企业更容易加入跨境电商的尝试中。另外，跨境电商交易平台的核心在于通过平台来完成交易，这就使得交易平台很容易打通产业链，能够发展其他衍生服务，如能够为买卖双方提供金融服务、信息服务和物流服务；为买方提供一定的优惠以吸收更多的潜在客户。这些优势都是传统的信息服务跨境电商平台无法比拟的。

　　敦煌网的尝试无疑是成功的。据2013年PayPal交易平台的数据，当时敦煌网是在线外贸交易额中亚太排名第一、全球排名第六的电子商务网站。而在2016年，敦煌网注册卖家140万户，注册买家1 000万人，覆盖230个国家和地区，平台上的商品超过4 000万种，每小时有10万买家实时在线，每3秒就产生一张订单。

　　2013年后，全球经济形势快速变化，市场越发低迷，中国制造业成本增加，订单碎片化严重，跨境电商在中国外贸进出口市场的比重快速增加，传统外贸越来越艰难，传统外贸企业深度关注跨境电商，"网上丝绸之路"企业基础不断壮大。这时，敦煌网提出了跨境电商3.0的概念。3.0时代是一个"互联网+传统外贸"的时代，跨境电商要继续发展，就必须提升自己的品类布局、区域布局和功能布局，既要重视大数据的应用，又要尽可能地满足买卖双方对服务的需求；既要提供网上交易和信息流、物流服务，还要提供通关、检验检疫、海外仓储、海外线下售后服务等规模性、综合性外贸服务，使得价值链变得更加扁平化。敦煌网全面布局，走上了"网上丝绸之路"的快车道。

3）助推创业创品牌

　　丝绸之路上，中国的丝绸与茶叶都是高档商品，深受西方贵族的喜爱。敦煌网要发展"网上丝绸之路"，也必须打赢中国品牌之战，对外输出优质商品。其中，最重要的途径就是协助传统优势企业创建自主品牌，Babyonlinedress无疑是敦煌网协助自主品牌创建过程中最成功的例子。

　　苏州贝宝电子商务有限公司（Babyonlinedress所属公司）创立于2012年，蝉联2012—2015年敦煌网十大卖家，连续四年荣膺婚纱礼服最大卖家。在这之前，该公司和苏州虎丘婚纱一条街上很多做婚纱礼服的工厂一样，只是给一些大品牌做供应商，完全没有自主品牌这一说，即大客户大批量下订单，然后贴上这些品牌的领标、吊牌，再拿出去销售。

　　Babyonlinedress品牌创始人田昊麟2005年加入敦煌网，是早期的创业团队成员之一。他洞察了混乱不堪的虎丘婚纱礼服市场中所存在的商机，毅然决定开设自己的工厂，创建自主品牌。Babyonlinedress这个品牌之所以取得如此辉煌的成就，田昊麟认为与敦煌网的协助是分不开的。

　　敦煌网紧跟国际市场流行元素，这对于产品品牌的创建发挥了重要作用。比如蕾丝元素爆款、缝珠产品的崛起、各大活动的明星礼服定制等，让Babyonlinedress品牌在创立之初就从陈旧的老款中脱颖而出，轻轻松松地站到了行业前列。敦煌网在全球224个国家和地区的巨大流量推广，以及在平台首页的流量推广、单品类流量推广，都促进了Babyonlinedress品牌的传播，再加上过硬的品质所带来的如潮好评，使得品牌得以立足。

　　2015年，敦煌网进行了多语言市场创新，由原来的欧美市场（英语主导）拓展到了德语、法语、西班牙语、葡萄牙语、意大利语以及后来的土耳其语、斯洛文尼亚语市场。这进一步拓宽了产品销售市场，让Babyonlinedress品牌得到了更广泛的传播。不仅如此，Babyonlinedress品牌还致力于在Facebook以及Youtube上的推广，敦煌网上与Facebook相互合作，通过加强社交电商的网络营销，让全世界更便捷地了解了这一婚纱品牌。

　　除了Babyonlinedress品牌以外，还有许多传统外贸企业在经历重重危机后发现，只有摆脱传统加工贸易的劣势，才能避免受制于进口企业。它们纷纷选择拓展自己的销售渠道，创建自有品牌。无论是赛尔贝尔还是水星家纺，都曾借助敦煌网这一平台发展壮大，它们的发展是中国传统产业转型升级的体现，也是跨境电商交易平台走向服务化的体现，更是优秀的"中国制造"提高自身价值地位的体现。

4）培育批发买家

　　大额贸易是"网上丝绸之路"繁荣的关键，而B2B相对于B2C的重要优势正在于大规模贸易。无论是从交易品类还是从交易额来看，B2B的发展前景都远大于B2C。在全球范围内，批发买家大规模进入跨境电商领域，越来越多的政府机构和企业单位延续了个人采购的习惯，把线下生意转到网上来，通过电商平台采购商品。

　　敦煌网最核心的竞争力之一就是已经拥有上千万批发买家，并且拥有高效招募批发买家的经验以及对这些买家行为特征的大数据积累，知道批发买家注重哪些产品，了解批发买家的购买周期和购买需求。一个批发买家的招募成本大约是招募个人买家的10～14倍，但即使这样，2015年，敦煌网的批发买家招募数量年同比仍增加了46.4%。敦煌网如此努力地招募批发买家，主要缘于批发买家的特殊性。批发买家具有与一般买家不一样的购买特征，其单次购买金额为个人买家的5倍，年度贡献为个人买家的45.5倍，纠纷比个人买家低11.3%，退款比个人买家低34.4%。在敦煌网的批发买家中，90%每月购买1次以上，58%每月购买4次以上，这种稳定的购买需求是敦煌网销售额增长的重要基础。

　　为了帮助卖家稳、准、狠地识别平台潜在的大买家，敦煌网对有长期合作意向的海外零售商和公司批发买家打上了"B"（Business Buyer）的标志，卖家可在订单列表页和详情页很容易地看到此标志。2016 年，敦煌网宣布推出针对批发买家的"B 类商品池"，并取部分行业的二级类目，筛出符合"B 类商品池"标准的商品，向下过单的批发用户进行展示，以此来帮助卖家更好地了解店铺是否符合"B 类商品池"的标准。在此基础上，检测批发买家的订单情况并筛选出与批发买家对接的优秀商户。敦煌网希望借此把商品更精准地推送给平台的批发用户，以降低批发用户被服务质量或商品质量不达标伤害到的可能性，从而提升这些批发用户的平台黏性，增加商户的订单量和销售额，保证"网上丝绸之路"的持久繁荣。

5）开发大数据潜力无限

"网上丝绸之路"不仅是对传统丝路的扩容，更是创新，拥有更为丰富、独特的全新内涵，关键在于整合物流、信息流、资金流的互联网平台积淀海量的大数据，大数据的丰富应用使贸易有无限的想象空间。敦煌网利用来自商户、制造企业、买家、研究机构的数据，建立起海外市场信息的大数据库，通过分析询盘情况、订单指数、行业热度及关键词等数据，洞悉各阶段各类型数据的变化趋势，及时判断海外市场形势的变化，使卖家及时了解最新海外信息和动态，合理调整经营规划。这些数据还将应用在征信、互联网金融、智能销售、风控模型、数据咨询等领域。敦煌网对大数据的把握将成为其掌握互联网时代信息的关键途径，也是其布局"网上丝绸之路"的必由之路。

6）引领"网上丝绸之路"

"网上丝绸之路"是国家"互联网+"和共建"一带一路"倡议的交汇点。"互联网+"帮助工厂、外贸企业、产业链上的各类贸易服务商走上互联网；共建"一带一路"倡议帮助企业更好地"走出去"，进一步融入全球市场。敦煌网早在 2004 年就开始布局，这也决定了其引领"网上丝绸之路"的先行优势。

2015 年 11 月 15 日，G20 领导人峰会期间，在国家主席习近平、土耳其总统埃尔多安的共同见证下，国家发展改革委主任徐绍史与土耳其交通运输、海事及通信部部长联合签署了《关于加强网上丝绸之路建设 务实开展电子商务合作谅解备忘录》，旨在共同推进中土跨境电商的合作，开启了"网上丝绸之路"驿站全球建设的新时代。敦煌网创始人、CEO 王树彤作为 APEC 工商咨询理事会、G20 工商峰会中国代表，促成了这次签约。2016 年 3 月 31 日，重庆市与敦煌网就携手参与国家"一带一路""网上丝绸之路"综合实验区建设签署合作备忘录，敦煌网中国–土耳其跨境电商平台同时正式启动。在和土耳其达成相关协议后，中国方面和土耳其方面将共同建设跨境电商平台，并交由敦煌网承建。该平台除了能够迅速、有效地帮助中国商品进入土耳其外，还能有效地帮助土耳其的相关企业走向世界。

不仅是在重庆，敦煌网还不断走访海内外各个国家和地区，谋求有关"网上丝绸之路"的合作。在国内，杭州经济技术开发区管委会与敦煌网签订项目投资协议书，敦煌网将在该开发区投资建设"敦煌网跨境外贸综合3.0平台"项目，5年内实现服务外贸企业超过2 000家的目标。在其进驻的杭州下沙跨贸园区，敦煌网将建设"新丝路"交易中心、"新丝路"互联网金融中心、"新丝路"企业孵化中心、"新丝路"物流集输中心等六大中心。这也意味着一直做网购保税进口业务的下沙跨贸园区将正式转型成为进口、出口业务"两条腿走路"的综合性贸易园区。哈尔滨市政府也与敦煌网签署了战略合作协议，双方将共同建设"哈尔滨对俄电子商务运营中心"，打通网上"对俄丝绸之路"，计划容纳8万商户、近2 000万种商品的"哈尔滨对俄电子商务运营中心"有望成为全球最有竞争力的对俄贸易电子商务交易中心，使中国商品通过最简洁高效的渠道走向俄罗斯。中国电子进出口珠海有限公司也与敦煌网签署了战略合作协议，二者将联手推出"跨境电商交易平台+外贸综合服务一体化平台"的全新模式，助力传统外贸企业转型"互联网+"。

敦煌网的成功在于把握住了时代的脉搏。自创始之初，敦煌网就开始布局"网上丝绸之路"并选择抛弃当时成熟的模式，打造新型跨境电商交易平台。在协助传统外贸企业转型升级、加入"网上丝绸之路"的过程中，敦煌网成功抓住了自主品牌发展和大数据应用等关键点。曾经，敦煌网成为了"网上丝绸之路"的先行者与主导者；未来，敦煌网仍将重点建设"网上丝绸之路"，对外加强与国外企业和政府的合作，对内利用信息化技术、全生态产业链服务平台用户，探索节约买卖双方交易成本的最优方法，让更多国家和地区的用户能够享受"网上丝绸之路"带来的便利。古代丝绸之路上的敦煌，曾经是盛极一时的中西文化和商贸交流中心；信息时代的敦煌网，会继续借助互联网打造新时代的"网上丝绸之路"，成为永不落幕的中西文化和商贸交流的中心。

2016年之后，敦煌网的发展一路向前，投资领域也不断扩展。2020年，在全球饱受新冠肺炎疫情困扰的情况下，敦煌网仍稳居领先的跨境电商出口平台之列，"平均1.34秒产生一张订单，无缝对接2 800万海外买家"[①]。2021年，敦煌网继续保持强劲的发展态势，全年订单量同比增长超过50%，平台活跃卖家数量大幅增加。在商品品类方面，家居用品、时尚服饰和消费电子等类目表现出色，深受海外买家喜爱。2022年，敦煌网进一步深化与全球物流合作伙伴的合作，提升了物流配送的效率和服务质量。这一年，其海外市场覆盖范围扩展至200多个国家和地区，尤其是在新兴市场，如东南亚、拉美等地的业务增长迅速。2023年，敦煌网不断优化平台算法和推荐系统，提高了商品的曝光度和转化率。同时，敦煌网还加强了对卖家的培训和支持服务，帮助更多中小卖家实现跨境电商业务的增长。

---

① 敦煌网主页广告语。

12.2　农村电子商务

12.2.1　农村电子商务的界定

农村电子商务的界定

农村电子商务是将电子商务运营模式导入整个农产品营销体系中去，让农产品有更多的供销途径和多重选择进入市场，从而给农产品的产前、产中和产后等环节带来好处。农村电子商务就是在农村商务市场中应用信息化以及数字化技术手段，使农业经营的成本降低、农业经营的效益提高。作为双向市场，农村电子商务市场涵盖了农产品供给市场与农村消费市场。

农村消费市场指的是基于农村地域范围的各种产品消费关系的整体。农民的消费主要包括以下方面：第一，农业、机械、化肥等生产过程需要的农资产品；第二，食品、衣服以及日用品等生活所需品。也就是说，农村消费市场为农民群众购买生产和生活用品提供了平台。

农产品供给市场指的是农民对于农业活动中获得的农产品进行出售的平台。一般而言，农产品是指农作物，包括水果、生猪、渔业产品、畜牧业产品等初级产品。农产品供给市场满足了消费者对农产品的需求，也为农民买卖东西提供了交易场所。可见，农村电子商务包括农村电子商务消费及农产品供给商务两个方面。

12.2.2　农村电子商务的特征

1）高普遍性

农村电子商务作为一种新兴的交易形式，不但在农村的中小企业间快速蔓延，也迅速走进农村的千家万户。只要有一台电脑、一部手机，就可以随时随地在这个无形的网络大市场中自由交易。

2）高便捷性

互联网技术使世界变成了一个统一的整体，互联网的各种功能为人们的生产和生活带来了极大的便利，电子商务也不例外。无论是 B2B 模式，还是 B2C 和 C2C 模式，它们都是人们在线交易和购物极为便利的选择。利用电子商务进行交易节省了很多人力、物力和财力的支出，人们也不必再受地域的限制，可以用极为简捷的方式轻松地完成过去繁杂的交易活动。

3）高安全性

计算机网络系统是一个高度开放且存在众多网络安全威胁的系统，开展电子商务交易，必须有高度安全的网络交易环境才能确保自身的商业机密不被泄露和交易双方交易的信息安全。为应对这一特殊需要，各涉农电子商务网站都将自身的网络安全视为重中之重，采取了防火墙、加密钥匙、安全过滤等安全措施，从而确保网络环境的安全性。

4）高效益性

过去一笔交易的完成往往离不开许多交易部门的参与和促成，交易的完成不仅是单笔交易的结束，还是许多交易部门共同协作的结果。涉农电商这一无形的超级大市场可促使农村的中小企业减少库存积压、降低库存成本，还可以通过电子商务进行网上交易，直接减少交易成本。

5）可扩展性

农村的中小企业运用电子商务技术是一个循序渐进的过程，各种企业电子商务解决方案也必须随着客户需求的变化而变化。各个企业不同业务的发展以及市场环境和管理环境的变化，都要求电子商务解决方案及时进行扩展或调整，要本着一切为客户考虑的原则，以提高客户的满意度为终极目标。这也给电子商务的交易留有足够的余地和空间，以便随时随地伸缩延展。

12.2.3 农村电子商务的作用

1）农村电子商务对农业产业化具有极大的推动作用

当前，市场竞争越来越激烈，同时信息技术发展迅猛，在农业生产中，农民对于供求信息、农产品销售渠道以及农业生产技术服务等的要求不断提高。现代化农业的发展受到传统农业生产方式的制约，就农村信息化的发展而言，农村电子商务无疑是一条非常重要的途径。一方面，它使农民生产过程中的生产信息不对称问题得到了有效解决；另一方面，它也使农产品销售渠道单一的问题得到了有效解决，使得农产品交易风险降低，促进了农业生产方式的转变。另外，农村电子商务的发展对于农业产业结构的优化具有深远影响，它使得农产品交易费用降低、农产品的市场竞争力提高，从而对于农业产业化的发展具有极大的推动作用。

2）农村电子商务的发展使得公司加农户产业模式的弊端得以避免

部分公司在与农民进行合作的过程中，因为信息不对称，将农产品的价格刻意压低，使得农民的利益受到极大损害。通过农村电子商务，信息不对称的问题可以得到有效解决；与此同时，通过网络，农民能够与多家公司建立联系，公司间竞争的存在使得农民的利益得到了有效保障。

3）资金得到节省，为创业期的企业提供便利

当前很多农民都掌握了专业技术，然而他们缺乏资金的支持，无法进行创业。农村电子商务的应用与普及，使得农民的营销开支得到节省，同时也对于规模生产产生了极大的带动作用。比如，江苏省沙集镇的农民就利用农村电子商务成功创业。沙集镇东风村村民孙寒在2006年开设了第一家网店，进行简易家具的网上经营。他不断扩大生产规模，对

整个村子家具产业的发展起到了推动作用，只用了 4 年时间，沙集镇就出现了 6 家板材加工厂、2 家五金配件厂、15 家物流快递公司、7 家电脑专卖店。开设网店，实现了农民快速致富的目标。

4）对特色产业的发展具有极大的推动作用

当前人们的生活水平不断提高，休闲旅游成为人们的追求，农民可以基于农村电子商务对农家乐、特色经济、农村旅游进行推广。例如，推广自己入园采摘等特色项目，可以推动农村旅游业的发展；利用互联网进行产品展示，可以对游客起到了极大的吸引作用。一方面，这种推广活动为城市居民的出行旅游提供了便利条件；另一方面，也使农家乐等有了广阔的客源。这种推广活动促进了城市与农村的交流，对于农民增收有着重要意义。

5）基于网络进行招商引资

我国很多地方的农产品具有明显的优势与发展潜力，然而，因为信息不畅，产品的销售一直受到影响。现在基于农村电子商务，可以吸引社会资本，使其加入农产品的生产与经营，从而实现企业与农村的共同发展。

6）利用网上营销与网上购物，使农民素质以及生活质量不断提高

网络与信息化的发展促进了电子商务的发展。乡村文明是新农村建设的一个重要目标，而现代化的信息技术是其重要内容。网络给人们提供方便，这是现代文明的体现；农民基于网络可以获得各种信息，满足他们生产与学习的需求。另外，农民可以在网上购物，可以对自己喜爱的商品进行选择，从而使农民的生活质量与生活品位得以提高。

7）城乡统筹水平提高，城乡信息鸿沟缩小

一直以来，中国存在的二元经济在一定程度上使城乡之间的差距拉大，而普及农村电子商务则使得城乡差距不断缩小。农村电子商务的发展对于农村信息基础建设具有重要影响，使得农村的接入宽带率提高。同时，农村电子商务的发展为农村培养了信息技术人才，使信息技术知识得到广泛传播，为广大农民服务，也使农民的信息意识得以提高。农村电子商务提升了农村的信息化水平，使农民可以利用网络进行农产品销售，方便学习与娱乐等，城乡之间的数字鸿沟正在不断缩小。

12.2.4　农村电子商务的参与主体及其相互关系

农村电子商务的参与主体包含农户、企业、生产资料供应商，以及网络平台、信息流、资金流、物流和安全的支付机构，它们相互之间的关系如图 12-2 所示。

（1）农户。农户是农村电商的第一要素，如果没有农户提供农产品，就没有农村电商。

（2）企业。企业是农村电商必然的衍生物。在农村电商发展的初始阶段，还没有企业

```
                        资金流
                       网络平台
   ┌──────────────────────────────────────────────────┐
   │  ┌─────┐  资   ┌─────┐  资   ┌─────┐  资   ┌─────┐ │
   │→ │生产 │  金 → │农   │  金 ← │安全 │  金 ← │企业 │ │
   │  │资料 │  流   │户   │  流   │支付 │  流   │     │ │
   │  │供应商│      │     │      │机构 │      │     │ │
   │  └─────┘      └─────┘      └─────┘      └─────┘ │
   │       └──────────────────物流───────────────────┘│
   └──────────────────────────────────────────────────┘
```

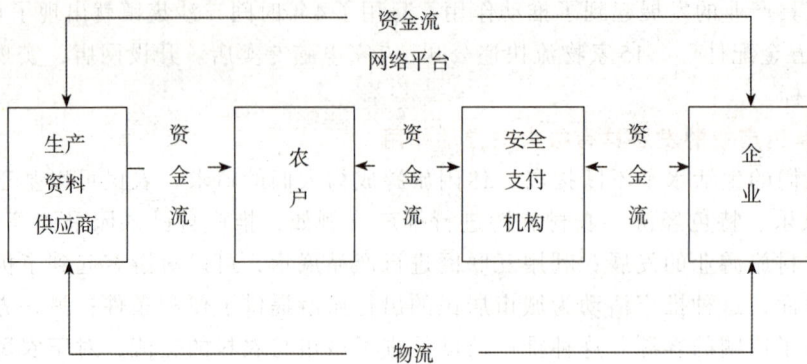

图12-2 农村电子商务参与主体关系图

参加进来，有的只是农户自身的网上买卖行为。当这种单纯的个人或几个人的农户行为满足不了网络顾客的需求时，企业就参与进来了。

（3）生产资料供应商。生产资料是生产过程中劳动资料和劳动对象的总和，是任何社会进行物质生产所必需的条件，是未来商品质量的重要保障。所以，生产资料供应商的角色在农村电商领域的重要程度不言而喻。

（4）网络平台。网络平台是能够搭载一切电商活动的虚拟场所。现在的第三方电商平台首先是成熟的零售网商平台，如村村通等可用于农特鲜产品交易的平台；其次是综合类B2B电子商务平台，主要开展批发业务，对于希望产品可以快速打包出售的农业生产者来说，B2B是个不错的选择；最后是农业网站，在政府的号召和鼓励下，我国已经陆续建立起一批农业网站，包括农业专业网站和地方政府的农业信息门户。

（5）信息流。信息流自电子商务诞生起就贯穿其全程，是农村电商区别于传统电商最大的优势，并能引导资金的正向流动。

（6）资金流。资金流作为电子商务三个构成要素之一，是开展电商交易活动不可或缺的手段。

（7）物流。物流是农产品流通的物质基础，能在电子商务活动中加快商务进程、减少中间环节、降低交易成本，在提供全球化、个性化服务过程中具有不可替代性。

（8）安全的支付机构。安全是保证电子商务过程顺利完成的必要条件，必须依靠技术手段、信用手段和法律手段来解决安全问题。电子支付是电商活动的关键环节，是电子商务发展到高级阶段的必然产物。在整个电子商务交易过程中，网上金融服务对安全环境的要求越来越高。

12.2.5 农村电子商务运营框架

经济活动是由社会中一般要素的流动而形成的。在一般商务活动中，交易是围绕商流、信息流、资金流和物流来实现的。其中，商流是目标，信息流是过程，资金流是前提，物流是归宿。作为基于网络信息技术的商务活动，电子商务同样需要经济要素的支撑。实践证明，支撑市场主体的人员流和信用流是农村电商完成交易的根本保障，在此基础上，以宏观政策法规、必要的技术支持和标准化为基础，合理的网站建设、安全的网络支付和完善的物流配送共同作用，才称得上是完整的电子商务活动。

基于农村电商的特殊性，除了上述必要的人员流、信息流、资金流、物流外，我们还需要以健康的网络销售平台作为农产品交易的场所，以安全的网上支付平台作为交易的保障；同时，还需要完善物流配送体系，以打通农村电商服务"最后一公里"。另外，来自政府必要的政策支持、技术支持和标准化扶持也成为农村电商发展的有力支撑，如图 12-3 所示。

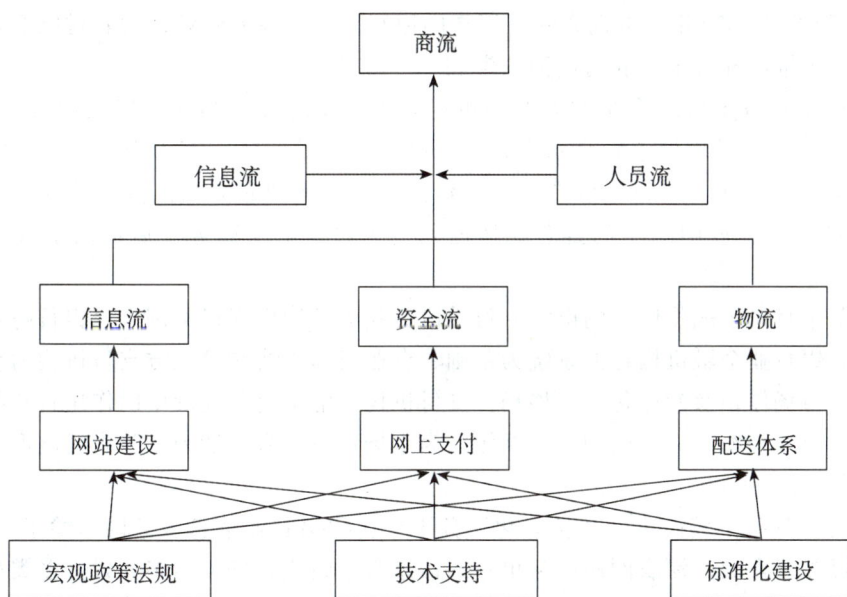

图12-3　农村电子商务运营框架图

12.2.6　国内农村电子商务发展现状

1）我国农村电子商务发展的基础条件

近年来，我国高度重视农村互联网建设，相继出台了《中共中央 国务院关于全面推进乡村振兴加快农业农村现代化的意见》《"十四五"推进农业农村现代化规划》等政策文件。2023 年 4 月，中央网信办等五部门联合印发《2023 年数字乡村发展工作要点》，明确数字乡村发展的重点任务和目标。我国农村电子商务已逐渐形成较为完备的硬件、软件、市场、技术等基础条件。

（1）初步具备了农村电商发展所需的网络基础设施等硬件条件。进入新时代以来，我国网络信息技术和基础设施发展迅猛，计算机、互联网用户和网站数量呈爆发式增长。在国家的大力扶持下，我国农村信息网络建设成果斐然。截至2023年，全国行政村通宽带比例超过99%，各级农业信息化网站功能不断完善。"十四五"期间，我国持续推进农业生产经营信息化示范基地建设，打造了更多农业综合信息服务平台和信息服务支持系统，并在农业物联网应用方面取得新突破，为农村电子商务发展筑牢了坚实的网络基础。

（2）具备了相对完善的政策法规等软件保障。我国陆续颁布了涉及互联网信息服务管理、电子认证服务管理、维护互联网安全等具体的电子商务方面的法规和技术标准，不断完善电子商务法律框架。近年来，国家出台了《关于推进电子商务与快递物流协同发展的意见》《关于开展2023年"数商兴农"工作的通知》等一系列政策，为农村电商发展指明方向，进一步推动和规范了农村电商的发展。

（3）初步具备了供应充足的农产品市场条件。据统计，当前我国人均粮、肉、菜、蛋和水产品的占有量均处于较高水平，农产品市场供销两旺，有力带动了国内农村电子商务市场的迅速扩张，激发了农业市场的信息需求。我国农业信息方面的网站访问量持续增加，在全球农业网站中的排名稳居前列，为农村电子商务发展提供了有力的市场支撑。

（4）基本具备了成熟便捷的电子支付手段。我国已构建起以中国人民银行跨行支付清算为核心、银行业金融机构行内系统为基础、专业清算机构和第三方支付机构为重要补充的支付服务市场体系及专业化分工格局，支付机构在电子商务发展中的作用日益凸显。近年来，众多企业纷纷布局互联网支付领域，为市场竞争注入新活力，为农村电商发展搭建了多元化的金融平台。

（5）初步具备了较高水平的信息化服务平台。我国农业信息服务网站始于20世纪90年代，历经多年发展，涉农网站已从单一的信息服务模式，进入了多方式、多类型、综合服务的新发展阶段，涵盖农业生产、销售、技术等各个领域。涉农网站有效整合农业信息资源，拓展了农业信息传播渠道，为农业生产者提供精准的市场行情和预测分析服务。农业网络平台的发展，标志着"互联网+"农业的深度融合，有力推动了农村电子商务的发展。

（6）高等教育正在为我国农村电商的发展提供急需的人才资源。截至2023年，全国已有超过600所高校开设了电子商务本科专业，同时，职业技术学院、职高也培养了大量的电子商务专业的专科生、职高生。劳动人事、职业技能鉴定等部门不断优化电子商务系列资格的认证工作。我国已逐步构建起多层次的电子商务专业人才培养体系，为农村电子商务的发展提供了强大的智力支撑。

（7）仓储、物流等配套服务的提升打通了农村电商发展的"最后一公里"。国家"十四五"发展规划明确提出，到 2025 年，我国快递服务体系更加健全，农村寄递物流供给能力和服务质量显著提高。目前，我国农村物流基础设施不断完善，为农村电商发展提供了有力保障。

2）我国农村电子商务消费市场

根据《中国互联网发展报告 2023》的数据，截至 2022 年 12 月，中国农村网民规模已达 3.08 亿人，占网民总数的 28.9%，较 2021 年增加了 2 000 万人，年增长率为 7.3%。农村电商的发展进一步拓展了农村信息服务业务和服务领域，形成了覆盖县、乡、村的三农信息服务网络。2023 年，农村电商和农产品网络零售额分别达 2.49 万亿元和 0.59 万亿元，增速均高于网上零售额总体水平。

电商巨头，如阿里巴巴、京东、拼多多、苏宁易购等持续加强在农村电商市场的投入，通过搭建电商平台、优化物流配送体系、提供培训和技术支持等方式，助力农村电商蓬勃发展。此外，随着移动互联网在农村的广泛普及和农村电商政策的有力支持，越来越多的农村创业者和小微企业借助电商平台销售农产品和特色商品，实现了增收致富。

3）我国农村电子商务发展的地域特色

自 2013 年农村电子商务兴起以来，我国农村电子商务经历了大概一年的初步发展，到 2014 年就已逐步形成三种具有典型特色的农村电子商务模式：

（1）浙江遂昌模式。以本地化电商的综合服务作为驱动，加速提升地方产业的发展，尤其是农产品加工业，形成"电商综合服务商+网商+传统产业"的模式。

（2）浙江临安模式。线上线下相互配合，力争成为中国坚果业网络销售的第一名。

（3）浙江丽水模式。政府将服务与市场有效结合，同时吸引大量外地人才和电商主体回流。

2014—2016 年，中国农村电子商务大发展，"淘宝村"井喷式爆发，又形成了七种典型的农村电商模式：

（1）浙江桐庐模式。2014 年 10 月，阿里巴巴首个农村电商试点村落户桐庐，桐庐具有良好的产业基础，特别是物流方面，有村级单位物流全通的先天优势，也有良好的社会环境和政府部门的政策环境。

（2）河北清河模式。一是协会负责监管检测，维持良好的市场秩序；二是创建新兴的电商园区；三是建立具有区域特色的门户网站；四是实施品牌战略。

（3）山东博兴模式。一是传统外贸及时转型；二是发挥人才的关键作用；三是政府及时引导与扶持。

（4）浙江海宁模式。一是推动传统电商转型升级，引进高科技人才，做好互联网平台；二是在稳固国内市场的同时加强跨境电商的建设；三是加强监管；四是保护品牌。

（5）甘肃成县模式。将电商作为当前发展的重点和主导，集中全县精力打造区域优势品牌。

（6）吉林通榆模式。政府出面整合大企业，完善企业的线上线下功能，做到既满足各方的价值需求，又能带动县域经济的发展。

（7）陕西武功模式。政府出台统一政策，统筹协调，搭建新型的具有不同功能的电商平台。

国外农村电子商务发展现状参见延伸阅读 12-3。

12.2.7　农村电子商务的模式

1）综合性第三方电子交易市场模式

综合性第三方农产品电子交易市场的本质，就是在网络上由第三方构建的服务于农业与农业企业的交易平台。综合性指的是涵盖农、林、牧、渔等各个农业部门的产品，因此具有丰富的种类。基于综合性第三方电子交易市场模式，对于农产品供应方而言，交易市场提供产品目录、产品宣传、产品订购以及产品支付等服务；为买方提供各种供应商与产品的信息，其内容非常可观，涵盖了供应商信誉等级、产品质量认证、交易反馈等各种信息。买方基于上述信息进行对比，然后做出选择。另外，还在网站上发布买家的详细需求信息，这些买家信息的发布使得供应商也可以选择买家。因为网站为全部农产品提供交易服务，因此，其数据库中的数据是海量的，种类繁多，更容易进行产品分类，使供需双方具有极高的信息匹配成功率。

一般来说，可以基于两种途径对综合性市场进行构建：第一，充分利用各地市与县级行政区域的官方农业网站，服务农民、农产品经营企业以及经营者。第二，通过网络技术企业对网上电子交易市场进行构建。政府部门的农业网站为农村电子商务提供平台，为交易双方提供各种服务，比如价格谈判、信息交流、网上支付、生成电子合同、产品运输等，满足电子商务全方位发展的需要。

基于官方农业网站对电子交易市场进行构建，使信息收集的便捷性大大提高，信息发布的权威性也大大提高了。同时，就农民以及企业信息的发布而言，其资料的真实性更高。另外，官方农业网站的维护费用充足，信息具有较强的时效性，其内容也相对广泛；对于平台中的电商交易，政府便于进行控制与监管。

基于网络技术企业对农村电子商务网站进行构建，企业对价格、贸易政策以及需求趋势等与农产品交易有关的各种信息进行收集，促进交易双方网上交易的实现，同时为交易双方的支付、运输等业务提供服务。

对农产品网络市场进行经营管理，满足提高交易服务质量的要求，通过广告获得利润，也是农产品电子商务网站企业开办的主要任务。

2）专业第三方电子交易市场模式

类似于综合性第三方电子交易市场，专业第三方电子交易市场同样给买卖双方构建起了交易平台。相对于综合性第三方电子交易市场，专业第三方电子交易市场的专业性更强，交易的产品更加集中，通常服务于单一农产品或者一个农业生产部门的产品。例如，中国水果网、中国水产网、中国粮食网等，都是典型的专业性网站。专业第三方电子交易市场模式就农产品，特别是特色农产品的营销而言具有极大的优势。它专注于专业性网站的构建，销售特色产品，对农产品的种植、养殖技术进行介绍，对市场的需求进行预测，发布市场供应信息、市场需求信息、品种及品质信息、产品标准等。基于专业第三方电子交易市场模式，一方面指导当地农民生产，另一方面对于农产品基于网络进行宣传，使得更多的人了解农产品，贸易机会也增加了。构建专业第三方电子交易市场，使得特色产品的销售更有针对性，同时，还可以通过当地农业经营企业以及相关的管理部门组织推广。传统自由交易方式、在线竞卖及在线竞买都是专业第三方电子交易市场常见的交易形式。

3）电子拍卖第三方交易市场模式

农产品与人民生活关系紧密，农产品的产量和需求量都很大，因此，农产品的交易一方面交易频繁，另一方面交易数量非常大。在第三方交易市场中，大宗商品更适合采取拍卖的方式。

电子拍卖的优势非常明显。虽然在线拍卖和交易厅离线拍卖的程序是相同的，但是，在线拍卖具有灵活、便捷的特点，成本也比传统拍卖方式更低。拍卖人员在电子拍卖过程中，利用电子拍卖车（移动式拍卖）或者电子拍卖控制台（固定式拍卖）对拍卖活动进行主持、把控，能使由于环境嘈杂可能出现的失误得到有效避免。竞买人员不需要在现场频频举手报价，当看中物品时，只需要按动竞价器。所以，除了技术人员对电脑进行控制之外，整个拍卖过程都可以通过电子化方式实现，极大地提高了拍卖效率。

4）B2B 电子市场交易模式

就电子商务来说，当前在各个行业发展最快的电子商务交易模式就是 B2B，其自然也在电子商务交易额中占有最大比例。B2B 电子市场交易模式服务于面向企业间的电子交易。企业进行交易时，要验证双方身份，确保产品质量，保障货款支付。特别是对于分散在各地的农业企业而言，B2B 电子市场交易模式基于企业数字证书以及有关管理部门的注册认证，能够使交易者的身份得到证实，从而使对交易双方身份真实性的怀疑降到最低。同时，这种模式还可以使农业企业经营者接触广泛的信息技术、电子商务知识以及网络技术，因此他们更容易接受 B2B 电子市场交易模式。在未来的发展中，B2B 电子市场交易模式的发展空间会更加广阔。

5）（B+C）2B 模式

（B+C）2B 模式指的是农户、农业加工企业以及行业组织相互结合，实现共同生产，提供电子商务交易。（B+C）2B 模式也被叫作龙头企业的带动模式。（B+C）2B 模式更适合家庭分散经营区域，它可以使农产品的整体竞争力提高。（B+C）2B模式对于农业企业和农户之间的战略联盟关系的建立具有极大的促进作用。以农产品加工企业、农产品经营企业为龙头，利用比较固定的运营方式，带动农户的农产品生产、加工、运输以及销售等，使农产品及其制成品的附加值提高。当前，典型的（B+C）2B模式包括"企业+农户""企业+基地+农户""企业+合作组织+农户"等。因为在资金、技术、运输、加工、销售等方面，龙头企业的优势显著，所以，农民基于标准化要求对产品进行生产，通过企业的加工，产品的质量与档次得以提高；通过企业品牌战略占领市场，经济效益也不断提高。（B+C）2B模式对农产品标准化程度要求较高，并且要求农产品的种类相对集中。例如，在已经建立无公害绿色蔬菜基地的前提下，对当地原材料进行充分利用，通过加工企业的包装，构建产品品牌，从而使农产品的销售市场更加广阔。另外，农产品的出口主体是企业，相对于分散的农户而言，企业在应对国外市场变化和反倾销等方面的优势非常显著。基于龙头企业带动的电子商务，使农产品销售难的问题得到了有效解决，也使农民的基本利益得到了保障，使得供应链上的价值增值得以实现。当前（B+C）2B模式应用比较成熟的是湖北省。

6）各种模式优劣势分析

（1）第三方电子交易市场模式的优势。

①能够顾及整个范围内的全部农户，基于政府与平台企业，区域内的全部农户都是最初规划中的服务对象，对农户的经济水平及知识水平没有要求。

②加入信息员能弥补农民在网络知识以及营销知识方面的不足，促进农村电子商务的发展。

③加入平台企业，对代购与代销负责，并且满足集体运输的要求，使得农村电子商务物流问题得到了有效解决。

④各方具有一致的利益。基于农村的电子商务使得农民"难买难卖"的问题得到了解决，农民的收入增加了，并能购买到价格低的生产和生活物资；信息员基于技术服务获取报酬；企业利用网上销售获取良好声誉，使得企业的服务收入以及广告收入增加；政府则对经济发展起到推动作用，实现了农民增收。

由此可见，第三方电子交易市场模式能满足各方面的利益诉求。

（2）第三方电子交易市场模式的劣势。

①存在的环节比较多，监管比较困难。因为实现了买方、卖方和交易平台的连接，流程不断延长、环节不断增加，管理以及监督的难度提高了。

②政府或者牵头企业决定了平台的构建、维护、制定交易规则以及交易规则的完善性等，这就要求政府或者企业的综合能力比较强，因此，增加了第三方电子交易市场模式构建的难度。

③第三方电子交易市场模式服务于一定区域的农户或合作社。对于农业生产方面而

言，这些农户或合作社的相似性比较高，因此，他们具有相对集中的需求或能提供相似的农副产品种类，这容易造成采用该模式的地域特征明显且种类比较单一，从而在与综合性电子商务模式进行竞争时处于不利地位。

（3）B2B电子市场交易模式的优势。

① 这种模式基于淘宝等第三方交易平台，交易规则比较成熟，支付手段以及评价信用的机制比较完善；第三方交易平台的重新建立以及维护成本较低，并且其安全性与快捷性更强。

② 在全国范围内进行具有地域特色的农产品销售，使区域生产与全国市场需求对接的要求得到满足。

③ 有效解决了一部分农户不能上网参与电子商务的问题。

（4）B2B电子市场交易模式的劣势。

① 存在或多或少的中间环节。

② 农户和销售平台是通过代理人进行联系的。农户和代理人之间可能是一次性短暂的交易联系，也可能是多次长久的交易联系；这种关系的建立既可能是口头约定，也可能是契约约束。双方的关系受限于经营状况，因此稳定性不高。

③ 就农户来说，属于单向销售，所以，基于这种模式，农户不能分享电子商务对买入方的好处。

④ 代理人通常是自发形成的，代理人自身的实力以及代理意愿决定代理范围。通常情况下，代理人的代理范围比较窄，不可能顾及全部产品及所有区域。

（5）（B+C）2B模式的优势。

① 借助第三方电子商务平台，不需要对平台进行搭建，使得建立平台以及维护平台的费用降低。同时，这种交易模式以及信用评价机制比较完善，使得交易者存在问题的可能性降低了。

② 销售是面向全国的，因此，部分农产品和全国市场的对接得到实现。

③ 减少了环节，实现了生产者与消费者之间的联系，使得中间费用降低，从而确保生产者的利益最大化。

④ 形式更加灵活多样，买家与卖家都可以是个人或单个的企业，因此，具有灵活的经营形式。

（6）（B+C）2B模式的劣势。

① 无法解决由于农民不能上网而造成的无法参与电子商务的问题。

② 农户兼顾生产与销售，无疑提高了对农户营销素质和电子商务操作能力的要求，无形中提高了农户涉足电子商务的门槛。

农业电商案例分析之沭阳农村电商发展模式参见延伸阅读12-4。

延伸阅读12-4

农业电商案例分析之沭阳农村电商发展模式

素养园地

跨境电商，架起中国与世界的新桥梁

故事：在经济全球化大背景下，中国某小型电子产品制造企业面临着激烈的国内外竞争。该企业负责人李华是一个有着强烈社会责任感和创新精神的青年企业家，他决定通过跨境电商平台拓展国际市场。通过深入学习和研究，李华了解到，跨境电商不仅能够帮助企业降低成本、提高效率，还能够直接接触到全球消费者，了解他们的需求和偏好。

李华带领团队，利用B2C模式，通过电商平台将产品直接销售给国外消费者。他们注重产品质量和品牌建设，逐渐在海外市场建立了良好的口碑。同时，李华积极响应共建"一带一路"倡议，通过跨境电商平台，将产品销往共建国家，促进了文化交流和贸易往来。

在经营过程中，李华坚持诚信经营，遵守国际贸易规则和目标国家的法律法规。面对国际市场的复杂性和不确定性，他没有退缩，而是通过不断学习和创新，提高了企业的竞争力和抗风险能力。他的企业不仅实现了自身的发展，也为当地经济发展和就业做出了贡献。

总结与反思：本案例展示了跨境电商在促进中国企业"走出去"、参与国际竞争中的重要作用。李华的故事告诉我们，青年企业家应具备国际视野和创新精神，积极响应国家战略，利用电子商务平台拓展市场。同时，本案例也反映了诚信经营的重要性，提醒我们在追求经济效益的同时，也要注重社会责任和法律规范。

复习思考题

1）简述跨境电商的主要模式。
2）简述跨境电商的发展历程。
3）简述跨境电商的主要模式和运作流程。
4）简述国内农村电商的发展现状。
5）简述我国农村电商的运营框架及主体关系。
6）思考我国农村电商的发展趋势。

即测即评

第 12 章即测即评

参考文献

[1] Fastdata 极数．2020 年中国互联网发展趋势报告［EB/OL］．（2020-04-07）［2024-07-31］．http://www.100ec.cn/detail--6551203.html.

[2] CNNIC．第 54 次《中国互联网络发展状况统计报告》［EB/OL］．（2024-08-29）［2024-09-30］．https://www.cnnic.net.cn/n4/2024/0829/c88-11065.html.

[3] 中国网络空间研究院．中国互联网发展报告 2019［M］．北京：电子工业出版社，2019.

[4] CNNIC．第 39 次《中国互联网络发展状况统计报告》［J］．中国信息安全，2017（2）：24.

[5] 秦成德．移动电子商务［M］．北京：人民邮电出版社，2009.

[6] 王万山．电子商务经营模式［M］．上海：复旦大学出版社，2015.

[7] 李普聪．移动 O2O 商务若干关键问题研究［D］．南昌：江西财经大学，2014.

[8] 刘玉军，杨晔．我国移动电子商务运营模式分析与发展对策研究［J］．情报科学，2014（4）.

[9] 王功翠，林美娜，牛玉冰．EDI 在电子商务中的应用与发展［J］．电脑知识与技术，2010（14）.

[10] 谢希仁．计算机网络［M］．7 版．北京：电子工业出版社，2013.

[11] 特南鲍姆．计算机网络［M］．潘爱民，译．5 版．北京：清华大学出版社，2012.

[12] 刘杰．电子商务中管理信息系统的应用与发展［J］．商业文化月刊，2011（8）.

[13] 石方夏，薛茹．管理信息系统（MIS）建设分析［J］．现代电子技术，2009（13）.

[14] 张润彤．电子商务概论［M］．3 版．北京：电子工业出版社，2015.

[15] 万建华．金融 e 时代［M］．北京：中信出版社，2013.

[16] 徐志宏．商业银行信用卡业务［M］．北京：中国金融出版社，2007.

[17] 芮晓武，刘烈宏．中国互联网金融发展报告［M］．北京：社会科学文献出版社，2014.

[18] 姚文平．互联网金融［M］．北京：中信出版社，2014.

［19］刘进一．互联网金融：模式与新格局［M］．北京：法律出版社，2016.

［20］中国人民银行．中国支付体系发展报告2016［M］．北京：中国金融出版社，2017.

［21］舍恩伯格，库克耶．大数据时代［M］．盛杨燕，周涛．译．杭州：浙江人民出版社，2013.

［22］艾瑞斯．大数据思维与决策［M］．宫相真，译．北京：人民邮电出版社，2014.

［23］涂子沛．大数据——正在到来的数据革命［M］．桂林：广西师范大学出版社，2015.

［24］朱洁．大数据架构详解：从数据获取到深度学习［M］．北京：电子工业出版社，2016.

［25］李海刚．电子商务物流与供应链管理［M］．北京：北京大学出版社，2014.

［26］刘宝红．供应链管理：高成本、高库存、重资产的解决方案［M］．北京：机械工业出版社，2016.

［27］中国人民银行，中国支付清算协会．移动支付理论与实务［M］．北京：中国金融出版社，2015.

［28］杨涛．中国支付清算发展报告（2016）［M］．北京：社会科学文献出版社，2016.

［29］孟祥瑞．网上支付与电子银行［M］．3版．上海：华东理工大学出版社，2012.

［30］李东荣．网上银行系统信息安全通用规范解读［M］．北京：中国金融出版社，2013.

［31］中国人民银行．中国支付体系发展报告2015［M］．北京：中国金融出版社，2016.

［32］张楚．电子商务法［M］．北京：中国人民大学出版社，2016.

［33］贺琼琼．电子商务法［M］．武汉：武汉大学出版社，2016.

［34］钟慧莹．电子商务法律法规［M］．2版．北京：电子工业出版社，2016.

［35］王永钊，李丽军．电子商务法律法规［M］．上海：华东师范大学出版社，2015.

［36］柯丽敏，王怀周．跨境电商基础、策略与实践［M］．北京：电子工业出版社，2016.

［37］关继超．跨境电商［M］．广州：广东人民出版社，2016.

［38］速卖通大学．跨境电商——阿里巴巴速卖通宝典［M］．北京：电子工业出版社，2016.

［39］陈祎民．跨境电商运营实战：思路、方法、策略［M］．北京：中国铁道出版

社，2016.

［40］井然哲. 跨境电商运营与案例［M］. 北京：电子工业出版社，2016.

［41］林俊锋. 跨境电商实务［M］. 广州：暨南大学出版社，2016.

［42］肖旭. 跨境电商实务［M］. 北京：中国人民大学出版社，2015.

［43］魏延安. 农村电商——互联网 三农案例与模式［M］. 北京：电子工业出版社，2015.

［44］陈虎东. 互联网+农村：农村电商的现状、发展和未来［M］. 北京：清华大学出版社，2017.

［45］崔丽丽. 农村电商新生态——互联网+带来的机遇与挑战［M］. 北京：电子工业出版社，2016.

［46］文丹枫，徐小波. 再战农村电商［M］. 北京：人民邮电出版社，2016.

［47］夏皮罗. 供应链建模（影印版）［M］. 北京：中信出版社，2002.

［48］李琪，彭晖，WHINSTON，等. 金融电子商务［M］. 北京：高等教育出版社，2004.

［49］杨坚争. 电子商务基础与应用［M］. 5版. 西安：西安电子科技大学出版社，2006.

［50］苏雄义. 企业物流总论——新竞争力源泉［M］. 北京：高等教育出版社，2003.

［51］刘华. 现代物流管理与实务［M］. 北京：清华大学出版社，2004.

［52］陈兵兵. 供应链管理——策略、技术与实务［M］. 北京：电子工业出版社，2004.

［53］张成海. 供应链管理技术与方法［M］. 北京：清华大学出版社，2002.

［54］齐二石. 物流工程［M］. 天津：天津大学出版社，2001.

［55］邵兵家. 电子商务概论［M］. 北京：高等教育出版社，2004.

［56］李洪心. 电子商务概论［M］. 5版. 大连：东北财经大学出版社，2017.

［57］方美琪. 电子商务概论［M］. 北京：清华大学出版社，2002.

［58］姚国章. 电子商务案例［M］. 北京：北京大学出版社，2002.

［59］刘西山. 中国电子商务的发展研究［J］. 电子商务探索，2003（10）.

［60］宝贡敏. 论电子商务革命及其战略管理［J］. 电子商务，2003（4）.

［61］李琪. 电子商务概论［M］. 北京：人民邮电出版社，2002.

［62］陈德人，李小东，冯雁. 电子商务概论［M］. 杭州：浙江大学出版社，2002.

［63］黄云森，等. 电子商务基础教程［M］. 北京：清华大学出版社，2004.

［64］胡苏珊. 国际知名企业：供应链管理——企业成功之道［J］. 新电子·IT经理人商业周刊，2002（12）.

［65］吴以雯．网络金融［M］．北京：电子工业出版社，2003．

［66］陈如刚，杨小虎．电子商务安全协议［M］．杭州：浙江大学出版社，2000．

［67］冯矢勇．电子商务安全［M］．北京：电子工业出版社，2002．

［68］姚国章．电子商务与企业管理［M］．北京：北京大学出版社，2002．

［69］田同生．客户关系管理的中国之路［M］．北京：机械工业出版社，2003．

［70］陈诗秋．客户管理操作实务［M］．广州：广东经济出版社，2003．

［71］孙瑞新．金融电子化与网上支付［M］．北京：电子工业出版社，2002．

［72］张忠林．电子商务概论［M］．北京：机械工业出版社，2006．

［73］覃征．电子商务概论［M］．2版．北京：高等教育出版社，2006．

［74］李洪心．电子商务导论［M］．2版．北京：机械工业出版社，2010．

［75］张晓燕．电子商务与客户关系管理［J］．中国信息导报，2003（5）．

［76］邵兵家，于同奎．客户关系管理——理论与实践［M］．北京：清华大学出版社，2004．

［77］林宇．数据仓库原理与实践［M］．北京：人民邮电出版社，2002．

［78］陈京民．数据仓库与数据挖掘技术［M］．北京：电子工业出版社，2002．

［79］甘藤贝恩．直销与客户管理［M］．天宏工作室，译．北京：北京大学出版社，2001．

［80］野口吉昭．客户关系管理实施流程［M］．杨鸿儒，译．北京：机械工业出版社，2003．

［81］马刚，李洪心，杨兴凯．客户关系管理［M］．4版．大连：东北财经大学出版社，2018．

［82］李洪心，马刚．银行电子商务与网络支付［M］．2版．北京：机械工业出版社，2013．

［83］杨坚争，赵雯，杨立钒．电子商务安全与电子支付［M］．北京：机械工业出版社，2007．

［84］张卓其，史明坤．网上支付与网上金融服务［M］．大连：东北财经大学出版社，2006．

［85］杰拉希，恩德斯．电子商务战略——概念与案例［M］．李洪心，译．3版．大连：东北财经大学出版社，2015．

［86］CNNIC．第37次《中国互联网络发展状况统计报告》［J］．中国计算机报，2014（3）．

［87］王易．微信营销与运营［M］．北京：机械工业出版社，2014．

［88］姜旭平．网络营销［M］．北京：中国人民大学出版社，2012．

［89］科研工作室．博客·微博创建与营销全攻略［M］．北京：清华大学出版社，

2013.

[90] 江礼坤. 网络营销推广实践宝典 [M]. 北京：电子工业出版社，2012.

[91] 崔冬.《"十四五"电子商务发展规划》发布 [J]. 中国物流与采购，2021（21）.